Os Seis Livros da República

Livro Primeiro

Coleção Fundamentos do Direito

Jean Bodin

Título Original*

Les Six Livres de la République

* Tradução de ***Les six livres de la République***, de Jean Bodin (1530-1596).
Tratado publicado originalmente em seis volumes em Paris por Jacques Du Puys em 1576.
Traduzido para o latim pelo próprio autor em 1586 com o título de ***De Republica libri sex***.
Reeditado em seis volumes, com a ortografia original, no *Corpus des œuvres de philosophie en langue française*, coleção sob a direção de Michel Serres publicada pela editora Fayard, Paris, 1986.

Dados Internacionais de Catalogação na Publicação (CIP)
(Câmara Brasileira do Livro, SP, Brasil)

Bodin, Jean, 1530-1596.
Os seis livros da República : livro primeiro / Jean Bodin ; tradução, introdução e notas José Carlos Orsi Morel ; revisão técnica da tradução José Ignacio Coelho Mendes Neto. -- 1. ed. -- São Paulo : Ícone, 2011. -- (Coleção fundamentos do direito)

Título original: Les six livres de la République : livre premier.
ISBN 978-85-274-1131-8

1. Ciências políticas - Obras anteriores a 1800 2. O Estado 3. Soberania I. Morel, José Carlos Orsi. II. Título. III. Série.

10-06953 CDD-320.15

Índices para catálogo sistemático:

1. República : Ciências políticas 320.15

Jean Bodin

Os Seis Livros da República

Livro Primeiro

Título Original

Les Six Livres de la République – Livre Premier

Tradução, Introdução e Notas

José Carlos Orsi Morel

Revisão Técnica da Tradução

José Ignacio Coelho Mendes Neto

Coleção Fundamentos do Direito

1ª edição

Brasil – 2011

Título Original
Les Six Livres de la République – Livre Premier

Tradução, Introdução e Notas
José Carlos Orsi Morel

Revisão Técnica da Tradução e Prefácio
José Ignacio Coelho Mendes Neto

Revisão do Português
Juliana Biggi

Projeto Gráfico, Capa e Diagramação
Richard Veiga

ÍCONE EDITORA LTDA.
Rua Anhanguera, 56 – Barra Funda
CEP: 01135-000 – São Paulo/SP
Fone/Fax.: (11) 3392-7771
www.iconeeditora.com.br
iconevendas@iconeeditora.com.br

Índice

Prefácio do Tradutor

por José Ignacio Coelho Mendes Neto

1. Trabalho realizado e edição utilizada

A presente tradução para o português de *Os seis livros da República* (1576) de Jean Bodin foi realizada entre 04 de fevereiro de 2009 e 20 de abril de 2010 a partir da edição do *Corpus des œuvres de philosophie en langue française* da editora Fayard, Paris, 1986, 6 vol., 1434 p., que mantém a grafia original do francês médio. Essa edição foi obtida na biblioteca da Faculdade de Filosofia, Letras e Ciências Humanas da Universidade de São Paulo.

A revisão geral e a tradução dos livros II a VI foram feitas por José Ignacio Coelho Mendes Neto. A tradução do livro I, as notas ao mesmo e a introdução à obra ficaram a cargo de José Carlos Orsi Morel.

Certas passagens foram cotejadas com os trechos traduzidos por Alberto Ribeiro de Barros em sua monografia *A teoria da soberania de Jean Bodin*, Unimarco Editora e Fapesp, São Paulo, 2001, 381 p.

Além dos dicionários bilíngues e monolíngues usuais, foram usados os seguintes:

- *Nouveau Dictionnaire Portatif des Langues Française et Portugaise*, 2 vol., 6ª ed., de Francisco Solano Constâncio, P.-J. Rey Libraire, Paris, 1842 (disponível no Google Livros);
- *Dictionnaire Français-Portugais et Portugais-Français*, 3ª ed., de José da Fonseca, Firmin Didot, Belin-Leprieur et Morizot Libraires, Paris e Rio de Janeiro, 1847 (disponível no Google Livros);
- *Nouveau Dictionnaire Portugais-Français*, de José Ignacio Roquete, Vᵛᵉ J.-P. Aillaud, Monlon et Cⁱᵉ, Paris, 1856 (disponível no Google Livros);
- *Dicionário de Mitologia Greco-Romana*, de Marisa Soares de Andrade e Maria Izabel Simões, Abril Cultural, São Paulo, 1973 (permitiu conferir a grafia de todos os nomes próprios de figuras e lugares mitológicos, citados abundantemente por Bodin);
- *Memória das moedas correntes em Portugal desde o tempo dos romanos até o ano de 1856*, de Manuel Bernardo Lopes Fernandes, Tipografia da Academia, Lisboa, 1856 (disponível no Google Livros) (para a compreensão e tradução dos numerosos termos de numismática contidos no Livro VI, capítulo 3).

Para questões linguísticas e de fundo foi consultado o manual *Littérature – Textes et documents – Moyen Âge et XVIᵉ siècle*, de Anne Berthelot e François Cornilliat, Collection Henri Mitterand, Nathan, Paris, 1988, 512 p., que contém uma curta seção sobre Bodin (biografia, contexto histórico e análise de sua obra) e um suplemento gramatical bastante útil sobre a língua francesa na Idade Média e no século XVI.

A referência absolutamente imprescindível para a terminologia foi o *DMF – Dictionnaire du Moyen Français*, vasta base de dados de acesso gratuito cuja última versão (19 de agosto de 2009) está disponível em rede na página www.atilf.fr/dmf e que faz parte do projeto ATILF – Analyse et Traitement Informatique de la Langue Française, do CNRS e da Universidade de Nancy.

2. Princípio de trabalho

Os levantamentos feitos para a realização deste trabalho apontaram que esta parece ser a primeira tradução da obra de Bodin para o português. Traduzir pela primeira vez uma obra de seis volumes e 434 anos de idade é um privilégio, mas também uma pesada responsabilidade. A opção que fiz foi de proporcionar aos leitores de hoje uma versão acessível da obra de Bodin. Parece-me a opção mais acertada tendo em vista a celebridade da obra e sua difusão paradoxalmente escassa. Por isso, ao invés de tentar produzir uma edição crítica com numerosas explicações e comentários, procurei realizar uma versão do texto simples, fidedigna, coerente e sobretudo clara, para que Bodin, tão citado e comentado, fosse finalmente lido em português.

Devido à linguagem antiga do texto original, adotei como princípio geral da tradução o de produzir um texto adaptado aos padrões contemporâneos da língua. A meu ver, tentar espelhar a prosa renascentista levaria a um resultado inconsistente e artificial. Assim, obstáculos formais como os arcaísmos da grafia e, na medida do possível, da linguagem foram removidos ou minimizados em favor de uma melhor compreensão do texto. O mesmo intuito presidiu à supressão da maioria das notas de rodapé do texto-base. Porém, a intervenção de maior importância, obedecendo a esse mesmo espírito, foi a divisão de frases e parágrafos, feita no intuito de ressaltar o sentido do texto. Todos esses procedimentos serão comentados com detalhes mais adiante. O objetivo deles foi sempre o mesmo: evitar acrescentar dificuldades a um texto já demasiado longo, denso e complexo.

Por se tratar de obra teórica, não segui o princípio da tradução literária, segundo o qual a reprodução do léxico e da sintaxe é essencial para a recriação do estilo original. Tomei o texto como argumentativo que é, no qual a compreensão das teses é o elemento mais importante. Portanto, privilegiei a filosofia, a lógica e a argumentação, deixando em segundo plano os aspectos filológicos, estilísticos, históricos, técnicos ou anedóticos. Espero ter assim minimizado as abundantes dificuldades para dar atualidade ao texto e estimular sua leitura como obra de referência contemporânea.

3. Estado geral do texto

O texto-base está contido numa edição crítica de alta qualidade que serve como texto de referência para a obra em questão. Assim, foi possível trabalhar com a segurança de que o texto-base é o mais abalizado possível. As eventuais discrepâncias formais que subsistem se devem ao próprio autor, cujo uso da ortografia e da pontuação não é de todo consistente, e exigiram algumas decisões durante o processo de tradução para uniformizar a grafia e a linguagem. As mais significativas estão elencadas abaixo na seção 5. Os erros de tipografia ocasionais (como a supressão de letras) que prejudicam o sentido do texto foram corrigidos sem muita dificuldade recorrendo-se ao contexto da frase.

A única característica da edição de referência que gerou alguns problemas para a tradução foi a opção de colocar os subtítulos da autoria de Bodin no corpo do texto, e não à margem deste (como constam na edição original e subsequentes reedições), para que não se confundissem com as notas explicativas e bibliográficas, posicionadas também à margem do texto na edição original. Porém, o novo posicionamento dos subtítulos, como advertem os editores de 1986, tem por vezes o inconveniente de fragmentar os parágrafos e até algumas frases, seccionando a sintaxe e a argumentação. Tal dificuldade foi levada em conta na tradução, como explicado no final da seção 5.

4. Algumas observações sobre o francês médio

Em retrospecto, o francês médio é uma língua em transição da simplicidade do francês medieval (s. XII-XIV) para o rigor do francês clássico (s. XVII-XVIII). O emprego crescente de formas de expressão mais complexas nos séculos XV e XVI ainda não encontrou uma sintaxe regulada e coerente que possa ordená-las. A prosa dessa época é fortemente influenciada pela grandiloquência dos textos teológicos e jurídicos e pela retórica dos clássicos latinos. Por isso, as frases se alongam e as orações subordinadas se multiplicam excessivamente sem que regras claras sobre a pontuação, o gênero dos pronomes e o uso das conjunções ajudem a organizar o discurso. Além disso, a própria forma das palavras oferece problemas de variação e inconsistência e o vocabulário tem conotações diferentes das atuais. Por isso, para aqueles interessados num cotejo com o original apresento a seguir os principais desafios gramaticais contidos na obra de Bodin ora traduzida.

A sintaxe do francês médio apresenta diversas variações importantes com relação ao francês atual. A oração principal é frequentemente introduzida por conjunções, advérbios ou locuções como *or*, *si*, *si est-il que*, que não possuem função sintática real e portanto não são traduzidos. A conjunção *si* não é usada tanto no sentido hipotético de "se", mas mais no sentido adversativo de *pourtant* ("no entanto"). Com mais frequência ainda, é usada anteposta ao verbo como reforço afirmativo. A locução *si est-il que*, que Bodin emprega inúmeras vezes para iniciar seus períodos, corresponderia à locução concessiva moderna *toujours est-il que*, porém quase nunca foi traduzida já que tem apenas função expletiva na escrita bodiniana. É frequente o uso simultâneo de conjunções concessiva e adversativa no mesmo período, resultando numa construção em que a oração subordinada se inicia com "embora" e a principal com "todavia". A proposição infinitiva (uma oração subordinada em que o verbo está no infinitivo), calcada na sintaxe latina, é usada correntemente com verbos que exprimem declaração, conhecimento ou opinião ou que introduzem discurso indireto. O agente da passiva pode ser introduzido pela proposição *de* em vez de *par*.

A negação apresenta um desafio especial para a tradução. A forma normal da negação é a mesma do francês atual, feita com *ne...pas* ou *ne...point*, mas também pode ser formada com *non...pas* ou *non...point* e o segundo termo pode ser substituído por *aucun*, *rien* ou *ni*. Porém, as partículas *ne* ou *pas* são frequentemente suprimidas (em orações declarativas ou interrogativas) e as formas negativas com *ne* ou *ni* podem ser usadas em frases afirmativas no lugar de *et* ou *ou*. Ademais, a construção negativa do verbo com *ne* expletivo pode ter significado positivo, o que dificulta extremamente a apreensão do sentido da frase, que só pode ser obtido pelo contexto em que ela se encontra.

A gramática do verbo também oferece dificuldades. É frequente o uso do subjuntivo em vez do indicativo na oração principal, na subordinada ou na temporal. O imperfeito é usado em situações que hoje pediriam o pretérito. Formas verbais no plural podem ser usadas com substantivo no singular quando este tem valor coletivo. Os verbos auxiliares *être* e *avoir* são às vezes usados de maneira contrária à do francês atual. Quanto à concordância, é usada sempre a concordância latina nas enumerações (o adjetivo posposto concorda com o último substantivo da sequência).

Ademais, a morfologia e a ortografia ainda são flutuantes. É comum substantivos serem empregados em ambos os gêneros e alguns adjetivos têm a mesma forma no masculino e no feminino. Os pronomes pessoais da terceira pessoa no singular e no plural (*elle/il*, *elles/ils*) sofrem a mesma variação de gênero, podendo se referir a antecedentes masculinos ou femininos. O pronome relativo sujeito *qui* pode significar *qui*, *pour qui*, *dont* ou *que*, e o pronome relativo objeto *que* pode ser usado como sujeito (referente a sujeito inanimado) e pode significar *où* ou *dont*. Ainda são corriqueiras as formas de pronomes demonstrativos hoje arcaicas, tais como *cil*, *cest*, *cestui*, *icelui/icelle*, e seu uso não é fixo, já que podem corresponder a "esta/este", "aquela/aquele", "desta/deste" ou até "da mesma/do mesmo". Os pronomes indefinidos *nul* e *aucun* e os advérbios *nullement* e *aucunement* têm frequentemente sentido positivo – nesse caso, muitas vezes são omitidos na tradução. Enfim, a ênclise de artigo definido com preposição pode assumir as formas arcaicas *aus* (*à* + *les*), *ou* (*en* + *le*), *ès* (*en* + *les*) – grafada com ou sem acento grave – e as formas compostas *ausquels*, *ouquel*, *esquels* etc.

Por fim, a própria terminologia sofre forte influência do latim. O substantivo *magistrat* significa tanto "magistrado" quanto "magistratura", tal como o *magistratus* latino. Expressões latinas como "*magna voce clamat*" são traduzidas ao pé da letra, no caso por "*proclame à voix forte*"; para evitar o pleonasmo "proclama em voz alta", optou-se por perífrases na tradução, neste caso e nos semelhantes.

5. Principais modificações adotadas

Os princípios de uniformização e de adaptação às convenções gráficas contemporâneas exigiram numerosas alterações de grafia. São enumeradas a seguir as principais modificações realizadas na versão em português. Foram omitidas apenas aquelas que diziam respeito a ocorrências isoladas.

A. *Uniformização do uso de iniciais maiúsculas e minúsculas*

1. Todos os substantivos e adjetivos referentes a nomes de nacionalidades e povos (inclusive "bárbaros") que estavam escritos com maiúscula no original foram escritos com minúscula.

   Exceto: Igreja Romana, Império Romano, República Romana, Sacro Império Romano-Germânico.

2. Todos os substantivos e adjetivos referentes a membros de confissões religiosas (inclusive "pagãos") que estavam escritos com maiúscula no original foram escritos com minúscula.

3. Todos os substantivos referentes a formas de governo (aristocracia, democracia, diarquia, ditadura, monarquia, oligarquia, triarquia, triunvirato) que estavam escritos com maiúscula no original foram escritos com minúscula.

4. Todos os substantivos referentes a formas de Estado (califado, condado, ducado, exarcado, império, marquesado, principado, reino, república, viscondado) que estavam escritos com maiúscula no original foram escritos com minúscula.

   Exceções:
   - manteve-se "Império" com maiúscula no singular quando se refere a um império em particular (Império Romano ou Sacro Império Romano-Germânico);
   - manteve-se em numerosíssimas ocorrências a grafia de "República" com maiúscula quando o termo (que traduz um dos conceitos centrais da obra de Bodin) denota um Estado, qualquer que seja sua forma.

5. Todos os substantivos referentes a títulos de governantes (burgomestre, califa, cônsul, ditador, etnarca, governador, imperador, monarca, paxá, presidente, príncipe, rainha, regente, rei, sultão, tetrarca, voivoda) e nobres (arquiduque, barão, castelão, conde, delfim, duque, infante, marquês, visconde) que estavam escritos com maiúscula no original foram escritos com minúscula.

Exceções:

- manteve-se "Imperador" com maiúscula no singular quando está antecedido do artigo definido e não vem acompanhado do nome do soberano, pois nesse caso o termo indica o cargo em si (o soberano do Império Romano ou do Sacro Império Romano-Germânico);
- manteve-se "Príncipe" com maiúscula quando indica um soberano, qualquer que seja seu estatuto, e escreveu-se – muito menos frequentemente – com minúscula quando se refere ao herdeiro do trono real;
- manteve-se "Rei Católico" com maiúscula quando se refere ao ocupante do trono espanhol;
- escreveu-se "Rei dos Romanos" com maiúscula quando se refere ao título do imperador eleito do Sacro Império Romano-Germânico.

6. Todos os substantivos referentes a cargos públicos (arauto, arconte, bailio, cádi, camerlengo, censor, chanceler, comissário, demiurgo, edil, éforo, embaixador, gonfaloneiro, intendente, juiz, legado, lictor, magistrado, paracádi, preboste, prefeito, pretor, procurador, questor, reitor, secretário, senador, senescal, síndico, tesoureiro, tribuno), militares (almirante, capitão, condestável, coronel, janízaro, marechal, tenente) ou eclesiásticos (abade, arcebispo, bispo, cardeal, grão-mestre, núncio, padre, papa, pontífice, prelado, prior, rabino, sacerdote, vestal, vigário) que estavam escritos com maiúscula no original foram escritos com minúscula.

Exceções:

- manteve-se "Papa" com maiúscula no singular quando está antecedido do artigo definido e não vem acompanhado do nome do pontífice, pois nesse caso o termo indica o cargo em si;
- escreveu-se com maiúscula os cargos que compõem epíteto atribuído a personalidade histórica, a exemplo de Catão o Censor.

7. Todos os substantivos referentes a profissões e atividades (acadêmico, advogado, astrólogo, áugure, camareiro, canonista, charlatão, filósofo, historiador, iatromatemático, jurisconsulto, mago, médico, orador, piloto, pirata, poeta, político, professor, talmudista, teólogo) ou estados pessoais (ateísta, burguês, cavaleiro, citadino, dama, doutor, mestre, nobre,

pagão, patrão, patrício, profeta, senhor, súdito) que estavam escritos com maiúscula no original foram escritos com minúscula.
Exceção: manteve-se "Eleitor" com maiúscula porque se refere ao título dos príncipes-eleitores do Sacro Império Romano-Germânico, e não ao moderno direito de voto.

8. Os substantivos que denotam lugares, seres ou instituições (abadia, anjo, bailiado, cantão, capítulo, chancelaria, colégio, corpo, embaixada, fisco, labirinto, legião, palácio, papado, província, rabinato, santuário, senado, senescalia), quando escritos com maiúscula no original, foram escritos com minúscula.
   Exceções:
   - a "Corte" foi escrita com maiúscula quando indica uma instância judiciária, ao contrário da corte monárquica, escrita com minúscula;
   - os nomes das regiões correspondentes aos quatro pontos cardeais (Levante, Meridião, Ocidente, Oriente, Poente, Setentrião) foram escritos com maiúscula.

9. Os substantivos que indicam atividade, fenômeno ou objeto (astrologia, eclipse, efeméride, excêntrico, horóscopo, música, oráculo, salmo), quando escritos com maiúscula no original, foram escritos com minúscula.

10. Os substantivos abstratos (anarquia, ateísmo, censura, centúria, cristandade, honra, justiça, majestade, morte, natureza, nobreza, realeza, religião, senhoria, soberania, tirania) escritos com maiúscula no original foram escritos com minúscula.

11. O substantivo "Olimpíada", escrito ora com maiúscula ora com minúscula no original, foi escrito sempre com minúscula pois se refere ao intervalo de quatro anos entre os Jogos Olímpicos e não aos próprios Jogos.

12. Os adjetivos (anfictiônico, aristocrático, canônico, civil, germânico, imperial, jubileu, matemático, meridional, monárquico, papal, político, popular, real, retórico, setentrional, soberano, tirânico) e advérbios (aristocraticamente) escritos com maiúscula no original foram escritos com minúscula.

Exceção: escreveu-se com maiúscula os adjetivos que compõem epíteto atribuído a soberano ou personalidade histórica, a exemplo de Alexandre o Grande, Cipião Africano, Felipe o Belo.

13. Os nomes dos meses e dos dias da semana, grafados em maiúscula no original, foram grafados em minúscula.

14. Todos os nomes de animais que estavam escritos com maiúscula no original foram escritos com minúscula.

B. *Nomes próprios, topônimos e gentílicos*

15. Atualizou-se sistematicamente a grafia dos nomes próprios de pessoas e lugares, assim como os nomes de povos, a exemplo de Maquiavel, Constantinopla, árabes.

16. Foram aportuguesados os nomes de figuras históricas e de localidades quando a forma em português é corrente, tal como Marco Aurélio, Frederico o Grande, Estrasburgo, Hamburgo.

C. *Numerais*

17. Os números que representam anos, datas e quantidades, quando grafados em numerais romanos no original, foram grafados em numerais arábicos ou por extenso, EXCETO aqueles que acompanham nomes de soberanos ou que indicam séculos.

18. Nesses casos, substituiu-se a grafia arcaica do numeral romano IIII por IV.

D. *Terminologia*

19. A expressão "*amende honorable*" foi traduzida por "ato de penitência", mantendo-se a original entre parênteses e a explicação do tradutor em nota de rodapé.

20. A expressão "*droit d'aubeine*" foi traduzida por "direito de advena"[1], mantendo-se em nota de rodapé a explicação do tradutor sobre sua etimologia e significado.

21. O substantivo "*cour*" foi traduzido por "corte" e escrito com maiúscula quando indica uma instância judiciária, ao contrário da corte monárquica, escrita com minúscula.

22. As expressões "*hommage lige*", "*homme lige*" e "*vassal lige*" foram traduzidas por "homenagem leal", "homem leal" e "vassalo leal" para evitar a repetição excessiva do termo original e ao mesmo tempo restituir seu significado de laço de vassalagem exclusivo.

23. O substantivo "*ligeauté*", que corresponde ao adjetivo "*lige*", foi traduzido como "deveres de lealdade" ou simplesmente "lealdade" em suas duas únicas ocorrências.

24. O binômio "*mesnage/foyer*" foi traduzido por "lar/fogo", de acordo com a explicação do tradutor em nota de rodapé.

25. O substantivo "*mesnagerie*" foi traduzido por "administração do lar", mantendo-se o original entre parênteses.

26. O binômio "*puissance/pouvoir*" foi traduzido quase sempre por "poder", a não ser em raríssimas ocasiões em que "*pouvoir*" foi traduzido por "faculdade". A variação terminológica não apresenta consequências para a compreensão do texto porque não é objeto de comentário do autor e não serve de base a nenhum argumento.

---

1 A única referência que encontrei a essa expressão em português está num estudo histórico-biográfico intitulado "Amigos de Ribeiro Sanches", de autoria de Maximiliano Lemos, publicado originalmente no *Archivo Histórico Portuguez*, vol. Nº 8, 9, 10 e 11, Lisboa, agosto-novembro de 1910, e reproduzido na seção "Texto Antológico" da News Letter nº 2, janeiro de 2000, p. 7-12, da Cátedra de Estudos Sefarditas "Alberto Benveniste" da Faculdade de Letras da Universidade de Lisboa. Porém, o uso preciso e documentado dessa expressão, que está acompanhada da original, e o significado de "ádvena" ("estrangeiro") em português justificam sua adoção na tradução.

27. O substantivo "*taille*" (imposto feudal) foi traduzido por "talha", termo que existe em português com o mesmo sentido.

28. O binômio "*ville/cité*" foi traduzido por "cidade/citandade". Este último termo é um neologismo para indicar o conjunto dos cidadãos, que forma o corpo político e a consciência coletiva da cidade. Foi necessário recorrer a tal expediente para preservar a riqueza conceitual do texto. Por outro lado, a criação de um termo pareceu a melhor solução, preferível ao uso de palavra existente mas que borrasse a distinção conceitual e a inúmeras e fastidiosas menções em nota de rodapé aos termos usados no texto-base.
Foram mantidos apenas termos muito raros como *bellerbei, cadilesquier, edegnare, knez, precop, timariot* (títulos de governantes e dignitários asiáticos), *aman* e *avoyer* (títulos de magistrados dos cantões suíços), para os quais não foi possível encontrar equivalente em português.

E. Notas de rodapé

As numerosas notas apostas por Bodin ao texto original – a maioria delas escritas em latim, com muitas abreviaturas – foram selecionadas. O critério geral adotado foi o de conservar somente aquelas que fornecem dados compreensíveis por si sós ou que indicam referência bibliográfica precisa que possa ser verificada pelo leitor contemporâneo.

Assim, suprimiram-se aquelas que remetem a leis, comentários de jurisconsultos ou decisões judiciais ou que mencionam apenas nome de autor ou número de livro sem citar obra específica. Por outro lado, mantiveram-se aquelas que indicam data ou ano de determinado evento ou obra e passagem que possam ser consultadas, assim como as muito raras observações de Bodin.

O motivo da supressão dessas notas foi que elas forneciam informações por demais especializadas e interrompiam a todo momento o fluxo já extremamente denso da argumentação. Sua ausência não traz prejuízo nenhum à compreensão do texto. Por outro lado, o leitor interessado nessas informações será certamente um leitor especializado que terá condições de consultar o original.

Foi preciso, outrossim, pesquisar e complementar os nomes dos autores e obras, quase sempre citados com grafia arcaica e de forma abreviada, assim como traduzir as conjunções e locuções em latim para que as notas de rodapé remanescentes se tornassem compreensíveis.

As notas de Bodin constam no rodapé sem indicação especial, ao passo que as notas do tradutor são introduzidas por [N.T.].

F. Pontuação, divisão de frases e parágrafos

Aqui foram realizadas as intervenções mais substanciais no texto. A pontuação foi atualizada para facilitar a leitura. Essa foi uma tarefa árdua devido ao uso maciço que Bodin faz do ponto-e-vírgula e dos dois-pontos no lugar de ponto final. Ao atualizar a pontuação, procurei reduzir o comprimento das longas frases do original, mantendo as cesuras do texto de acordo com o sentido. Também foram segmentados os parágrafos, invariavelmente demasiado compridos, de forma a salientar melhor a articulação da argumentação. Tais intervenções foram indispensáveis para evitar que o texto se apresentasse como um bloco impenetrável que inviabiliza a leitura.

A divisão dos parágrafos segundo unidades de sentido foi prejudicada, certas vezes, pelos subtítulos da autoria de Bodin, inseridos pelos editores de 1986 no corpo do texto e não à margem deste, como constam nas edições antigas (ver seção 3). Nesses casos, quando houver aparente incongruência, espera-se que o leitor saiba atribuí-la a esse fato e reconstituir a unidade do parágrafo cortado pelo subtítulo.

6. Resultado do trabalho

Depois de superados todos os desafios inerentes à tradução, produziu-se uma versão em português com grande valor agregado: o texto traduzido está mais adaptado à linguagem contemporânea; suas articulações tornaram-se muito mais claras graças à separação de frases e parágrafos; as notas do autor estão mais compreensíveis. Assim, pode-se esperar que este clássico se torne mais acessível ao público brasileiro e lusófono.

José Ignacio Coelho Mendes Neto
São Paulo, abril de 2010

Introdução

por José Carlos Orsi Morel

I

NÃO POSSUÍMOS, ACERCA DE JEAN BODIN (1529-1596), bem como sobre vários outros nomes da Renascença francesa, informações detalhadas sobre a vida pessoal. Os motivos são vários: não descendem, em geral, de "gente importante" (famílias nobres ou de clérigos), fazem sua ascensão às letras por estudos eclesiásticos mas não conseguem tomar ordens, ou nelas não se ajustam de modo que os registros da Igreja nos são de pouca valia, consideram desnecessário falar explicitamente de si em seus escritos, vivem tempos conturbados por revoltas e guerras religiosas e, fato não menos importante, vivem em uma época na qual o Estado Nacional ainda não se consolidou completamente, de modo que as informações pessoais, demográficas e estatísticas ainda não são muito valorizadas, fazendo com que os governantes não insistam junto aos seus agentes locais para se manter registros precisos; atas de casamento, batismo e óbito não são redigidas com rigor e uniformidade, a ortografia é ainda muito flutuante, as guerras e revoltas por vezes queimam arquivos que nem sempre são repostos, etc.

Assim, não apenas a biografia de Bodin, mas a de nomes bem mais conhecidos como os de Rabelais ou François Villon, são bastante nebulosas. Será apenas em meados do século XVII, o chamado "século de Luís XIV", que os eruditos preocupar-se-ão em registrar algo da vida de seus colegas renascentistas, recolhendo tradições, documentos, memórias e autógrafos esparsos e assim iniciando os primeiros esforços biográficos sérios deles. Uma obra muito característica dessa tendência será o *Dictionnaire Historique et Critique* de Pierre BAYLE (1647-1706) cuja primeira edição data de 1706-1707, mas que foi preparada nas duas décadas anteriores. No caso específico de nosso autor, será necessário aguardar o século XX, com as pesquisas de Roger CHAUVIRÉ em 1914 e os trabalhos de Pierre MESNARD em 1951 (ver a Bibliografia no final desta Introdução), para que tal névoa se dissipe um pouco. Resumiremos aqui, inicialmente, essas notícias sobre sua vida e sobre os tempos em que viveu, para que sirvam de cenário geral onde o leitor consiga, com alguma facilidade, situar o autor.

Quando nasce Bodin, a América já havia sido "descoberta" há trinta e sete anos, a introdução da imprensa na Europa contava noventa anos, Constantinopla havia caído diante dos turcos há setenta e seis, estes haviam penetrado profundamente nos Bálcãs e na Europa Oriental e, até a Batalha de Lepanto (1571), não desistirão de empurrar além suas conquistas; Lutero havia afixado suas 95 teses na porta de sua igreja há doze anos, as guerras da Itália incendiavam-se, Copérnico redigia em segredo o seu *De Revolutionibus Orbis Coelestium*, que será publicado apenas com sua morte, em 1543, e Francisco I governava a França há quatorze anos. Quando nosso autor falece, em 1596, Descartes está nascendo, Giordano Bruno está no cárcere aguardando a sentença da Inquisição, a Inglaterra de Elizabeth havia derrotado a Invencível Armada há oito anos e Henrique IV há sete governa a França, pondo um fim às guerras de religião, reorganizando o país e preparando o Édito de Nantes (1598) que trará a paz entre os católicos e os protestantes franceses até ser revogado em 1685, por Luís XIV. O Concílio de Trento – que elaborará a teoria, a estratégia e as ferramentas da Contrarreforma – se dará em três fases entre 1545 e 1563, ou seja, exatamente durante a juventude e a primeira idade adulta de nosso autor. A Sociedade de Jesus ou ordem dos jesuítas será fundada em Roma, por Inácio de Loyola, em 1540 quando Bodin conta apenas dez ou onze anos, com a finalidade expressa de converter hereges e servir incondicionalmente à Igreja e ao Papa. Os primeiros carregamentos de açúcar brasileiro chegam à Holanda quando Bodin tem sete anos; o ouro do México, dois anos antes, começa a fluir para Sevilha.

O estado atual dos nossos conhecimentos nos permite dizer que Jean Bodin nasceu em Angers entre junho de 1529 e junho de 1530 em casa de seu pai, na Rua Van de Maienne, paróquia de Saint-Maurille, quarto filho de Guillaume Bodin e de sua esposa Catherine Dutertre, cujo casamento se deu por volta de 1522; a família era composta de sete filhos: três meninos e quatro meninas. O nome Bodin – e suas variantes ortográficas – era então muito comum em todo o ducado de Anjou e em Angers em particular: dezessete personagens mais ou menos conhecidos do Anjou levam esse sobrenome, ou variantes dele, durante a primeira metade do século XVI e nem todos têm laços de parentesco com nosso autor. Isto complica singularmente a tarefa de se seguir os passos de Bodin na França através da documentação que lhe é contemporânea e torna alguns de seus traços biográficos indecisos. Nosso autor, aliás, parece ter-se dado conta ainda em vida das dificuldades de tal homonímia, tanto que passará a assinar, depois de 1576, "Jean Bodin de Saint-Amand", sem que saibamos ao certo o porquê do apelido. Algumas lendas, contudo, podem ser definitivamente dissipadas: uma delas fazia da mãe de Jean Bodin uma imigrante judia, fugida da Espanha e recém-estabelecida na França; tal lenda surgiu do bom domínio que Bodin possuía da língua hebraica, cujos exemplos – alguns – o leitor em breve os verá; esse ponto hoje está perfeitamente esclarecido: Bodin deve seus conhecimentos de hebraico aos seus estudos conventuais e às suas relações profissionais e pessoais com o Rabinato de Paris e não à sua ascendência materna.

Guillaume Bodin deve ter nascido por volta de 1500 e era negociante em Angers: há documentos que lhe atribuem o estado de mestre-costureiro e devia, portanto, nessa qualidade, ser reconhecido como burguês de Angers; sabia com certeza ler, escrever e assinar seu nome, conhecimento não comum em seu estado. Sua esposa, Catherine, pertencia à pequena nobreza local e era filha do Sieur du Mothays, residente em Foudon próximo de Angers; o casamento, apesar de aparentemente desigual, parece ter se realizado com o beneplácito de ambas as famílias: Catherine aporta a Guillaume o belo dote de um pequeno vinhedo situado na aldeia de Brain-sur-l'Authon, que outra lenda diz ter sido o berço de nosso autor. O casal educou os seus filhos com dignidade e os casou, a todos, relativamente bem: o fato mesmo de todos terem sobrevivido até a idade adulta, em uma época na qual a mortalidade infantil grassa como uma catástrofe natural ceifando os filhos de todas as camadas sociais, e na qual a própria Catarina de Médici verá seu filho Francisco II morrer mal ascendido ao trono, aos dezesseis anos, em 1560, talvez nos testemunhe os cuidados do casal para com sua prole. Essa família Bodin na qual nasce nosso autor parece ser dada às letras, muito embora originada das camadas artesanais e comerciantes: Guillaume era tido, nos documentos, como "rico e bem instruído"; um irmão de Guillaume – Roland – parece ter sido também comerciante, depois de ter tentado, por alguns anos, diplomar-se em direito, e o avô de Bodin, assim como ele de nome Jean, parece ter sido "licenciado em leis" e advogado, se não se tratar aqui de homonímia. É provável igualmente que um irmão desse primeiro Jean Bodin tenha pertencido ao clero secular e que tenha sido padrinho de Guillaume. Dessa forma, a família de Jean Bodin, assim como a de Étienne de la Boétie (1530-1563), seu contemporâneo e antípoda político, parece ter sido uma daquelas famílias da burguesia provincial francesa que, pouco a pouco, graças à acumulação de algum capital pelo exercício de um ofício artesanal e habilidades comerciais, vai se ilustrando e saindo do comum do Terceiro Estado, graças ao estudo e ao exercício de cargos na igreja e na magistratura: é esse setor da sociedade francesa que dará à França muitos intelectuais e pensadores da época, como Pascal, e nele será recrutada a famosa "nobreza de toga", ancestral da moderna burocracia estatal. Digamos agora alguma coisa sobre a terra que viu Jean Bodin nascer.

Angers está situada a cerca de 300 km a sudoeste de Paris e foi capital da antiga província (primeiro condado e depois ducado) de Anjou desde a Alta Idade Média. O Anjou era uma pequena província interior da França, situada no curso inferior do Loire e tendo por fronteiras o Maine ao Norte, o Poitou ao Sul, a Touraine a Leste e a Bretanha a Oeste: suas vicissitudes históricas farão com que sua extensão varie bastante no correr dos séculos. Sabemos que, durante quase toda a Idade Média, a Bretanha constituiu-se em um ducado independente dos francos; veremos mais detalhadamente que a imensa região da Aquitânia, isto é, as terras ao sul do Loire, situadas entre o Oceano, os Pirineus, o Mediterrâneo e a Borgonha, resistiu por longo tempo aos reis merovíngios e aos carolíngios, integrando-se muito dificilmente ao reino dos francos, em parte por ser a região da antiga Gália mais romanizada, mais rica e mais urbanizada, por ocasião das invasões bárbaras. O condado de Anjou fica na fronteira dessas regiões e será um dos primeiros principados territoriais a serem criados, pouco depois da dissolução do Império Carolíngio, por volta de 870. Lembremos que, quando da morte de Luís o Piedoso em 840, o Império é dividido entre seus três filhos: Lotário, Carlos o Calvo e Luís o Germânico, sendo que o primeiro conservou por algum tempo o título de Imperador e a porção central do Império, ao segundo coube o domínio ocidental e ao terceiro a Germânia; as invasões *vikings* e as perturbações internas no imenso império geraram uma tendência disruptiva que consolidaria a ordem feudal na França e em todo o Ocidente. O condado manteve-se autônomo politicamente durante o reinado dos primeiros Capetos, embora estes detivessem nominalmente a suserania sobre tais terras.

Em 1066, os normandos, outros vassalos nominais do rei da França, atravessarão o Canal da Mancha e, sob seu duque Guilherme, vencerão o rei Harald em Hastings, dando início à dominação normanda na Inglaterra. Os condes angevinos participam ativamente de todas as cabalas políticas envolvendo Capetos, normandos e burgúndios, visando sempre manter a sua autonomia política de fato. No século XII, Geoffroy V, conde de Anjou, casa-se com Matilde, herdeira de Henrique I da Inglaterra, e obtém a coroa conquistada pelo duque Guilherme em 1066: o Anjou passa a ser, dessa forma, uma possessão continental do rei da Inglaterra, assim como a Normandia, mantendo assim o rei da França como que apertado em uma morsa, restrito grosso modo ao Reno, ao vale do Sena e ao alto vale do Loire até 1204, quando a Normandia e o Anjou são novamente anexados à coroa da França por Felipe I. Durante o domínio inglês a região angevina desenvolve-se comercialmente, sendo grande fornecedora de vinhos, juntamente com a Borgonha, para os ingleses e os países nórdicos. No começo do século XIII, igualmente a indústria têxtil começa a aí desenvolver-se e essas duas atividades serão a base econômica do Anjou até o início dos tempos modernos.

Em 1246, o condado de Anjou é atribuído por Luís VIII de França ao seu filho Carlos e este último se torna, pelos azares dinásticos feudais, o primeiro rei angevino da Sicília, separando-se assim o Anjou novamente da França. Em 1290, o Anjou constitui o dote que Margarida de Sicília leva para o seu casamento com Carlos de Valois, a raiz da dinastia reinante na França aos tempos de Bodin, e quando o filho de Carlos, Felipe VI, sobe ao trono da França, o condado incorpora-se novamente à Coroa. Em 1356, o Anjou, sob seu conde Luís, torna-se independente da Casa de Valois, e é erigido em ducado em 1360. Pela morte do último duque de Anjou, Renato, em 1480, o território volta ao domínio da França, mas dessa vez o rei o faz apanágio da Coroa e, desde então, o título de duque de Anjou será puramente honorífico, não implicando mais domínio territorial algum. Vê-se dessa forma que, quando nasce Bodin, sua pátria, de história bastante caprichosa e movimentada, está apenas há meio século unida definitivamente à França, no processo de concentração territorial típico da formação do moderno Estado Nacional. Tais vicissitudes de seu torrão terão grande peso no pensamento de Bodin e o leitor logo verá que muitos dos episódios aqui brevemente citados serão por ele utilizados para polêmica ou para a justificação de suas teses ao longo deste livro.

Bodin, como veremos, será um homem a cavaleiro entre dois tempos: moderno em algumas coisas, muito tradicional em outras; ousado em algumas opiniões e propostas, conservador em muitas outras. Ele nos dirá, neste mesmo volume, que "*não se pensa na instrução de uma criança sem que ela esteja educada, alimentada e capaz de razão*", opinião tradicional e conservadora bastante difundida em seu tempo, embora já contestada por Montaigne (1533-1592), por exemplo, que é muito curioso sobre a gênese do homem a partir do menino e interessa-se pela infância não apenas sentimentalmente, mas como objeto de estudo (ver p. ex. os ensaios 30 e 37 do Livro II). Para Bodin, a infância é uma espécie de "mal necessário" na constituição do adulto e, dessa forma, totalmente desimportante. Como consequência, estamos pessimamente informados sobre os seus primeiros anos, não somente sobre o seu cotidiano, mas também no que tange à sua formação: ele nada nos diz a respeito e quase não há documentos sobre isso, de modo que não sabemos de quem tomou as primeiras letras, quais foram suas leituras juvenis ou suas primeiras opiniões.

O único fato mais ou menos seguro é que sua primeira educação formal se dá no convento dos Carmelitas, onde é recebido como noviço com ajuda de alguns clérigos ligados à sua família. Não sabemos em que data entrou no convento, mas apenas que, em 1544 e aos quinze anos, dele sai sem tomar os votos e se dirige, juntamente com outros companheiros de estudo, para Paris, onde estuda filosofia entre 1545 e 1547. A Reforma, nessa altura, já tinha chegado à França, principalmente pelas ideias de João Calvino (1509-1564) que são publicadas em 1536 nos célebres *Institutos da Religião Cristã*. Sabemos igualmente que as teses de Lutero tinham sido examinadas – e reprovadas – pelos teólogos da Sorbonne alguns anos antes e que tal reprovação foi contestada, em latim, por Melanchton, em 1521, no *Loci Communes*. Dessa forma, pode-se supor que tais ideias não fossem desconhecidas no meio eclesiástico francês e que seus ecos deveriam chegar até mesmo aos conventos de província e interessar os noviços.

De qualquer maneira, mesmo em 1561, depois de rompidas as primeiras hostilidades das Guerras de Religião na França, vemos, no Colóquio de Poissy, manifestar-se uma certa tendência à tolerância e ao diálogo entre protestantes e católicos, apesar das chicanas e cabalas de Catarina de Médicis e dos "fundamentalistas" de ambos os campos, fato este que demonstra, ao menos, o grande interesse que tais questões suscitavam na França. Podemos assim supor que algo dessas controvérsias tenha chegado aos ouvidos de nosso noviço e há até mesmo quem atribua o interesse de Bodin pelo hebraico a uma necessidade ou pretensão de "livre exame" dos textos bíblicos na sua fonte original por influência das ideias calvinistas, seguindo os passos de São Jerônimo e de sua proposição da *hebraica veritas*. Outros há que especulam sobre uma possível e breve adesão de nosso autor ao calvinismo, o que geraria sua expulsão do um convento católico. Não há base documental para tal afirmação: Bodin, muito embora demonstre mais tarde interesse pela religião reformada e pela obra de seus propugnadores, sempre aparece em suas obras e atitudes como um católico convicto e algo carola, muito embora divirja das conclusões de Trento em muitos detalhes importantes, tais como a questão do divórcio e da pluralidade confessional regrada no interior do Estado. De qualquer modo, embora não seja seguro atribuir ao jovem Bodin alguma crise religiosa, nosso autor, quando maduro, apesar de confessadamente católico, não deixará de manifestar claramente, como muitos outros franceses de sua época, tendências galicanas no que tange à administração da Igreja, deixando a Roma apenas as decisões doutrinais. Tal tendência, que podemos observar igualmente em outros países europeus, não deve nos surpreender pois surge, no fundo, de uma base política comum que visa coadunar as necessidades da religião com as necessidades do Estado absolutista.

De qualquer forma, parece temerário atribuir a Bodin, nessa idade, simpatias protestantes: existem muitos motivos que podem fazer com que um adolescente sagaz fuja de um convento, mesmo em meados do século XVI! Paris já nessa época representa o acume para qualquer jovem ávido de saber: as disputas filosóficas e teológicas na Sorbonne, a influência humanista deixada no ensino pela memória dos trabalhos de Guillaume Budé (1468-1540), os cursos e a biblioteca do Collège de France, fundado recentemente por Francisco I e que reunia os mais privilegiados cérebros da Europa de então, e livros em abundância atuavam como poderosos ímãs intelectuais. Por outro lado, podemos notar pela análise das suas obras que a teologia nunca interessou fundamente ao Bodin adulto, afora as tradicionais proposições apologéticas que visavam subordinar, ortodoxamente, todas as curiosidades e trabalhos do saber humano à infinita sabedoria divina; dessa maneira, por suposição igualmente, pode-se dizer que os estudos conventuais poucos atrativos trariam ao jovem. Por outro lado, pelo que dissemos, o direito já se constituía talvez para ele em uma "tradição de família", além de constituir-se "sociologicamente" em uma porta aberta para a ascensão social.

Bodin inscreve-se na Universidade de Toulouse em 1548, aos dezenove anos, para lá estudar direito. A França, na época, conta com uma dúzia de universidades; a própria Angers possui uma de bom renome, que conta com uma Faculdade de Direito. A Universidade de Toulouse, contudo, é a segunda mais antiga da França, situada numa região de tradição cultural antiga e muito arraigada (estamos no coração da velha Borgonha provençal, matriz dos trovadores, da "langue d´oc" e da renovação cultural europeia do século XIII), notável por seus estudos médicos, rivalizando nessa matéria com Montpellier, onde Rabelais já havia estudado. Não sabemos ao certo porque Bodin a preferiu a Paris, Poitiers ou Angers, mas é necessário aqui frisar que o humanismo, principalmente o humanismo francês, era perpassado pelo direito, bem como pela literatura antiga. Geralmente apenas o segundo desses aspectos é enfatizado pelos historiadores, mas é necessário lembrar que grandes nomes renascentistas – Alciat, Barkley, Budé, Calvino, Cujas, Erasmo e Melanchton, entre outros – eram homens de toga, que aplicaram as regras filológicas descobertas ou derivadas do estudo das letras antigas à textologia filosófica, à crítica teológica e à hermenêutica do direito.

Este último ramo beneficiou-se enormemente das conquistas filológicas, de modo que, p. ex., o texto original e as glosas ao *Corpus Juris Civilis* bem como o conteúdo do *Digesto*, foram recuperados com uma exatidão desconhecida na Bolonha medieval. Em Toulouse, em particular, a influência e a doutrina de juristas-filólogos como André Alciat (1492-1550), Charles du Moulin (1500-1566), François Conan (1508-1551) e Jacques Cujas (1522-1590) eram particularmente vivas e atuantes, como o leitor logo o perceberá pelo conteúdo das citações de Bodin; tal influência e doutrina, pelas inovações de fundo e de método que postulavam, opunham-se diametralmente aos tradicionais métodos escolásticos de hermenêutica jurídica defendidos em Bolonha e Pádua. Dessa forma, a formação jurídica de Bodin, pela escolha da Universidade, será extremamente avançada para a época e se dará sobre as fontes originais depuradas e os grandes comentadores modernos do direito romano, inovadores tanto em metodologia quanto em conteúdo. Terá sido este um motivo ponderável em sua opção?

Ele contudo não negligenciará, em seus anos universitários, o estudo dos comentadores medievais (Bártolo e Baldo principalmente) e dedicará bom tempo e muito esforço à assimilação da legislação costumeira e das ordenações dos reis da França – tema, na época, mais próprio de rábulas, práticos do fórum e curiosos, e pouco comentado nas cátedras – e dedicará especial cuidado ao estudo da nova legislação estabelecida por Calvino para a cidade de Genebra. Devemos destacar particularmente a influência do método de Cujas sobre Bodin: esse método pretendia reconstituir o direito romano em seu significado legal primitivo e original e, para tanto, aliava à crítica filológica o estudo detalhado da história, de modo a assim inscrever a instituição descrita pela lei no seu quadro social apropriado. Esse viés histórico Bodin o assimilará e o empregará em um contexto mais amplo que o de Cujas, pretendendo usá-lo não apenas nas instituições pertencentes ao direito romano, mas também no estudo da legislação e das instituições de todos os outros povos antigos e medievais. Bodin, dessa forma, adquire uma vastíssima erudição jurídica nos seus tempos de Universidade, e tal erudição ele a complementará vorazmente durante a sua vida profissional, registrando o conteúdo de um vasto número de diplomas aos quais terá acesso ao longo de seus pleitos. Essa erudição, por vezes superabundante e confusa, torna-se o cerne de sua argumentação indutiva na obra que o leitor tem em mãos: para cada proposição que avança ou demonstração que conclui, ele aporá vários exemplos históricos, às vezes lançados gratuitamente de nosso ponto de vista, mas que cumprem claramente a função, para ele, de demonstrar que o ponto de vista adotado ancora-se na realidade institucional de muitos povos.

Terminados os estudos com distinção e louvor, Bodin é designado pelo corpo da Universidade, já em 1553, para lecionar os cursos básicos de direito, em particular para lecionar os *Institutos*, ou seja, os fundamentos do direito romano, tarefa que o obriga a estudar e pesquisar os fundamentos do direito, o direito privado, o direito público, a estrutura e distribuição da justiça e demais problemas associados aos direitos da pessoa e aos fundamentos do poder público. Nessa época, redige e publica o conteúdo de suas lições em duas obras: o *De Decretis* e o *De Imperio*, de caráter bastante tradicional. O que traz, pois, o jovem Bodin de seus anos de formação? É difícil avaliar precisamente por falta de documentos e referências, mas pela leitura de suas obras podemos crer que a erudição básica adquirida era a típica de um humanista francês da época. Em grego, deveria conhecer bem Homero, os poetas trágicos, um pouco de Platão e muito de Aristóteles; os historiadores Heródoto e Tucídides lhe são, sem dúvida, familiares, o que pressupõe uma longa frequência; Diodoro Sículo é sua fonte para muitos "fatos" egípcios, Iseu e Demóstenes lhe são igualmente bem conhecidos, assim como Plutarco. Quanto ao latim, Cícero, César e Virgílio ocupam um lugar central, bem como as fontes jurídicas que ele demonstra conhecer e manejar muito bem: desde a Lei das Doze Tábuas até as codificações de Justiniano, passando pelos comentadores clássicos como Papiniano; Tito Lívio é sua principal fonte no que tange à história latina, mas não a única: Tácito, Suetônio e os historiadores gregos de Roma também estão presentes. Este seria muito provavelmente o núcleo da formação básica de Bodin, ao qual ele agregará, é claro, a vulgata e, graças aos seus conhecimentos de hebraico, um acesso direto ao Velho Testamento.

Os textos de Maimônides, entretanto, bem como o acesso às tradições jurídicas do Talmud e da Mishná, talvez só lhes tenham vindo durante sua segunda estadia em Paris. O Bodin maduro nos mostrará igualmente uma boa erudição em temas que lhe são contemporâneos: conhece Maquiavel, Thomas More, Leão o Africano e até mesmo, fato surpreendente, cita exemplos da Etiópia extraídos da *História do Preste João das Índias* do português Francisco Álvares e autores poloneses, mostrando-se informado até de fatos políticos que ocorrem, ao seu tempo, nas estepes russas, como a vitória dos tsares da Moscóvia sobre o poder tártaro. Não temos como, ao menos no momento, estabelecer uma cronologia dessas leituras. Somente um acurado estudo bibliográfico de todos os seus escritos nos forneceria talvez, por critérios estatísticos, melhores informações.

De qualquer forma, é durante esses anos de docência universitária que algo se modifica fundamente em Bodin. O ensino nas universidades europeias, até mesmo no século XVII, ainda estava preso a muitas tradições peremptas da universidade medieval. Apesar da atitude renovadora de vários mestres ilustres, apesar dos novos e perturbadores fatos que de toda parte brotavam, apesar do movimento humanista, com Erasmo à frente, terem obrigado muitas delas a renovar seu currículo e estabelecer novas cadeiras de estudo, a tradição, duramente defendida em Paris, Bolonha e Salamanca, ainda impedia essas novas tendências de frutificar. Um ponto bem conhecido deve ser aqui frisado: o ensino universitário medieval era plasmado pela ideia escolástica do *magister dixit*, o próprio formato das aulas era concebido nestes moldes: o professor, literalmente, lia em latim trechos do autor que deveria ser estudado e tecia alguns comentários sobre ele; os alunos à sua volta ouviam e anotavam, depois essas lições eram esmiuçadas pelos auxiliares do mestre, os *repetidores*, de modo a bem impregnar delas os alunos. O saber pertencia ao puro domínio da teoria: saborosas gravuras de finais do século XV nos mostram o doutor lendo Hipócrates ou Galeno para seus alunos enquanto o cirurgião dissecava o cadáver! Essa separação entre a teoria e a prática era gritante, a ponto da nova filosofia e da nova ciência que então se gestavam na Europa terem se desenvolvido, até o final do século XVII, longe das universidades, nos novos círculos das academias e sociedades eruditas. Nunca é demais lembrar que Bacon, Descartes, Hobbes, Spinoza, Pascal, Ambroise Paré, Kepler, Mersenne, Leibniz, Locke e muitos outros desenvolveram suas carreiras científicas e filosóficas fora dos muros da Universidade.

Uma consequência dessa postura, particularmente visível no direito e na medicina, era um corte profundo, uma oposição quase, entre o estudo universitário dessas disciplinas e a sua prática: os doutores e bacharéis atuavam num plano muito distinto dos rábulas, cirurgiões e barbeiros. Assim, no caso do direito, a luta concreta nos fóruns, o debate e a defesa das causas miúdas eram normalmente deixados aos rábulas e práticos, dotados de uma desenvoltura natural para as liças verbais: estes eram os advogados (lembremos que a etimologia da palavra *advocatus* provém de *ad vocare* – falar em lugar ou em nome de alguém) que defendiam o ponto de vista de alguém em juízo falando em seu nome diante do juiz. Os jurisconsultos, ao contrário, eruditos na teoria e nos fundamentos através da assimilação dos preceitos gerais do direito romano, geralmente atuavam, na velha tradição dos prudentes latinos, através de pareceres encomendados por autoridades ou por clientes importantes.

Por volta de 1557, Bodin, já influenciado pelo método de Cujas, parece aprofundar sua tendência contestadora, estimulado por uma curiosidade comparativa e uma necessidade crítica que o conduzem aos trabalhos de Pierre de la Ramée (1515-1572). O personagem é suficientemente importante e característico dos tempos que estudamos para que nos debrucemos sobre ele. Ramée nasce na Picardia, filho de uma família da pequena nobreza arruinada pela Guerra dos Cem Anos: seu pai era um simples lavrador e seu avô exercia o ofício de carvoeiro. Dotado de uma inteligência invulgar, não pôde prosseguir seus estudos por falta de meios financeiros; fez-se então criado de um estudante rico para poder estudar no Collège de Navarre; trabalhava de dia e estudava à noite, acompanhando por vezes seu amo às aulas e usufruindo da bela biblioteca da Universidade. Demonstra-se um aluno brilhante, mas logo o ensino escolástico da Sorbonne o desagrada profundamente. Ele mesmo nos diz: "*Quando eu vim para Paris, caí sob as sutilezas dos sofistas que me ensinaram as artes liberais* [i. e., a gramática, a lógica, a retórica, a dialética, a música, a geometria e a astronomia, na tradição escolástica] *por questões e por disputas, sem jamais me mostrar, delas, nem um único proveito, um único uso*". Essas linhas são um resumo de toda a sua vida.

Do ponto de vista intelectual, Pierre de la Ramée, ou Petrus Ramus, como era mais conhecido por seus confrades, irá caracterizar-se por uma reação visceral à escolástica, dominante então na Sorbonne, em Bolonha e em Salamanca, e pela tentativa de construção de uma nova filosofia. Defende em 1536 sua tese de doutorado, na qual pretende demonstrar que: a) todo o *Organon* de Aristóteles não é autêntico; b) tudo o que aí nos diria Aristóteles é inconsistente, porque trata-se de coisas pobres que somente podem ser relembradas através de artifícios mnemônicos arbitrários. O trabalho será publicado em 1543 e fará escândalo. Sua meta não é arbitrária: ao atacar o *Organon*, ele ataca a base metodológica e lógica sobre a qual se assenta a escolástica desde Tomás de Aquino. Proporá então uma nova lógica, que ele denomina dialética, em um livro publicado em 1547: *Institutiones Dialecticae*. Essa nova lógica, ele a crê desenvolvida a partir do método socrático de investigação e não mais de Aristóteles. Notemos que tais propostas se opõem diretamente à escolástica de Suárez, que se tornará o padrão de curso de filosofia não apenas nas universidades católicas, mas em muitas protestantes. A sua oposição à mnemônica trará consequências pedagógicas importantes e ele se oporá, de fato, à prática pedagógica e à didática dos jesuítas. Como muitos outros renascentistas, Ramus se interessará vivamente pelo grego, que lhe permite o acesso direto às fontes do pensamento helênico, e, significativamente, será o primeiro tradutor dos *Elementos* de Euclides para o francês, abrindo dessa forma a porta para o vulgo estudar a geometria dos antigos diretamente, sem o intermédio da hermenêutica escolástica.

Suas primeiras obras lhe trarão muitos aborrecimentos. Seu caso será submetido à Congregação da Sorbonne, depois ao Parlamento de Paris e, finalmente, ao Conselho Privado do Rei; será julgado por uma comissão de cinco personagens, três dos quais hostis aos seus pontos de vista. A comissão o proíbe de ensinar *lógica* e *filosofia*. Ramus consegue, contudo, alguma simpatia junto ao rei, torna-se primeiramente professor no Collège de Presles e, pouco depois, vê abrirem-se a si as portas do Collège de France (1551), instituição de fundação e patrocínio reais, não submetida portanto à jurisdição e aos ditames da Sorbonne, encarregando-se aí dos cursos de lógica e matemática. Continua daí, não obstante, suas polêmicas furiosas com os peripatéticos da Sorbonne, os quais acusa, na pessoa de Jacques Charpentier e diante do Conselho do Rei, de ignorantes em matemática e, portanto, incapazes de deter cátedras nesse domínio. Ramus, além disso, alia-se aos huguenotes e passa a defender os direitos da religião reformada, criando com isso mais um ponto importante de atrito com os católicos e os universitários. Junto com muitos outros protestantes, foi obrigado a deixar a França durante a segunda Guerra das Religiões, visitando na ocasião muitas outras universidades europeias, como Estrasburgo e Heidelberg, sendo sempre recebido como uma das glórias da ciência francesa. Volta à França durante o armistício mas, dois dias depois da Noite de São Bartolomeu, em 14 de agosto de 1572, é apunhalado nas ruas de Paris, apesar da proteção real sobre sua cabeça.

Ramus, como Bodin, é um homem a cavaleiro entre dois tempos. Hoje é possível um julgamento mais desapaixonado sobre sua obra: nele se pode ver um prelúdio ao cartesianismo, que ilustrará o pensamento francês do século XVII, mas múltiplos laços o unem ainda ao passado apesar de suas lutas por deles desvencilhar-se. Impulsionou inegavelmente os estudos matemáticos, anunciando com isso uma nova era para a ciência, e suas críticas à lógica de Aristóteles, bem como as suas novas proposições neste domínio, hoje reconhecemo-nas como tímidas, muito inferiores, p. ex., às contribuições de Descartes ou Leibniz. Devemos entretanto notar nele, em primeiro lugar, um nítido impulso empírico, oposto à veneração supersticiosa dos textos, típica da escolástica decadente; como ele nos diz: "*Mais vale o uso sem a arte que a arte sem o uso*". Por outro lado, embora tímidas, as suas novas propostas de codificação da lógica através de uma nova classificação das categorias e a tentativa de estabelecer regras melhores e mais precisas para o julgamento lógico e os raciocínios são, no seu contexto, muito importantes, pois, como ele mesmo nos diz: "*A autoridade sem razão é nula, mas a autoridade da razão deve sempre dominar, como rainha*".

Podemos pois considerar o encontro de Bodin com o pensamento de Ramus como querido e não fortuito? Parece-nos que sim, apesar do tom bombástico da vida do personagem, ser, em alguns aspectos, o antípoda de um certo conformismo bem-comportado de Bodin. Vimos que este último, já por influência de Cujas, tinha se posto em busca de uma fundamentação empírica e histórica para as regras do direito, segundo as características observáveis nos diversos povos. Por outro lado, o cultivo e a docência do direito sempre estiveram associados a uma certa lógica, pretendendo-se que os julgamentos concretos derivariam das leis gerais e especiais por dedução e experiência dos fatos; tal lógica, entretanto, não é a lógica pura dos silogismos e juízos, mas mescla-se de recursos e tiradas retóricos, bem como busca um fartíssimo recurso na jurisprudência, ou seja, em julgados, interpretações e decisões anteriores que, por um motivo ou por outro, fizeram fé. A aplicação de técnicas filológicas aos textos de direito romano, obra dos humanistas franceses como vimos, havia demonstrado que a tradição e a transmissão desses materiais era muito incerta, apelando fortemente para um trabalho de crítica. Dessa forma, o método de Ramus, atacando fortemente a tradição aristotélica e propondo uma criteriologia e uma arte de julgar mais precisas que as sustentadas pela escolástica, convergiria com as preocupações que Bodin, naquele momento, nutria: um ponto central em todo o seu pensamento sempre foi o da necessidade de uma profunda racionalização e de uma organização das matérias legais, através da colação, fusão e mesmo derrogação de diplomas, visando constituir um corpo sólido, homogêneo e coerente de leis que se aplicasse ao Estado como um todo e que comportasse um número mínimo de exceções. Buscará pois, nesse período, uma espécie de "concordância universal" para o direito, buscando nos fatos e encadeamentos da história um modelo jurídico.

Bodin, mais tarde, criticará fortemente sua produção intelectual dos tempos de Toulouse e, segundo alguns biógrafos, recomendará, por testamento, que seus escritos do período sejam queimados. A grande estudiosa de Bodin na contemporaneidade, Simone GOYARD-FABRE, cita um de seus comentários a respeito: "*Houve um tempo, quando eu ensinava direito romano em Toulouse, em que eu me figurava grande sábio, coroado pelos jovens, houve tempo no qual eu fazia pouco caso dos príncipes da doutrina como Bártolo, Baldo, Alexandre, Fabre, Paul e Du Moulin; eu colocava todos esses homens no mesmo saco que a magistratura ou a ordem dos advogados; a seguir, uma vez iniciado nos mistérios dos tribunais e instruído por um longo uso, enfim compreendi de uma vez que não é na poeira das escolas, mas sim nos campos de batalha do fórum, que não é na ponderação das sílabas, mas na pesagem da equidade e da justiça, que se funda a verdadeira e sólida sabedoria do direito*". Interpretar essa postura aparentemente oscilante é difícil sem o recurso à história. A Universidade de Toulouse, como muitas outras da França e da Europa, era sustentada diretamente pela cidade e prestava contas ao "senado" urbano. A cidade, por sua vez, esperava não apenas "prestígio" por abrigar a Universidade, mas também sua interferência nas questões locais e uma certa conformidade com o pensamento médio dos cidadãos. E os tempos não eram particularmente risonhos...

II

AQUI CUMPRE ABRIR UM PARÊNTESE para situarmos melhor nosso homem e seu pensamento nos tempos em que viveu. Vemos, na França do século XVI, um Estado Nacional desenvolver-se no sangue das guerras externas e das guerras civis. Na primeira metade do século é notória a competição da Casa de Valois com o nascente poder dos Habsburgos da Áustria, que culminará nas Guerras da Itália. Na segunda parte do século, são as Guerras de Religião que jogarão os franceses uns contra os outros, ensanguentando a terra e extinguindo a dinastia Valois. Ao fim desse processo vemos um Estado Nacional centralizado sob a monarquia absoluta dos Bourbons, que será derrubada em 1789 com a Revolução. Sigamos as peripécias dessa travessia. O pano de fundo é justamente o importante momento da transição da Idade Média Tardia para a Idade Moderna: crise do sistema feudal, aliança da realeza com as cidades em vários pontos da Europa para conter o poder dos barões, superação, em alguns pontos (como em Flandres), do próprio conceito de monarquia pelo de uma República "democrática", queda do Império Bizantino, Renascença e, finalmente, a expansão planetária da Europa.

De um ponto de vista mais geral, pode-se dizer que o surgimento do Estado Moderno representa, no plano ideológico, uma ruptura com o universalismo teológico-político medieval, universalismo caracterizado pelo binômio Igreja-Império (ou Papa-Imperador) como representantes das duas facetas integradas de um mesmo poder: a sagrada e a laica. O Império como unidade máxima, como absoluto político, é uma herança que a Idade Média absorve da última organização política dos romanos; a cristianização do Império injeta nesse ideal ingredientes novos provenientes do fundo teológico judaico-cristão: o conceito de providência e a ideia de eleição divina. Ao que parece, é Agostinho de Hipona o primeiro que, no século V, une esses conceitos – político e teológico – na obra *A Cidade de Deus*. Para a patrística, influenciada pelo cristianismo paulino, pelo neoplatonismo e pela legenda da monarquia religiosa dos antigos judeus, o poder passa a ser sagrado: todo poder emana de Deus, o bom cristão deve ser igualmente um bom súdito e o monarca e seus agentes são os representantes da autoridade divina sobre a Terra. A conversão do Império ao cristianismo e sua imensa duração são, no ponto de vista agostiniano, fatos providenciais destinados a garantir a expansão universal do cristianismo. Tal ponto de vista, alicerçado na antiga jurisprudência romana, em uma particular exegese de alguns textos bíblicos e no uso político que se faz do rito de unção do monarca pelo sacerdote, como narrado na história de Davi, construirá o arcabouço ideológico fundamental das teorias políticas na Europa por mil anos.

A diarquia efêmera imposta pelos imperadores da casa de Diocleciano, o deslocamento para norte da capital administrativa do Ocidente (de Roma para Milão e daí para Ravena), imposto pela questão militar dos ataques bárbaros, e finalmente a fundação de Constantinopla farão com que essa doutrina se implante de modo diferente nas partes oriental e ocidental do Império. As províncias do Oriente eram as mais populosas e ricas; durante as invasões bárbaras era quase instintivo que o Imperador desviasse as hordas estrangeiras do *limes* do Danúbio e de Constantinopla, atirando-as contra a Gália ou a Itália; em pouco tempo cresceu o hábito de ceder terras no Ocidente às tribos bárbaras mais tratáveis de modo que estas, com o estatuto de federadas, defendessem as marcas do Império contra novos invasores. Dessa forma, a economia do Ocidente – já precária – periclita e a crise demográfica ocidental, visível desde meados do século IV, aprofunda-se; a vida urbana retrai-se e a rural isola-se progressivamente. A partir de 476, quando Odoacro remete as insígnias do poder imperial de Roma para Constantinopla em troca de um título de *patricius* e do reconhecimento como rei da Itália, o Império do Ocidente será apenas um fantasma, que se reencarnará nos carolíngios.

Roma, abandonada pelo poder político, será governada pelos senadores e pelo Papa. No Oriente, ao contrário, o poder do Imperador solidifica-se e o Império Bizantino só cairá em 1453. A religião cristã é tratada pelo direito romano como a religião antiga: uma questão de direito público. O Imperador torna-se o chefe nominal da Igreja e sua tendência, desde Constantino, é a de forçar a uniformidade do culto e plasmar a organização religiosa na matriz da organização política: os bispos passam a sediar-se, com características de magistrados, nas capitais provinciais e cidades importantes, de onde governam a Igreja no domínio geográfico a elas adstrito. Os primeiros concílios ecumênicos são convocados para as cidades da Ásia Menor – Niceia e Calcedônia – e neles se forja a doutrina oficial: a ortodoxia. A Igreja, assim regulamentada administrativa e dogmaticamente, será muito propriamente uma "igreja correta" – *Igreja Ortodoxa*. O Imperador, contudo, não a governa diretamente, embora faça valer – não sem oposições – as decisões dos Concílios e, muitas vezes, imponha sobre eles algumas vontades pessoais. O governo direto dos negócios eclesiásticos é deixado aos Patriarcas Apostólicos, que são – teoricamente – os bispos das sés mais antigas e prestigiosas fundadas pelos próprios apóstolos: Jerusalém, Antioquia, Alexandria, Roma e por fim Bizâncio. A elevação desta última ao estatuto de sé patriarcal não se dá sem uma certa entorse aos fatos: fundada mais de três séculos depois da era dos apóstolos, ela deve sua dignidade eclesiástica – não obstante a *fictio juris* que pretende ter sido sua sé fundada por André ou por Bartolomeu – ao fato de ser a capital do Império. Seu patriarca, dada a sua proximidade do Imperador, tenderá a acrescer o seu poder sobre seus colegas e isto é simplesmente intragável ao Papa, que pretende ser o sucessor legítimo de Pedro e, portanto, herdeiro do magistério que Cristo havia legado ao príncipe dos apóstolos na tradição evangélica. Esse conflito do bispo de Roma com a Igreja Ortodoxa irá crescendo em intensidade até culminar no Cisma de 1054, que conduz à defecção da Igreja Católica Romana do seio da Igreja Ortodoxa.

O Império Bizantino tenderá, pois, a estabelecer concretamente o ideal agostiniano sob a forma de um cesaro-papismo, que une as duas facetas do poder em um único personagem autocrático dotado de um poder de coerção efetivo e dominando uma burocracia eclesiástica e civil ampla e bem organizada; essa tendência centralizadora encontrará sua oposição em diversas controvérsias teológicas – incidindo principalmente sobre os problemas cristológicos – que tenderão às lutas dogmáticas, à heresia e ao cisma – mas que encobrem a luta velada dos particularismos contra a hegemonia de Bizâncio: é dessa forma que os monofisistas, formando a Igreja Copta no Egito e influenciando as Igrejas Armênia e Etíope, tentarão tornar Alexandria independente das outras sés, expressando política e socialmente o velho particularismo egípcio; os nestorianos, por outro lado, enraizando-se nas regiões orientais da Síria fronteiriças à Pérsia sassânida, farão causa comum com os partos na sua luta contra os bizantinos e, graças a tal aliança, poderão propagar o cristianismo até a fronteira da China, sempre sonhando em reconstruir uma religião sem muitos chefes. A fulminante conquista árabe, que a partir de 636 rapidamente domina a Síria, o Egito e o Maghreb, separa essas províncias rebeldes do corpo do Império – reduzido então à extremidade norte da Síria, à Anatólia e aos Bálcãs – e congela essa disputa teológico-política por muitos séculos, consolidando, paradoxalmente, o poder do Imperador nessas matérias.

No Ocidente, essa evolução é completamente distinta. Aí o Império soçobra no final do século V: os distintos povos bárbaros recortarão para si domínios do corpo de sua presa, organizando reinos que são considerados como propriedade pessoal dos clãs reais. Assim, os anglos e os saxões se instalarão na metade oriental da Britânia, os francos na Bélgica e no noroeste da Gália, os burgundos na Rétia e no sudeste da Gália, os godos e visigodos na Itália, na Aquitânia e na metade oriental da Espanha, os vândalos no sul e no oeste da Espanha, onde coabitam com os suevos, e na África. Na sua condição de federados, esses povos possuem, de bom direito, um terço de todas as terras adstritas ao direito romano – afora as que podem pilhar, por devolutas ou a pretexto de disputas – em cada região onde se instalam; a crise econômica e demográfica à qual nos referimos facilita essa acomodação, uma vez que a ampliação dos latifúndios, a exação do fisco, a escravização forçada de camponeses livres e a diminuição da população – fenômenos estes claramente observáveis no Ocidente a partir de meados do século IV – fornecem as condições para que isso ocorra sem muitos traumas.

Os camponeses livres escravizados e os artesãos empobrecidos e ligados perpetuamente ao seu ofício em muitas localidades farão causa comum com os invasores e a extração do "terço" das terras, realizada em grande parte sobre terras fiscais, devolutas e latifúndios, que eram mais bem cuidados que as terras dos pequenos camponeses, encontrou poucas restrições sociais: os latifundiários preferiam obviamente entregar os anéis e não os dedos e a massa campesina, reduzida à miséria, via com um júbilo mal encoberto a quebra da empáfia de seus aborrecidos dominadores. Por outro lado o Império tinha, por temor político, afastado os cidadãos do exercício das armas, resultando que o imenso exército romano a partir de 350 fosse progressivamente formado por mercenários, que pululavam numerosos nas fileiras e já começavam a ascender aos postos do baixo oficialato. Os germanos, ao contrário, organizados ainda clanicamente na base da antiga ideologia tripartite indo-europeia tão bem descrita por Dumézil, tinham a função guerreira solidamente implantada no corpo social: cada homem livre estava sujeito ao serviço militar como penhor de sua própria liberdade e, muito embora alguns dos povos que invadiram o Império já tivessem sido expostos ao cristianismo (na versão da "heresia" ariana), sua conversão era suficientemente superficial para que o *modus vivendi* tradicional fosse pouco alterado. Bem antes das invasões, a carreira das armas era o melhor caminho para a ascensão social de muitos bárbaros infiltrados no Império, como a biografia de Arbogast tão bem exemplifica. Os germanos da invasão não são mais os germanos de Tácito: embora mantendo muitos de seus costumes ancestrais e por vezes sua antiga religião sob uma camada de "cristianismo", eles admiram o Império e aqueles de seus compatriotas que nele fazem belas carreiras.

Além disso, não nos devemos iludir com o termo "invasões bárbaras" e fazer dele a imagem de uma inundação que tudo arrasa. Alguns desses povos não ultrapassam a cifra de algumas dezenas de milhares de indivíduos. Ademais, não se trata de um exército, mas sim de uma migração, às vezes impelida pelo desespero: os guerreiros carregam consigo mulheres, filhos, pais e mães idosos e às vezes alguns escravos. É, pois, um povo inteiro que emigra e do total de pessoas que cruza o Reno ou o Danúbio, 20 ou 30% apenas constitui o exército pronto para a guerra. Está claro que uma derrota os exporia não apenas à vergonha mas ao extermínio, fato que deve ter agido como prodigioso incentivo à bravura; do lado romano, ao contrário, é o derrotismo e a falta de interesses concretos a defender que salta aos olhos: não se trata de simples poltronaria, mas sim de ausência de móveis concretos para a luta, da impossibilidade de acesso às armas e da falta de traquejo nelas; em muitas localidades os bárbaros instalados serão os organizadores da defesa contra as novas hordas e os "romanos" parecem então ter se integrado ao esforço de defesa, assim que este parece melhor organizado. Ademais, como a linguística, a toponímia e a onomástica nos indicam, o aporte populacional germânico foi mínimo no Ocidente: as fronteiras linguísticas da Europa moderna nos mostram claramente que o latim perdeu cerca de 10% da sua antiga área de influência: apenas regiões de fronteira são conquistadas por falares germânicos, o restante do Ocidente continua a usar o latim. É significativo igualmente que os empréstimos germânicos nas línguas neolatinas sejam muito pequenos (cerca de 700 palavras ou menos, conforme a língua), mas é interessante que muitos dos empréstimos situem-se no domínio do vocabulário militar. A própria palavra *guerra* (*guerre*, *guera*, etc.) substitui o latim *bellum* em todos os falares neolatinos, importada do germânico (*war*, *Kriege*), quase a indicar que, doravante e em cada aldeia, os negócios militares seriam da alçada dos bairros germânicos e não dos casais latinos.

Mas a organização da força bruta é apenas um dos lados da questão. A máquina de governo romana sobrevive ao impacto da invasão, não somente porque os bárbaros prestigiam a cultura latina e são cativados e absorvidos por ela, mas porque dela terão necessidade, e aqui também os aspectos materiais são importantes. Trata-se de manter esquadrões de soldados de prontidão, limpar o país de bandidos, arrecadar impostos, manter estradas, transmitir ordens, assentar contas, organizar almoxarifados, depósitos e tesouros, coordenar trabalhos nos campos e cidades, abastecer, julgar, condenar e manter o poder de polícia. Os reis bárbaros, localmente, sucedem o poder romano e, ciosos do cargo e de suas benesses, têm que cumprir aceitavelmente com os encargos associados para não serem alijados. A incompetência ou a inépcia redunda na queda e muitas vezes na morte do aventureiro – o caso de Odoacro na Itália é exemplar. Os antigos impostos romanos, mesmo que agora parcos e mal arrecadados, engordarão as arcas reais e o ouro dos pagamentos precisa ser contabilizado para pagar convenientemente prazeres e lealdades. Conflitos surgem espontânea e inevitavelmente entre povos de hábitos e costumes tão distintos obrigados a coabitar, e se superpõem aos conflitos internos de cada povo, sendo então necessário organizar as leis segundo o costume de cada um e proceder de acordo com o estabelecido, prevenindo ou limitando desgastes. Dessa forma, p. ex., Alarico, na Itália, é obrigado a editar um digesto das leis romanas e dos costumes germânicos – o *Breviarium Alaricii* – que fará as funções de código civil e criminal em boa parte do Ocidente até as *capitularii* carolíngias. A vida urbana, enfim, muito mais complexa que a vida aldeã, mesmo tendo-se em conta a grande regressão observada em todo o Ocidente entre os anos 500 e 1000, acaba por se impor bem ou mal aos recém-chegados e cria-lhes novas necessidades.

A estas os invasores não podem atender, sendo-lhes necessário dirigir-se aos letrados romanos que logo formarão, ao lado dos *major-domus*, dos marechais e dos senescais germânicos, o embrião de uma burocracia encarregada de arrecadar e contabilizar impostos, organizar serviços e obras públicas, manter o registro de deliberações políticas e administrativas e das decisões jurídicas, etc. Para tanto é preciso saber ler, escrever e contar, conhecimentos que até mesmo reis e nobres germânicos não dominavam. Inicialmente, até meados do século VI, havia ainda uma classe média civil de origem romana, educada nas últimas escolas de gramática do Império, que poderia dar conta da tarefa: homens como Boécio, p. ex., que, consciente do conteúdo sombrio dos tempos em que vivia, não apenas tentou ilustrar os bárbaros, mas igualmente tentou preservar um resumo da cultura latina para uso de seus pósteros e aventurou-se pelo pensamento puro, com o seu célebre *De Consolatione Philosophiae*. Do século VII em diante, esse saber laico eclipsa-se de todo no Ocidente e os únicos que saberão ler, por dever de ofício, serão os clérigos, que passarão assim a atuar não apenas nos ofícios litúrgicos, mas servirão igualmente de arcabouço para uma burocracia de estado mais que rudimentar.

Durante o século VI Justiniano tenta a reconquista do Ocidente, empresa temerária que exigirá grandes esforços para um resultado discutível, que lhe rende apenas a anexação completa da Itália e a derrota dos vândalos na África e no sul da Espanha. A Gália, sólida nas mãos dos francos e burgundos, é uma presa inatingível, da mesma forma como o resto do Ocidente. Embora a marinha bizantina seja forte e bem organizada, a lacuna do Tirrênio e a situação excêntrica de Bizâncio não permitirão a reconstituição do *Mare Nostrum* e condenarão, no longo prazo, a tentativa. Se Justiniano tivesse se concentrado na Itália e na conquista das ilhas mediterrâneas, os resultados, talvez, seriam melhores e a influência imperial teria crescido sobre os reinos bárbaros. Dominando solidamente a Itália, o Império igualmente teria tido condições de manter o Papa sob controle, infletindo assim o rumo da história europeia. Mas tal conquista, enorme para os recursos bizantinos, acabou dispersando esforços, forçando a exação fiscal no Oriente, aumentando aí a impopularidade do Imperador e desguarnecendo a fronteira oriental, o que possibilitou sucesso às incursões persas. Além disso, essa reconquista foi a responsável direta pela descida e instalação dos lombardos no norte da Itália, de onde dominarão firmemente e por mais de dois séculos boa parte da península, reduzindo dessa forma a influência bizantina no Ocidente apenas à região de Veneza, da Pentápole e do extremo sul do país (Calábria e Sicília). A conquista lombarda da Itália faz com que o ideal político do Império, no Ocidente, fique sem encarnação concreta por muito tempo: uma intensa fragmentação política, um Imperador distante e ausente cujo domínio material torna-se cada vez mais restrito e nominal até mesmo na Itália, uma Igreja fraca e relativamente mal organizada, umbilicalmente ligada à administração civil e estritamente controlada por ela, e uma grande regressão populacional e econômica não permitem a realização de sonhos políticos extensos.

No Ocidente, será o papado, no final do século VIII, o responsável pelo ressurgir do Império, que dessa vez será um *Sacro-Império Romano-Germânico*. Os lombardos serão o fator imediato de tal criação, embora causas mais profundas também atuem. A partir da metade do século VIII, o poder bizantino na Itália é seriamente desafiado e logo os lombardos ocupam quase 70% do país, enquanto os árabes desafiam as regiões do sul. O Imperador, ocupado com os desgastes internos da "querela dos iconoclastas" e com os avanços dos califas sobre as fronteiras orientais, pouco pode fazer. Não obstante os conflitos entre o Papa e Bizâncio sobre dogmas e prioridades das sés, o colapso da reconquista – de seu ponto de vista – somente favorecia um inimigo muito mais temível: os germanos laicos e hereges. Na medida em que o lombardo avança, a situação do papado torna-se mais crítica e os conflitos aumentam; a tendência dos invasores é a de unificar a Península sob uma monarquia e subordinar o poder eclesiástico ao poder temporal: ao Papa não interessa nem uma coisa, nem outra, daí ele voltar os olhos para além dos Alpes, onde, na Gália, o prefeito do palácio dos merovíngios, Carlos Martelo, tinha, no começo do século, detido a invasão árabe diante de Poitiers, poupando desse modo aos francos o destino da monarquia visigótica na Espanha. O Papa trata inicialmente com o filho de Carlos, Pepino, mas este, mal consolidado ainda no poder e dependendo de alianças com os lombardos, mantêm-se ambíguo. Será somente o filho de Pepino, Carlos Magno, quem irá derrotar os lombardos na Itália e anexar grande parte de seu território ao reino franco. Carlos Magno igualmente esboça um perfil geopolítico da Itália que estará destinado a perdurar: abandonando o sul aos bizantinos e a Sicília aos árabes, ele cede ao Papa, no centro da península, um extenso domínio que a cúria romana, através de documentos forjados, diz ter sido doado à Igreja por Constantino: está formado o *Patrimonium Petri* e fundado o poder temporal dos papas. O norte da Península Carlos Magno incorpora ao próprio domínio franco, criando por esse fato razões diplomáticas duradouras para a intervenção da França nos negócios internos da Itália. No Natal de 800, Carlos Magno será coroado Imperador em Roma. Notemos que toda a sua família, dez anos antes, já tinha sido ungida pelo Papa, durante uma visita à França.

Esse ritual, que está grávido de conflitos a eclodir nos próximos séculos, indica claramente o quanto estamos longe da concepção romana do Império como magistratura. É também significativo o fato de o Imperador ter sido escolhido em uma família que não poderia justificar adesão alguma ao passado romano. Voltaremos a uma avaliação mais minuciosa dos fatos. Lembremos aqui que essa construção, improvisada pela vontade do Papa e por circunstâncias políticas, dará um caráter precário ao Império Romano-Germânico. Sua origem "sagrada" será fonte da monumental "querela das investiduras", que oporá Papa e Imperador transformando este último, depois de um certo apogeu, em figura cada vez mais decorativa no Ocidente, tema que é caro a Bodin nos últimos capítulos deste livro. Aparentemente o Império Romano-Germânico impressiona: estende-se do Elba aos Pirineus e do Canal da Mancha ao Mediterrâneo, sua área é maior que a do antigo Império do Ocidente e incorpora novos povos e novas terras cheias de recursos. Forças poderosas, entretanto, minam-no a ponto de muitos historiadores acreditarem que, não fosse o fato de Carlos Magno ter deixado um único herdeiro, o Império não teria sobrevivido ao seu fundador.

Um grande problema é o demográfico; embora não se tenha dados seguros, fica claro que o Ocidente – já em crise por ocasião das invasões bárbaras – tenha regredido muito, populacionalmente, nos primeiros quatro séculos da Idade Média: invasões, anomia, destruição do quadro urbano, violência e insegurança, incapacidade administrativa de governantes ineptos para as questões da vida urbana, fome, doenças, tudo isso cooperou para que a Alta Idade Média fosse duríssima para a Europa Ocidental. Estima-se que a população tenha caído para menos da metade do seu nível ao tempo de Augusto e menos gente significa menor potencial de trabalho, menos impostos e menos luxo; problemas técnicos relacionados com o cultivo dos solos pesados e com o uso da tração animal também contribuíram, através da baixa produtividade, para a queda demográfica. No dizer de Georges Duby, até o ano 1000 o grande problema econômico da Europa continental era o homem e não a terra: eram necessários braços para fazer valer os terrenos que existiam em relativa abundância e, agravando esse quadro, encontramos desafios tecnológicos difíceis de transpor; daí o fato de o sistema feudal querer fixar o homem a terra.

Muito da legenda e das realizações da monarquia carolíngia aparece por contraste: as coisas estavam tão ruins, que uma pequena melhoria era sentida como um enorme benefício. É inegável o esforço de Carlos Magno para organizar os trabalhos agrícolas, para diminuir os abusos, para manter a saúde da moeda, para organizar a administração pública e padronizar a administração privada de seus próprios domínios, fazendo, p. ex., com que neles fossem habitar ferreiros e carpinteiros. É inegável igualmente o seu esforço para difundir a cultura letrada e criar escolas de vários níveis, como inegáveis igualmente são a sua cobiça e violência, e a cruel concentração de renda que patrocinou. Os problemas a enfrentar sobrepujavam, entretanto, as capacidades administrativas disponíveis. O calcanhar de Aquiles do Império é a própria organização feudal que ele estabelece; esta última, entretanto, é a única administração praticável que pode ser operada na época em uma área tão extensa, com meios tão precários. Assim, será o feudalismo – com sua tendência ao isolamento e à autarquia – que dissolverá o Império, não sem aproveitar-se das inovações deste último: a melhoria da organização dos domínios rurais, p. ex., vai possibilitar uma modesta melhoria na produtividade agrícola, que terá efeitos demográficos e possibilitará, do final do século XII em diante, a expansão da Europa, no movimento das cruzadas.

Na Britânia de então, as coisas se passam um tanto diferentemente: invadida por bárbaros pagãos em meados do século V, que lhe ocupam a metade do território, a ilha será sede de um poderoso movimento de evangelização comandado pelos irlandeses. Os anglo-saxões convertidos tornam-se por sua vez apóstolos de outros povos germânicos: os próprios saxões continentais, os bávaros e os abroditas. As primeiras sés no centro e no sul da Alemanha devem-se paradoxalmente a bispos saxões e a monges irlandeses e não aos francos. Esse movimento liga o país muito cedo a Roma e ao papado. O cristianismo ascético dos bretões é praticamente imune às disputas teológicas e a supremacia romana é facilmente aceita. O processo de concentração política é, grosso modo, paralelo aos avanços do cristianismo e, graças à sua posição excêntrica no contexto europeu bem como suas ligações diretas com Roma, as Ilhas Britânicas, e a Inglaterra em particular, desenvolver-se-ão independentes dos francos e do continente até a conquista normanda em 1066. Nos tempos de Carlos Magno, o rei Offa de Mércia consegue unificar brevemente o domínio anglo-saxão, denomina-se *Imperator Anglorum* e mantém boas relações com o continente, conservando a sua independência.

Pode-se assim dizer que o desenvolvimento da Inglaterra anglo-saxã se dá de uma maneira relativamente externa ao conceito de Império e à ideia da sacralidade do poder, embora este mantenha sua vocação concentracionista: seus governantes, embora cristãos, manterão uma relativa autonomia entre o poder civil e o eclesiástico. As coisas começam a se complicar a partir do início da invasão dos *vikings* dinamarqueses no começo do século IX. Eles apoderar-se-ão de uma parte ponderável da Inglaterra e detonarão dois séculos de guerra nos quais o poder tradicional é fortemente desafiado, a ponto de quase desaparecer. A reação indígena vence, mas o país está extenuado, de modo que o rei Harold, o último soberano anglo-saxão, é derrotado em Hastings em 1066 e a nova ordem francesa, sob as bênçãos do Papa, apossa-se do poder do outro lado da Mancha. A conquista normanda da Inglaterra instaura aí o feudalismo e vincula estreitamente a história do país à história da França durante a Baixa Idade Média, justamente no período em que se formam os Estados Nacionais. Um aspecto importante dessa transformação é a concentração fundiária: as "terras nobres" passam de dez mil titulares para apenas três mil depois da conquista e as terras comuns são em toda parte diminuídas e incorporadas aos feudos – os franceses trouxeram o latifúndio à Inglaterra.

Enquanto isso, no continente, a ideia de um Império continua a agitar as cabeças, principalmente na Itália e na Alemanha, onde a formação do Sacro Império, pela ação muitas vezes oposta, mas estranhamente sinérgica do Papa e do Imperador tinha evitado a formação de monarquias feudais locais. A longa disputa entre guelfos e gibelinos nada mais é que um episódio dessa evolução. O Império Carolíngio não sobrevive aos seus netos: ao tempo de Henrique o Passarinheiro a primeira dinastia está extinta e o Império possui alguma realidade apenas a leste do Reno e em algumas cidades italianas. A ampliação do feudalismo, por sua vez, feita às custas do patrimônio imperial, fazia com que os recursos próprios do Imperador se reduzissem às diminuídas terras imperiais e aos rendimentos dos feudos de sua família: se tais feudos crescem, cresce o poder do Imperador e vice-versa. Na Alemanha principalmente, o poder começou a ser compartilhado com os bispos de várias cidades importantes e outros senhores feudais, que dessa forma conseguiam imensos privilégios e foram criados, como outros nobres do círculo palaciano, Eleitores, isto é, tinham a responsabilidade de indicar o Imperador em caso de vacância. Na França, os Capetos, de início bastante modestamente, tentam organizar uma monarquia sobre a base feudal, concentrando-se sobre seus domínios da Ilha-de-França e avançando timidamente. De qualquer forma, tanto o rei quanto o Imperador nada podiam sem a boa vontade de seus súditos.

A situação parecia inverter-se: originalmente o feudo e a vassalagem tinham sido instituídos, em teoria ao menos, para que um homem fraco e sua família encontrassem proteção e abrigo junto a um grande; seus bens eram dissolvidos nos bens do senhor e ele adquiria, em geral a título precário, alguma terra ou benefício do qual poderia extrair o seu sustento. Os vassalos igualmente eram obrigados a concorrer para a defesa do território comum, mantendo-se em armas, ou cotizando-se para manter um certo número de homens de armas. A extensão do feudalismo fez com que os domínios imperiais e reais, que poderiam ser associados às rendas do Estado, diminuíssem cada vez mais, complicando dessa forma a gestão dos serviços públicos. Igualmente, a cessão indiscriminada de privilégios fazia com que certos feudos, mormente os da Igreja, fossem imunes aos impostos e à justiça senhoriais, fugindo da órbita da coisa pública. Os exércitos de um país somente podiam ser reunidos depois de laboriosas negociações do rei ou do Imperador com seus principais vassalos e nunca possuíam um caráter permanente, sendo muito comuns as batalhas perdidas por defecção ou traição de uma parcela do exército.

De qualquer forma, o papel simbólico de um governo universal no pensamento da Idade Média não pode ser desprezado: o pensamento político de Dante no *De Monarchia*, p. ex., é testemunha viva disso. Nesse autor vemos o mito da unidade do poder levado a uma altura poética: o Papa, e o Imperador a ele subordinado, são os construtores da ordem humana sobre a Terra; assim como o universo é composto de Céu, Terra, Purgatório e Inferno em uma estrutura hierárquica pela ordem de bondade, cabe ao homem realizar a ordem divina sobre a Terra, através de uma organização da sociedade na qual o mal esteja reprimido aos subterrâneos e que possibilite ao homem o acesso à luz da verdade. A obra e o pensamento de Dante são organizados como uma catedral gótica; sua defesa de uma ordem imperial e teocrática universal choca-se tanto com a autonomia crescente das comunas que se desenvolve sob a ordem feudal, quanto com as tentativas de se formar novas estruturas de poder visando ao estabelecimento de unidades políticas autônomas de domínio mais ou menos amplo em territórios circunscritos, em clara ruptura com o universalismo. A crítica dos principados, assim, precede em quase três séculos a formulação de sua teoria por Maquiavel. O pensamento de Dante e o tomismo, matizados ou não, serão o ponto de partida de todo um pensamento clerical que, na Idade Moderna, tentará se opor às novidades abomináveis do poder político separado do poder sagrado e da livre investigação filosófica.

O processo de formação do Estado Moderno não é, entretanto, meramente intelectual. Na prática, muitas forças interferem nessa formação e transformações sociais importantes ocorrem, que repercutirão igualmente na filosofia e no modo de considerar a vida. Contra o pensamento teológico-

-político medieval, a busca do Estado Moderno é, ao mesmo tempo, a busca de um particularismo – diante da ideia de Império – e uma generalização ou universalização diante do localismo feudal. O Estado Nacional constitui-se, grosso modo, entre o final do século XII e o século XIV, e a primeira região da Europa onde ele começa a ver a luz é a Península Ibérica, sob o forte impulso da cruzada cristã contra os mouros, da guerra de reconquista e da centralização política na figura do rei, ao mesmo tempo estratégica e simbólica. Isso faz com que, primeiro em Portugal e depois em Castela, a corte real gradualmente se liberte da sua envoltória feudal e busque o apoio de outros setores sociais, como mercadores citadinos, navegantes, banqueiros e intelectuais judeus e camponeses livres para organizar um embrião de sociedade nacional. Particularmente em Portugal, a conquista do Oceano, já visível nas ordenações de D. Diniz para a plantação dos pinheirais de Leiria, vai acrescentar um forte elemento, ao mesmo tempo prático e simbólico, na construção política dessa nova entidade que hoje denominamos nacionalidade. Em Castela será mais propriamente a luta contra o mouro, encarnado como o Outro, que detonará o processo de criação do Estado Nacional, processo este acompanhado daquilo que alguns historiadores modernos denominam máximo religioso (estabelecimento da Inquisição, intolerância para com as confissões não cristãs, perseguições à bruxaria e os cultos ctônicos, etc.).

Na Itália e na Alemanha, esse Estado Nacional só surgirá na segunda metade do século XIX e, na França e na Inglaterra, ele é uma consequência direta da Guerra dos Cem Anos (1337-1420). Essa guerra encontrará a coroa da França dominando apenas 40% do território que hoje constitui o país. A Bretanha nesse tempo continua independente, os ingleses dominam toda a Aquitânia, a fachada atlântica e algumas praças do Canal, a Saboia e o Delfinado são ducados independentes e muitas regiões da Provença voltam-se mais para a Itália do que para Paris. A Inglaterra, ao contrário, já começa a guerra mais unificada: o antigo domínio anglo-saxão constitui um reino único dividido administrativamente em condados (*shires*) e os ingleses já detêm boa parte de Gales, a planície irlandesa de Dublin e deitam olhos cobiçosos sobre uma Escócia que demorará, entretanto, a cair-lhes nas mãos. A guerra nascida das complicações da política e das rivalidades feudais, de disputas acerca de suserania e vassalagem, logo tomará outro rumo: para os franceses trata-se de expulsar os ingleses de seu território e para os ingleses de manter os restos do antigo domínio angevino, embora concedendo em eliminar das práticas políticas do país as velharias francesas desembarcadas com Guilherme o Conquistador.

Para ambos países, entretanto, a consequência será muito diversa: a superação da ordem feudal de governo e a consolidação de um território particular enquanto "território nacional". Em primeiro lugar, o longo e sustentado esforço de guerra implicava manutenção de exércitos permanentes muito maiores que os usuais na guerra feudal. O enorme teatro de operações implicava igualmente a necessidade de se dominar uma frota e de se estar atento aos fatores velocidade e surpresa. Finalmente a longa duração da guerra – ainda que entremeada por tréguas – tornava necessários a manutenção do tônus na população e cuidadosos esforços de propaganda. Além disso, a guerra implicava uma grande perda econômica para os ingleses: o comércio dos vinhos de Bordeaux, do qual eles detinham praticamente o monopólio. Para não se criar conturbações domésticas, foi necessário desenvolver novos ramos de comércio para os prejudicados e daí o grande aumento de escala na exportação da lã e dos tecidos de lã. Para levar a guerra adiante com exércitos numerosos e permanentes, o rei tinha que dar provas imediatas e confiáveis de solvência: datam dessa época os cerimoniais de exibição pública do tesouro real. Mas para ser exibido o tesouro tinha que estar bem fornido: a Guerra dos Cem Anos causou, pois, uma revolução no fisco. A bem da verdade um melhor controle da emissão de moeda e da arrecadação de impostos já vinha sendo realizado pelos funcionários reais ingleses desde a Magna Carta e a instalação do Parlamento: a guerra assim, do lado inglês, consolida e aprofunda esse fato, tornando-o mais geral e eficaz. Do lado francês, entretanto, é uma prática que tem que ser duramente aprendida durante os primeiros anos da Guerra, muito desfavoráveis para os franceses; afora isso, seus reis têm o péssimo hábito de ser eles mesmos moedeiros-falsos, alterando o título das moedas segundo sua vontade pessoal, como veremos adiante no texto.

Organização do fisco e organização do exército, dinheiro e monopólio da força: eis o começo do Estado Moderno. Nesse processo a monarquia se vê obrigada a se aproximar de outros setores sociais: a própria tecnologia de guerra, com a introdução de armas de fogo no final do século XIV, torna obsoletas a cavalaria medieval e os castelos, transferindo o peso do combate e o penhor da vitória para a infantaria e a artilharia, e dessa forma camponeses, burgueses e artesãos passam a ser estratégicos no cenário da guerra e o cavaleiro encouraçado começa a perder importância; daí decorre igualmente a necessidade de mobilizar politicamente essas camadas sociais para a guerra e a importância da propaganda como instrumento de combate; a logística igualmente passa a representar uma papel fundamental juntamente com seus novos atores sociais: armadores, capitães de navio, carpinteiros e carreteiros. A monarquia, em suma, politicamente premida, tenta a qualquer custo romper a casca nobiliárquica e aproximar-se de outros setores sociais, envolvendo-os na política.

A formação do Estado Moderno é um processo coetâneo ao desenvolvimento comercial e industrial e à emancipação das novas camadas burguesas. O comércio da lã e de panos, a produção e a venda de vinhos e o comércio de especiarias dominam os séculos XIV e XV. O custo dos transportes é tal que, de início, permite apenas o comércio de longo curso de bens de maior valor agregado. Esse comércio, entretanto, cresce a termos constantes e acaba sendo uma alavanca de crescimento econômico, possibilitando a circulação dos outros bens. Entre os séculos XI e XV a população europeia parece ter superado a sua estagnação demográfica. As cruzadas e a fundação do reino de Jerusalém, o aparecimento das ordens militares, que depois do colapso da ordem franca na Síria irão servir de produtores, consumidores, financiadores e intermediários ao comércio de longo curso, e a oferta de braços farão as atividades agrícolas e artesanais prosperarem. Em meados do século XIV, uma violenta erupção de peste bubônica (a Morte Negra) ceifa boa parte desse crescimento demográfico secular, mas não se trata de um decréscimo definitivo. Na Inglaterra, p. ex., meio século depois de cerca de 25% da população perecer na epidemia, vemos a curva demográfica alçar-se novamente em um movimento dessa vez sustentado que faz com que, em um século e meio, os níveis populacionais de antes da peste fossem superados.

Esse novo crescimento demográfico mostra, tanto na Inglaterra quanto na Europa continental, que muita coisa está mudando. Mais gente em uma economia que depende fortemente da mão de obra quer dizer maior capacidade de trabalho e, ao mesmo tempo, depreciação de salários individuais. O vínculo feudal do homem ao campo afrouxa-se. Tanto na Inglaterra quanto na França, observamos nesses séculos a extinção da escravidão e uma grande redução das obrigações servis, como observará Bodin no Capítulo V deste livro, aparecendo, mesmo no campo, a figura do diarista assalariado, isso pela razão básica de que pagar salários se torna mais barato que manter um servo ligado a terra. Um primeiro e amplo reflexo desse movimento é portanto a baixa no índice de salários, que começam a perder peso com relação à cesta média de bens de consumo. Estima-se que entre 1350 e 1500 os salários e rendas dos trabalhadores europeus tenham perdido entre 50 e 70% do seu valor real, conforme a região. As terras comunais começam a ser assaltadas pelos produtores de mercadorias de exportação que necessitam de mais matéria-prima e muitas revoltas sociais começam a se organizar e a desafiar a ordem vigente. São os primeiros efeitos da acumulação capitalista que se fazem sentir com a quebra das relações de produção tradicionais: superexploração da mão de obra, crescimento da acumulação e crescimento da miséria. Em meados do século XIV um operário especializado inglês poderia manter sua família com o que ganhava sozinho; em 1590, a família inteira teria que trabalhar jornadas bem maiores para manter o padrão de vida, ou simplesmente perecer.

É muito típico da Inglaterra de então o surgimento das *cottage industries* (indústrias de chalé), nas quais camponeses sem terra e artesãos fora das guildas produzem para um grande comerciante uma certa quantidade de manufaturados de tecnologia tradicional (laticínios, produtos de panificação, cutelaria, cardagem e fiação de lã, etc.) por uma remuneração bem abaixo da tradicional, buscando completar suas rendas. O maior impacto da nova ordem sobre os trabalhadores provém sem dúvida do fechamento de várias terras comunais à agricultura local de subsistência e sua transformação em terras de produção de matérias-primas mercantis, expulsando os pobres do campo e fazendo com que o preço dos gêneros de primeira necessidade suba constantemente.

É claro que a grande injeção de metálico proveniente do Novo Mundo contribuiu para inflacionar os preços, mas isso não explica tudo. Algo de novo está acontecendo nos campos europeus, principalmente na Inglaterra e na França. A economia de apropriação de excedentes do feudalismo clássico começa a ceder passo para uma economia de produção para o mercado, alterando os perfis de produção. As técnicas tradicionais de cultura e gestão nos campos são rapidamente substituídas: na França os vinhedos de exportação dominam a paisagem, na Inglaterra serão os rebanhos de carneiros que expulsarão a agricultura, visando produzir lã para a florescente indústria de fiação e tecelagem. Na América, esse modelo irá também ser adotado, com a cana-de-açúcar, o tabaco e o algodão, assim como já vinha sendo ensaiado na Ilha da Madeira no fim do século XV. Na Inglaterra estima-se que nos finais do século XVI e no começo do XVII existiam três carneiros para cada ser humano no campo, fato este que chegou até mesmo a alarmar a Coroa, por causa dos imensos vazios agrários que causava e da pletora dos problemas urbanos. Do ponto de vista do Estado, campos vazios eram um convite à conquista inimiga e, muito embora reconhecendo os benefícios dos negócios da lã, os governantes lutavam para que o campo não fosse abandonado.

Essa situação agrária indica igualmente o porquê do peso e da importância dos setores radicais que farão dos séculos XVI e começo do XVII uma "época de ouro" das revoltas populares: o movimento hussita na Boêmia, os Lollards ingleses, a guerra camponesa e a revolta de Thomas Muntzer na Alemanha, as Jacqueries francesas e as próprias guerras de religião nesse país são todos movimentos de um cariz social bem marcado. Por toda parte a "gente turbulenta e sediciosa", no dizer de um cronista da época, que tinha ambições niveladoras em temas sociais e que não gostava muito de pastores e padres, preferindo ela mesma ler a *Bíblia* e tirar as suas próprias conclusões, se levanta em revoltas e guerras sangrentas, mostrando-nos um outro lado do processo que analisamos. É esse "excedente" populacional dos não contemplados pela nova ordem econômica que irá fornecer a massa de soldados para os massacres dos reis em campo de batalha, que povoará os bandos de truões e arruaceiros a correr as estradas sem ocupação fixa, que será lançado ao cárcere quando a forca não der mais conta, aguardando o momento de ir colonizar a América e a Sibéria, e que subsidiará os levantes na Europa inteira.

O fortalecimento da realeza e do Estado Nacional vem igualmente agravar a política fiscal e tornar mais dura ainda a vida dos pobres. Os grandes capitais gerados nessas atividades comerciais começam a excitar uma atividade bancária crescente, mesmo antes da chegada do ouro americano à Europa; os templários são os pioneiros nessas operações, logo seguidos por várias praças italianas e dos Países Baixos. Banqueiros como os Fugger alemães ficaram famosos por terem financiado as guerras do próprio Imperador e por terem desempenhado um papel ativíssimo nas intrigas da política europeia no século XVI. A expansão marítima de Portugal e da Espanha deve ser considerada propriamente como um episódio dessa evolução capitalista. O domínio de ambas no cenário europeu foi de curta duração: trinta anos para Portugal e noventa para a Espanha. O choque inflacionário produzido pelo enorme aporte de ouro, se foi nocivo para a Espanha e em certa medida para a Europa como um todo, não deixou de promover igualmente os seus ganhadores: as primeiras tentativas de manufatura intensiva na França e na Inglaterra não teriam ocorrido sem tal aporte.

* * *

BODIN NASCE E VIVE, POIS, NA etapa final desse processo de formação do Estado Nacional francês. Está, como homem e pensador, a cavaleiro entre dois tempos, em parte porque vive num século que encarna em si essas súbitas e perturbadoras transformações. O século XVI foi inegavelmente um desses períodos aceleradíssimos da história para a Europa, um momento em que fatos e noções longamente preparados pela evolução social, mas ainda ocultos à vista dos homens, eclodiram de maneira assustadora, um momento no qual referências e quadros mentais seculares se veem, no curso de poucas décadas, subitamente subvertidos e contestados. Essa Revolução Copernicana, ocorrida não apenas no domínio da especulação astronômica, mas no próprio quadro mental que informava o cotidiano de milhões de seres humanos, é fundamental para qualquer tentativa de entendimento dos homens e dos tempos da Renascença.

José Carlos Orsi Morel

Pequena Bibliografia Bodiniana

CHAUVIRÉ, R. *Jean Bodin, auteur de "La République"*. Genebra, Slatkine, 1969 (ed. original de 1914).

DUBY, G. *L´Économie Rurale et la Vie des Campagnes dans l'Occident Médieval.* Paris, Aubier, 1962.

GOYARD-FABRE, S. *Jean Bodin et le Droit de la République*. Paris, PUF, 1989.

MESNARD, P. *Corpus des Philosophes Français – Jean Bodin*. Paris, PUF, 1951 (*Introduction*).

PIRENNE, P. *Histoire de l´Europe*. Bruxelas, Griffon, 1955.

Os Seis Livros da República

De J. Bodin, Angevino

A Monsenhor Du Faur,
Senhor de Pribac
Conselheiro d'El-Rei
no seu privado Conselho

Em Lyon,
Por Gabriel Cartier
M.D.XCIII

Prefácio sobre Os Seis Livros da República

de Jean Bodin

A Monsenhor Du Faur
Senhor de Pibrac, Conselheiro d'El-Rei em seu privado Conselho

HAJA VISTA QUE a conservação dos reinos e dos impérios e de todos os povos depende, depois de Deus, dos bons Príncipes e dos sábios governantes, é de boa razão (Monsenhor) que cada um lhes assista, seja para manter-lhes o poder, seja para executar-lhes as santas leis, seja para vergar seus súditos por ditos e escritos para que assim possam atingir o bem comum de todos em geral e o de cada um em particular. E se isso sempre foi honesto e belo para qualquer pessoa, agora nos é necessário mais do que nunca. Pois enquanto a nau de nossa República tinha em popa o vento agradável, apenas se pensava em gozar de um repouso firme e assegurado, com todas as farsas, momices e mascaradas que podem imaginar os homens dissolutos em toda sorte de prazeres. Mas depois que a tempestade impetuosa atormentou o vaso de nossa República com tanta violência que até mesmo o patrão e os pilotos estão como que cansados e extenuados por um trabalho contínuo, é preciso que os passageiros lhes deem alguma mão, quer nas velas, quer nos cordames, quer na âncora, e aqueles a quem a força faltar, que deem algum bom conselho, ou que apresentem seus votos e preces àquele que pode comandar os ventos e apaziguar a tempestade, visto que todos juntos correm um mesmo perigo: o que não se deve esperar dos inimigos que estão em terra firme, gozando de um singular prazer pelo naufrágio de nossa República, pois correrão aos seus destroços e já há muito tempo se enriquecem com as coisas mais preciosas que lançamos borda fora incessantemente para salvar este reino; o qual outrora deteve todo o Império da Alemanha, os reinos da Hungria, da Espanha e da Itália, e todo o contorno das Gálias até o Reno sob a obediência de suas leis; e agora que está reduzido a pé pequeno, este pouco que resta está exposto à presa pelos seus próprios homens e ao perigo de ser lançado e de romper-se por entre arrecifes perigosos se alguém não se der ao trabalho de lançar as sagradas âncoras a fim de abordar, depois da tempestade, o porto de salvação que nos é mostrado pelo Céu, com boa esperança de lá chegar se a tanto se quiser aspirar. Eis porque, de minha parte e nada de melhor podendo, empreendi o discurso da República em língua popular tanto por estarem as fontes da língua latina quase secas – e secarão de todo se a barbárie causada pelas guerras civis continuar – quanto para ser melhor compreendido por todos os franceses naturais, ou seja, aqueles que possuem o desejo e o querer perpétuos de ver o estado deste reino no seu esplendor primeiro, florescente em armas e em leis; se assim não for, não houve nem jamais haverá República, por mais excelente em beleza, que não envelheça, como que sujeita à torrente de natureza fluida que arrebata todas as coisas, a menos que se faça de modo que a mudança seja suave e natural, se possível, e não violenta nem sangrenta. Esse é um dos pontos que tratei nesta obra, começando pela família e continuando pela ordem até a soberania, discorrendo sobre cada membro da República, a saber, sobre o Príncipe soberano e sobre todos os tipos de República; depois sobre o senado, os oficiais e magistrados; sobre os corpos e colégios, estados e comunidades, sobre o poder e o dever de cada um; depois observei a origem, o crescimento, o estado florescente, a mudança, decadência e ruína das Repúblicas com muitas outras questões políticas que me parecem necessárias de ser bem entendidas. E, na conclusão da obra, abordei a justiça distributiva, comutativa e harmônica, mostrando qual das três é própria para um estado bem ordenado. No que talvez parecerei estender-me demais àqueles que buscam a brevidade; e outros me acharão breve demais, pois não pode haver obra, por grande que seja, que não seja mui pequena para a dignidade do tema, que é quase infinito; entretanto, entre um milhão de livros que vemos em todas as ciências, há apenas três ou quatro sobre a República que, não obstante, é a princesa de todas as ciências. Pois Platão e Aristóteles talharam tão curto seus discursos políticos que mais abriram o apetite do que saciaram aqueles que os leram; junte-se o fato de que a experiência de dois mil anos ou quase, desde que escreveram, nos fez ver com olhos e mãos que a ciência política estava ainda naquele tempo oculta em trevas bastante espessas: o próprio Platão confessa que ela era tão obscura que nela pouco se enxergava e, se havia alguns entendidos no manejo dos negócios de estado, eram chamados de sábios por excelência, como diz Plutarco. Pois aqueles que depois escreveram sobre isso por ouvir dizer, e que discorreram sobre os negócios do mundo sem conhecimento algum das leis e até mesmo do direito público – que é o suporte do proveito que se tira do particular – aqueles, digo eu, profanaram os sagrados mistérios da filosofia política, coisa que deu azo à perturbação e à derrubada de belos estados. Temos como exemplo um Maquiavel que teve sua voga entre os mercadejadores dos tiranos e a quem Paul Jove, tendo-o engajado nas fileiras dos homens notáveis, chama não obstante de ateísta e ignorante das boas letras; quanto ao ateísmo, ele o glorifica por seus escritos, e quanto ao saber, creio que aqueles que se acostumaram a discorrer doutamente, a pesar sabiamente e a resolver sutilmente os altos negócios de estado concordarão que ele jamais sondou o vau da ciência política, que não jaz nas astúcias tirânicas que ele buscou em todos os cantos da Itália e que, como doce veneno, instilou em seu livro do Príncipe, no qual exalta até o Céu e põe como padrão de todos os reis o mais desleal filho de preste que jamais existiu e o qual, apesar de todas as suas finezas, foi vergonhosamente precipitado da rocha da tirania alta e lisa na qual se tinha aninhado, e por fim exposto como um biltre à mercê e à risada de seus inimigos, como aconteceu depois com outros Príncipes que seguiram sua pista e praticaram as belas regras de Maquiavel. Este pôs, como os dois fundamentos das Repúblicas, a impiedade e a injustiça, acusando a religião como contrária ao estado; todavia, Políbio, governador e lugar-tenente de Cipião o Africano, estimado como o mais sábio político de sua era, embora fosse ateísta declarado, entretanto recomendava a religião sobre todas as coisas como o fundamento principal de todas as Repúblicas, da execução das leis, da obediência dos súditos para com os magistrados, do temor aos Príncipes, da amizade mútua entre eles, e da justiça para com todos, quando disse que os romanos nunca tiveram algo de maior que a religião para estender as fronteiras de seu império e a glória de seus altos feitos por toda a Terra. E quanto à justiça, se Maquiavel, de relance, tivesse lançado um olhar aos bons autores, teria visto que Platão intitula seus livros da República, livros da justiça, como sendo esta um dos mais firmes pilares de todas as Repúblicas. E tanto que ocorreu a Carnéades, embaixador de Atenas junto aos romanos, para provar sua eloquência, louvar um dia a injustiça e no dia seguinte a justiça: Catão o Censor, que o tinha ouvido arengar, disse em pleno senado ser preciso despachar e licenciar tais embaixadores, que logo poderiam alterar e corromper os bons costumes de um povo e por fim derrubar um belo estado. Assim, é abusar indignamente das leis sagradas da natureza, que quer não somente que os cetros sejam arrancados das mãos dos malvados para serem entregues aos bons e virtuosos Príncipes, como diz o sábio hebreu, mas também que o bem, em todo este mundo, seja mais forte e mais poderoso que o mal. Pois assim como o grande Deus por natureza sapientíssimo e justíssimo comanda os anjos, assim também os anjos comandam os homens, os homens as bestas, a alma o corpo, o Céu a Terra, a razão os apetites, a fim de que o que é menos hábil em comandar seja conduzido e guiado por aquele que pode garanti-lo e preservá-lo como recompensa pela sua obediência. Mas ao contrário, se ocorre que os apetites desobedeçam à razão, os particulares aos magistrados, os magistrados aos Príncipes e os Príncipes a Deus, vê-se então que Deus vem vingar essas injúrias e fazer executar a lei eterna por ele estabelecida, dando os reinos e impérios aos mais sábios e virtuosos Príncipes, ou (para melhor dizer) aos menos injustos e melhor entendidos no manejo dos negócios e no governo dos povos, que por vezes ele faz vir de um extremo da Terra ao outro, para espanto de vencedores e de vencidos; quando eu digo justiça, entendo a prudência de comandar em retidão e integridade. É pois uma incongruência bem pesada em questões de estado, e de perigosa sequência, ensinar aos Príncipes regras de injustiça para assegurar seu poder pela tirania. Ao contrário não há fundamento mais ruinoso que este: depois que a injustiça, armada de força, toma sua carreira com poder absoluto, ela pressiona as paixões violentas da alma fazendo com que uma avareza logo se torne confisco, um amor adultério, uma cólera furor, uma injúria assassínio. E assim como o trovão precede ao raio, embora pareça o contrário, assim o Príncipe depravado de opiniões tirânicas faz passar a multa adiante da acusação e a condenação adiante da prova, e este é o maior meio que se pode imaginar para arruinar os Príncipes e seu estado. Há outros que lhe são contrários e seus inimigos declarados, mas que não são menos, e talvez mais perigosos, que, sob o véu de uma isenção de encargos e de liberdade popular, fazem os súditos rebelarem-se contra seus Príncipes naturais, abrindo a porta a uma licenciosa anarquia que é pior que a mais forte tirania do mundo. Eis duas espécies de homens que por escritos e meios totalmente contrários conspiram para a ruína das Repúblicas, não tanto por malícia mas por ignorância dos negócios de estado. Foi isso que eu me esforcei por esclarecer nesta obra, a qual, por não ser aquela que eu desejava, não teria vindo a lume se um personagem dentre os meus amigos, pela afeição natural que ele têm ao público, não me tivesse incitado a fazê-lo: trata-se de Nicolas de Liure, senhor de Humerolles e um dos gentis-homens deste reino mais afeiçoados a todas as boas ciências. E pelo conhecimento que tenho há dezoito anos de vos ter visto subir por todos os degraus da honra, manejando tão destramente e com a integridade que cada um de nós conhece os negócios deste reino, pensei que a ninguém mais eu poderia dirigir este meu trabalho para que dele se fizesse um são julgamento. Eu vo-lo envio, pois, para que o censureis ao vosso talante e para que lhe atribuais o preço que vos aprouver, tendo por seguro que será bem-vindo por toda parte se vos for agradável.

Vosso mui afeiçoado servidor,

J. Bodin

Sumário dos Capítulos

Livro Primeiro

Livro Segundo

Livro Terceiro

Livro Quarto

Livro Quinto

Livro Sexto

FIM

O Primeiro Livro da República

Capítulo I

Qual é o fim principal da República bem ordenada

REPÚBLICA É UM RETO GOVERNO DE VÁRIOS LARES e do que lhes é comum, com poder soberano. Colocamos essa definição em primeiro lugar porque é preciso buscar em todas as coisas o fim principal e depois os meios de a ele chegar. Ora, a definição não é outra coisa senão o fim do assunto que se apresenta: e se ela não está bem fundada, tudo o que for construído sobre ela se arruinará pouco depois. Entretanto, aquele que encontrou o fim daquilo que se apresenta nem sempre encontra os meios de lá chegar, não mais que o mau arqueiro, que vê o alvo mas não o visa; não obstante, com a destreza e o esforço que empregar, ele poderá atingi-lo ou aproximar-se dele, e não será menos estimado se não acertar a meta, desde que faça tudo o que deve para atingi-la. Mas quem não conhece o fim e a definição do tema que lhe é proposto, este não tem mais esperança de encontrar os meios de lá chegar, não mais que aquele que dispara para o ar sem visar o alvo.

Deduzamos pois em miúdo as partes da definição que assentamos. Dissemos em primeiro lugar *reto governo* pela diferença que existe entre as Repúblicas e as tropas de ladrões e piratas, com as quais não se deve ter parte nem comércio, nem aliança, como sempre foi guardado em toda República bem ordenada. Quando se tratou de dar fé, tratar a paz, declarar a guerra, pactuar ligas ofensivas ou defensivas, delimitar as fronteiras e decidir os diferendos entre Príncipes e senhores soberanos, nunca se incluiu os ladrões nem seu séquito. Pode ocorrer que tal se tenha dado por necessidade forçada, que não está sujeita à discrição das leis humanas, as quais sempre separaram os bandidos e corsários daqueles dos quais nos declaramos retos inimigos em ato de guerra e que mantêm seus estados e Repúblicas por via de justiça, cuja eversão e ruína os bandidos e corsários buscam.

Eis porque eles não devem gozar do direito de guerra comum a todos os povos, nem se prevalecer das leis que os vencedores dão aos vencidos. A própria lei não quis que aquele que caísse em suas mãos perdesse um só ponto de sua liberdade, ou que não pudesse dar testamento e todos os atos legítimos, que não pudesse aquele que estava cativo dos bandidos como seu escravo perder sua liberdade e o poder doméstico sobre os seus. E quando se diz que a lei quer que se devolva ao ladrão o penhor, o depósito ou a coisa emprestada, e que lhe sejam devolvidas as coisas alheias por ele injustamente tomadas se delas foi despojado mediante violência, há nisso dupla razão: uma é que o bandido merece que se tenha consideração para com ele, quando vem prestar homenagem ao magistrado e coloca-se sob a obediência das leis para exigir e receber justiça; a outra é que isso se faz nem tanto em favor dos bandidos, mas por ódio àquele que quer reter o sagrado depósito, ou que procede por vias de fato tomando a justiça em suas mãos.

Quanto ao primeiro caso, temos muitos exemplos, mas nenhum mais memorável que o de Augusto o imperador, que fez publicar ao som das trombetas que daria 25 mil escudos àquele que prendesse Crócotas, chefe dos ladrões na Espanha; Crócotas, disso advertido, apresenta-se ele mesmo ao imperador e pede-lhe os 25 mil escudos. Augusto fez com que lhe fossem pagos e concedeu-lhe sua graça para que não se pensasse que ele quisesse tirar-lhe a vida para assim frustrar a recompensa prometida, e que dessa forma a fé e a segurança públicas fossem garantidas àquele que se apresentasse à justiça, ainda que pudesse proceder contra ele e impetrar-lhe um processo.

Mas quem quisesse usar do direito comum para com os corsários e ladrões, como para com retos inimigos, faria uma perigosa abertura a todos os vagabundos para que se juntassem aos bandidos e assim assegurassem suas ações e ligas capitais sob o manto da justiça. Não que seja coisa impossível fazer de um ladrão um bom Príncipe ou de um corsário um bom rei: piratas há que melhor merecem serem chamados reis do que muitos que portaram cetros e diademas e que não têm desculpa aceitável ou verossímil para os roubos e crueldade que fizeram padecer os súditos. Como dizia o corsário Demétrio ao rei Alexandre o Grande, que outro ofício não tinha aprendido de seu pai nem outro bem dele houvera herdado senão duas fragatas, ao passo que ele, o rei, que condenava a pirataria, devastava entretanto e pilhava por mar e por terra e com dois poderosos exércitos, muito embora tivesse havido de seu pai um grande e florescente reino; e isso levou Alexandre mais a um remorso de consciência que a uma vingança da justa censura que um corsário lhe dirigia, e então fez dele capitão-em-chefe de uma legião. Assim também, em nossa idade, o sultão Suleiman chamou ao seu conselho os dois mais nobres piratas que na memória humana houve, Ariadin Barba Roxa e Dragut Reis, fazendo a um e a outro almirante e paxá, tanto para limpar os mares de outros piratas quanto para assegurar seu estado e o curso do tráfico[2].

Esse meio de atrair os chefes dos piratas ao porto da virtude é e sempre será louvável, não apenas com o fim de não reduzir tal gente ao desespero de invadir o estado dos Príncipes, mas também para arruinar os outros corsários como inimigos do gênero humano. E embora estes pareçam viver em amizade e sociedade, partilhando igualmente o butim – como se dizia também de Bárgulo e de Viriato –, isso entretanto não deve ser denominado sociedade, nem amizade, nem partilha, em termos de direito, mas sim conjurações, ladroagens e pilhagens, porque o principal ponto no qual reside a verdadeira marca da amizade lhes falta, a saber o reto governo segundo as leis da natureza.

Eis porque os antigos[3] chamavam de República uma sociedade de homens reunidos para bem e felizmente viver. Tal definição entretanto tem mais que o devido de uma parte, e menos por outra, porque nela os três pontos principais faltam, a saber a família, a soberania e aquilo que é comum numa República. Acrescente-se que essa palavra "felizmente", assim como eles a entendiam, não é de modo algum necessária; de outra forma, a virtude não teria preço algum se o vento não soprasse sempre em popa, e com isso nenhum homem de bem concordará porque a República pode ser bem governada e estar entretanto

2 [N.T.:] O fluxo do comércio, diríamos hoje.

3 Cícero e Aristóteles.

afligida pela pobreza, abandonada pelos amigos, assediada por inimigos e cumulada de muitas calamidades, estado no qual o próprio Cícero confessa ter visto tombar a República de Marselha na Provença, da qual ele diz ter sido a melhor ordenada e a mais bem acabada que jamais existiu no mundo, sem exceção. E ao contrário seria preciso que a República fértil em fundos, abundante em riquezas, florescente em homens, reverenciada pelos amigos, temida pelos inimigos, invencível em armas, potente em castelos, soberba em casas, triunfante em glória, fosse retamente governada, mesmo que transbordasse de maldades e se fundisse em todos os vícios. É entretanto bem certo que a virtude não tem inimigo mais capital que um sucesso do qual se diz felicíssimo, e que é quase impossível colocar juntas duas coisas tão contrárias.

Dessa forma não teremos em conta, para definirmos a República, esta palavra "felizmente"; antes ergueremos mais alto a nossa mira para tocar o reto governo, ou pelo menos aproximar-nos dele. Tampouco queremos figurar uma República em ideia e sem efeito, como a que Platão e Thomas More chanceler da Inglaterra imaginaram, mas nos contentaremos em seguir as regras políticas o mais de perto possível. Assim fazendo, não se pode com justiça ser censurado, ainda que não se atinja a meta a que se visava, não mais que o mestre piloto transportado pela borrasca ou que o médico vencido pela doença não são por isso menos estimados, desde que tenha um bem governado o seu doente e outro o seu navio.

Ora, se a verdadeira felicidade de uma República e de um único homem é una, e se o bem soberano da República em geral, assim como o bem de cada um em particular, reside nas virtudes intelectuais e contemplativas como os melhores entendidos[4] assim resolveram, é preciso também conceder que um povo goza do soberano bem quando tem esta meta sob os olhos: a de exercitar-se na contemplação das coisas naturais, humanas e divinas, reportando a louvação de tudo ao grande Príncipe da natureza. Portanto, se admitirmos que aí está a meta principal da vida feliz de cada um em particular, concluiremos também que este é o fim e a felicidade de uma República. Mas os homens de negócio e os Príncipes nunca chegaram a um acordo a tal respeito, cada um medindo o seu bem ao pé de seus prazeres e contentamentos. E mesmo aqueles que tiveram a mesma opinião sobre o bem soberano de um particular nem sempre concordaram que o homem de bem e o bom cidadão sejam o mesmo, nem que

4 Aristóteles, *Política* liv. 7 cap. 3 e 15, *Ética a Nicômaco* liv. 10.

a felicidade de um único homem e a de toda a República fossem semelhantes. Isso fez com que sempre se tenha variado de leis, de costumes e de propósitos, segundo os humores e as paixões dos Príncipes e dos governantes. Todavia, como o homem sábio é a medida da justiça e da verdade, e como aqueles que são reputados os mais sábios permanecem de acordo no ponto que o bem soberano de um particular e o da República são um só, sem fazer diferença entre o homem de bem e o bom cidadão, fixaremos aí o verdadeiro ponto da felicidade e a meta principal à qual deve se relacionar o reto governo de uma República.

É certo que Aristóteles dobrou suas opiniões e decidiu, às vezes, a diferença entre as partes pela metade, acoplando ora as riquezas, ora a força e a saúde com a ação da virtude para concordar com a opinião mais comum dos homens; mas quando[5] ele disputa sobre isso mais sutilmente, ele coloca o ápice da felicidade na contemplação. Isso parece ter dado oportunidade a Marco Varrão de dizer que a felicidade dos homens é mesclada de ação e de contemplação. E a razão disso é, na minha opinião, que em coisas simples a felicidade é simples, e em coisas duplas, compostas de partes diversas, a felicidade é dupla. Assim, o bem do corpo reside em saúde, força, alegria e na beleza dos membros bem proporcionados, e a felicidade da alma inferior, que é a verdadeira ligação entre o corpo e o intelecto, reside na obediência que os apetites devem à razão, quer dizer, na ação das virtudes morais. Da mesma maneira o soberano bem da parte intelectual reside nas virtudes intelectuais, a saber na prudência, na ciência e na verdadeira religião; uma tange às coisas humanas, outra às coisas naturais e a terceira às coisas divinas; a primeira mostra a diferença entre o bem e o mal, a segunda entre o verdadeiro e o falso e a terceira entre a piedade e a impiedade, e aquilo que é necessário escolher ou fugir; é pois dessas três que se compõe a verdadeira sabedoria, na qual reside o mais alto ponto da felicidade neste mundo.

Pode-se também dizer, comparando o pequeno com o grande, que a República deve ter um território suficiente e um lugar adequado para seus habitantes, a fertilidade de um país suficientemente abundante e gado bastante para o alimento e a vestimenta de seus súditos; para mantê-los saudáveis, a brandura do céu, a temperatura do ar, a bondade das águas; para a defesa e abrigo do povo, os materiais próprios para construir casas e praças-fortes se o

5 *Ética a Nicômaco* liv. 10, *Política* liv. 7.

lugar em si não for suficientemente coberto e defensável. Eis as primeiras coisas das quais se tem maior necessidade em toda República; depois se buscam as comodidades, como os medicamentos, os metais, as tinturas; para sujeitar os inimigos e alongar as fronteiras por conquistas, armazena-se armas ofensivas.

Mas como os apetites dos homens são no mais das vezes insaciáveis, quer-se ter em afluência não apenas as coisas úteis e necessárias, mas também as prazerosas e inúteis. E assim como não se pensa na instrução de uma criança antes que ela esteja educada, alimentada e capaz de razão, assim também as Repúblicas não têm grandes cuidados com as virtudes morais, nem com as belas ciências e menos ainda com a contemplação das coisas naturais e divinas, se não estiverem guarnecidas daquilo que lhes faz falta, contentando-se com uma prudência medíocre para assegurar seu estado contra os estrangeiros e guardar que os súditos não se ofendam uns aos outros ou, se alguém foi ofendido, que a falta seja reparada. Mas o homem vendo-se educado e enriquecido de tudo aquilo que lhe é necessário e cômodo, e estando sua vida assegurada por um bom repouso e uma doce tranquilidade, se ele for bem nascido não gostará dos viciosos e dos malvados e aproximar-se-á da gente de bem e dos virtuosos. E quando seu espírito estiver claro e limpo dos vícios e das paixões que perturbam a alma, ele tomará muito cuidado em ver a diversidade das coisas humanas, as diferentes idades, os humores contrários, a grandeza de uns e a ruína de outros e a mudança das Repúblicas, buscando sempre as causas dos efeitos que vê. Depois, voltando-se para a beleza da natureza, ele terá prazer na variedade dos animais, das plantas e dos minerais, considerando a forma, a qualidade e a virtude de cada uma delas, os ódios e amizades de umas para com as outras e a sequência das causas encadeadas e dependentes umas das outras. Depois, deixando a região elementar, ele alça seu voo até o céu com as asas da contemplação, para ver o esplendor, a beleza e a força das luzes celestes e o movimento terrível, a grandeza e a altura destas e também a harmonia melodiosa de todo este mundo. Será então arrebatado por um prazer admirável, acompanhado de um desejo perpétuo de encontrar a causa primeira e aquele que foi o autor de tão bela obra-prima. Tendo nele chegado, ele detém nesse ponto o curso de suas contemplações, vendo que ele é infinito e incompreensível em essência, em grandeza, em potência, em sabedoria e em bondade. Por tal meio de contemplação, os homens sábios e entendidos resolveram uma belíssima[6] demonstração, a saber: que existe um único Deus eterno e infinito e daí quase que extraíram uma conclusão da felicidade humana.

Se, pois, tal homem é julgado sábio e bem feliz, assim também será a República muito feliz, tendo muitos de tais cidadãos, ainda que ela não seja de muita extensão, nem opulenta em bens, desprezando as pompas e as delícias das citandades soberbas mergulhadas em prazeres. Não se deve entretanto concluir que a felicidade do homem seja confusa e mesclada, pois, embora o homem seja composto de um corpo mortal e de uma alma imortal, é preciso admitir que seu bem principal depende da parte mais nobre. Pois assim como o corpo deve servir à alma e o apetite bestial à razão divina, seu bem soberano depende também das virtudes intelectuais, que Aristóteles denomina a ação do intelecto. Embora tendo dito que o bem soberano consiste na ação da virtude, ele por fim foi obrigado a admitir[7] que a ação reporta-se à contemplação como ao seu fim, e que nesta reside o bem soberano; de outra forma, diz ele, os homens seriam mais felizes que Deus, que não é impelido às ações mutáveis, gozando do fruto eterno da contemplação e de um altíssimo repouso.

Mas não querendo se prender abertamente à opinião de seu mestre[8] nem se afastar da máxima que tinha posto, a saber, que o bem soberano consiste na ação da virtude, quando concluiu a disputa do bem soberano, cunhou sutilmente esta fórmula equívoca – a ação do intelecto – por contemplação, dizendo que a felicidade do homem reside na ação do intelecto, para não parecer que ele quisesse pôr o fim principal do homem e das Repúblicas em duas coisas completamente contrárias como o são o movimento e o repouso, a ação e a contemplação. Vendo entretanto que os homens e as Repúblicas estão em perpétuo movimento, impelidos às ações necessárias, ele não quis dizer simplesmente que a felicidade reside na contemplação, o que entretanto era preciso admitir porque, ainda que as ações pelas quais a vida de um homem é mantida sejam muito necessárias, como são comer e beber, nunca houve homem bem educado que nisso fundasse o bem soberano. Assim a ação das virtudes morais é bastante louvável, pois é impossível que a alma possa recolher o doce fruto da contemplação se não for esclarecida e purificada

6 Aristóteles, *Física* liv. 6, *Metafísica* liv. 2 últ. cap.

7 Aristóteles, *Ética a Nicômaco* liv. 10, *Política* liv. 7.

8 [N.T.:] Isto é, Platão com seu característico idealismo, de quem Aristóteles foi discípulo.

pelas virtudes morais ou pela luz divina, de modo que as virtudes morais relacionam-se às intelectuais.

Ora, a felicidade é completa apenas quando busca e se relaciona com algo de melhor como seu fim principal, quando liga o menos nobre ao mais nobre, como o corpo à alma e esta ao intelecto, o apetite à razão e o viver ao bem viver. Assim Marco Varrão – que colocou a felicidade na ação e na contemplação – teria melhor dito, na minha opinião, que a vida do homem tem necessidade de ação e de contemplação, mas que o bem soberano reside na contemplação[9], que os Acadêmicos[10] denominaram morte prazerosa e os hebreus morte preciosa[11], de tanto que ela arrebata a alma para fora do lodo corporal para deificá-la. E entretanto é certo que a República não pode ser bem ordenada se se abandona de todo ou por muito tempo as ações ordinárias, a via de justiça, a guarda e a defesa dos súditos, os víveres e provisões necessários à manutenção destes, pois o homem não pode viver longamente, mesmo que a alma esteja mui arrebatada em contemplação, se lhe faltar o que beber e comer.

Assim como neste mundo – que é a verdadeira imagem da República bem ordenada e do homem bem regrado – se vê a Lua, assim como a alma, aproximar-se do Sol, sem entretanto deixar a região elementar que se ressente de uma maravilhosa mudança pelo declínio dessa luz, e, logo depois da sua união com ele, preencher-se de uma virtude celeste que ela distribui a todas as coisas, assim também a alma deste pequeno mundo – sendo por vezes arrebatada em contemplação e não estando de modo algum unida a este grande Sol intelectual – inflama-se de uma claridade divina e muito admirável e de um vigor celeste que fortifica o corpo e as forças naturais. Mas se a alma dedica-se por demais ao corpo e inebria-se de prazeres sensuais, sem buscar o Sol divino, acontece-lhe o mesmo que com a Lua quando está toda envolta na sombra da Terra, que lhe subtrai sua luz e sua força e produz por tal defeito vários monstros. Não obstante, se ela permanecesse sempre unida ao Sol, é certo que o mundo elementar pereceria. Faremos o mesmo julgamento da República bem ordenada, cujo fim principal reside nas virtudes contempla-

9 Platão, *Fédon*.

10 [N.T.:] Sob este nome, o autor refere-se aos discípulos de Platão, que ministrava, em Atenas, os seus ensinamentos nos jardins de Academus (a Academia). Em particular, a posição acima descrita é típica de Proclo.

11 Salmo 116 e Leo Hebreu, liv. 6 do amor.

tivas, se bem que as ações políticas sejam prévias e as menos ilustres sejam as primeiras – tais como fazer as provisões necessárias para manter e defender a vida dos súditos. Tais ações, entretanto, relacionam-se às ações morais e estas às intelectuais, cujo fim último é a contemplação do mais belo sujeito que existe e que se pode imaginar. Assim vemos que Deus deixou seis dias para todas as ações, estando a vida do homem, na sua maior parte, sujeita a estas, mas ordenou que o sétimo dia, que entre todos os outros abençoou[12], fosse folgado como o santo dia do repouso, para que fosse empregado[13] na contemplação de suas obras e de sua lei e no seu louvor.

Eis o que toca ao fim principal das Repúblicas bem ordenadas, que são tanto mais felizes quanto mais se aproximam da dita meta; porque, assim como há vários graus de felicidade entre os homens, assim igualmente têm as Repúblicas os seus graus de felicidade, umas mais, outras menos, segundo a meta que cada uma se propôs a imitar. Assim se dizia dos lacedemônios que eram corajosos e magnânimos e, no resto de suas ações, injustos e pérfidos quando se tratava do bem público, porque sua instituição, suas leis e seus costumes não tinham aos seus olhos outra meta que não a de tornar os homens corajosos e invencíveis nos labores e nas dores, desdenhosos dos prazeres e das delícias e prontos a fazer tudo o que pudessem pelo acréscimo de seu estado. Mas a República dos romanos floresceu em justiça e ultrapassou a da Lacedemônia porque os romanos não tinham apenas magnanimidade, mas sim a verdadeira justiça lhes era assim como uma matéria à qual dirigiam todas as suas ações. É preciso pois esforçar-se para achar os meios de atingir, ou ao menos aproximar-se o mais que for possível, da felicidade da qual falamos e da definição de República que colocamos. Sigamos agora cada uma das partes da dita definição e comecemos pelo lar.

12 *Gênesis* cap. 2, *Deuteronômio* 5 e *Êxodo* 2.

13 Salmo 1.

Capítulo II

Do lar e da diferença entre a República e a família

LAR É UM RETO GOVERNO DE VÁRIOS SÚDITOS, sob a obediência de um chefe de família, e de tudo aquilo que lhe é próprio. A segunda parte da definição de República que postulamos diz respeito à família, que é a verdadeira fonte e origem de toda República e o principal membro desta. Assim Xenofonte e Aristóteles, sem razão em minha opinião, separaram a economia da polícia, coisa que não se pode fazer sem desmembrar a parte principal do total – como construir uma cidade sem casas –, ou então por esse meio seria preciso fazer uma ciência à parte do estudo dos corpos e colégios, que não são nem famílias nem citandades, e que fazem entretanto parte da República. Mas os jurisconsultos e legisladores, que deveremos seguir, trataram as leis e ordenanças da polícia, dos colégios e das famílias numa mesma ciência; todavia, não tomaram a economia como Aristóteles, que a denomina a ciência de se adquirir bens, e que é comum aos corpos e colégios, bem como às Repúblicas. Ora, entendemos por administração do lar (*mesnagerie*) o reto governo da família, o poder que o chefe da família tem sobre os seus e a obediência que lhe é devida, e esse é um ponto que não foi tocado nos tratados de Aristóteles e de Xenofonte. Portanto, assim como a família bem conduzida é a verdadeira imagem da República e o poder doméstico se assemelha ao poder soberano, assim também o reto governo da casa é o verdadeiro modelo do governo da República. E assim como se cada um dos membros em particular cumprir o seu dever todo o corpo se porta bem, da mesma forma sendo as famílias bem governadas a República andará bem.

Dissemos que República é um reto governo de vários lares e daquilo que lhes é comum com poder soberano. A palavra "vários" não pode significar dois no caso que agora se oferece porque a lei requer ao menos três pessoas para formar um colégio e outras tantas para formar uma família, além de seu chefe, ou seja, crianças, escravos, libertos ou pessoas de livre condição que se submetam voluntariamente à obediência do chefe do lar, que compõe o quarto elemento, todavia membro também, da família. E como os lares, corpos e colégios, juntamente com as Repúblicas e todo o gênero humano, pereceriam se não fossem repovoados pelo casamento, segue-se daí que a família não estaria completa em todos os pontos sem a mulher, que por essa razão é chamada mãe de família, de maneira que é preciso contar cinco pessoas ao menos para completar uma família inteira. Se, pois, é preciso três pessoas para fazer um colégio, e outras tantas para formar um lar, além do chefe de família e de sua mulher, diremos, pela mesma razão, que é preciso ao menos três lares para fazer uma República, que será composta ao menos por três vezes cinco pessoas, para três lares perfeitos. Na minha opinião, é por essa razão que os antigos, como diz Apuleio, chamavam quinze pessoas de povo, relacionando esse número quinze a três famílias perfeitas.

De outra forma, se houver um lar apenas, ainda que o pai de família tenha trezentas mulheres e seiscentos filhos, tantos quantos tinha Hermotimo, rei dos partos, ou quinhentos escravos como Crasso, e se todos estiverem sob o poder de um único chefe do lar, isso não é um povo nem uma República, mas apenas um lar, mesmo que nele haja várias crianças e vários escravos, ou servidores casados que por sua vez também tenham filhos, desde que estejam todos sob o poder de um chefe, que a lei denomina pai de família mesmo que esteja no berço. E por essa causa os hebreus, que sempre mostram as propriedades das coisas pelos nomes, chamaram a família de אלף [14], não porque a família tenha

14 [N.T.:] אלף pronuncia-se *élef* e quer dizer "mil".

mil pessoas, como diz um rabino, mas porque a palavra deriva de אלוף[15], que significa chefe, senhor, príncipe, nomeando assim a família por seu chefe. Mas dir-se-á talvez que três corpos ou colégios, ou vários particulares sem família, podem também compor uma República se forem governados com poder soberano; assim parece, mas não será República, visto que todo corpo ou colégio aniquila-se por si mesmo se não for reparado pelas famílias.

Ora, a lei diz que o povo não morre jamais e mantém que, cem ou mesmo mil anos depois, é ainda o mesmo povo. Diz ainda que o usufruto deixado à República fica reunido à propriedade, pois caso contrário seria inútil cem anos depois, pois se presume que todos aqueles que viviam morrem em cem anos, embora sejam imortais pela sucessão, como o navio de Teseu, que durou enquanto se teve o cuidado de repará-lo. Mas assim como o navio nada mais é que madeira, sem forma de vaso, quando a quilha, que sustenta os bordos, a proa, a popa e o convés, é retirada, assim também a República sem poder soberano, que une todos os membros e partes desta e todos os lares e colégios num corpo, não é mais República. E sem sair da semelhança, assim como o navio pode ser desmembrado em várias peças ou de todo queimado, assim também o povo pode ser espalhado por muitos lugares ou de todo extinto, ao passo que a cidade persiste por inteiro. Isso porque não é a cidade nem as pessoas que fazem a citandade, mas a união de um povo sob uma senhoria soberana, ainda que haja apenas três lares. Pois assim como o caruncho ou a formiga tanto quanto os elefantes são nomeados com razão entre os animais, assim o reto governo de três famílias com poder soberano faz tão bem uma República quanto uma grande senhoria. E a senhoria de Ragusa, que é das menores que existem na Europa, não é menos República que aquela dos turcos ou dos tártaros, que são das maiores que existem no mundo. E assim como, no censo das casas, um lar pequenino é contado como um fogo, bem como a maior e mais rica mansão da cidade, assim também um régulo é tão soberano quanto o maior monarca da Terra, pois um grande reino outra coisa não é – dizia Cassiodoro – que uma grande República sob a guarda de um chefe soberano.

Da mesma forma, se entre três lares, um dos chefes de família tiver poder soberano sobre os dois outros, ou se dois em conjunto o tiverem sobre o terceiro, ou se os três o detiverem em nome coletivo sobre cada um

15 [N.T.:] אלוף pronuncia-se *aluf* e tem o sentido indicado por Bodin.

em particular, isso será uma República tanto como se tivesse seis milhões de súditos. E por esse meio pode-se fazer com que uma família seja maior que uma República e melhor povoada, como já se disse do bom pai de família Aelius Tuberon, que era chefe de família com dezesseis filhos, todos casados e saídos dele, e os tinha todos sob o seu poder, bem como os filhos e os servidores destes, todos residindo com ele na mesma morada[16]. E ao contrário a maior citandade ou monarquia, e a melhor povoada que exista na Terra, não é mais República nem citandade que a menor, ainda que Aristóteles diga que a cidade de Babilônia – que tinha três jornadas de contorno em quadrado – era uma nação mais que uma República, que, ao seu ver, deve ter no máximo dez mil cidadãos, como se fosse inconveniente que uma ou mesmo cem nações diversas sob um poder soberano fizessem uma República. Ora, se a opinião de Aristóteles coubesse, a República Romana, que foi a mais ilustre que já existiu, não teria merecido o nome de República, visto que ao tempo de sua fundação ela tinha apenas três mil cidadãos e que sob o imperador Tibério já havia quinze milhões cento e dez mil, espalhados por todo o Império, sem contar nesse número os escravos – que eram pelo menos em número de dez para um – e sem contar os aliados, os súditos das províncias e nem os outros povos livres, nos enclaves do Império, que tinham seu estado à parte em título de soberania.

Esta é o verdadeiro fundamento e o eixo em torno do qual gira o estado de uma citandade e do qual dependem todos os magistrados, leis e ordenanças; é a única união e ligação das famílias, corpos e colégios, e de todos os particulares num corpo perfeito de República, quer todos os súditos desta estejam encerrados numa pequena cidade ou em qualquer território minúsculo – como a República de Schwyz, um dos cantões da Suíça, de tão pequena extensão que muitas das fazendas deste nosso reino têm mais rendas que ela – quer a República tenha muitos bailiados ou províncias, como o reino da Pérsia que tinha vinte e seis governos, ou o da Etiópia que possui cinquenta, que Paul Jove despropositadamente chama de reinos. Entretanto lá existe apenas um rei, um reino, uma monarquia, uma República, sob o poder soberano do grande Negus. Mas além da soberania é preciso que haja alguma coisa de comum e de público: como o domínio público, o tesouro público, o entorno da cidade, as ruas, as muralhas, as praças, os templos, os mercados, os usos, as leis, os

16 Plutarco, *Emílio*.

costumes, a justiça, as recompensas, as penas e outras coisas semelhantes que são comuns, ou públicas, ou as duas coisas ao mesmo tempo; porque não há República se não há nada de público. Pode acontecer inclusive que a maior parte das heranças seja comum a todos em geral e a menor parte própria a cada um em particular; tal como, na divisão do território que Rômulo ocupou em torno da cidade de Roma que ele tinha fundado, todo o baixo país tinha um perímetro de somente dezoito mil jornais[17] de terra, que ele dividiu em três partes iguais, designando um terço para as despesas dos sacrifícios, o outro para o domínio da República e o resto foi partilhado entre os três mil cidadãos reunidos, cabendo a cada um dois jornais. Tal partilha permaneceu por longo tempo como um contrapeso de equidade, tanto que o ditador Cincinato, duzentos e sessenta anos depois, possuía apenas dois jornais que ele mesmo lavrava.

Mas de qualquer forma que se divida as terras não se pode fazer com que todos os bens sejam comuns, até mesmo as mulheres e as crianças, como queria Platão em sua primeira República, a fim de banir de sua cidade estas duas palavras TEU e MEU que eram, ao seu juízo, a causa de todos os males e ruínas que acontecem às Repúblicas. Ora, ele não julgou que, se isso se tivesse realizado, a única marca da República se teria perdido, porque não existe coisa pública se não houver alguma coisa de próprio e não se pode imaginar nada de comum se nada houver de particular. Assim, se todos os cidadãos fossem reis, não haveria mais rei, nem haveria harmonia alguma se os diversos acordes, docemente entremesclados, que tornam a harmonia prazerosa, fossem reduzidos a um mesmo som.

E o quanto tal República seria diretamente contrária à lei de Deus e da natureza, que não apenas detesta os incestos, adultérios e parricídios – inevitáveis se as mulheres fossem comuns – mas que também detesta que se arrebate, ou mesmo que se cobice, algo que seja de outrem. Daí se segue evidentemente que as Repúblicas são também ordenadas por Deus para dar à República o que é público e a cada um o que lhe é próprio. Junte-se a isso o fato de que tal comunidade de todas as coisas é impossível e incompatível com o direito das famílias porque se a família e a citandade, o próprio e o comum, o público e o particular estão confundidos, não há nem República nem família. Assim

17 [N.T.:] jornal significa aqui a extensão de terra possível de ser lavrada por um homem (ou por uma família) em uma única jornada de trabalho.

Platão, excelente em toda outra coisa, depois de ter visto os inconvenientes e absurdos notáveis que atrairia para si uma tal comunidade, prudentemente dela se afastou, renunciando pacificamente à sua primeira República, para dar lugar à segunda. Diga-se o que se disser dos masságetas, que tudo entre eles era comum, se é verdade que eles tinham a copa e o cutelo cada um de per si, tinham por consequência os hábitos e vestes; de outra forma sempre o mais forte teria despojado o mais fraco tirando-lhe as roupas, palavra esta que já significa o bastante em nossa língua, que as vestes sempre foram próprias a cada um, sendo aquele que despoja chamado de ladrão, embora a mesma palavra em italiano signifique tanto os outros móveis quanto as vestimentas[18].

---

18 [N.T.:] Este trecho é de difícil tradução, dados os muitos e sutis jogos de palavras nele presentes: "Et quoy qu´on die des Massagetes, que tout leur estoit commun, si est-ce qu´ils avoyent la coupe, et le cousteau, chacun à part soy, et par consequent les habits, et vestements: autrement tousjours le plus fort eust desrobé le plus foible luy ostant ses robes: lequel mot signifie assez en nostre langue, que les vestements ont tousjours esté propres à chacun, estant celuy qui desrobe appellé larron, combien que le mot de robes en Italien, signifie aussi bien les autres meubles que les vestements". Além do problema da pontuação, existe o problema mais sutil dos registros diversos que um mesmo termo possui nas diversas línguas neolatinas. A palavra francesa *habit* é de utilização comum na língua cotidiana, querendo significar roupa. Temos igualmente em português uma acepção semelhante para hábito, sendo que no Brasil esse termo praticamente se especializou para designar as vestes cerimoniais e religiosas (o hábito de um frade ou de um irmão laico, p. ex.), ao passo que em Portugal pode significar roupas mais formais, mas de uso laico. O *vestement* francês corresponde em português ao substantivo feminino vestimenta, que não é de uso no registro coloquial, mas sim erudito. Preferimos, assim, a tradução por hábitos e vestes, que preserva com boa aproximação o sentido original e não é de todo incompreensível. Coisa muito diversa ocorre com a palavra *robe*, que originalmente designava em francês as roupas de aparato de um certo ofício, tais como as togas dos juízes. Há inclusive um termo bastante utilizado na língua desde o século XVI – *noblesse robée* –, traduzido geralmente por nobreza de toga, para designar todos os notários, tabeliães e juristas que constituíam a burocracia real. *Robe* está associado com uma veste protocolar, como a toga dos tribunais, ou especial, como o conhecido robe-de-chambre, um roupão mais confortável para se ficar em casa. Desse sentido fundamental derivaram alguns secundários: *robe* pode ser utilizado como termo técnico para a descrição da pelagem de certos animais, em especial no caso da cinofilia e da arte equestre e, num segundo sentido, o significado evoluiu para designar o vestido, peça do vestuário feminino. O verbo *desrober* (*dérober* no francês moderno), por outro lado, significa furtar, subtrair furtivamente, inclusive no sentido figurado (se *dérober à la vision* – furtar-se à visão, esconder-se), ao passo que etimologicamente pode também significar tirar a robe. Para manter tal sentido, preferimos traduzir *dérober* por despojar, atentando fundamente contra a letra do vocábulo. Finalmente, temos o caso do substantivo *robba* em italiano, parente inequívoco de *robe* como quer Bodin, mas que no falar meridional evoluiu para significar coloquialmente coisa de maneira geral.

Portanto, assim como a República é um reto governo de várias famílias e do que lhes é comum com poder soberano, assim também a família é um reto governo de vários súditos sob a obediência de um chefe de família e do que lhe é próprio: nisso reside a verdadeira diferença entre a República e a família, pois os chefes de família possuem o governo daquilo que lhes é próprio, ainda que cada família seja muitas vezes e por quase toda parte obrigada a aportar e a contribuir com algo do particular para o comum, seja sob a forma de talha, de peagens ou de impostos extraordinários. E pode ocorrer que todos os súditos de uma República vivam em comum, como se fazia antigamente em Creta e na Lacedemônia, onde os chefes de família viviam em companhias de quinze ou vinte, as mulheres em seus lares e as crianças em conjunto. E mesmo na antiga República de Cândia, todos os cidadãos – homens e mulheres, jovens e velhos, ricos e pobres – comiam e bebiam sempre juntos, tendo entretanto cada um os seus bens à parte e contribuindo cada um para o comum por sua despesa. Foi isso que os anabatistas quiseram praticar, e o começaram na cidade de Munster decretando que todos os bens seriam comuns, salvo as mulheres e as roupas, pensando assim melhor manter a amizade e a concórdia mútua entre eles. Porém, logo se acharam bem longe de sua conta: pois tanto porfiam – aqueles que querem que tudo seja comum – por apartar querelas e inimizades que acabam expulsando o amor entre marido e mulher, a afeição dos pais pelos filhos, a reverência dos filhos para com os pais e a benevolência dos parentes entre si, apartando a proximidade do sangue que os une com o mais estreito vínculo que pode existir, pois se sabe que não há afeição amigável naquilo que é comum a todos, e que a comunidade sempre traz consigo ódios e querelas, como diz a lei. Mais ainda se enganam aqueles que pensam que, através da comunidade, as pessoas e os bens comuns seriam mais cuidadosamente tratados, pois se vê ordinariamente as coisas comuns e públicas desprezadas por cada um, senão para delas tirar algum proveito em particular, pois a natureza do amor é tal que quanto mais for comum, menor vigor terá. E assim como os grandes rios, que carregam os fardos pesados, sendo divididos nada mais carregam, assim também o amor, esparzido por todas as pessoas e todas as coisas, perde sua força e virtude.

Ora, o lar e o reto governo deste se fazem com a discrição e a divisão dos bens, das mulheres, das crianças e dos servidores entre uma família e outra, e entre aquilo que lhes é próprio em particular e aquilo que lhes é comum em geral, quer dizer, o bem público. Até mesmo os magistrados em toda República bem ordenada têm desvelo e cuidado para com o bem particular dos órfãos, dos insensatos e dos pródigos, como coisa que toca e concerne ao público, a fim de que os bens sejam conservados a quem pertencem e para que não sejam dissipados. Pelo mesmo motivo as leis proíbem adquirir, alienar ou hipotecar os bens, salvo sob certas condições e para certas pessoas, porque a conservação dos bens de cada um em particular é a conservação do bem público. As leis, entretanto, são públicas e comuns e dependem unicamente do soberano.

Contudo, não existe inconveniente em que as famílias tenham alguns estatutos particulares para si e para seus sucessores, feitos pelos antigos chefes de família e ratificados pelos Príncipes soberanos; quanto a isso a maioria dos doutores em lei estão de acordo. Temos exemplo disso na casa da Saxônia, que possui vários chefes de família que têm um certo direito particular, distinto dos costumes gerais da Alemanha e dos costumes particulares do país da Saxônia. Também entre os duques da Baviera e os condes palatinos existem leis particulares, tanto para o direito de suas sucessões quanto para o direito de eleitorado, que é alternativo entre essas duas casas, por meio de antigos tratados de seus predecessores, direitos dos quais o duque da Baviera fez grande questão na Dieta de Augsburgo no ano de 1555 e que não são comuns às outras famílias de Eleitores. Entre as casas da Saxônia e de Hesse existem tratados e leis particulares, homologados pelos imperadores Carlos IV[19] e Sigismundo[20], e entre as casas de Áustria e Boêmia há um estatuto de que uma sucederá à outra na falta de herdeiros varões, como já ocorreu. E sem ir mais longe que este nosso reino, eu vi um diploma da casa de Laval, autorizado pelo rei e homologado pelo Parlamento de Paris, que é diretamente contrário aos costumes de Anjou, da Bretanha e do Maine, onde a maioria dos bens dessa casa está situada, e pelo qual o primeiro herdeiro hábil a suceder deve ter tudo e não está obrigado a nada ceder a seus co-herdeiros, salvo os bens móveis, com o encargo de que o herdeiro levará o nome de Guy de Laval, se for varão, ou de Guyonne, se for herdeira, com armas plenas. Semelhantemente nas casas de La Baume, de Albret e de Rodez, as infantas, por antigos tratados, estavam excluídas, tanto em linha direta como em colateral, enquanto houvesse

19 No ano de 1370.

20 No ano de 1431.

herdeiros varões, pelos tratados dos antigos senhores, como também se fez na casa de Saboia, que usa a lei sálica.

Tais leis das famílias, que os latinos também tinham e denominavam *jus familiare*, são feitas pelos chefes das famílias para a conservação mútua de seus bens, nomes e marcas antigas, o que se pode tolerar nas grandes e ilustres casas. E, de fato, esses tratados e estatutos domésticos às vezes conservaram não somente as famílias, mas também o estado da República: foi por isso que, na Dieta de Augsburgo dada no ano de 1555, os príncipes do Império renovaram os antigos tratados entre as famílias, tendo muito bem percebido que, por esse meio, o Império estaria garantindo-se contra uma ruína e subversão total do estado da Alemanha. Mas isso não deve ter lugar nas outras casas particulares, para que as leis públicas sejam comuns o quanto for possível. E não se deve tolerar facilmente que os tratados de família derroguem os costumes do país e menos ainda as leis e ordenanças gerais. E se algum tratado se fizer contra os costumes e ordenanças, os sucessores não estão vinculados nem obrigados a eles, como de fato os sucessores das casas de Albret, de Laval e de Montmorency[21] obtiveram decretos do Parlamento de Paris contrários aos antigos diplomas de seus predecessores, naquilo em que estes últimos eram contrários aos costumes dos lugares, quando se tratou das sucessões de Laval, do condado de Dreux e de Montmorency, que se queria fazer indivisíveis, contra o costume do viscondado de Paris, pois é preciso que os tratados das famílias estejam sujeitos às leis, assim como os chefes de família estão sujeitos aos Príncipes soberanos. Eis o que se tinha a dizer quanto à diferença e à semelhança entre a família e a República em geral; falemos agora dos membros da família.

21 No ano de 1517, no ano de 1551 e em 1565.

Capítulo III

Do poder marital e de se é conveniente renovar a lei do repúdio

TODA REPÚBLICA, TODO CORPO E COLÉGIO E todo lar se governa por comando e obediência, quando a liberdade natural que cada um possui de viver ao seu prazer está posta sob o poder de outrem. E todo poder de comandar a outrem é público ou particular. O poder público reside no soberano que dá a lei ou na pessoa dos magistrados, que vergam sob a lei e comandam os outros magistrados e os particulares. O comando particular cabe aos chefes das famílias e aos corpos e colégios em geral e, em cada um deles em particular, à menor parte de todo o corpo, em nome coletivo. O comando dos lares se dá em quatro tipos: o do marido para com a mulher, o do pai para com as crianças, o do senhor para com os escravos e o do mestre para com os servidores. Portanto, como o reto governo de toda República, corpos e colégios, sociedades e lares, depende de saber bem comandar e obedecer, falaremos pela ordem do poder de comando, segundo a divisão que estabelecemos.

Chamamos de liberdade natural o fato de não estar sujeito, depois de Deus, a homem vivo, e de não sofrer outro comando que não de si mesmo, quer dizer, da razão, que sempre está conforme a vontade de Deus. Eis o primeiro e o mais antigo comando[22] que existe, a saber, o da razão sobre o apetite bestial. E antes que se possa bem comandar os outros, é preciso aprender a comandar a si mesmo, dando à razão o poder de mando e aos apetites a obediência; dessa maneira cada um terá aquilo que lhe pertence, o que é a primeira e a mais bela justiça que existe. E aquilo que os hebreus diziam em comum provérbio, de começar a caridade por si mesmo, que nada mais é que tornar os apetites submissos à razão, é o primeiro mandamento que Deus estabeleceu por édito[23] expresso, falando àquele que, por primeiro, matou o seu irmão. Porque o comando que ele havia dado anteriormente ao marido sobre a mulher comporta um duplo sentido e um duplo mandamento: um, que é literal, do poder marital, e outro moral, que é o poder da alma sobre o corpo, da razão sobre a cupidez, que a santa Escritura quase sempre chama de mulher, principalmente Salomão, que parece para muitas pessoas ser inimigo jurado das mulheres, nas quais ele pensava menos do que se crê, quando sobre elas escrevia, como muito bem mostrou o sábio rabino Maimônides.

Ora, deixaremos aos filósofos e aos teólogos o discurso moral e tomaremos o que é político, no que diz respeito ao poder do marido sobre a mulher, que é a fonte e a origem de toda sociedade humana. Quando digo a mulher, entendo a que é legítima e própria ao marido, e não a concubina, que não está sob o poder do concubino, ainda que a lei dos romanos denomine esse fato casamento e não concubinato se a concubina for franca e livre, o que todos os povos rejeitaram com razão como coisa desonesta e de mau exemplo. Tampouco entendemos que a noiva esteja sujeita ao noivo, nem obrigada a segui-lo, e nem pode o noivo deitar a mão sobre ela, o que é permitido ao marido em direito civil e canônico; e se o noivo tiver usado de força para arrebatar sua noiva, ele deve ser punido capitalmente em termos de direito. É, pois, a existência de consentimento das partes, ou de contrato passado por palavra presente, o que a lei chama de casamento.

22 [N.T.:] *commandement* no original francês, que pode significar tanto comando quanto mandamento. Essa nuança é intraduzível em português.

23 *Gênesis* cap 2.

É certo, contudo, que o reto poder marital não está adquirido se a mulher não seguir o marido, visto que a maior parte dos canonistas e teólogos que se fazem crer nesta matéria sustentaram que não há casamento entre o homem e a mulher se ele não for consumado de fato, ponto que nossos costumes eloquentemente articularam quando se trata dos proveitos do casamento e da comunidade. Mas depois que o casamento estiver consumado, a mulher estará sob o poder do marido se o marido não for escravo ou filho de família. Nesse caso, nem o escravo nem o filho de família possuem comando algum sobre suas mulheres, e menos ainda sobre seus filhos, que sempre permanecem sob o poder do avô, mesmo que este tenha emancipado seu filho casado. A razão disso é que o lar só tolera um chefe, um mestre, um senhor; de outra forma, se houvesse vários chefes os comandos seriam contrários e a família estaria em tribulação perpétua. E assim a mulher de condição livre, ao casar-se com um filho de família, fica sob o poder de seu sogro. Da mesma forma, também o homem livre, ao casar-se com uma filha de família, fica sob o poder de outrem, se for morar na casa do sogro, se bem que em todas as outras coisas ele goze de seus direitos e liberdades.

Mas há pouca aparência de que as leis romanas queiram que a moça casada e conduzida à casa do marido, se ela for emancipada do pai, não esteja sujeita ao marido, mas sim ao pai. Isso seria contrário à lei da natureza, que quer que cada um seja amo em sua casa, como diz Homero, para que possa dar lei à sua família. Isso é também contrário à lei de Deus, que[24] quer que a mulher deixe pai e mãe para seguir o marido e que dá poder ao[25] marido das vontades da mulher. Assim as leis romanas não dão lugar a tal consideração, e menos ainda neste reino que em outro lugar do mundo, pois o costume geral isenta a mulher casada do poder do pai. Isso era semelhante na Lacedemônia, como diz Plutarco aos lacônicos, onde a mulher casada fala assim: "quando eu era moça obedecia aos mandamentos de meu pai, mas depois que me casei é a meu marido que devo obediência", caso contrário a mulher espezinharia os mandamentos do marido e o deixaria quando bom lhe parecesse, tomando seu pai como garantia.

Os intérpretes que escusam as leis romanas acrescentaram a isso numerosas exceções, pelos inconvenientes que resultariam se a mulher não

24 *Gênesis* cap. 12.

25 *Números* cap. 30.

estivesse sujeita ao marido, tendo sido emancipada do pai. Mas além do poder paterno, todas as leis divinas e humanas estão de acordo neste ponto, de que a mulher deve obediência aos mandamentos do marido se estes não forem ilícitos. Há apenas um doutor italiano que sustentou que a mulher não está sob o poder do marido, mas como ele não tem nem autoridade nem razão em seu dito, não houve ninguém que o seguiu. Pois é absolutamente certo que, pela lei de Rômulo, não somente tinha o marido todo o comando sobre a mulher, como também o poder de fazê-la morrer, sem forma nem figura de processo, em quatro casos, a saber: por adultério, por ter presumido uma criança, por possuir chaves falsas e por ter bebido vinho. Pouco a pouco o rigor das leis e dos costumes foi moderado e a pena do adultério permitida à discrição dos pais da mulher, o que foi renovado e praticado no tempo de Tibério imperador, pelo motivo que, se o marido repudiasse a mulher por adultério, ou se, vendo-se atingido pelo mesmo crime, o caso permanecesse impune, grande seria a desonra dos pais, que muitas vezes mandavam matar ou baniam a mulher.

Entrementes o poder dos maridos diminuía muito: é o que decorre da arenga que Marco Catão o Censor fez ao povo pela defesa da Lei Oppia, que retirava das mulheres o porte de roupas de cor e que as proibia de portar mais que uma onça de ouro. Decorre daí igualmente que as mulheres estavam por toda a vida sob a tutela dos seus pais, irmãos, maridos e parentes, de modo que não podiam contratar nem praticar nenhum ato legítimo sem a autoridade e a vontade destes. Catão viveu por volta do ano 550 depois da lei de Rômulo; duzentos anos depois, Ulpiano o jurisconsulto disse que se dá tutores às mulheres e aos pupilos e que, quando elas estivessem casadas, estariam *in manu viri*, quer dizer, sob o poder do marido. Diz-se também que ele separou o título das pessoas *quae sunt in potestate* daquelas *quae sunt in manu*, e que daí não se conclui que a mulher não estivesse sob o poder do marido, pois isso foi feito para mostrar a diferença entre o poder que o marido tem sobre a mulher, aquele do pai sobre os filhos e o do senhor sobre os escravos. E quem duvida que esta palavra *manus* signifique poder, autoridade, potência? Os hebreus[26], gregos e latinos sempre assim a usaram quando diziam a mão do rei, *et in manum hostium venire*[27], e mesmo Festo Pompeu, falando do marido

26 *Gênesis* 24, *Êxodo* 2, *Números* 2.

27 [N.T.:] "cair nas mãos do inimigo".

que toma mulher, diz *mancipare*[28], que é uma palavra própria aos escravos. Dessa palavra provêm vários costumes deste reino, nos quais é questão de emancipar as mulheres.

E para mostrar que o poder dos maridos sobre as mulheres foi geral a todos os povos, darei apenas dois ou três exemplos. Olório, rei da Trácia, obrigou os dácios, por terem sido vencidos pelos seus inimigos, a servir suas mulheres, em sinal de servidão extrema e da maior contumélia que se pode conceber. Também lemos que, pelas leis dos lombardos, a mulher encontrava-se na mesma sujeição que as antigas romanas e os maridos tinham sobre elas pleno poder de vida e de morte, do qual usavam ainda no tempo de Baldo, não faz ainda 260 anos. Quanto aos nossos ancestrais gauleses, quem no mundo teve mais poder sobre as mulheres que eles? César[29] o mostra em suas memórias, nas quais diz que os gauleses detinham pleno poder de vida e de morte sobre suas mulheres e filhos, bem como sobre seus escravos. E se houvesse a mínima suspeita de que o marido tivesse sido morto por obra da mulher, os parentes a tomavam e julgavam a questão, e se ela fosse condenada eles a mandavam matar cruelmente, sem intervenção da autoridade do magistrado. Mas a causa era bem mais aparente que no caso de ter bebido vinho, fato que bastava ao marido, segundo a lei dos romanos, para que mandasse matar a sua mulher, e nisso todos os antigos[30] concordam.

Que não era costume apenas dos romanos depreende-se, como escreve Teofrasto, do fato que os antigos habitantes de Marselha na Provença, bem como os milésios, usavam da mesma lei contra as mulheres que tivessem bebido vinho, julgando que os apetites imoderados da mulher sujeita ao vinho logo a tornariam ébria e depois adúltera. Também encontramos que o poder dado ao marido, pela lei de Rômulo, de mandar matar sua mulher por causa de adultério sem a autoridade do magistrado era comum a toda a Grécia, bem

28 [N.T.:] *mancipium* significa contrato de venda, ou venda solene e formal (de bens públicos ou de grande valor agregado) no latim clássico (Plínio, p. ex.). O verbo *mancipare* significa entregar, vender, ceder, alienar, passar a outras mãos, e *mancipatus*, em Tácito, é empregado no sentido de ser reduzido a escravidão, tornar-se escravo de, justificando assim a acepção utilizada por Bodin.

29 *Guerras Gálicas* liv. 6.

30 *Dionísio de Halicarnasso* liv. 2; *Plínio* liv. 14 cap. 13; Valério, *De institutionibus antiquis;* Cícero, *De natura deorum* liv. 3 e *De Republica* liv. 3; Plutarco, *Problematae Romanae* cap. 6; *Arnobius Adversus gentes* liv. 2; Tertuliano, *Apologetica* cap. 6; *Aulo Gélio* liv. 10 cap. 23; Alcimus Siculus, *Athenaeum.*

como aos romanos, pois a Lei Júlia – que permite somente ao pai matar a filha bem como o adúltero, surpreendidos no ato e não de outra forma – foi feita por Augusto setecentos anos depois da lei de Rômulo, e não obstante a Lei Júlia permitiu também ao marido usar dela como o pai, embora não contra certas pessoas, mas punia muito ligeiramente o marido que tivesse ultrapassado a exceção da lei. A pena pública, contudo, não derroga o poder do marido em outro tipo de correções que ele possui sobre a mulher, salvo a pena de morte, que a tal respeito lhe era proibida. Depois Teodora a imperatriz – que tinha todo poder sobre o imperador Justiniano, homem de senso embotado – fez todas as leis que pôde para vantagem das mulheres e, entre outras, comutou a pena de morte em uma pena infamante, como antigamente tinham feito também os atenienses[31], excomungando os adúlteros com nota de infâmia, assim como lemos nos pleitos de Demóstenes; coisa que parece ridícula, visto que a infâmia não pode suprimir a honra daquela que a perdeu e que é totalmente desavergonhada, de modo que ela permanece quase sem pena.

Isso ocorre da mesma forma neste reino, por um crime que a lei de Deus[32] pune com a mais rigorosa morte que existe, que é a lapidação, e que os egípcios ao menos puniam cortando o nariz da mulher e as partes pudendas do homem. Nos outros crimes, que tocam mais ao marido que ao público e que não merecem a morte, todos estão de acordo que o marido tem poder de castigar moderadamente sua mulher. E, para que os maridos não abusassem do poder que a lei lhes dava sobre suas mulheres, elas tinham contra seus maridos direito de ação em caso de maus-tratos ou má conduta, que depois Justiniano subtraiu, ordenando algumas penas civis e pecuniárias a tomar sobre os direitos das convenções matrimoniais contra aquele que tivesse dado causas de separação, causas estas principalmente fundadas sobre o adultério e o envenenamento tentado mas sem efeito. Não obstante o decreto de Justiniano, era permitido à mulher injuriada e indignamente tratada por seu marido pedir separação. Não se deve permitir, todavia, ação de injúria entre marido e mulher (como alguns já o quiseram) pela honra e dignidade do casamento, que a lei tanto estimou que não quer que o marido, e nem mesmo um terceiro, possa ter ação de furto contra a mulher, ainda que esta tenha pilhado todos os móveis do marido.

31 Demóstenes, *Contra Neaera*.

32 *Levítico* 20, *Daniel* 12, *Deuteronômio* 10.24.

Mas assim como não há amor maior do que o do casamento, como diz Artemidoro, da mesma forma nele o ódio é mais capital, uma vez tendo deitado raízes. Isso foi muito bem observado pelo embaixador Leão Bizantino, que era tão pequeno que levou todo o povo de Atenas à risada. Disse então o embaixador: "Do que rides? Minha mulher é ainda muito menor e chega-me apenas aos joelhos, mas quando entramos em querela um contra o outro, a cidade de Constantinopla não é grande o bastante para nós dois". Isso lhe serviu no encargo que tinha de tratar a paz, que não é fácil de restaurar entre marido e mulher se um atentou contra a vida do outro.

Por tal motivo, a lei de Deus concernente às separações – que depois foi comum a todos os povos e que ainda hoje é praticada na África e em todo o Oriente – permitia ao marido repudiar sua mulher se esta não lhe agradasse, sob a condição de que ele não poderia jamais retomá-la, podendo entretanto desposar uma outra, o que era um meio de dar miolos às mulheres soberbas e aos maridos intratáveis, que não encontrariam facilmente mulher se se reconhecesse que haviam repudiado a sua sem justa causa. E se se disser que não há verossimilhança em se repudiar sua mulher sem motivo, eu reportar-me-ia ao uso comum. Mas não há nada mais pernicioso que obrigar as partes a viverem juntas, se estas declaram a causa da separação que pedem, sendo esta bem verificada. Pois assim procedendo a honra das partes fica entregue ao azar, que ficaria afastado caso a separação não levasse causa, como faziam antigamente – e fazem ainda no presente – os hebreus, como se pode ver nas suas pandectas.

Da mesma forma decide o jurisconsulto Moisés Cotsi no capítulo da cisão[33] (é assim que eles denominam o repúdio), no qual ele cita o ato de repúdio que o rabino Jeiel parisiense, quando os judeus habitavam Paris, enviou à sua mulher na terça-feira 29 de outubro do ano da criação do mundo de cinco mil e dezoito[34], do qual não constava causa alguma para o repúdio. Encontro outro caso no epítome das pandectas hebraicas, recolhidas pelo jurisconsulto Moisés de Maimônides, no título das mulheres[35] cap. III, que foi feito na Caldeia e no qual o juiz daqueles lugares, tendo visto a procuração especial e o

33 Cap. כריתת *id est abscissionis*. [N.T.:] כריתה pronuncia-se *kritá* e quer dizer "corte, tratado, afastamento, ruptura" (como é dito logo em seguida em latim).

34 Isto é, no ano cristão de 1240.

35 Cap. נשים. [N.T.:] נשים pronuncia-se *nashim* e quer dizer "mulheres".

ato daquele que tinha repudiado sua mulher na presença de três testemunhas, acrescenta estas palavras com as quais ele a repudia pura e simplesmente, sem juntar causa, permitindo-lhe que torne a casar-se com quem bem lhe pareça, e o juiz homologou o ato entre as partes. Assim se procedendo, a mulher não fica desonrada e pode encontrar um partido adequado à sua qualidade.

Os atenienses[36] tampouco atendiam os cônjuges ligados por casamento se propusessem causa a julgamento, sendo isso julgado pernicioso, de modo que Alcibíades, temendo o escândalo público, arrebatou sua mulher diante dos juízes, levando-a para sua casa. Também antigamente os romanos não objetavam, como se pôde ver quando Paulo Emílio[37] repudiou sua mulher, que ele confessava ser muito sábia e honesta, de casa muito nobre, e de quem tivera muitos e belos filhos: quando os parentes de sua mulher queixaram-se disso a ele, querendo saber a causa da separação, ele mostrou-lhes o seu sapato – que era belo e bem feito – mas que somente ele sentia onde este lhe feria. Se a causa da separação não parecer suficiente ao juiz, ou se não for bem verificada, será preciso que as partes voltem a viver juntas, tendo a toda hora a causa de seu mal diante dos olhos. Isso faz com que, vendo-se elas reduzidas à extrema servidão, ao temor e à discórdia perpétuos, sigam-se os adultérios e, muitas vezes, os assassínios e os envenenamentos, desconhecidos, na sua maioria, dos homens.

Como se descobriu em Roma, antes que o costume de repudiar a mulher fosse praticado (pois o primeiro foi Spurius Carbilius, cerca de quinhentos anos depois da fundação de Roma), que, tendo sido uma mulher surpreendida e condenada por ter envenenado seu marido, ela acusou outras que, por companhia e comunicação entre si, acusaram outras ainda até o número de setenta do mesmo crime, pelo qual foram todas executadas; coisa que é mais ainda de se temer quando não há meios dos cônjuges se repudiarem. Assim, os imperadores romanos – tendo querido diminuir a facilidade dos repúdios e corrigir o antigo costume – não ordenaram outra pena além da perda das convenções matrimoniais àquele que desse causa ao divórcio. Anastásio permitiu ainda a separação por consenso das duas partes sem pena, fato que Justiniano proibiu: cada um pode julgar por si mesmo qual desses juízos é mais conveniente que o outro.

36 Plutarco, *Alcibíades*.

37 Plutarco, *Emílio*.

Seja qual for a mudança e a variedade das leis que possa existir, jamais houve lei nem costume que tenha isentado a mulher da obediência, e não somente da obediência mas também da reverência que ela deve ao marido, de tal forma que a lei não permitia à mulher chamar em juízo ao marido sem a permissão do magistrado. Ora, assim como não há nada de maior neste mundo, como diz Eurípides, nem nada de mais necessário para a conservação das Repúblicas que a obediência da mulher ao marido, da mesma forma o marido não deve, sob a sombra do poder marital, fazer de sua mulher uma escrava. O próprio Marco Varrão quer que os escravos sejam corrigidos mais por palavras que por bastonadas, e com mais forte razão a mulher, que a lei denomina companheira da mansão divina e humana. Isso nos mostra suficientemente Homero[38], apresentando Júpiter, que repreende sua mulher e, vendo-a rebelde, usa de ameaças, mas não vai além. E até mesmo Catão[39], de quem se dizia ser inimigo jurado das mulheres, jamais bateu na sua, considerando isso um sacrilégio. Ele, entretanto, sabia bem guardar o posto e a dignidade maritais, que retêm a mulher na obediência, o que nunca fará aquele que de mestre fez-se companheiro, depois servidor, e depois escravo, como se reprovava[40] aos lacedemônios, que chamavam suas mulheres de senhoras e damas. Assim também faziam os romanos tendo perdido a dignidade marital e a marca viril de comandar as mulheres. Aquelas, por sua vez, que têm tão grande prazer em comandar os maridos efeminados assemelham-se àqueles que preferem guiar os cegos a seguir os sábios e os clarividentes.

Ora, a lei de Deus e a língua santa, que nomeou todas as coisas segundo sua verdadeira natureza e propriedade, chama o marido de *Bahal*, quer dizer, senhor e mestre, para mostrar que a ele pertence o comando[41]. Assim as leis de

---

38 *Ilíada* liv. 1.

39 Plutarco, *Vida de Catão o Censor.*

40 Aristóteles, *Política* liv. 2; Plutarco, *Os Lacônicos.*

41 [N.T.:] No hebraico clássico *bahal* designa tanto o proprietário, o possuidor, quanto o esposo, o marido, e a voz é geralmente traduzida como senhor em português, que é interpretação correta se tomarmos a palavra no seu sentido feudal de amo, possuidor de terras ou de benefícios e não no sentido religioso (que se expressa em hebraico e aramaico por Adonai). É interessante notar também que os cananeus, povo bastante aparentado aos hebreus, que ocupou a Fenícia e grande parte da Palestina antes da penetração dos hebreus no século XII a.C., utilizavam essa palavra para designar seus deuses de características rigidamente masculinas, paredros de diversas Astartés. Assim a própria Bíblia refere-se a Ba'al Moloch e a Ba'al Zebub, o Senhor das Moscas, que o judaísmo pós-exílico e o cristianismo trans-

todos os povos, para abaixar o coração das mulheres e fazer saber aos homens que eles devem passar as mulheres em sabedoria e virtude, ordenaram que a honra e o esplendor da mulher dependeriam do marido, de modo que se o marido é nobre ele enobrece a mulher plebeia, e se a senhorita desposa um plebeu, ela perde sua nobreza. Não obstante, houve antigamente alguns povos que tiravam sua nobreza e qualidade das mães e não dos pais, tais como os lícios, délficos, xânticos e ilíacos, assim como alguns povos da Ásia pela incerteza dos pais, ou por terem perdido toda a sua nobreza na guerra, como ocorreu na Champagne, onde as mulheres nobres enobrecem seus maridos plebeus e seus filhos pela causa de que falei. Mesmo assim todos os jurisconsultos sustentam que isso não se pode fazer por costume, contrariando o direito de todos os povos, como diz Heródoto, que quer que a mulher mantenha a condição e siga a qualidade do marido, e seu país, família, domicílio e origem, e mesmo que o marido seja banido e vagabundo a mulher deve segui-lo, e nisso todos os jurisconsultos e canonistas estão de acordo. Assim, todas as leis e costumes fizeram do marido senhor das ações da mulher e do usufruto de todos os bens que lhe cabem, e não permitem que a mulher vá a juízo, seja como querelante ou querelada, sem a autoridade do marido, ou a do juiz em caso de recusa daquele.

Todos esses são argumentos indubitáveis para mostrar a autoridade, o poder e o comando que o marido detém sobre a mulher, de direito tanto divino quanto humano, e para a sujeição, reverência e obediência que a mulher deve ao marido em toda a honra e coisa lícita. Sei que há várias cláusulas e convenções de tratados de casamento nas quais as mulheres estipularam que não estariam sujeitas em nada aos maridos, mas tais pactos e estipulações não podem impedir o poder e a autoridade do marido, visto que são contrários ao direito divino e humano e à honestidade pública, e são de nulo efeito e valor, de modo que até mesmo os juramentos não podem a eles obrigar os maridos.

formarão no demônio Belzebu. Notemos igualmente que era crença bastante difundida na Idade Média e no Renascimento europeus que o hebraico teria sido a língua original de todos os homens, a eles ensinada pelo próprio Deus, de modo que nesta havia uma relação íntima, uma denotação perfeita, um corresponder de essências entre as coisas e as palavras utilizadas para designá-las. Esse fato ilumina mais de um comentário etimológico de Bodin.

Capítulo IV

Do pátrio poder e de se é bom dele usar como os antigos romanos

O RETO GOVERNO DO PAI SOBRE OS FILHOS consiste em bem usar do poder que Deus deu ao pai sobre seus filhos próprios, ou a lei sobre os filhos adotivos, e na obediência, amor e reverência dos filhos para com os pais. A palavra "poder" é própria a todos aqueles que detêm a faculdade de comandar a outrem. Assim o Príncipe, diz Sêneca, comanda os súditos, o magistrado os cidadãos, o pai os filhos, o mestre os discípulos, o capitão os soldados, o senhor os escravos. Mas dentre todos esses não há nenhum a quem a natureza tenha dado a faculdade de comandar, e menos ainda de submeter a outrem, afora o pai, que é a verdadeira imagem do grande Deus soberano, pai universal de todas as coisas, como dizia Proclo o Acadêmico. Também Platão, tendo em primeiro lugar articulado as leis que dizem respeito à honra de Deus, diz que são um prefácio da reverência que o filho deve ao pai, a quem, depois de Deus, ele deve a vida e tudo aquilo que ele puder ter neste mundo.

E assim como a natureza obriga o pai a alimentar o filho enquanto este for impotente, e a instruí-lo na honra e na virtude, assim também o filho está obrigado, mas muito mais estritamente, a amar, reverenciar, servir e alimentar o pai, e a vergar-se aos seus mandamentos com toda a obediência; a suportar, esconder e cobrir todas as enfermidades e imperfeições do pai, e nunca poupar nem seus bens, nem seu sangue, para salvar e manter a vida daquele a quem deve a sua. De tal obrigação, ainda que selada com o selo da natureza e comportando até mesmo execução garantida, para mostrar entretanto quão grande ela é, não há mais certeiro argumento que o primeiro mandamento[42] da segunda tábua, o único em todos os dez artigos do Decálogo que comporta em si sua sanção[43], embora não seja necessária sanção alguma para aquele que está obrigado a fazer alguma coisa por obrigação tão estrita, da qual todas as leis divinas[44] e humanas estão plenas. Ao contrário, lemos que a primeira maldição que há na Bíblia[45] é aquela que foi lançada sobre Cam, por não ter coberto as vergonhas de seu pai. Não é, pois, sem motivo que antigamente os filhos se mostravam tão ciosos[46] uns dos outros, para saber quem levaria a bênção do pai, temendo mais a sua maldição que a própria morte. De fato, o jovem Torquato, tendo sido expulso da casa de seu pai, matou-se de desgosto. Eis porque Platão[47] dizia que é preciso sobretudo tomar cuidado com as maldições e as bênçãos que os pais dão aos filhos, e que não há prece que Deus atenda com melhor boa vontade que as do pai para com seus filhos.

Se, pois, os filhos são tão estritamente obrigados a servir, amar, obedecer e reverenciar pais e mães, que penas merecem aqueles que são desobedientes, irreverentes, injuriosos? Qual suplício pode ser grande o bastante para aquele que golpeia seu pai ou sua mãe? Porque, quanto ao assassino de seu pai ou de sua mãe, nunca se encontrou juiz nem legislador que soubesse imaginar tormentos suficientes para um caso tão execrável, ainda que a Lei Pompeia dos parricídios tenha ordenado um tormento mais estranho do que digno de tal crime, e muito embora tenhamos visto um caso de nossa memória no qual o réu foi atenazado, depois quebrado na roda e por fim queimado, e nunca vimos homem que tivesse maior horror de sua própria maldade que pavor de sua pena, e que não confessasse que merecia mais do que sofria. Assim, o sábio

42 *Êxodo* 22, *Deuteronômio* 5.

43 *Deuteronômio* 11 e 22.

44 *Ezequiel* 22.

45 *Gênesis* 7.

46 *Gênesis* 27 e 28.

47 No livro das Leis.

Sólon, interrogado do porquê havia esquecido a pena do parricídio, respondeu que não pensava haver homem tão detestável que quisesse cometer um ato tão malvado, e respondeu muito sabiamente, pois o legislador prudente nunca deve fazer menção de um crime que seja desconhecido ou pouco conhecido, para não dar exemplo aos malvados para o tentarem.

Porém, se o crime é grande e execrável, não se deve deixá-lo passar com tolerância, nem tampouco mostrá-lo com o dedo e com o olho, mas por circunstâncias e penas que com ele se relacionam. Vemos assim que a lei de Deus não estabeleceu pena alguma para o assassino de seu pai ou de sua mãe, nem mesmo para aquele que surrou um ou outro (como a Lei Sérvia, que condena à morte por tal crime), mas dá pleno poder e faculdade ao pai e à mãe para lapidar o filho desobediente, e quer que sejam cridos, e que a execução se faça na presença de um juiz, sem que lhe seja permitido inquirir da verdade nem dela tomar conhecimento algum, pois assim procedendo o filho não seria morto em cólera, como pode acontecer, nem em segredo, para cobrir a desonra da casa. É o que vemos em nossas leis, um pai ter matado seu filho na caça por ter este cometido incesto com a madrasta: isto é, diz a lei, matar furtivamente, pois o principal fruto da pena é que ela deve ser exemplar para todos.

O outro artigo da lei[48] de Deus quer que o filho que maldiga o pai ou a mãe seja executado por morte e dá conhecimento disso aos juízes, não deixando a pena ao arbítrio dos pais e das mães, para que o crime não permaneça impune, pois o amor do pai e da mãe é tão ardente para com seus filhos que eles jamais desejariam que a justiça tivesse conhecimento desses crimes, mesmo que seus filhos os tivessem ferido de morte. Isso de fato ocorreu em Châtillon-sur-Loing no ano de 1565, quando um pai, tendo recebido de seu filho, ao querer esbofeteá-lo, um golpe de espada que lhe transpassou o corpo, não parou de gritar para o filho, até sua morte, que fugisse, temendo que caísse nas mãos da justiça e fosse executado à morte, como assim o foi, com os pés dependurados para cima por algum tempo e uma pedra amarrada ao pescoço, e depois queimado vivo, tendo renunciado à apelação por ele interposta contra a sentença; isso mostra bem a estranha e violenta paixão de amor do pai para com seus filhos. Nós tivemos também, em nosso tempo, um exemplo da mãe que preferia sofrer de ser desprezada, injuriada, batida, surrada e espezinhada

48 *Levítico* 20, *Deuteronômio* 27, *Êxodo* 11.

pelo seu próprio filho do que ir queixar-se disso ao juiz, que deixava tudo isso impune, até que o filho aliviou suas sujeiras na sopa de sua mãe. O juiz então o condenou a fazer ato de penitência (*amende honorable*)[49] e a pedir perdão à sua mãe. O filho apelou para o Parlamento de Toulouse, que o considerou mal julgado e, emendando a sentença, condenou-o a ser queimado vivo, sem consideração pelos gritos e lamentos da mãe, que protestava tê-lo perdoado e não ter recebido injúria alguma. Sêneca assim fala do pai que apenas expulsa o filho de casa:"Ó como o pai, diz ele, corta seus membros com grande remorso, quantos gemidos emite ao cortá-los, quantas vezes chora por tê-los cortado, e como deseja recolocá-los em seu lugar".

Tudo isso que eu disse e os exemplos que deduzi de tão fresca memória servirão para mostrar que é preciso na República bem ordenada dar aos pais o poder de vida e de morte, que a lei de Deus e da natureza também lhes dá. Lei esta que foi a mais antiga que já existiu, comum aos persas e aos povos da alta Ásia, comum aos romanos, aos hebreus e aos celtas, e praticada em todas as Índias Ocidentais antes que estas fossem sujeitadas aos espanhóis. De outra forma jamais se pode esperar ver os bons costumes, a honra, a virtude e o antigo esplendor das Repúblicas restabelecidos. Pois Justiniano enganou-se ao dizer que não havia povo que tivesse tal poder sobre seus filhos como os romanos, e nisso também se enganaram aqueles que seguiram a sua opinião. Temos a lei de Deus, que deve ser santa e inviolável para todos os povos; temos o testemunho das histórias gregas e latinas quanto aos persas, aos romanos e aos celtas, dos quais fala César em suas memórias. Os gauleses, diz ele, têm poder de vida e de morte sobre seus filhos e sobre suas mulheres, bem como sobre seus escravos. E ainda que Rômulo, na publicação de suas leis, tenha limitado o poder de vida e morte que deu aos maridos sobre as mulheres em quatro casos apenas, ele em nada o limitou no que concerne aos pais, dando-lhes pleno poder para dispor da vida e da morte de seus filhos, sem que estes nada pudessem adquirir que não fosse também dos pais. E os romanos tinham tal poder não apenas sobre seus próprios filhos, mas também sobre os filhos de outrem que tivessem adotado. Tal poder foi ratificado e ampliado 260 anos

49 [N.T.:] A *amende honorable* (literalmente multa de honra) é um termo técnico que designa, na jurisprudência medieval e renascentista francesa, uma pena infamante ordenada pela justiça que consistia em reconhecer publicamente o seu crime (geralmente em ocasiões solenes como missas dominicais, festas e solenidades públicas) e em pedir perdão, também publicamente, por tê-lo cometido.

depois pela Lei das Doze Tábuas, que deu também ao pai o poder de vender seus filhos e, caso estes se resgatassem, de vendê-los novamente até a terceira vez; lei esta que foi encontrada exatamente igual nas Ilhas Ocidentais, como lemos na história das Índias. Ainda hoje é permitido ao pai, em todo o país da Moscóvia e da Tartária, vender até a quarta vez inclusive os seus filhos; se depois disso eles se resgatarem, serão libertos de todo. Através desse poder paterno os romanos floresceram em toda honra e virtude, e muitas vezes a República foi reerguida de uma queda inevitável pelo poder paterno, quando os pais vinham tirar seus filhos magistrados da tribuna durante as arengas, para impedi-los de publicar lei ou requerimento que tendesse à sedição. Entre outros, Cássio lançou seu filho fora da tribuna e mandou matá-lo por ter publicado a lei das heranças, diante do espanto dos bedéis, sargentos, magistrados e de todo o povo, que não ousaram oferecer-lhe resistência alguma, ainda que o povo quisesse com toda força que se publicasse tal lei.

Isso mostra não apenas que esse poder paterno era tido como sagrado e inviolável, mas também que o pai podia, a torto ou a direito, dispor da vida e da morte de seus filhos, sem que os magistrados pudessem tomar conhecimento disso. Assim, quando o tribuno Pompônio acusou Torquato diante do povo de vários pontos de acusação, e entre outros de que ele sobrecarregava demais seu filho com o cultivo da terra, esse mesmo filho foi encontrar o tribuno em seu leito e, encostando-lhe a adaga ao pescoço, o fez jurar que desistiria do processo que movia contra seu pai. O tribuno rogou ao povo que o escusasse do juramento que havia prestado e o povo não quis passar além. Por esses dois exemplos pode-se julgar que os romanos faziam mais caso do pátrio poder que das próprias leis, que diziam sagradas e pelas quais a cabeça daquele que tentasse apenas tocar num tribuno para ofendê-lo seria dedicada a Júpiter. Isso porque consideravam que a justiça doméstica e o poder paterno eram um fundamento muito seguro das leis, da honra, da virtude e de toda piedade.

Encontramos igualmente raros e belos exemplos de piedade para com os pais e as mães na República Romana, que não se encontram em nenhuma outra parte. Marquei um entre mil e mostrarei ainda um outro, que todos os pintores do mundo tomaram para embelezar sua ciência, a saber, o da filha que aleitava o pai, condenado a morrer pela antiga pena ordinária de fome, a qual nenhum homem são suporta além do sétimo dia. O carcereiro, tendo espiado esse ato de piedade, dele advertiu os magistrados e, tendo sido o fato relatado ao povo, a filha obteve a graça pela vida do pai. Mesmo os animais sem razão nos ensinam suficientemente esse dever natural, como mostra a cegonha, que a língua santa[50] (que nomeia as coisas segundo sua propriedade oculta) denomina *chasida*, quer dizer, bondosa e caridosa, tanto que alimenta o pai e a mãe na velhice. E ainda que o pai seja obrigado a ensinar e instruir seus filhos no temor de Deus, se ele, contudo, não cumpre o seu dever, o filho não está escusado do seu, embora Sólon por suas leis tenha quitado os filhos de alimentarem seus pais se estes não lhes tivessem ensinado um ofício para ganhar a vida. Não é necessário entrar nessa disputa, na qual se trata principalmente do poder paterno, do qual um dos maiores bens que antigamente resultava era a correta alimentação dos filhos. Pois a justiça pública jamais toma conhecimento do desprezo, da desobediência e irreverência dos filhos para com pai e mãe, nem tampouco dos vícios que a licença desbragada traz a uma juventude que se excede em seus hábitos, na embriaguez, na devassidão, nos jogos de azar e mesmo em muitos crimes sujeitos à jurisdição pública, que os pobres pais não ousam descobrir e cujo poder de punição não mais lhes pertence: pois os filhos, não tendo temor algum dos pais e menos ainda de Deus, fiar-se-ão bastante nos magistrados, a maioria dos quais costuma punir apenas a gente miúda.

Ora, é impossível que a República valha alguma coisa se as famílias, que são os pilares desta, estiverem mal fundadas. Além disso, todos os processos, querelas e diferenças que são corriqueiros entre irmãos e irmãs seriam todos extintos e dissolvidos enquanto o pai fosse vivo, pois o casamento não os subtrai de seu poder, e ainda que ele tivesse emancipado aqueles que se casassem e saíssem de sua casa para ter um lar à parte, o que não fariam facilmente, mesmo assim a reverência e o temor ao pai sempre permaneceriam. Esta é uma das causas principais das quais derivam tantos processos: pois só vemos os magistrados ocupados em decidir os processos que se abrem não apenas entre marido e mulher, mas também entre irmãos e irmãs, e até mesmo entre pais e filhos. Ora, tendo o pátrio poder pouco a pouco se afrouxado desde o declínio do Império Romano, na sua sequência desvaneceu-se a antiga virtude e todo o esplendor de sua República, e no lugar da piedade e dos bons costumes seguiram-se um milhão de vícios e de maldades. Pois o poder paterno de vida e morte foi retirado pouco a pouco pela ambição dos

50 *Levítico* 11, *Jó* 36. חסידה pia, misericordiosa.

magistrados, para atrair tudo ao seu conhecimento. Isso ocorreu a partir da morte de Augusto, depois de cujo tempo tornou-se quase obrigatório punir os parricídios, como lemos em Sêneca[51], dirigindo a palavra a Nero: "Viu-se, diz ele, punir mais parricídios em cinco anos sob o reino de vosso pai do que já se havia visto desde a fundação de Roma".

Ora, é certo que, para um parricídio que se pune, dez são cometidos, estando a vida do pai e da mãe exposta a mil mortes, se a bondade natural e o temor de Deus não retiverem os filhos. Não devemos nos maravilhar que Nero não mostrasse escrúpulos nem arrependimento em matar sua mãe, pois isso era então um crime bem comum. Mas Sêneca não diz a causa disso, a saber, que o pai, para castigar o filho, tinha que ir ao magistrado acusá-lo, coisa que jamais os antigos romanos haviam sofrido. O senador Fulvius, no tempo de Cícero, mandou matar seu filho – por ter este tomado parte na conjuração de Catilina – por seu pleno poder. Ainda no tempo de Augusto, o senador Tarius processou seu filho por um crime capital e chamou Augusto para vir à sua casa dar-lhe conselho, na qualidade de particular, e não se pôs, diz Sêneca, no lugar do juiz. Assim vemos que, pela Lei Pompeia dos parricídios, todos os parentes estão inclusos nas penas da lei, salvo o pai. Mas é evidente também que, no tempo de Ulpiano e de Paulo jurisconsultos, os pais não tinham mais tal poder de vida e morte, pois um diz que o pai deve acusar o filho diante do magistrado e o outro que os filhos não devem queixar-se se o pai os deserda, visto que este podia antigamente mandá-los matar. Um e outro foram do tempo do imperador Alexandre[52], e contudo não se encontra lei que tenha subtraído o poder de vida e morte dos pais até Constantino o Grande, ainda que sua lei não fosse derrogatória em termos expressos. Mesmo Diocleciano, poucos anos antes de Constantino, diz que o juiz deve dar a sentença contra o filho tal como o pai a quiser. Ora, é certo em termos de direito que o costume, por mais inveterado que seja, não pode subtrair o efeito da lei se não houver lei contrária contendo derrogação expressa: pode-se sempre colocar uma lei antiga novamente em uso.

Desde que os filhos ganharam este ponto contra os pais, de isentarem-se de seu poder absoluto, eles obtiveram também, do mesmo imperador, que a

51 *De clementia* liv. 1.

52 [N.T.:]Trata-se de Alexandre Severo (205-235), imperador romano entre 222 e 235, partidário do sincretismo religioso e tolerante com relação ao cristianismo; foi morto durante uma revolta militar.

propriedade dos bens maternos lhes fosse concedida, e depois, sob o império de Teodósio o Jovem, arrancaram um outro édito para todos os bens que em geral pudessem adquirir por qualquer forma que fosse, permanecendo aos pais apenas seu usufruto, e estes não podiam alienar a propriedade nem dela dispor de qualquer forma que fosse. Ainda hoje, em país costumeiro[53], os pais não detêm nem a propriedade dos filhos, nem seu usufruto; isso inchou de tal modo o coração dos filhos que, muitas vezes, eles comandam os pais, que são constrangidos a obedecer às suas vontades ou morrer de fome. Ao invés de restringir a licença dos filhos e manter em algum grau o pátrio poder, Justiniano não quis que o pai pudesse emancipar os filhos sem seu consentimento, quer dizer, sem que se lhes desse alguma vantagem, ao passo que a emancipação era antigamente testemunho e penhor de obediência filial.

Mas depois de perdida a dignidade paterna, os filhos começaram a mercadejar com os pais por sua emancipação, de modo que os dons feitos pelos pais aos filhos, para que tivessem algum estado ou ofício, resultavam em puro ganho para aqueles, e aquilo que os pais davam ao emancipá-los não era contado como adiantamento do direito sucessório se o ato de emancipação assim não estipulasse, coisa que se pratica ainda hoje em todos os países de direito escrito. E se o filho fica rico por sua indústria ou de outra forma, ele se faz emancipar pelo pai, dando-lhe alguma coisa que é contada como direito da legítima; ocorrendo a morte do filho antes da do pai, ainda que isso não esteja dito no ato de emancipação, ou mesmo que constasse como feito por recompensa da emancipação, isso não obstante vale como legítima, de tal forma que o pai corre perigo de morrer de fome se não tiver outros meios. A equidade natural quer que a razão seja recíproca, mesmo quando o filho não for mais adstrito ao pai, o que torna a condição do pai muito pior que a do filho, que é obrigado, por todas as leis divinas, a alimentar o pai enquanto este viver, ao passo que o pai está obrigado, mesmo pela antiga lei de Rômulo, a alimentar o filho somente até a idade de sete anos.

Com todas essas indignidades, Justiniano ainda isentou todos os patrícios, bispos e cônsules do pátrio poder que lhes restava, e igualmente aqueles que entram para os mosteiros. Em países costumeiros, além do que eu já disse, isentou-se igualmente os casados e aqueles que se tivessem ausentado por

53 [N.T.:] Isto é, em todas aquelas regiões da França e de outros países latinos nas quais imperava o direito consuetudinário, escrito ou não, e não o direito romano.

mais de dez anos da casa do pai. Isso fez com que os jurisconsultos italianos escrevessem que os franceses não estão mais submissos ao poder do pai, e de fato dele resta apenas uma sombra imaginária, quando o pai autoriza seus filhos para os atos legítimos ou para os resgates feudais ou de linhagem daquilo que ele vendeu, ou para apanhar uma sucessão duvidosa, ou para negociar e traficar em separado[54]: o juiz então, sem patentes reais e a pedido do pai, emancipa o filho. Foi assim que Felipe de Valois emancipou[55] seu filho João para dar-lhe o ducado da Normandia. Tal emancipação, entretanto, de nada serviu, não mais que aquelas que se fazem ordinariamente, visto que nem o doador, nem o donatário, nem a coisa doada estavam adstritos por nada que se assemelhe a direito escrito e que os pais, em país costumeiro, nada tem a ver com os bens dos filhos.

Depois de se ter assim despojado os pais do pátrio poder e dos bens adquiridos por seus filhos, chegou-se até mesmo a perguntar se o filho pode defender-se e repelir a força injusta do pai pela força. E houve quem sustentasse a opinião afirmativa, como se não houvesse diferença entre aquele que detém comando e castigo sobre outrem e aquele que não detém. Se o soldado que tivesse quebrado o bastão de vinha[56] de seu capitão, quando este o golpeava a torto ou a direito, era mandado à morte pela lei das armas, o que merece o filho que ergue a mão contra o pai? Foi-se ainda além, pois ousou-se mesmo pensar, e até escrever e dar a lume, que o filho pode matar o pai, se este for inimigo da República; ponto no qual eu não tocaria se os mais estimados não tivessem assim resolvido. Considero isso uma impiedade, não só escrevê-lo mas também fazê-lo, pois seria absolver os parricidas do que fizeram e encorajar aqueles que não ousavam pensar nisso, convidando-os abertamente a cometer uma coisa tão detestável sob o véu da caridade pública. Dizia um autor antigo[57]: "*Nullum tantum scelus a patre admitti potest, quod sit parricidio vindicandum*"[58].

54 [N.T.:] Deve-se entender este trecho como a emancipação necessária para que o filho possa legitimamente estabelecer-se como mercador e negociante separado, associado ou independente do negócio do pai.

55 Em 7 de fevereiro de 1359.

56 *Vitibus feriebantur milites*. Plínio liv. 12. [N.T.:] O bastão de vinha era um ramo de parreira de espessura conveniente para torná-lo flexível e comprimento de uma jarda que era, ao mesmo tempo, a insígnia do poder do capitão, no exército romano, e instrumento de punição para aplicação de vergastadas.

57 Quintiliano decla. 286.

58 [N.T.:] "Não há crime que se possa imputar ao pai que baste para se reivindicar o parricídio".

Ó quantos pais seriam inimigos da República se tais resoluções tivessem lugar! Qual o pai que, em caso de guerra civil, poderia escapar das mãos de um filho parricida? Pois bem se sabe que, em tais guerras, os mais fracos estão sempre errados e os mais fortes sempre declaram os outros inimigos da pátria. E fora da guerra civil, é inimigo da República não somente aquele que deu conselho, conforto e ajuda aos inimigos, mas também quem lhes emprestou ou vendeu armas ou víveres. Pelas ordenanças da Inglaterra publicadas no ano de 1563 ajudar os inimigos, de qualquer forma que seja, é considerado crime de alta traição. Os mestres de escola, entretanto, não fazem tal distinção.

Ora, decorrem dessas resoluções coisas nas quais a posteridade não acreditará: que um banido de Veneza, tendo trazido consigo a cabeça de seu pai, banido como ele, exigiu seu retorno ao país, seus bens e honras, segundo a ordenança de Veneza praticada em quase toda a Itália – e obteve o penhor de sua deslealdade execrável. Seria melhor que toda a sua citandade se tivesse abismado que um caso desses ocorrido. O rei da França recebeu como boa a escusa de Maximiliano, rei da Boêmia, que, no ano de 1557, tinha recusado salvo-condutos ao duque de Wittenberg para os embaixadores da França, embora reconhecendo que isso infringia o direito das gentes; ele disse, contudo, que não ousava desobedecer a seu pai. Se for lícito violar o direito das gentes para obedecer ao pai em tão pouca coisa, que razão, que argumento poderia encontrar quem quer que fosse para atentar contra a vida do pai? Embora o parricídio seja em si muito detestável, ele é ainda mais pernicioso por suas consequências: depois que se permite matar o pai, sob qualquer cor que seja, como estará assegurada a vida dos irmãos e dos parentes próximos? De fato ocorreu, no ano de 1567, que Samperre Corse foi morto por seu primo germano, que teve dez mil escudos por talião, pena que foi suspensa por decreto da senhoria de Gênova. Seria bem mais conveniente seguir Cícero, que não somente não quis deitar por escrito as mesmas questões formuladas pelos dois antigos filósofos Antíoco e Antípater, como também as evitou como se fossem um precipício alto e escorregadio. Junte-se igualmente que a lei resiste formalmente e proíbe que se dê qualquer compensação ao proscrito por ter matado bandidos, ainda que o imperador Adriano fosse da opinião que se perdoasse a falta do proscrito.

Eu digo, pois, que é conveniente que os Príncipes e legisladores remetam-se às antigas leis a respeito do poder dos pais sobre os filhos e que se rejam segundo a lei de Deus, quer sejam filhos legítimos ou naturais ou ambos conjuntamente, desde que não tenham sido concebidos em incesto, pelo qual as leis divinas e humanas sempre tiveram abominação. Mas, dir-se-á, talvez exista o perigo de que o pai furioso ou pródigo abuse da vida e dos bens de seus filhos. Eu respondo que as leis previram curadores para tal gente e lhes subtraíram o poder sobre outrem, visto que eles não o têm sobre si mesmos. Se o pai não for insensato, nunca lhe ocorrerá matar seu filho sem causa, e se o filho mereceu, os magistrados não devem imiscuir-se, pois a afeição e o amor do pai e da mãe por seus filhos são tão grandes que a lei presumiu que eles jamais fariam nada que não fosse em proveito e honra dos filhos, e que toda suspeita de fraude cessa no que concerne aos atos dos pais para com seus filhos. Ademais, eles muitas vezes esquecem todo o direito divino e humano, feito para engrandecer, a torto ou a direito, os pais. Por essa causa, o pai que matou seu filho não está sujeito à pena dos parricídios, pois a lei presumiu que ele não teria feito isso sem boa e justa causa; e deu-lhe privativamente o poder de matar sua filha e o adúltero, surpreendidos no ato.

Esses todos são argumentos necessários para mostrar que não é preciso temer que os pais abusem de seu poder. Mas me será replicado que já se encontrou aqueles que dele abusaram; que seja – eu digo, todavia, que jamais o legislador prudente deixou de fazer uma boa lei pelos inconvenientes que dela decorrem com pouca frequência. Onde já existiu lei tão justa, tão natural, tão necessária que não estivesse sujeita a vários inconvenientes? Quem quisesse derrubar todas as leis pelos absurdos que delas resultam não deixaria subsistir nenhuma. Em suma, digo que o amor natural do pai e da mãe para com seus filhos é incompossível e incompatível com a crueldade, e que o maior tormento que um pai pode padecer é o de ter matado seu filho, como de fato ocorreu, de nossa memória, no país de Anjou, quando um pai inadvertidamente matou seu filho com um torrão de terra e enforcou-se na mesma hora, sem que ninguém soubesse de nada. Da mesma forma, os egípcios ordenavam como toda pena, ao pai que tivesse matado seu filho a torto e sem causa, encerrá-lo durante três dias junto ao corpo morto; pois tinham como coisa detestável que, pela morte do filho, se cobrasse a vida do pai, de quem o primeiro devia a sua.

Pode-se ainda dizer que, se os pais tivessem poder de vida e morte sobre seus filhos, poderiam constrangê-los a fazer coisa contra a República.

Respondo que isso não deve ser presumido; todavia, mesmo que assim fosse, as leis proveram sabiamente esse ponto, tendo em todos os tempos isentado os filhos do poder dos pais naquilo que tange ao público, como bem deu a entender Fábio Gurges, porque, sendo cônsul e vendo que seu pai vinha a ele montado a cavalo, ordenou a um meirinho que o fizesse apear, e o pai achou isso bom, honrando e afagando seu filho por ter bem compreendido o seu cargo. De qualquer forma, os pais sábios nada quereriam ordenar a seus filhos que atingisse o bem público, mesmo que já tenha havido alguns que a estes tenham dado a morte por terem atentado contra as leis públicas, como fez Brutus com seus dois filhos, e Torquato o cônsul, que fez triunfar seu filho no campo de batalha por ter vencido o inimigo em combate, e depois fez com que fosse decapitado por ter combatido contra a sua proibição, segundo a lei das armas. Há ainda uma objeção, com relação aos bens dos filhos: se estes estivessem na plena disposição dos pais, estes poderiam, sem causa, deserdar uns e enriquecer outros. Respondo que as leis também proveram isso, abrindo a justiça aos filhos deserdados sem causa, ainda que a antiga maneira dos romanos fosse ainda mais louvável, de jamais receber o filho para debater a vontade do pai por via de ação, mas somente por via de requerimento, e falando do pai defunto com toda humildade, honra e reverência, deixando tudo ao discernimento e à religião dos juízes.

Mas desde que os pretores – que não podiam decidir das sucessões – começaram a decidir da posse dos bens, o que era equivalente, e a vinculá-los a certas legítimas e disposições testamentárias, logo apareceram a desobediência e a rebelião dos filhos. Foi essa a única causa pela qual um dos éforos publicou a lei testamentária na Lacedemônia[59], pela qual ficava dali em diante permitido a cada um fazer herdeiro a quem quisesse, não tendo ele outro motivo que a arrogância de seu filho, a quem a sucessão paterna não poderia escapar, pelo costume do país. Ora, se isso ocorresse por toda parte, ver-se-ia filhos obedientes e prestativos aos pais e mães, a quem teriam muito medo de ofender. Mas para se arrancar pela raiz todos os argumentos que se pode formular, temos a lei expressa de Deus, que pelo menos nos garantirá contra todos os inconvenientes com relação ao poder de vida e morte dado ao pai e à mãe sobre os filhos, ainda que os bens estejam à disposição da lei[60].

59 Plutarco, *Licurgo*.

60 *Números* 23.

Dissemos que o pátrio poder estende-se igualmente aos filhos adotados, muito embora o direito das adoções tenha decaído pouco a pouco e quase se tenha extinguido pelas leis de Justiniano, o qual, querendo reprimir os abusos que nele se cometiam, quase o aniquilou. É, entretanto, certo que se trata de um antigo direito, comum a todos os povos e de grande consequência para todas as Repúblicas. Vemos que os mais antigos povos o tiveram em singular consideração, e mesmo Jacó[61] adotou Efraim e Manassés, filhos de José, ainda que tivesse doze filhos vivos, que tinham por sua vez muitos outros, e deu-lhes parte e porção das aquisições que tinha feito. Quanto aos egípcios, temos o exemplo de Moisés, que foi adotado como filho do rei[62]. Vemos igualmente Teseu ser solenemente adotado por Egeu, rei de Atenas, que fez dele seu sucessor no estado. É verdade que ele era seu filho natural[63], e desde esse tempo todos os atenienses que tinham filhos naturais das mulheres de Atenas foram obrigados a adotá-los e fazê-los registrar como filhos legítimos, deixando-lhes parte e porção dos bens como aos outros, como lemos nos discursos dos dez oradores, pois eles só chamavam de bastardo[64] aquele que era nascido de pai ou de mãe estrangeiros, mesmo que esta fosse mulher honrada. Assim também todos os povos do Oriente faziam pouca ou nenhuma diferença entre os filhos naturais e legítimos, como podemos ver pelos filhos das camareiras de Jacó, que estavam no mesmo grau, no que toca aos bens e às honras, que os outros legítimos. Da mesma forma, Diodoro escreve que os filhos dos egípcios, concebidos de escravas, tinham tantas prerrogativas quanto os outros, pois a eles era permitido[65] ter tantas mulheres quanto quisessem, assim como aos persas[66] e a todos os povos da alta Ásia, costume que têm ainda hoje e que vigora também em quase toda a África. Diz Tácito que havia, entre todos os bárbaros, apenas os povos da Alemanha em que os homens tinham cada um uma mulher. Demos a razão disso no método das histórias[67].

61 *Gênesis* últ.

62 *Êxodo* 1.

63 Plutarco, *Teseu*.

64 Plutarco, *Temístocles e Péricles*.

65 Heródoto, liv. 2.

66 Heródoto, liv. 3.

67 Cap. 5. [N.T.:] Trata-se do *Methodus ad facilem historiarum cognitionem*, que Bodin publicou cerca de vinte anos antes do presente trabalho, mas que possui, como já mencionamos, mais de um vínculo interessante com o mesmo.

Seria preciso, por consequência, que todos os filhos de um mesmo pai estivessem em seu poder, quer fossem adotados ou não. Mas os romanos não reconheciam nem aceitavam antigamente os filhos naturais, nem os tidos de estrangeiras, a quem nenhuma parte cabia, como diz Justiniano, e eles não eram obrigados a adotá-los como os atenienses, mas tampouco tinham poder algum sobre eles, e não estavam obrigados a deixar-lhes herança. Constantino até mesmo proibiu que o fizessem, mas Arcádio e Teodósio o Jovem moderaram o rigor das leis. Depois, Zenão imperador ordenou que fossem reputados legítimos, pelo casamento do pai com a mãe. Além disso, Anastásio tinha ordenado que todos os bastardos fossem reputados legítimos através da adoção, mas Justino e Justiniano cassaram o édito e fecharam a porta aos bastardos, a fim de que cada um pensasse em ter mulheres e filhos legítimos e para que, nas antigas famílias, os direitos de sucessão não fossem alterados e turbados pelos bastardos.

Permanecia, entretanto, o direito das adoções, que foi recebido para paliar o defeito de natureza, e o qual os antigos romanos tinham em tanta estima que os pais adotivos tinham o mesmo poder de vida e morte sobre os filhos adotivos quanto sobre os seus próprios filhos. Essa era a verdadeira causa pela qual as mulheres não podiam adotar, até o édito publicado por Diocleciano, visto que estavam sob o poder perpétuo dos maridos ou dos parentes, assim como na Grécia não lhes era permitido adotar, como diz o orador Iseu. Tendo sido pois o direito de adoção enobrecido pelos romanos, da mesma forma como haviam estendido as fronteiras de seu império mais do que nunca, todos os outros povos mantiveram tal direito em estima ainda mais alta, até mesmo os godos, alamanos, francos e sálios, como vemos nas Leis Ripuárias, nas quais eles usam a palavra *adfatinir* por adotar, considerando os filhos adotados no mesmo grau que os filhos próprios no direito à sucessão, seguindo o direito comum, que os reputa como herdeiros próprios. Assim, lemos em Cassiodoro que Teodorico rei dos godos adotou o rei dos hérulos, e Liutprando rei dos lombardos adotou o filho de Carlos príncipe da França, cortando-lhe os cabelos, embora tivesse outros filhos, como fez Micipsa rei dos númidas adotando Jugurta, embora tivesse dois filhos legítimos, deixando a todos três seu reino em porções iguais.

Mas a primeira ocasião das adoções foi tomada como a falta de filhos, ou ao menos de filhos varões, como o caso de Cipião o Velho, que, tendo apenas uma filha, adotou o jovem Cipião, filho de Paulo Emílio, fazendo-o herdeiro de seus bens e de seu nome. O mesmo fez César o ditador, que, tendo apenas uma filha, adotou seu sobrinho, fazendo-o seu herdeiro por três quartos, com o encargo de prolongar seu nome, de modo que o nome do pai natural era diminuído e colocado depois do nome do pai adotivo. Augusto, por falta de herdeiros procriados de seu corpo, adotou Caio e Lúcio, filhos de sua filha, no interior de sua casa, comprando-os a seu pai Agripa segundo a forma antiga, e depois da morte destes adotou Tibério, e este fez o mesmo com Calígula. Cláudio adotou Nero, ao qual sucedeu Galba, que não tinha filhos e que adotou Pison diante de seu exército, costume que depois foi guardado com a adoção do imperador Aureliano e que o imperador Justiniano quis prolongar com a adoção de Cosroés, rei da Pérsia, que recusou ao saber que, por esse meio, não poderia ser imperador, como diz Procópio. Lemos também que o imperador Nerva, por falta de filhos, adotou Trajano, e este adotou Adriano, que depois adotou Antonino Pio, e não se contentou em adotar um tão grande homem de bem, mas também o encarregou de adotar, enquanto estava vivo, Aelius Verus e Marco Aurélio, apelidado o Filósofo, para que ao Império não faltassem imperadores dos mais virtuosos que jamais existiram. Mas este último teve um filho que era o mais vicioso possível, deixando assim um sucessor muito ruim; e teria adotado outro, como era da sua grande vontade, se os seus amigos disso não o tivessem dissuadido, pois não era costume em Roma adotar quando se tinha filhos. Por tal motivo Cláudio imperador foi censurado por ter adotado Nero, filho de sua segunda mulher, tendo filho e filha de seu primeiro leito, que foram ambos mortos por Nero.

Mas sem usar de exemplos estrangeiros, que são infinitos, temos a adoção de Luís de França, duque de Anjou, por Anne la Louvette, rainha de Nápoles e da Sicília, por falta de herdeiros, depois de ter rejeitado como ingrato seu sobrinho Afonso, rei de Aragão, que ela tinha antes adotado com o consentimento do Papa, senhor soberano de Nápoles e da Sicília. Depois René de Anjou, seu sobrinho-neto, foi também adotado por Joana a Jovem, também rainha de Nápoles, por falta de filhos, e quase ao mesmo tempo, quer dizer, no ano de 1413, Henrique, duque da Pomerânia, foi adotado por Margarida de Wolmar, rainha da Dinamarca, Noruega e Suécia, para sucessor nos ditos reinos. Logo depois, Henrique V, rei da Inglaterra, foi adotado, não por Carlos VI, o que não faria sentido, mas por sua mulher, que fez declarar por seu novo genro que Carlos VII, seu próprio filho, era incapaz de assumir a coroa, ainda que fosse sábio e virtuoso príncipe. Justiniano, querendo remediar tais abusos, ordenou que os filhos adotados não deixariam de suceder aos seus próprios pais, porque os pais adotivos, por pouco motivo, expulsavam os filhos adotados, aos quais os pais naturais nada haviam deixado, na esperança da sucessão de outrem. Mas foi mal aconselhado ao retirar o pátrio poder, que era a única marca da adoção e que, uma vez retirada, nada mais restava. Teria sido mais conveniente anular as adoções se o pai tivesse filhos naturais e legítimos, ou, se não os tivesse, ordenar que o filho adotivo sucedesse nos mesmos direitos que o filho próprio. Retivemos um desses aspectos neste reino, mas abandonamos o outro, pois não sofremos que os filhos adotivos sucedam em algo com os filhos próprios e legítimos, nem que aquilo que lhes é deixado, por falta de filhos, possa ser deixado a um estranho.

O pai pode, entretanto, tirar proveito da adoção, e disso queixava-se em seu tempo Cipião o Africano, na arenga de censura que dirigiu ao povo. Desde a publicação da Lei Júlia Pappia, que dava grandes privilégios àqueles que tinham filhos, aqueles que não os tinham adotavam, para ter parte nas magistraturas, e depois de obter o que pediam emancipavam os filhos. Também ocorria o contrário: Cláudio, sendo nobre, fez-se adotar por um plebeu, deixou sua nobreza para tornar-se tribuno do povo e logo depois fez-se emancipar. Eis porque o senado romano fez um decreto segundo o qual os filhos adotivos não gozariam de privilégio algum nos cargos públicos, fossem os de tutela ou os de imposto. Depois foi ordenado que não se poderia, por esse meio, obter ofício algum, nem impedir as substituições feitas por falta de filhos, nem obter aquilo que era deixado ou prometido no caso de que se tivesse filhos, nem cassar doações que são revogáveis quando o doador tem filhos, nem fazer com que as filhas, pelo costume, sejam excluídas, nem que a palavra "filho", simplesmente aposta às leis, costumes e outros atos legítimos signifique a criança adotada. Todas essas fraudes é bom reprimir, e não extinguir o direito das adoções, e ao menos deixar ao pai adotivo o pátrio poder para manter em obediência o filho adotado. Eis o que se devia dizer quanto ao segundo ponto, o da família, a respeito do governo do pai para com seus filhos; falemos agora do terceiro.

CAPÍTULO V

DO PODER SENHORIAL E DE SE DEVEM SER ADMITIDOS ESCRAVOS NA REPÚBLICA BEM ORDENADA

A TERCEIRA PARTE DO GOVERNO DOS LARES depende do poder do senhor para com seus escravos e o do mestre para com seus servidores. Pois o próprio nome de família vem de *famulis* e *famulitio*, porque nelas havia grande número de escravos, e por causa dessa maior parte dos seus membros o conjunto do lar recebia o nome de família. Ou então, como não havia outra riqueza que não os escravos, denominou-se as companhias de escravos famílias e a sucessão de um defunto família. E Sêneca, querendo mostrar quanto o senhor deve ser moderado para com seus escravos, diz que os antigos denominavam o chefe da casa pai de família e não senhor. E como o mundo inteiro está cheio de escravos, salvo um quartel da Europa, que, entretanto, já os recebe pouco a pouco, será aqui necessário tocar neste ponto do poder do senhor para com os escravos e dos inconvenientes e comodidades que resultam de receber os escravos. Esse é um ponto de consequência não apenas para todas as famílias em geral, mas igualmente para todas as Repúblicas.

Ora, todo escravo ou é natural, isto é, engendrado de mulher escrava, ou é feito pelo direito de guerra, ou por crime, quando então é denominado escravo de pena, ou é quem pôs preço em sua liberdade ou a apostou, como faziam antigamente os povos da Alemanha[68], ou voluntariamente votou-se a ser escravo perpétuo de outrem, como os hebreus o praticavam. O prisioneiro de guerra era escravo do vencedor, que não estava obrigado a pô-lo em resgate se de outra forma não se tivesse convencionado, como ocorria antigamente[69] na Grécia, onde o bárbaro prisioneiro de guerra podia ser posto a ferros e retido como escravo, mas o grego era posto em liberdade pagando por si uma libra de ouro. Da mesma forma, por uma antiga ordenação da Polônia, há trezentos anos foi decretado pelos estados que todos os inimigos prisioneiros em boa guerra permaneceriam escravos dos vencedores se o rei não quisesse pagar dois florins por cabeça. Mas aquele a quem se pagou o resgate do prisioneiro é obrigado a recolocá-lo em liberdade tendo recebido o seu preço; ou então pode guardá-lo não como escravo, mas como prisioneiro, segundo a antiga lei praticada na Grécia e depois em todo o Império Romano.

Quanto aos devedores prisioneiros dos credores, ainda que fosse permitido pela Lei das Doze Tábuas desmembrá-los em partes para distribuí-los aos credores, a uns mais e a outros menos conforme o saldo devedor, se houvesse todavia um único credor, este não poderia subtrair a vida, e menos ainda a liberdade, que é mais cara que a vida. Pois o pai podia muito bem vender, trocar, cambiar e até mesmo tirar a vida de seus filhos, mas não podia subtrair-lhes a liberdade. Assim, o coração bom e generoso sempre preferirá morrer honestamente que servir indignamente como escravo. Foi por esse motivo que a Lei das Doze Tabuas, que adjudicava o devedor insolvente ao credor, foi logo quebrada por requerimento dos perilianos, tribunos do povo, que fizeram ordenar que, dali em diante, o devedor não seria adjudicado ao credor e não poderia ser retido por este último por causa de dívida, ressalvando-se ao credor ressarcir-se por sequestro de bens e outras vias de justiça. Isso foi feito com muita razão, visto que tal lei permaneceu inviolada por setecentos anos até o reino de Diocleciano, que a fez republicar sob pena de morte. Eis todas as espécies de escravos.

68 Tácito, *De moribus Germanorum*.

69 Aristóteles, *Ética* liv. 5.

Quanto àqueles que são pegos por bandidos e corsários, ou que são vendidos a falso título como escravos, permanecem contudo livres e, em termos de direito, podem praticar todos os atos legítimos. E quanto aos outros servidores domésticos, eles não podem, por contrato nem convenção qualquer, trazer prejuízo algum à sua liberdade, nem mesmo ao receber um legado testamental sob condição um pouco servil. Nem mesmo o escravo pode prometer ao senhor que o liberta coisa alguma que implique diminuição de sua liberdade, salvo os serviços agradáveis e ordinários aos libertos. Eis porque as sentenças do Parlamento de Paris muitas vezes romperam os contratos dos servidores que se obrigaram, sob pena, a servir um determinado número de anos. Isso, no entanto, é aceito na Inglaterra e na Escócia, onde os senhores, depois de expirado o termo do serviço, vão ao juiz do lugar emancipar seus servidores e dar-lhes o poder de usar barrete[70], que era antigamente a marca do escravo recém liberto, para esconder sua cabeça raspada até que os cabelos lhe crescessem novamente.

Isso deu ocasião a Brutus, depois de ter matado César[71], de fazer cunhar moeda com um barrete, como se tivesse libertado o povo romano, e depois da morte de Nero o povo miúdo saiu às ruas de barrete na cabeça, como sinal de liberdade[72]. O rei Eumenes veio a Roma após a morte de Mitridates e, ao entrar no senado com um barrete, declarou que devia sua liberdade ao povo romano. Ora, embora os servidores domésticos não sejam escravos e possam praticar todos os atos de liberdade, em juízo ou fora dele, eles não são contudo como simples mercenários ou ganha-dinheiros por jornada, sobre os quais aquele que os empreitou não possui nenhum poder, comando ou correção, como tem o senhor sobre os servidores domésticos, que lhe devem serviço, honra e obediência enquanto estiverem em sua casa e os quais ele pode castigar e corrigir com discrição e moderação. Eis, em três palavras, o poder do senhor sobre os servidores ordinários, pois não queremos entrar aqui nas regras morais do comportamento de uns para com os outros.

70 [N.T.:] Trata-se aqui do barrete frígio, uma espécie de toucado rubro e mitrado, terminado em ponta recurvada para diante, em uso desde a Antiguidade para significar publicamente a condição do liberto.

71 Plutarco, *Vida de César.*

72 Suetônio, *Nero.*

Mas quanto aos escravos, há duas dificuldades que ainda não foram resolvidas. A primeira é saber se a servidão dos escravos é natural e útil ou contra a natureza. A segunda, qual poder deve ter o senhor sobre o escravo. Quanto ao primeiro ponto, Aristóteles[73] é da opinião que a servidão dos escravos é de direito natural. Eis sua prova: nós vemos, diz ele, uns naturalmente feitos para servir e obedecer, e outros para comandar e governar. Mas os jurisconsultos, que não se detêm tanto nos discursos dos filósofos mas sim na opinião popular, sustentam que a servidão é diretamente contra a natureza, e fazem tudo o que podem para manter a liberdade, contra a obscuridade ou ambiguidade das leis, dos testamentos, dos decretos e dos contratos. E às vezes não há lei nem testamento que se sustente, e se derruba uma e outro para libertar o escravo, como se pode ver em todo o direito. E se for preciso que a lei se mantenha, o jurisconsulto faz então sempre saber que a acerbidade desta para com os escravos desagrada-lhe, dizendo-a dura e cruel.

Dessas duas opiniões, é preciso escolher a melhor. Há muita verossimilhança em sustentar que a servidão é útil às Repúblicas e que ela é natural. Pois tudo o que é contra a natureza não pode ter longa duração e, quando se força a natureza, ela volta sempre ao seu primeiro estado, como se vê evidentemente em todas as coisas naturais. Ora, a servidão teve origem logo após o dilúvio e assim que começou a haver uma forma qualquer de República. Desde então ela continuou e, ainda que há trezentos ou quatrocentos anos tenha sido descontinuada em alguns lugares, já se vê ela aí retornar. E mesmo os povos das Ilhas Ocidentais, que são três vezes mais extensas que toda a Europa e cujos habitantes jamais haviam ouvido falar em leis divinas nem humanas, sempre estiveram cheias de escravos[74]. Não se encontra uma única República que esteja isenta de escravos, e até mesmo os mais santos personagens que já existiram usaram deles. Ademais, em toda República o senhor sempre teve

73 Na *Política*.

74 [N.T.:] Trata-se aqui de um erro de perspectiva de Bodin. Se na meseta mexicana, nos altiplanos peruanos e em algumas áreas limítrofes havia alguma servidão organizada – em bases, aliás, relativamente recentes, datando de dois ou três séculos antes de Colombo, provavelmente – a escravidão parece ser completamente desconhecida nas Américas antes da chegada dos conquistadores, sendo antes gerada por estes últimos que um produto espontâneo das sociedades ameríndias: os grandes empreendimentos de monocultura e a exploração das minas de prata foram os grandes geradores da escravidão moderna na América.

poder sobre os bens, a vida e a morte do escravo, salvo em algumas nas quais os príncipes e legisladores moderaram esse poder.

Não é verossímil que tantos reis e legisladores tenham atentado contra a natureza, nem que os sábios e virtuosos homens tenham aprovado tal atentado, nem que tantos povos por tantos séculos tenham aceitado as servidões e até proibido, por algumas leis, alforriar escravos, senão em certo número, e que mesmo assim tais Repúblicas tenham florescido em armas e em leis. E quem poderia negar que seja coisa honesta e caridosa guardar um prisioneiro de boa guerra, alojá-lo, acomodá-lo, vesti-lo e alimentá-lo, fazendo-o prestar o serviço que puder se não tiver os meios de pagar seu resgate, ao invés de massacrá-lo a sangue frio? Essa é a primeira causa dos escravos. Além disso, as leis divinas e humanas querem que aquele que não tem como pagar pela falta cometida seja punido corporalmente. Ora, aquele que faz injustamente a guerra aos bens, à vida e ao estado de outrem, quem duvida que seja autêntico bandido e ladrão e que mereça a morte? Não é, pois, contra a natureza guardá-lo para servir ao invés de fazê-lo morrer, pois a palavra *servus*, embora se tenha querido criticar Justiniano, vem de *servando*. E se fosse contra a natureza que um homem tivesse poder de vida e morte sobre outro, não haveria reinos nem senhorias que não fossem contra a natureza, visto que reis e monarcas têm o mesmo poder sobre todos os seus súditos, sejam eles senhores ou escravos, pois aplicam a pena capital pelas leis.

Essas razões possuem uma certa aparência para mostrar que a servidão é natural, útil e honesta, mas há igualmente resposta para elas. Admitirei que a servidão é natural quando o homem forte, rude, rico e ignorante obedece ao sábio, discreto e fraco, ainda que seja pobre. Mas submeter os sábios aos loucos, os homens entendidos aos ignorantes, os bons aos malvados, quem dirá que isso não seja coisa contra a natureza? Só se se quiser sofismar, dizendo que o escravo de bom conselho governa e comanda o seu senhor, assim como o sábio conselheiro o seu rei de pouco tutano. Dizer que é caridade louvável guardar um prisioneiro que se poderia matar, é a caridade dos ladrões e corsários, que se glorificam de ter dado a vida àqueles que não mataram. Vemos muitas vezes que os homens doces e pacíficos são a presa dos malvados quando se chega a decidir as diferenças entre os Príncipes pela guerra, na qual o vencedor sempre tem o bom direito e o mais fraco sempre está errado. E se os vencidos fizeram a guerra erradamente e sem causa, como bandidos, por que não levá-los à morte? Por que não fazer justiça exemplar? Por que recebê-los com mercê, já que são ladrões? E quando se diz que a servidão não teria durado tão longamente se fosse contra a natureza, isso seria verdade para as coisas naturais que, por sua propriedade, seguem o decreto imutável de Deus, mas tendo sido dada ao homem a escolha entre o bem e o mal, ele infringe no mais das vezes a proibição e escolhe o pior, contra a lei de Deus e da natureza. E a opinião depravada tem nele tanto poder que ela passa por força de lei, que tem mais autoridade que a natureza, de modo que não há impiedade ou maldade, por grande que seja, que não seja estimada e julgada virtude e piedade.

Darei apenas um exemplo. Sabe-se muito bem que não há coisa mais cruel nem mais detestável que sacrificar homens, todavia quase não há povo que não tenha assim usado, e todos cobriram isso com o véu da piedade por muitos séculos. Até mesmo em nossa idade todas as Ilhas Ocidentais assim o praticaram e alguns povos do rio da Prata ainda usam fazê-lo. Assim também os trácios, por caridade e piedade, tinham se acostumado a matar seus pais e mães alquebrados pela velhice e pela doença, e depois os comiam, para que não fossem pasto dos vermes, como responderam ao rei da Pérsia. Tampouco se deve dizer que os antigos gauleses foram os únicos a sacrificar homens, o que fizeram até Tibério imperador, pois muito tempo antes os amorreus e amonitas, e depois deles Agamêmnon, sacrificavam seus filhos. E quase todos os povos permitiam isso tolerantemente, mesmo os mais humanos e melhor policiados, pois Temístocles e Xerxes, rei da Pérsia[75], imolaram homens, um três e outro doze ao mesmo tempo. Isso era bem comum, diz Plutarco, em toda a Cítia, e antigamente, diz Varrão, em toda a Itália e na Grécia, à sombra de um oráculo que trazia a palavra φως, que significa homem e luz, quando não se coloca o acento. Coloca-se também como exemplo Jefté, capitão-general do exército dos israelitas, que muitos – equivocadamente e sem causa – pensaram ter sacrificado a filha, e mesmo os mais sábios disso fizeram tragédias, embora ele nada mais tenha sacrificado a Deus que a virgindade de sua filha, como o texto hebreu[76] é, neste ponto, formal e como Rabi Levi e outros intérpretes hebreus estão de acordo.

75 Plutarco, *Temístocles e Artaxerxes.*

76 *Juízes*, 11.

Mas os outros povos isso fizeram por piedade, o que mostra bem que não se deve medir a lei da natureza pelas ações dos homens, ainda que elas sejam inveteradas, nem concluir, portanto, que a servidão dos escravos seja de direito natural, e menos ainda que haja caridade em guardar os cativos para deles tirar ganho e proveito como das bestas. Quem seria aquele que pouparia a vida do vencido, se pudesse tirar mais proveito matando-o que lhe salvando a vida? De mil exemplos, darei apenas um. No cerco de Jerusalém, sob o comando de Vespasiano, um soldado romano, tendo percebido ouro nas entranhas de um judeu que haviam matado, disso advertiu seus companheiros, os quais logo degolaram seus prisioneiros para saber se tinham engolido os seus escudos, e num momento foram mortos mais de[77] vinte mil. Ó, bela caridade! E ainda se diz que são alimentados e bem tratados em troca de algum serviço. Mas que alimento, e que serviço! Catão o Censor, estimado como o maior homem de bem de sua era, depois de tirar todo o serviço que podia de seus escravos[78], até que estivessem moídos pela velhice, vendia-os pela melhor oferta, para arrancar ainda esse proveito do preço do sangue que lhes restava e para evitar despesas, de modo que os pobres escravos, como recompensa de todos os seus serviços, eram tratados a forcado por novos amos. A mula de Palas[79] em Atenas era mais feliz, porque vivia em plena liberdade sem que ninguém ousasse carregá-la nem se intrometesse em sua velhice. E ainda que nada haja de mais natural que o casamento, ele não era permitido ao escravo, de modo que se um homem livre cativo tivesse um filho de sua mulher legítima, mas se o pai morresse em mãos do inimigo, embora a mãe retornasse à liberdade, não obstante o filho era reputado bastardo.

Abster-me-ei de deitar por escrito todas as contumélias detestáveis com as quais se fazia sofrer os escravos, mas quanto à crueldade, é incrível aquilo que lemos; e quem diria que a milésima parte foi escrita? Porque os autores nada dizem se a ocasião não se apresenta, e possuímos apenas as histórias dos povos mais humanos que existiram em todo o mundo. Fazia-se com que lavrassem a terra acorrentados, como ainda se faz na Berbéria, e com que dormissem em fossos dos quais se tiravam as escadas, como ainda se faz em

77 Josefo, *Guerra dos Judeus.*

78 Plutarco, *Catão o Censor.*

79 [N.T.:] Trata-se de um dos epítetos de Atena, a deusa tutelar de Odisseu e patrona de Atenas: Pallas Athena.

todo o Oriente, pelo temor que se tinha de perdê-los, ou de que ateassem fogo à casa, ou de que matassem seus amos. Por um copo quebrado, pagavam com a vida. De fato, o imperador Augusto jantava na casa de Vedius Pollion quando um dos escravos quebrou um copo; era a única falta que cometera, como diz Sêneca[80], e seria logo atirado no viveiro das moreias, que eram alimentadas com tais viandas. O pobre escravo jogou-se aos pés de Augusto, suplicando que fosse atirado aos peixes apenas depois de ter sido morto, pois sentia-se culpado de morte pelo copo quebrado. Era então opinião comum que a alma dos afogados nunca chegaria aos Campos Elísios[81], ou que morreria com o corpo, como Sinésio escreve de seus companheiros, os quais, vendo uma tormenta impetuosa no mar, sacaram suas adagas para cortarem a própria garganta e fazer sair a alma, de medo que esta se afogasse; assim, o pobre escravo temia ser comido pelos peixes. Augusto, comovido pela piedade, diz Sêneca, fez quebrar todos os copos e aterrar o viveiro. Mas Díon o historiador, contando a mesma história, diz todo o contrário, que Augusto não pôde obter de Pollion a graça para o escravo, e não diz que ele mandou aterrar o viveiro. Acrescente-se que Sêneca diz que ele não deixou de ter uma boa noitada com seu anfitrião. E para mostrar que isso não era nada de novo, mais de cem anos antes, Quinto Flamínio[82], senador romano, mandou matar um dos seus escravos sem outra causa além de gratificar e satisfazer seu bardacha[83], que dizia nunca ter visto matar um homem.

Ora, se ocorresse que um amo fosse morto em sua casa, por quem quer que fosse, mandava-se matar todos os seus escravos, como aconteceu no assassinato de Pedanius, grande preboste de Roma, quando se tratou de matar todos os seus escravos, segundo, diz Tácito, o costume antigo. O povo miúdo, que era na sua maioria composto por homens libertos, comoveu-se, pois sabia-se bem quem era o assassino, e no entanto era preciso mandar matar quatrocentos escravos inocentes de fato. Todavia, debatido o assunto no senado,

80 De ira liv. 3.

81 Virgílio, *Eneida* 6.

82 Plutarco, *Tito Flamínio.*

83 [N.T.:] O termo *bardache* passou para o francês renascentista a partir do italiano *bardassa*, que por sua vez inseriu-se nesta língua a partir do séc. XII pelo árabe *bar dag*, que designava primitivamente um jovem escravo. Nas línguas latinas o termo é usado na conotação de um jovem homossexual passivo. É o sentido aqui usado: o senador quer mimar seu efebo fazendo matar um escravo em sua presença.

foi resolvido que o costume seria guardado, e de fato todos os escravos foram mortos. Deixo de lado os assassinatos dos escravos que eram constrangidos a entrematarem-se nas arenas para dar prazer ao povo e acostumá-lo ao desprezo da morte, muito embora a Lei Petrônia proibisse de ali lançar escravo que não merecesse a morte. Tal lei jamais foi guardada, não mais que o édito do imperador Nero, que foi o primeiro[84] a deputar comissários para ouvir as queixas dos escravos. Depois dele, o imperador Adriano ordenou que se denunciasse aqueles que maliciosamente matassem seus escravos sem causa, se bem que, muito tempo antes disso, aqueles que assim procedessem eram culpados de assassinato, segundo a Lei Cornélia, mas não se levava isso em conta, e tudo o que podiam fazer os escravos para obviar à cólera dos amos era ir abraçar as imagens dos imperadores. Pois nem o templo de Diana em Roma, que o rei Sérvio, filho de um escravo, havia ordenado para a franquia dos escravos, nem a imagem de Rômulo, que o senado havia estabelecido para a mesma causa, podiam impedir a fúria dos senhores, não mais que o sepulcro de Teseu em Atenas[85], a imagem de Ptolomeu em Cirene ou o templo de Diana em Éfeso[86].

Contudo, se a ordenança dos efésios tivesse sido guardada, os escravos que tivessem se retirado ao templo, se tivessem justa causa, estariam perdidos para o senhor e serviriam a Diana, se não fossem mulheres, que não podiam entrar nesse templo; e se o escravo estivesse errado, seria devolvido ao senhor, que teria de jurar que não o trataria mal, como escreve Aquiles Estaço. Mas Tibério, um dos mais astutos tiranos que já existiu, em sua velhice[87] ordenou que os escravos que recorressem à sua imagem estariam em segurança, pagando com a vida aquele que tentasse arrancar o escravo que segurasse a dita imagem, a fim de que, por tal meio, os escravos, na menor ocasião, viessem acusar seus amos. Assim, vemos em Sêneca um senador escusar-se diante de Tibério por ter tocado um urinol sem pensar, tendo no dedo um anel no qual a imagem de Tibério estava gravada, e isso fazia temendo a delação. Dessa forma as imagens dos imperadores, mesmo tiranos, eram como armadilhas para apanhar os amos, que muitas vezes faziam perecer seus escravos por terem recorrido às

84 Sêneca, *De beneficiis* liv. 3.

85 Plutarco, *Teseu*.

86 Filóstrato, *Vida de Apolônio*.

87 Filóstrato, *Vida de Apolônio*.

imagens, tão logo retornavam. A lei de Deus proveu bem melhor tal ponto, dando a casa de cada um como franquia ao escravo que fugia do amo, com a proibição de devolvê-lo enquanto não se aplacasse a cólera deste último. Pois nem todos os amos eram tão sábios como Platão, que disse a seu escravo que o teria bem castigado se não estivesse encolerizado; a mesma coisa diz Tácito sobre os alemães, que nunca puniam quando estavam encolerizados.

Assim se vê que a vida dos senhores não estava assegurada e a dos escravos menos ainda. Quem poderia estar seguro quanto à sua vida ou aos seus bens sob a tirania de Sula, que oferecia mil e quinhentos escudos ao homem livre e liberdade ao escravo que trouxesse a cabeça de um banido? Essa crueldade continuou até que, depois de terem perecido sessenta mil cidadãos e os motins não se terem apaziguado, houve ainda um escravo que trouxe a cabeça de seu senhor: Sula libertou-o e logo depois fez com que fosse precipitado[88]. Quando a perseguição contra os cristãos aqueceu-se, não havia amo que ousasse ser cristão, se não apostasse nisso a vida, e que não libertasse seus escravos. E se se diz que, uma vez cessada a tirania, o temor dos amos e a calúnia dos escravos cessam, pode-se talvez estar seguro quanto aos escravos, mas a crueldade dos senhores e a sua licença também aumentam.

Todavia, o estado das famílias e das Repúblicas abala-se e aproxima-se de sua ruína se os escravos se coligam: todas as histórias estão cheias de rebeliões e guerras servis. Muito embora os romanos fossem muito grandes e muito poderosos, eles não puderam impedir que os escravos se levantassem em todas as cidades da Itália, salvo, diz Orósio, a de Messina. E depois, mesmo que algumas leis tivessem sido feitas, eles não puderam obviar o levante de sessenta mil escravos conduzidos por Espártaco, que venceu três vezes os romanos em batalha campal[89]. Pois é certo que havia pelo menos dez escravos para cada homem livre em qualquer país, como é fácil julgar pelo número que foi levantado para os habitantes de Atenas, que se revelou certa vez ser de vinte mil cidadãos, dez mil estrangeiros e quatrocentos mil escravos. E na Itália, vencedora de todos os povos, este número era bem maior, como se pode ver na arenga de Cássio senador: "Nós temos, disse ele, em nossas famílias diversos povos e nações, diferentes em línguas e religiões". O próprio Crasso, afora aqueles que empregava no seu serviço, ainda possuía quinhentos que lhe

88 Plutarco, *Sula*; Apiano, *Guerras Civis* liv. 1.

89 Plutarco, *Crasso e Pompeu*.

traziam todos os dias seus ganhos com as artes e ciências pecuniárias. Milon, em um dia, libertou trezentos, para que não fossem aplicados em questão de depor sobre o assassinato cometido na pessoa do tribuno Cláudio.

Por isso, quando o senado romano quis diversificar as roupas dos escravos para que se pudesse distingui-los dos homens livres, um dos mais prudentes senadores demonstrou o perigo que haveria se os escravos pudessem contar-se, pois logo se livrariam dos senhores pela facilidade de conspirar graças ao sinal de suas roupas. A perigo semelhante estão expostas a Espanha e a Berbéria, onde se marca os escravos no rosto, o que se fazia antigamente apenas aos mais malvados, que jamais poderiam gozar plenamente do fruto da liberdade, nem do privilégio dos cidadãos; porém eram marcados nos braços. Eis porque os lacedemônios, vendo seus escravos multiplicaram-se incomparavelmente mais que os cidadãos – pela esperança da liberdade que os amos outorgavam àqueles que mais fizessem filhos e pelo proveito que cada um em particular tirava disso – fizeram um decreto de que se levantaria até três mil deles, dos mais hábeis para a guerra; tão logo foram escolhidos, matou-se a todos em uma só noite, sem que ninguém percebesse o que havia ocorrido[90].

Ora, o temor que as citandades e as Repúblicas tinham de seus escravos fazia com que elas jamais ousassem aguerri-los, nem que permitissem que um dentre eles fosse engajado: as leis sobre isso são expressas, sob pena capital. E se a necessidade as constrangia a engajar os escravos, elas os alforriavam gratuitamente, como fez Cipião, que libertou trezentos bons homens depois da jornada de Cannes, como diz Plutarco. Embora Floro escreva[91] que se concederam armas a oito mil escravos, lemos também[92] que só foi permitido aos libertos portar armas no tempo da guerra social, ou então que se lhes permitia a liberdade por uma soma qualquer de dinheiro, como fez Cleômenes, rei da Lacedemônia, que em sua necessidade ofereceu liberdade a todos os hilotas, a cinquenta escudos por cabeça, e assim procedendo teve dinheiro e homens em sua ajuda. Não havia povo que usasse os escravos na guerra, salvo os partos, a quem era proibido alforriá-los. É verdade que os tratavam como se seus filhos fossem e que eles se multiplicaram de tal forma que não se achou, no exército dos partos contra Marco Antônio, que era de

90 Plutarco, *Licurgo*; Aristóteles, *Política* liv. 2.

91 *Epítome* 23.

92 Floro, *Epítome* 7.

cinquenta mil homens, senão quatrocentos e cinquenta homens livres, como lemos em Justino, e os escravos não tinham motivo para se rebelar pois eram bem tratados. Mas todos os outros povos desconfiavam tanto dos escravos que, por vezes, sequer queriam que servissem nas galeras antes de os terem alforriado, como fez Augusto, que libertou vinte mil de uma vez para que servissem nas galés[93]. Por medo de que conjurassem em grupo contra o estado e para mantê-los sempre incapacitados nas artes mecânicas, Licurgo na Lacedemônia e Numa Pompílio em Roma proibiram que seus cidadãos exercessem algum mister.

Contudo, por mais precavidos que fossem, sempre houve algum homem desesperado que prometia liberdade aos escravos e turbava o estado, como Viriato o pirata, que se fez rei de Portugal, Cina, Espártaco, Tacfarinas e até mesmo Simão Gerson o capitão judeu, todos eles pequenos companheiros que se erigiram em grandes senhores dando liberdade aos escravos que os seguiram[94]. Durante a guerra civil entre Augusto e Marco Antônio, só se viu escravos fugitivos de um lado e de outro, de modo que, após a derrota de Sexto Pompeu, encontraram-se trinta mil deles que tinham seguido seu partido e que Augusto fez prender por todos os governos e devolver aos seus senhores, fazendo enforcar aqueles que não tinham senhor que os reivindicasse, como lemos em Apiano. E de fato o poder dos árabes cresceu apenas por esse meio, pois tão logo o capitão Omar – um dos lugares-tenentes de Maomé – prometeu liberdade aos escravos que o seguissem, atraiu um número tão grande destes que em poucos anos os árabes tornaram-se senhores de todo o Oriente. Esse rumor de liberdade e das conquistas feitas por escravos inflamou o coração dos da Europa, onde eles começaram a pegar em armas, primeiramente na Espanha no ano de 781 e pouco depois neste nosso reino, no tempo de Carlos Magno e de Luís o Piedoso, como se vê pelos éditos que fizeram então contra as conjurações de escravos. E mesmo Lotário, filho de Luís, depois de ter perdido duas batalhas contra seus irmãos chamou os escravos em seu auxílio, os quais depois caçaram seus amos no ano de 852 e subitamente tal fogo abrasou a Alemanha, onde os escravos pegaram em armas e abalaram o estado dos Príncipes e das citandades, de modo que até mesmo Luís, rei das Alemanhas, foi obrigado a reunir todas as suas forças para debandá-los.

93 Suetônio, *Augusto*.

94 Josefo, *Guerra dos Judeus*.

Isso obrigou os cristãos, pouco a pouco, a relaxar a servidão e libertar os escravos, reservadas unicamente algumas corveias e o antigo direito sucessório dos libertos que morriam sem filhos, costume este que se mantém ainda em quase toda a baixa Alemanha e em muitos lugares da França e da Inglaterra. Assim, vemos ainda, nas leis dos lombardos e dos ripuários, que nelas quase não há menção aos escravos e que estes só podiam ser emancipados de todo depois de duas alforrias, para ter poder de dispor dos seus bens. Muitas vezes o senhor acrescentava no ato de alforria que este era feito para a salvação de sua alma, pois os primeiros ministros da igreja cristã não tinham maior empenho que em intermediar a emancipação dos escravos, que muitas vezes se tornavam cristãos para conseguir liberdade, e os amos o aceitavam para a salvação de sua alma.

Dessa forma lemos na história da África que Paulino, bispo de Nola, depois de ter vendido todos os seus bens para resgatar os escravos cristãos, vendeu a si mesmo aos vândalos em prol de seus irmãos. Daí vieram as alforrias feitas nas igrejas diante dos bispos, que continuaram tão bem que, no tempo de Constantino o Grande, as cidades sentiram-se carregadas de um número infinito de libertos, que não possuíam outro bem que a liberdade e cuja maior parte nada queria fazer. Os outros não conheciam mister, de modo que Constantino foi o primeiro a fazer ordenanças para ajudar os pobres mendigos, e desde então também se estabeleceram hospitais para os pobres menininhos, para os velhos, para os doentes e para aqueles que não podiam trabalhar, como vemos nos éditos e ordenanças que então foram feitos a pedido e instância dos bispos. É o que lemos em São Basílio, que se queixa que os pobres estropiados iam pelas igrejas, mesclando com o canto dos ministros suas queixas e lamúrias. Pouco depois Juliano o Apóstata, embora aborrecido com os cristãos, escrevia aos pagãos e pontífices dos templos da Ásia que eles deveriam ter vergonha de não seguir o exemplo dos cristãos, que fundavam templos e hospitais para aqueles de sua religião.

E como os pobres libertos expunham seus filhos por pobreza, a fim de que alguém os alimentasse, Graciano fez decretos pelos quais ele quis que a criança exposta permanecesse escrava daquele que a havia recolhido e alimentado. Ao mesmo tempo, o imperador Valente deu poder a qualquer um de tomar os vagabundos e de servir-se deles como escravos, proibindo estes de irem aos bosques para viver como eremitas, e mandou matar muito grande número daqueles que para lá tinham se retirado, para diminuir a ociosidade e induzir cada um ao trabalho. Quase ao mesmo tempo, nas cartas-patentes do rei Dagoberto, que estão no tesouro de São Diniz na França, é proibido a todos os súditos retirar ou esconder os escravos da abadia de São Diniz. Depois, os escravos foram reduzidos à forma de mão-morta e o abade Suger libertou também os homens da mão-morta, desde que mudassem de país, como vi pela carta que ele fez no ano de 1141, quando era regente na França.

À medida que a religião cristã começou a crescer, os escravos começaram a diminuir, ainda mais depois da publicação da lei de Maomé, que alforriou todos de sua religião. Desse modo, no ano de 1200 as servidões estavam quase abolidas em toda parte do mundo, salvo nas Ilhas Ocidentais, que se encontravam, quando se as descobriu, cheias de escravos, que podiam ser mortos sem pena alguma. Acrescente-se que os vencidos não eram postos a resgate, que o ladrão era entregue como escravo àquele a quem tinha roubado e que era permitido a qualquer um fazer de si e de seus filhos escravos. Havia ainda bastantes escravos na Itália no ano de 1212, como se pode ver pelas ordenanças de Guilherme rei da Sicília e de Frederico II imperador aos pleitos do reino de Nápoles, e pelos decretos de Alexandre III, Urbano III e Inocêncio III, papas, a respeito dos casamentos de escravos. O primeiro foi eleito papa no ano de 1158, o segundo no ano de 1185, o terceiro no ano de 1198, de modo que se deve concluir que a Europa ficou livre de escravos por volta do ano de 1250, pois Bártolo, que vivia no ano de 1300, escreveu que em seu tempo não havia mais escravos e que, pelas leis cristãs, não se vendiam mais homens, o que ele depreende dos éditos feitos pelos príncipes cristãos, o que o abade de Palermo – tendo-o aprendido de Bártolo – diz ser um ponto notável.

Todavia, lemos na história da Polônia que todos os prisioneiros de boa guerra eram desde então e por muito tempo depois escravos do vencedor, se o rei não quisesse pagar por eles dois florins por cabeça, como disse acima. Ainda hoje os súditos censitários, que eles denominam *kmetos*, estão em poder de seus senhores, que podem matá-los sem que possam ser trazidos à justiça. E se matarem um súdito de outrem, estarão quites pagando dez escudos, metade para o senhor, metade para os herdeiros, tal como lemos nas ordenanças da Polônia, que são semelhantes às dos reinos da Dinamarca, Suécia e Noruega. Entretanto, há mais de quatrocentos anos a França não conhece verdadeiros escravos, pois, quanto ao que lemos em nossas histórias, que Luís Hutin, que acedeu à coroa em 1313, na mesma época em que Bártolo vivia, libertou todos os escravos que quiseram por dinheiro, para contribuir para as despesas da guerra, isso se deve entender como incidindo sobre a mão-morta, que vemos ainda hoje alforriar por carta régia.

Assim se deve entender o que lemos no subsídio concedido no ano de 1358 a Carlos V, no qual foi dito que as cidades fariam para cada setenta fogos um homem de armas, os campos para cada cem fogos e as pessoas servis e de mão-morta bem como os servos casados para cada duzentos fogos fariam igualmente um homem de armas, o que não teriam feito se estivessem na posse de outrem e contados entre os bens de outrem, como fica claro no artigo seguinte, no qual está dito que os burgueses pagarão pelos servos que mantêm, como os nobres, o que se aplica às sucessões, que eles haviam emendado. Assim se entende o que está escrito do delfim Humberto, que ao mesmo tempo alforriou todos os escravos do Delfinado e desde então isso foi escrito num artigo de seus costumes. O mesmo fez em seu país Thibaut conde de Blois no ano de 1245 e a isso se reporta a antiga sentença do Parlamento de Paris pela qual é permitido ao bispo de Châlons ter feudos e alforriar os homens de condição servil com o consentimento do capítulo. Da mesma forma, Carlos VII, ascendendo à coroa no ano de 1430, libertou muitas pessoas de condição servil: assim consta dos registros do Parlamento de Paris no intitulado As Ordenanças Barbinas. De nossa memória, o rei Henrique por cartas-patentes libertou os servos do Bourbonnais em 1549 e o duque de Saboia fez o mesmo em todos os seus países no ano de 1561.

Isso se faz em favor da liberdade, pois o Príncipe, de seu poder legítimo, não poderia alforriar o escravo de outrem, e menos ainda os magistrados, por mais que pedisse o povo. Nem mesmo poderiam dar aos libertos o privilégio de usar anel de ouro sem o consentimento daquele que os houvesse alforriado. De fato, o imperador Cômodo retirou esse privilégio a todos aqueles que o haviam obtido à revelia do patrão. Se o liberto obtinha esse privilégio do Príncipe, era sem prejuízo dos direitos do patrão, mesmo que o Príncipe tivesse restituído o liberto ao estado de ingenuidade, o que era bem mais que o direito de usar anel de ouro, embora pertença somente ao Príncipe conferi-lo. Tanto assim é que o patrão do tempo de Tertuliano dava o dito anel ao seu liberto com uma toga branca e seu nome, e fazia-o sentar à mesa ao invés, diz ele, de dar nele com os ferros e os chicotes como era de costume. Por fim, o próprio Justiniano, por um édito geral, restituiu todos os libertos ao estado de ingenuidade, sem que tivessem necessidade de ter cartas de alforria.

Entretanto, neste reino é preciso obter cartas do Príncipe, que sempre teve costume de restituir aos homens de mão-morta e de condição servil o estado de ingenuidade, retirando a antiga marca de servidão em prejuízo dos senhores, que podem apenas sequestrar todos os bens do liberto adquiridos antes de sua liberdade, em qualquer lugar que estejam, como foi julgado outrora por sentença da Corte contra o abade de Santa Genoveva. Mas do momento de sua alforria em diante, todos os bens que adquirirem lhes pertencem e eles podem destes dispor por testamento, mesmo que não tenham filhos. Eu mesmo vi o senhor de La Roche Blanche, na Gasconha, pretender não somente que tinha o direito de mão-morta sobre seus súditos, mas também que estes eram obrigados a fazer suas vinhas, lavrar suas terras, roçar seus prados, ceifar e bater seus trigos, construir sua casa, pagar seu resgate e pagar-lhe a talha nos quatro casos habituais neste reino, bem como pretendia ter o direito de trazê-los de volta a cabresto caso saíssem de sua terra sem sua permissão. Este último ponto lhe foi negado por sentença do Parlamento de Toulouse[95] por prejudicar a reta liberdade e assemelhar-se à servidão, que não tem mais lugar em todo este reino.

Da mesma forma, o escravo de um estrangeiro fica franco e livre tão logo ponha o pé na França, como foi julgado por uma antiga sentença da Corte contra um embaixador. Lembro-me, estando em Toulouse, que um genovês de passagem por lá foi obrigado a alforriar um escravo que tinha comprado na Espanha ao ver que os capítulos o queriam declarar franco e livre, tanto em virtude do costume geral do reino quanto por um privilégio especial que o imperador Teodósio o Grande lhes dera, ou assim diziam, segundo o qual todo escravo que pisasse em Toulouse seria franco. Coisa entretanto inverossímil, visto que nem Narbona, verdadeira colônia dos romanos e a mais antiga que existiu na França, nem Lectore, Nîmes, Vienne, Lyon, Arles, Romans e várias outras que eram também colônias, nem a própria Roma, onde estava a sede do império, possuíam tal privilégio. Mas o genovês, tendo que libertar seu escravo, o fez prometer que ele o serviria por toda a vida, o que é uma cláusula rejeitada em termos de direito. Eis como os escravos foram libertados.

95 No ano de 1558.

Mas aqui alguém me dirá, se é verdade que os maometanos alforriaram todos os escravos de sua religião, que tem curso em toda a Ásia e em quase toda a África, e até mesmo em boa parte da Europa, e se os cristãos fizeram o mesmo, como nós mostramos, como é possível que o mundo inteiro ainda esteja cheio de escravos? Pois os judeus não podem ter escravos de sua nação, infringindo a lei que possuem, e os cristãos não podem ter escravos cristãos, dada a proibição lançada pelas leis, e menos ainda os maometanos pela obediência a suas leis, na maior parte dos lugares onde se encontram. A isso eu respondo que os povos das três religiões cortaram a lei de Deus pela metade, com relação aos escravos, pois a lei de Deus proíbe aos hebreus tomar qualquer escravo, a não ser com o pleno querer e consentimento do mesmo, e nessa ocasião o senhor deve perfurar-lhe a orelha no batente da porta, como marca de escravo perpétuo. Eles podiam igualmente assim se servir de seu devedor e dos filhos destes, até que a dívida fosse paga, e se este tivesse servido por sete anos ao seu credor estaria quite da dívida e do serviço, mas não lhes era proibido ser escravos de outra nação, tanto que os pagãos compravam ordinariamente escravos judeus, e reputava-se não haver melhores escravos que os judeus e os sírios. "Vede (diz Juliano imperador) o quanto os sírios são próprios a servir e o quanto os celtas são amorosos de sua liberdade e difíceis de domar."

Mas os judeus, tendo comprado escravos pagãos ou cristãos, os faziam circuncidar e catequizar, o que deu ocasião a Trajano imperador de fazer o édito trazendo proibição a todas as pessoas de circuncidar. Mesmo tendo instruído seus escravos em sua lei, todavia eles os mantinham escravos contra a sua vontade, e até mesmo toda a sua posteridade, interpretando a palavra "teu povo" ou "teu irmão" como de sua nação somente; os pagãos procediam da mesma forma para com eles. Mas vemos que Deus reprocha ao seu povo, em Jeremias, que eles não tinham libertado aqueles de seu sangue depois do sétimo ano. E quanto aos escravos cristãos que tinham sido circuncisos e carregados de trabalhos (assim reza a história), essa foi uma das causas pelas quais Felipe o Conquistador expulsou os judeus da França e confiscou seus bens imóveis, porque tinham sargentos e camareiras cristãs (assim reza a antiga história de São Diniz na França) contra a lei que o proíbe. Mas a palavra "sargento", que alguns denominam *servientem*, não significa escravo, ou servo, que é dito *mancipium*, como se entende em um artigo dos estados tidos em Tours, no qual é dito que antigamente nos denominavam francos e agora somos servos.

Os maometanos fizeram o mesmo, pois tendo circuncidado e catequizado seus escravos cristãos, mantêm-nos sempre escravos junto com toda a sua posteridade. Seguindo seu exemplo os espanhóis, tendo reduzido os negros à religião cristã, entretanto os mantêm junto com toda a sua posteridade como escravos. E mesmo que o imperador Carlos V tenha libertado todos os escravos das Índias Ocidentais, por um édito geral feito no ano de 1540, não obstante, por causa das rebeliões dos senhores e governadores e da avareza dos mercadores, e até do rei de Portugal, que os mantém em coudelarias como bestas, foi impossível executar o decreto. Isso embora o governador La Gasca, que mandou cortar a cabeça de Gonzalo Pizarro, chefe daqueles que se tinham rebelado contra a libertação dos escravos, ao declarar o édito tenha alforriado os escravos peruanos, encarregados das corveias que deviam aos senhores, que foi o meio que se guardou antigamente por toda a Europa para obviar rebeliões.

Essa teria sido a ocasião de renovar as servidões por todo o mundo, salvo neste quartel da Europa, que logo estará cheio, se os Príncipes não o colocarem em boa ordem, pois não há hoje tráfico maior, mesmo no Oriente. Sabe-se que os tártaros, que há cem anos correm a Moscóvia, a Lituânia e a Polônia, carregaram numa só viagem trezentos mil escravos cristãos e, de nossa memória, Sinan paxá, ao tomar a ilha de Gosse, próxima a Malta, levou seis mil e trezentos escravos, além de todos os habitantes de Trípoli, na Berbéria. Também o capitão-general dos janízaros tem trezentos escravos que o grão-senhor lhe dá para seu serviço, e cada um dos *cadilesquiers* outro tanto. Quanto às levas de jovens cristãos que faz o grão-senhor, os quais chamam de filhos do tributo, não os considero escravos, antes ao contrário, apenas estes e seus filhos até a terceira geração são nobres, e não é nobre quem quer, haja vista que apenas estes gozam dos privilégios, estados, ofícios e benefícios.

Ora, depois que tivemos, pela experiência de quatro mil anos, tantos inconvenientes, rebeliões, guerras servis, eversões e mudanças havidos nas Repúblicas pelos escravos, tantos morticínios, crueldades e vilanias detestáveis cometidas na pessoa dos escravos pelos senhores, é coisa muito perniciosa tê-los introduzido e, tendo-os expulsado, buscá-los novamente. Se se diz que o rigor das leis pode ser moderado com proibições e punições severas daqueles que matarem escravos, qual lei pode ser mais justa, mais forte, mais inteira que a lei de Deus, que sobre isso já tinha sabiamente disposto? Ela até mesmo proibia castigá-los com chicote (coisa que permite a lei dos romanos) e queria que o escravo fosse imediatamente alforriado se o senhor lhe rompesse um membro, o que o imperador Constantino fez passar com força de lei geral. E quem moveria processo pela morte de um escravo? Quem ouviria a queixa? Quem o arrazoaria não tendo interesse algum?

Sabemos que os tiranos têm por regra política que nunca é demais subjugar os súditos para torná-los dóceis e subservientes. Dir-se-á que na Espanha se vê os senhores tratar mui docemente seus escravos, muito melhor que seus servidores livres, e os escravos, por sua parte, servir a seus senhores com uma alegria e um amor incríveis. Quanto aos espanhóis, diz um provérbio, não há amos mais corteses de início, e geralmente todos os inícios são belos. É igualmente certo que não há amor maior que o de um bom escravo para com seu senhor, desde que encontre um humor apropriado ao seu. Eis porque, em minha opinião, a lei de Deus tão sabiamente dispôs que ninguém fosse escravo, senão aquele que, tendo servido sete anos e provado do humor de seu amo ou credor, consentisse em se tornar seu escravo perpétuo.

Mas como há tão poucos homens que se assemelham e, ao contrário, a variedade e o natural dos humores são infinitos, quem será homem de tão mau conselho para fazer disso um édito, uma lei, uma regra geral? O antigo provérbio que diz que há tantos inimigos quantos escravos mostra bem qual amizade, fé e lealdade se pode esperar dos escravos. De mil exemplos antigos citarei apenas um, ocorrido no tempo de Jovius Pontanus, o qual conta que um escravo, vendo seu senhor ausente, barra as portas, amarra a mulher do senhor, toma seus três filhos e põe-se na cumeeira da casa. Assim que avista seu senhor, lança-lhe na calçada um dos seus filhos, e depois outro. O pai, desesperado e temendo que ele atirasse também o terceiro, recorre às súplicas, prometendo impunidade e liberdade ao escravo, se ele quisesse salvar o terceiro. O escravo diz que o atirará se o pai não cortar o próprio nariz. Este prefere assim fazer para salvar o filho. Uma vez feito isso, o escravo mesmo assim atira o terceiro e depois precipita a si mesmo.

Ser-me-á dito que recebendo os escravos subtrai-se o número infinito de vagabundos e tratantes que, depois de tudo terem comido, querem pagar seus credores com falências, e que assim se poderia expulsar muitos vagabundos e preguiçosos que devoram as cidades e sugam como vespas o mel das abelhas. Diz-se também que dentre tais pessoas provêm os ladrões e piratas, e que a fome e os maus-tratos aos pobres atraem as doenças populares para as cidades. Pois é preciso alimentar os pobres e não matá-los, e é o mesmo que matá-los quando lhes recusamos alimento ou os expulsamos das cidades, como diz Santo Ambrósio. Respondo, quanto aos tratantes, que a lei de Deus sobre isso dispôs, a saber, que eles sirvam aos seus credores sete anos, embora a Lei das Doze Tábuas, praticada em todas as Índias Ocidentais e na maior parte da África[96] quisesse que eles permanecessem prisioneiros dos credores até que os satisfizessem. Pois subtrair o meio das trapaças em caso civil, como o fazem em todo o Oriente, é tirar dos devedores o meio de trabalhar e de ganhar para quitar-se. Quanto aos ladrões, digo que haverá dez para um, pois o escravo sempre será obrigado, se puder escapar, a ser ladrão ou corsário, pois não pode tolerar seu senhor, nem se mostrar – pois está marcado – nem viver sem bens. Não vejo melhor exemplo disso que o de Espártaco, que reuniu na Itália sessenta mil escravos de uma vez, além de novecentas velas de corsários que estavam no mar.

Ora, o político sábio não é aquele que expulsa da República os ladrões, mas aquele que os impede de lá entrar. Isso se poderia fazer facilmente, se se fizesse em cada cidade casas públicas para ensinar aos meninos pobres ofícios diversos, como se faz em Paris, em Lyon, em Veneza e em outras cidades bem policiadas, onde há viveiros de artesãos, que são a maior riqueza de um país. Tampouco sou da opinião que se liberte subitamente os escravos, como o Imperador fez no Peru, pois não tendo eles bens para viver, nem mister para ganhar, e prezando também a doçura da ociosidade e da liberdade, não quiseram trabalhar, de modo que a maioria morreu de fome. O meio é, antes de alforriá-los, ensinar-lhes algum ofício. Se me for dito que só é bom mestre aquele que foi bom servidor, eu direi que esta é uma opinião mal fundada, embora seja antiga, pois não há nada que mais rebaixa e abastarda um coração bom e generoso que a servidão, e que mais retira a majestade de comandar a outrem que o fato de ter sido escravo. Assim, o mestre da sabedoria diz em seus provérbios que não há nada mais insuportável que o escravo que se tornou amo, o que ele entende não apenas como a cupidez tornada senhora

96 Francisco Álvares, *História da Etiópia*.

da razão, mas também como aquele que vai de um extremo ao outro, da servidão ao comando.

Mas já que a razão divina e natural vai por toda parte, e não está encerrada nas fronteiras da Palestina, por que não será seguida? Há muito tempo os tártaros, saídos das dez linhagens de Israel como muitos pensam, alforriam seus próprios escravos ao final de sete anos, sob a condição de que saiam do país. Essa é uma cláusula, no caso da venda de escravos, que Papiniano rejeitou, mas depois ele mudou de opinião e corrigiu seu erro. Não obstante, em caso de alforria ela é nula se não houver édito ou costume geral em contrário, como diremos logo abaixo. Eis o dito quanto ao poder dos senhores sobre os escravos e dos amos sobre os servidores. Ora, visto que nós já amplamente, e todavia tão brevemente quanto nos foi possível, discorremos sobre a família e todas as partes desta, que é o fundamento de toda República, falemos agora do cidadão e da citandade.

CAPÍTULO VI

DO CIDADÃO E DA DIFERENÇA ENTRE O SÚDITO, O CIDADÃO, O ESTRANGEIRO, A CIDADE, A CITANDADE E A REPÚBLICA

FALAMOS DO GOVERNO DA FAMÍLIA E DE suas partes e lançamos os primeiros fundamentos sobre os quais toda República é construída. E assim como o fundamento pode existir sem a casa, da mesma forma a família pode existir sem a citandade nem a República, e o chefe de família pode usar do direito de soberania sobre os seus sem devê-lo a outrem que não a Deus e à sua espada, como ocorre com muitos deles nas fronteiras do reino de Fez, no Marrocos e nas Índias Ocidentais. Mas a República não pode existir sem famílias, assim como a cidade não existe sem casas nem a casa sem fundamentos.

Definição de cidadão

Ora, quando o chefe de família vem a sair da casa onde comanda para tratar e negociar com os outros chefes de família sobre aquilo que toca a todos em geral, então ele se despoja do título de mestre, de chefe, de senhor, para ser companheiro, par e associado aos outros. Quando deixa sua família para entrar na citandade e os negócios domésticos para tratar dos públicos, ao invés de senhor ele se chama cidadão, que outra coisa não é, em termos próprios, que o súdito livre dependente da soberania de outrem. Pois antes que houvesse citandade, cidadãos, ou qualquer forma de República entre os homens, cada chefe de família era soberano em sua casa, tendo poder de vida e morte sobre sua mulher e seus filhos. Depois, quando a força, a violência, a ambição, a avareza e a vingança armaram uns contra os outros, o desfecho das guerras e dos combates, dando a vitória a uns, fez dos outros escravos. Entre os vencedores, aquele que havia sido eleito chefe e capitão, e sob cujo comando os outros haviam obtido a vitória, continuou com o poder de comandar uns como fiéis e leais súditos e outros como escravos. Então, a plena e inteira liberdade que cada um tinha de viver ao seu prazer, sem ser comandado por ninguém, foi transformada em pura servidão e de todo subtraída aos vencidos. No que diz respeito aos vencedores, ela foi diminuída, visto que prestavam obediência ao seu chefe soberano, e aquele que não quisesse abandonar algo de sua liberdade para viver sob as leis e comandos de outrem a perdia de todo. Assim as palavras "senhor" e "servidor", "Príncipe" e "súdito", antes desconhecidas, foram postas em uso.

Começo das Repúblicas

A razão e a luz natural nos conduzem, pois, a acreditar que a força e a violência constituem fonte e origem das Repúblicas. E ainda que isso escapasse à razão, será mostrado a seguir[97] pelo testemunho indubitável dos mais verídicos historiadores, a saber, Tucídides, Plutarco, César, e até das leis de Sólon, que os primeiros homens não tinham honra e virtude maiores que matar, massacrar, roubar ou escravizar os homens. É o que dizem as palavras de Plutarco. Mas temos ainda o testemunho da história sagrada, na qual é

97 No capítulo dos corpos e colégios.

dito que Nemrod, neto de Cam, foi o primeiro a sujeitar os homens pela força e violência, estabelecendo seu principado no país da Assíria, e que por essa causa foi chamado de o poderoso vingador, que os hebreus interpretam como ladrão e predador. Nisso salta aos olhos que Demóstenes, Aristóteles e Cícero se equivocaram, seguindo o erro de Heródoto, que diz que os primeiros reis foram escolhidos por sua justiça e virtude, no tempo que eles figuraram heroico. Opinião esta que alhures reprovei[98], visto que as primeiras Repúblicas, e muito tempo antes de Abraão, encontravam-se cheias de escravos, como também as Ilhas Ocidentais foram encontradas cheias de escravos[99], coisa que não se pode fazer senão por violência extrema, forçando as leis da natureza. Não faz setenta anos os povos de Gaoga, na África, nunca haviam conhecido nem rei nem senhorio algum, até que um dentre eles foi ver o rei de Tombut. Tendo então notado a grandeza e majestade desse rei, foi tomado de vontade de fazer-se também rei em seu país, e começou por matar um rico mercador. Apossou-se assim de seus cavalos, armas e mercadorias, distribuiu-os entre seus parentes e amigos, e com a ajuda deles subjugou primeiro uns e depois outros pela força e violência, matando os mais ricos e apossando-se de seus bens, de modo que seu filho, enriquecido pelas ladroagens do pai, fez-se rei e o seu sucessor continuou com grande poder, como lemos em Leão o Africano.

Eis a origem das Repúblicas, que pode esclarecer a definição do cidadão, que nada mais é que o súdito livre dependente da soberania de outrem. Digo súdito livre porque, embora o escravo seja tão ou mais súdito da República que seu amo, todos os povos sempre consideraram de comum acordo que o escravo não é cidadão e que, em termos de direito, não conta para nada, o que não é o caso das mulheres e dos filhos de família, que são livres de qualquer servidão, ainda que seus direitos e liberdades e o poder de dispor de seus bens sejam limitados, mas de modo algum subtraídos, pelo poder doméstico. Dessa forma pode-se dizer que todo cidadão é súdito, tendo sua liberdade um pouco diminuída pela majestade daquele a quem deve obediência, mas que nem todo súdito é cidadão, como dissemos do escravo. O mesmo se pode dizer de um estrangeiro, o qual, vindo para a senhoria de outrem, não é recebido como

98 No *Methodus historiae*, cap. 7.

99 [N.T.:] Trata-se de artifício retórico de Bodin para justificar sua tese. Como já dissemos em nota anterior, a escravidão completa parece ser desconhecida nas Américas antes da chegada dos conquistadores europeus.

cidadão, pois não tem parte alguma nos direitos e privilégios da *citandade*, e tampouco é contado no número dos amigos, aliados ou coaliados, que não são completamente estrangeiros (como diz o jurisconsulto), nem tampouco inimigos. Parece que antigamente os gregos chamavam os estrangeiros[100] de inimigos, como também faziam os latinos (o que Cícero observou nas Doze Tábuas), e que os inimigos eram aqueles que haviam conjurado contra o estado. Talvez também aqueles que chamamos de *hostes*, ou hóspedes em nosso vulgar, fossem antigamente os estrangeiros. Mas corrigiu-se a propriedade das palavras, mantendo-se a forma de falar, e os gregos denominaram seus inimigos πολεμίους[101], como que lhes fazendo a guerra, e os estrangeiros ξένους[102], que os latinos denominaram *peregrinos*, que não significa peregrinos, como diz o bom Acúrsio, mas estrangeiros, sejam eles súditos de outrem ou mesmo soberanos em sua terra.

Ora, dentre os súditos, um é natural, seja livre ou escravo, e outro é naturalizado. O escravo do súdito, ainda que seja de país estrangeiro, é bem diferente do escravo do estrangeiro, pois um é cidadão assim que é alforriado e segue a origem de seu senhor, enquanto o outro não o é, o que mostra suficientemente que um é também súdito da República, ainda que seja escravo de um particular. É verdade que os libertos na Grécia não eram cidadãos, embora fossem do país e súditos naturais. De fato, encontramos que Demóstenes foi frustrado na proposta por ele apresentada ao povo[103], após a jornada de Queroneia, pela qual ele solicitava que todos os habitantes de Atenas, inclusive os libertos, fossem declarados cidadãos, o que os atenienses recusaram por temer que os libertos fossem senhores de seu estado, visto que o maior número destes últimos os sobrepujava. Como nisso os romanos não prestaram atenção, encontraram-se em grande perplexidade, vendo seu estado quase reduzido ao poder dos libertos se Fábio Máximo nele não tivesse posto ordem, organizando o populacho da cidade, que era composto de escravos libertos ou de sua prole, em quatro linhagens à parte, a fim de que o excedente dos outros cidadãos, que formavam trinta e uma linhagens, tivesse a força dos votos, pois não se contava, em Roma, por cabeça, como na Grécia e em Veneza,

---

100 Plutarco, *Temístocles*.

101 [N.T.:] Translitera-se *poleimíus*.

102 [N.T.:] Translitera-se *xenus*.

103 Plutarco, *Demóstenes*.

mas por classes e centúrias nos grandes estados, e por linhagens ou tribos nos menores estados. Foi esta a causa de Fábio[104] ter recebido a alcunha de Mui Grande, por ter dado esse golpe de mestre político tão prudentemente que não houve quem se agitasse. Por esse meio, ele remediou o erro que o censor Ápio havia cometido distribuindo o populacho descendente de estrangeiros e escravos por todas as linhagens. Depois se deu o privilégio aos libertos que tivessem um filho de cinco anos ou mais de serem arrolados na linhagem de seu patrono. E como essas quatro linhagens eram ainda demasiado poderosas, foi decretado que se escolheria por sorteio uma linhagem na qual seriam colocados e arrolados todos os libertos[105]. Isso durou até a guerra civil entre Mário e Sula, quando o povo fez uma lei a pedido do tribuno Sulpício, segundo a qual os libertos seriam dali em diante divididos por todas as linhagens[106], e essa foi a principal causa da ruína do estado.

Ora, da mesma forma como entre os súditos escravos um é natural e outro não, também entre os cidadãos um é natural e outro naturalizado; o cidadão natural é súdito livre da República da qual é nativo, seja ele descendente de dois cidadãos ou de um ou outro somente. É verdade que antigamente (e ainda hoje em dia em muitas Repúblicas) para ser cidadão era preciso ter pai e mãe cidadãos. Na Grécia[107], chamavam-se *nothos*[108] ou mestiços aqueles que eram cidadãos só por um costado e que não podiam, nem eles nem seus filhos, ter parte nos benefícios nem nos grandes estados, que se chamavam arcontes, como diz Demóstenes no discurso contra Neaera. Não obstante, muitos, como Temístocles, secretamente a eles acederam. Mas no tempo de Péricles[109] foram vendidos cinco mil destes que se portavam como cidadãos. O próprio Péricles, tendo perdido seus filhos, cidadãos verdadeiros, apresentou pedido ao povo para poder receber como cidadão aquele dentre seus filhos

104 *Lívio* liv. 9 e Floro, *Epítome* 20.

105 *Lívio* liv. 45.

106 Floro, *Epítome* 77 e 84.

107 Plutarco, *Temístocles*.

108 [N.T.:] Na verdade, νόθος possui um significado um tanto mais forte que o apontado por Bodin (sem dúvida por escrúpulo): o étimo significa igualmente bastardo, corrompido, alterado.

109 Plutarco, *Péricles*.

que era mestiço. Da mesma forma lemos[110] que os romanos fizeram uma colônia de quatro mil espanhóis, filhos de romanos e de espanholas, porque estes não eram verdadeiros cidadãos. Mas depois mudaram de opinião, de modo que bastava que o pai fosse cidadão e, em vários lugares, bastava que a mãe não fosse estrangeira, pois o lugar não fazia da criança de um estrangeiro ou de uma estrangeira, cidadão. Aquele que tivesse nascido na África de dois cidadãos romanos não era menos cidadão que se tivesse nascido em Roma. O cidadão naturalizado é aquele que se filiou à soberania de outrem e nela foi recebido. Pois o cidadão somente honorário, que tem direito de mercancia ou de burguesia por seus méritos ou por um favor que se lhe faz, não é cidadão verdadeiro visto que não é súdito, como logo diremos.

Dos diversos cidadãos, sejam eles naturais, naturalizados ou escravos libertos (que são os três meios que a lei dá para ser cidadão), faz-se uma República quando eles são governados pelo poder soberano de um ou vários senhores, ainda que sejam diversificados em leis, línguas, costumes, religiões e nações. E se todos os cidadãos são governados pelas mesmas leis e costumes, não se trata somente de uma República, mas também de uma citandade, ainda que os cidadãos estejam divididos em várias cidades, aldeias ou províncias. Pois a cidade não faz a citandade, como muitos escreveram, não mais que a casa não faz a família, que pode ser composta de muitos escravos ou filhos, embora estejam bastante afastados uns dos outros e espalhados por vários países, desde que estejam todos sujeitos a um chefe de família. O mesmo diremos da citandade, que pode ter várias cidades e aldeias que usam os mesmos costumes, como são os bailiados e as senescalias neste reino. E a República pode ter várias citandades e províncias que têm diversos costumes e todavia estão sujeitas ao comando dos senhores soberanos e aos seu éditos e ordenanças. Pode acontecer também que cada cidade tenha algum direito particular de burguesia que não seja comum aos dos subúrbios, e estes podem gozar de alguma prerrogativa que não seja comum às aldeias nem aos habitantes do país tributado, que não obstante são súditos da República e também cidadãos de sua citandade. Contudo, não serão burgueses, pois a palavra "cidadão" tem um não sei quê de mais especial para nós que a palavra "burguês", e que é justamente o súdito natural, que tem direito de corpo e colégio ou alguns outros privilégios que não são comunicados aos burgueses.

110 *Lívio* liv. 43.

Eu disse súdito natural porque o súdito naturalizado, mesmo que habitante da cidade e gozando do direito dos burgueses, é chamado em muitos lugares de burguês, ao passo que o outro é chamado de cidadão e é quem possui algum privilégio particular. Assim, em Paris apenas o cidadão natural e nascido em Paris pode ser preboste dos mercadores, e em Genebra o burguês não pode ser síndico da cidade, nem conselheiro do conselho privado dos 25, ao passo que o cidadão pode sê-lo. Pois o cidadão é aquele que nasceu do cidadão ou do burguês, e o burguês é aquele que se recebe como cidadão, o que é também praticado na Suíça e em todas as cidades da Alemanha. Entretanto, pelos nossos costumes e pelos antigos éditos a palavra "burguês" significa plebeu, que os nobres chamam de vilão (*vilain*) por ser habitante da cidade (*ville*), já que a nobreza, antigamente, se mantinha nos campos. É por isso que ainda se vê a guarda burguesa e a guarda nobre serem distinguidas pelos nossos costumes e o burguês ser oposto ao nobre.

Eis sumariamente a diferença entre súditos, cidadãos, burgueses e estrangeiros com relação à República, à citandade e à cidade. Mas como não há nem grego, nem latino nem outro qualquer de quem eu tenha conhecimento que tenha usado essas definições, há necessidade de esclarecer por leis e exemplos aquilo que eu disse, pois vemos muitas vezes ocorrer querelas entre os Príncipes e as senhorias soberanas, e entre os cidadãos e habitantes da mesma cidade, por não se entender a diferença entre essas palavras. E mesmo aqueles de quem deveríamos esperar as verdadeiras resoluções são muito divergentes, tomando a citandade por cidade, a República por citandade e os estrangeiros por cidadãos. E aqueles que escreveram sobre a República sem nenhum conhecimento das leis nem do direito comum deixaram de lado os princípios, querendo construir belos discursos no ar sem fundamento algum. Aristóteles[111] definiu a citandade como uma companhia de cidadãos que possuem tudo que lhes é necessário para viver felizmente, não estabelecendo diferença alguma entre República e citandade. Ele diz até que não há citandade se todos os cidadãos não moram no mesmo local, o que é uma incongruência em matéria de República, como Júlio César bem mostra em suas memórias, dizendo que toda a citandade dos helvécios tinha quatro burgos ou quatro cantões.

Fica claro que a palavra "citandade" é um termo de direito que não significa nem um local, nem um lugar como a palavra "cidade", que os latinos

111 *Política* liv. 3 cap. 6.

denominam *Urbem, ab Urbo, id est aratro*[112], porque se traçava, diz Varrão, o circuito e o entorno das cidades com as charruas. Assim, é certo em termos de direito que aquele que transportou para fora da cidade aquilo que era proibido retirar da citandade, tendo-o transportado para uma outra cidade da mesma província não transgrediu a proibição. Os doutores vão além, pois dizem que não transgrediu aquele que transportou a coisa para uma outra cidade submissa ao mesmo Príncipe. Os hebreus guardaram a mesma propriedade e diferença entre cidade e citandade, pois denominam[113] a cidade קיריה – isto é, a amurada – e a citandade חיר[114]. Mesmo assim, eles tomam às vezes uma pela outra[115], como os gregos muitas vezes usam a palavra πόλις άντί τοϋ άστεως[116] e os latinos a palavra *civitas, pro urbe, oppido, et jure*[117], porque o geral, que é a citandade, compreende o particular, que é a cidade. Isso quando não abusam da palavra άστυ άντί τής πόλεως[118], como vemos que Cícero bem guardou a propriedade de uma e de outra[119], pois a palavra que significa cidade propriamente, *inde Astuti*, significa também *urbani*, já que os habitantes das cidades são ordinariamente mais airosos e mais graciosos

---

112 [N.T.:] "*urbe*, de orbe, ou seja, aquilo que se traça com o arado".

113 קיר 2. *Reg. paries*. [N.T.:] translitera-se *qyr*; ver nota abaixo.

114 [N.T.:] .:] קיריה pronuncia-se *kiriáh* e quer dizer "amurada, cidade, arrabalde". Já חיר pronuncia-se *reik* e quer dizer "vazio, oco". Fabre D'Olivet traz o radical חר (*hêr*, ou melhor, *hr*) com o significado de "fogão" ou "lareira", de calor radiante. Dessa forma, a muralha seria uma metáfora da cidade e os fogos a metáfora das famílias que a habitam, ou seja, do conjunto dos cidadãos.

115 *Jó* e *Isaías* 16.II.4 bem como *Gênesis* 4.18 e *Oseias* II.9.

116 [N.T.:] Translitera-se *polis anti tu astéôs*, que significa "pólis no lugar de asty".

117 [N.T.:] oppidum designa, no latim clássico, a praça-forte, isto é, o aldeamento ou núcleo urbano fortificado com muralhas e torres, que geralmente abriga guarnições, quartéis, intendências, etc.: um núcleo urbano fundado por militares em zonas de conflito ou fronteiras. O uso desse vocábulo difunde-se à medida que a República Romana amplia seu domínio para fora dos limites da Itália central. Há registro documental, arqueológico e onomástico de *oppida* na Itália setentrional, nas Gálias (principalmente na região da Provença) e na África. Com o tempo, algumas dessas praças-fortes perdem sua função e declinam ou transformam-se em cidades "civis". Podemos, pois, entender o dito como "citandade no lugar de cidade e praça-forte, e com razão".

118 [N.T.:] translitera-se *asty anti tês póleôs*, que significa "tomar asty por pólis".

119 *Ad Atticum* liv. 4.

que os camponeses. Mas a palavra *civilis*, que dizemos civil, não era entendida pelos antigos latinos *pro urbano*[120].

E para mostrar que a diferença não consiste simplesmente em palavras, pode acontecer que a cidade seja bem construída e murada, e além disso cheia de povo, e que mesmo assim não seja citandade, se não houver leis nem magistrados para nela estabelecer um reto governo, como dissemos no primeiro capítulo; será então uma pura anarquia. Ao contrário, pode acontecer que a cidade esteja completa em todo aspecto, e tenha direito de citandade e de universidade, e seja bem regrada por leis e magistrados, e que entretanto não seja República, como vemos nas cidades e citandades sujeitas à senhoria de Veneza ou aos senhores das ligas, que não são Repúblicas. Não mais que as cidades antigamente sujeitas e tributárias da cidade de Roma não eram Repúblicas nem gozavam do direito de República contra os súditos particulares, mas somente a citandade de Roma, que tinha grandes privilégios e prerrogativas contra as outras cidades em geral, e contra cada um dos particulares, embora muitas vezes as leis usem a palavra "República" ao falar das outras cidades. Eis porque Trajano imperador escrevia a Plínio o Jovem, governador da Ásia, que a citandade dos bitínios não tinha direito de República para ser preferida pelos credores particulares em matéria de hipoteca tácita, como é certo em direito. Havia somente o corpo dos burgueses de Roma que detinha esse privilégio, bem como aqueles a quem eles tinham transmitido essa prerrogativa, como era o caso único da citandade de Antioquia em todo o Império Romano.

Assim se vê que a cidade pode existir sem citandade e a citandade sem cidade, e que uma e outra não são República. Mais ainda, uma citandade pode ser conservada por inteiro e a cidade arrasada ou abandonada por seus habitantes, como aconteceu com os atenienses quando da chegada do rei da Pérsia, eis que deixaram a cidade fazendo-se todos ao mar depois de ter dado a guarda de suas mulheres e filhos aos trezenianos[121]. Seguiram o oráculo que lhes havia respondido que sua citandade não poderia ser salva senão com muralhas de madeira, o que Temístocles interpretou que a citandade (que reside no corpo legítimo dos cidadãos) só se poderia garantir por navios. Ocorreu o mesmo com os habitantes de Megalópolis, os quais, advertidos da

120 [N.T.:] Isto é, não se tomava a *voz civilis* como equivalente de *urbanus*.

121 Plutarco, *Temístocles*.

vinda de Cleômenes, rei da Lacedemônia, evadiram-se todos: ela não ficou menos cidade do que antes, mas não era nem citandade, nem República, de modo que se pode dizer que a citandade fugiu para fora da cidade. Assim falou Pompeu o Grande, depois de ter tirado de Roma duzentos senadores e os mais eminentes senhores, e abandonando a cidade a César usou destas palavras: *Non est in parietibus Respublica*. Mas enquanto havia dois tipos de partidários e os burgueses divididos em dois campos filiavam-se separadamente a dois chefes, de uma República fez-se duas. Pois as palavras "citandade", "República", "casa" e "paróquia" são termos de direito, e assim como foi julgado que, estando a paróquia fora da cidade e os paroquianos dentro da cidade, eles gozarão do direito de cidadania como se a paróquia estivesse dentro da cidade, o mesmo ocorre com a citandade.

E para que se saiba qual consequência pode ter a ignorância dessas coisas, contarei o que aconteceu com os cartagineses quando se deliberou, em Roma, arrasar sua cidade. Enviaram seus embaixadores para colocarem-se à mercê dos romanos e suplicar ao senado que uma das mais belas cidades do mundo e a honra de suas vitórias não fossem indignamente arrasadas. Todavia, foi resolvido que ela seria incendiada, pela facilidade de seu porto e porque seu povo, de natural feroz e rebelde, tinha feito a guerra aos aliados dos romanos e aparelhava inúmeros navios contra os tratados, e porque poderia, na primeira ocasião, sublevar-se, arrastando consigo todos os povos da África. Tendo sido a coisa assim resolvida, fez-se entrar os embaixadores no senado e a resposta foi que sua citandade seria resguardada, com todos os direitos, privilégios e liberdades de que eles sempre haviam gozado. Os embaixadores, aliviados, retornaram. Logo depois a missão foi atribuída ao jovem Cipião e este tomou o caminho da África com uma armada, enviou Censorino para receber trezentos reféns e os vasos de mar, e isso foi feito. Então Censorino ordenou a todos os habitantes de Cartago que a evacuassem e que levassem da cidade tudo o que pudessem, para ir morar longe do porto, onde bem lhes parecesse. Os habitantes, aturdidos, objetaram que o senado lhes havia assegurado que sua citandade não seria arrasada. Foi-lhes dito que a promessa seria mantida ponto a ponto, mas que a citandade não estava ligada ao lugar, nem às muralhas de Cartago. Assim os pobres habitantes foram obrigados a sair e abandonar a cidade ao fogo que nela foi ateado pelos romanos, o que não teria sido tão fácil se os embaixadores tivessem entendido a diferença entre cidade e citandade, como ocorre muitas vezes que muitos embaixadores – ignorantes do direito – cometem graves erros em matéria de estado.

É verdade que o jurisconsulto Modestino, na lei *si usus fructus civitati, quibus modis usus fructus amittatur. ff.*, diz que Cartago não era mais citandade depois que foi arrasada e que o usufruto deixado à citandade nesse caso estava extinto, embora não houvessem passado cem anos desde que ele tinha sido concedido. Mas ele enganou-se tanto quanto os embaixadores de Cartago, pois todos os direitos, prerrogativas e privilégios foram conservados. Há o mesmo erro no tratado feito entre os cantões de Berna e Friburgo, no ano de 1505, no qual é estabelecido pelo segundo artigo que a aliança entre as duas Repúblicas será perpétua, enquanto as muralhas das duas cidades persistirem. E não se deve deter-se no engano cometido ordinariamente, nos atos da maior importância, por aqueles que chamam a cidade de citandade e de coletividade, como se diz de Paris e de algumas outras, chamando-se de citandade a ilha, de coletividade o local onde estão os colégios e de cidade todo o resto. Pois a cidade contém o contorno das muralhas e os subúrbios, embora não sigamos com propriedade a lei, dizendo cidade e subúrbios pela diversidade dos privilégios que uns detêm sobre os outros; a coletividade é o corpo de todos os burgueses de Paris e a citandade, todo o prebostado e todo o viscondado que usam dos mesmos costumes. O engano veio do fato de que antigamente a cidade toda era somente a ilha, cercada de muralhas, e o rio em torno das muralhas, assim como lemos na epístola de Juliano[122], governador do Império do Ocidente, que estabeleceu sua residência ordinária em Paris; o restante era composto de jardins e terras aráveis.

Mas é erro bem maior dizer que não é cidadão quem não tem parte na magistratura nem voz deliberativa nos estados do povo, seja para julgar ou para negócios de estado. É a definição do cidadão que Aristóteles nos deixou por escrito[123]. Depois ele se corrige, dizendo que sua definição cabe apenas para o estado popular. Ora, ele mesmo admite em outra parte[124] que a definição nada vale se não for geral. Assim, há pouco sentido quando ele diz[125] que sempre o nobre é mais cidadão que o plebeu e o habitante da cidade

122 *Misopogon para Antioquia.*

123 *Política* liv. 3 cap. 4.

124 *Tópica* liv. 6.

125 *Política* liv. 3 cap. 1.

mais que o camponês, e que os jovens cidadãos ainda estão amadurecendo enquanto os velhos estão em decadência, de modo que apenas os de meia--idade são cidadãos completos e os outros somente em parte. Ora, a natureza da definição é jamais receber divisão[126], e não pode haver nenhum ponto a mais ou a menos na definição que na coisa definida, ou então a definição de nada vale. E, entretanto, a descrição do cidadão que Aristóteles nos deu para o estado popular é falha, visto que, mesmo em Atenas, que não teve igual em liberdade e autoridade do povo, a quarta classe, que era três vezes maior que o resto do povo, não tinha parte alguma nos ofícios de judicatura[127], nem voz deliberativa nas sentenças e julgamentos que o povo dava. De modo que é preciso admitir, se aceitarmos a definição de Aristóteles, que a maior parte dos burgueses naturais de Atenas era estrangeira até o tempo de Péricles. E quanto àquilo que ele diz, que os nobres são sempre mais cidadãos que os plebeus, vemos exatamente o contrário nas Repúblicas populares da Suíça e até de Estrasburgo, onde os nobres não têm parte alguma (na qualidade de nobres) nos ofícios.

Plutarco diz melhor[128] quando fala que o direito de burguesia é ter parte nos direitos e privilégios de uma citandade, o que se deve entender segundo a condição e qualidade de cada um, os nobres como nobres, os plebeus como plebeus e as mulheres e crianças semelhantemente, segundo a idade, o sexo, a condição e os méritos de cada um. A tal propósito, perguntava um antigo doutor[129] se os pés darão queixa contra os olhos, dizendo "não estamos no lugar mais alto"? Ora, se a definição do cidadão que nos deixou Aristóteles tivesse lugar, quantas parcialidades e guerras civis se veriam! O populacho de Roma não se coligou contra os nobres, porque queria ser igual em tudo aos nobres? E não foi apaziguado somente por meio da fábula dos membros do corpo humano, pela qual o sábio senador Agripa uniu novamente o povo e a nobreza? Pois Rômulo tinha ordenado que não poderia ser magistrado nem beneficiário quem não fosse descendente dos cem gentis-homens que ele havia feito senadores e aos quais depois acrescentou mais cem. Esse novo povo, tendo vencido seus vizinhos, obrigou vários deles a abandonar seu país e seus

126 *Tópica* liv. 6.

127 Plutarco, *Sólon*.

128 Plutarco, *Sólon*.

129 Paulo, *Coríntios* 4.

costumes para serem habitantes e burgueses romanos, como os sabinos. Depois, tendo igualmente vencido os tusculanos, volscos e hérnicos, chegaram com eles num acordo que os vencidos teriam parte nos ofícios e voz deliberativa nas assembleias dos estados, sem por isso mudar de leis nem de costumes, e por essa causa não se chamavam cidadãos, mas simplesmente munícipes, menos estimados e honrados que os romanos, ainda que seu estado estivesse unido ao dos romanos. Assim vemos Catilina, da antiga casa dos Sérgios e romano natural, reprochar a Cícero que este não passava de um arpinês recente. Essa foi a causa pela qual várias cidades municipais abandonaram seus costumes para serem verdadeiros burgueses romanos, até Tibério imperador, o qual retirou qualquer sombra de liberdade que restasse ao povo. Então as cidades municipais recusaram os privilégios da citandade romana, fato com o qual o imperador Adriano se maravilhou (diz Aulo Gélio), mas sem causa para tanto, visto o que eu já disse.

Eis portanto duas espécies de súditos diferentes em privilégios: a saber o burguês romano e o munícipe. A terceira espécie de súditos eram os latinos, que tinham no início sessenta cidades, às quais depois foram acrescidas doze colônias latinas. Pelos tratados feitos entre os romanos e os latinos, era dito que os latinos que viessem residir em Roma teriam direito de cidadãos, desde que tivessem deixado em seu país uma linhagem legítima, como lemos em Tito Lívio, no livro XLI. Todavia, como muitos fraudavam essa disposição, cedendo seus filhos a algum romano como escravos para que este os alforriasse e eles assim se tornassem cidadãos romanos, foi dito então pela Lei Cláudia, confirmada por decreto do senado e por édito dos cônsules, que todos os latinos que tivessem, contra os tratados, obtido direito de burguesia deveriam retornar ao seu país, o que foi feito a pedido das citandades latinas. Assim se deve entender o que diz Boécio, que os romanos enviados às colônias latinas perdiam a citandade, e o que diz Tito Lívio, que por decreto do senado foi dito que os colonos enviados a Puzzole e a Salerno não eram mais cidadãos, quer dizer, com relação ao voto nos estados. Assim também os de Reims, Langres, Saintonges, Bourges, Meaux e Autun, aliados dos romanos, eram cidadãos sem direito a voto, diz Tácito, até que lhes foi permitido ter estados e ofícios honrosos em Roma. Os de Autun foram os primeiros que tiveram o privilégio de ser senadores romanos e se chamavam irmãos dos romanos, embora os habitantes do Auvergne também tomassem tal qualidade, pois descendiam dos troianos, como diz Lucano[130].

Ora, não há dúvida que as colônias romanas eram de verdadeiros e naturais burgueses oriundos do sangue dos romanos, usando das mesmas leis, magistrados e costumes[131], o que é a verdadeira marca do cidadão. Mas quanto mais as colônias estavam afastadas de Roma, menos elas sentiam o esplendor e a claridade do Sol e das honras que eram atribuídas aos burgueses e habitantes de Roma. Desse modo, os habitantes de Lyon, Vienne[132] e Narbona, colônias romanas, sentiam-se muito felizes por terem obtido privilégios dos italianos, que eram há muito aliados e confederados dos romanos, gozando do direito de burguesia honorável, sem todavia mudar nem de leis nem de costume, nem perder um só ponto de sua liberdade. Para ganhar esse privilégio, a guerra social foi jurada pelos italianos aliados contra a cidade de Roma, guerra esta que perdurou até que a Lei Júlia da citandade lhes fosse outorgada[133]. Pois dentre as cidades da Itália havia aquelas de cidadãos, de aliados e de latinos, todas diferentes; eis porque diz Tito Lívio[134]: *Jam inde morem Romanis colendi sócios, ex quibus alios in civitatem atque aequum ius accepissent: alios in ea fortuna haberent ut socii esse quam cives mallent*[135]. E mesmo os libertos, que eram chamados de latinos junianos, eram de fato súditos e cidadãos, exceto que não podiam dispor de seus bens[136]. Eis porque na arenga do imperador Tibério, que está em Tácito e gravada em bronze em Lyon, lemos estas palavras: *Quid ergo? num Italicus senator provinciali potior est?*[137], como se quisesse dizer que

130 [N.T.:] Um dos mitos de fundação dos romanos contava que Enéas, depois de vencido pelos gregos em Troia, conseguiu escapar com alguns navios e veio estabelecer-se no Lácio, onde fundou uma casa real e transformou-se em antepassado de Rômulo; outro ramo da raça de Enéas ter-se-ia estabelecido na Gália. Esse mito está bem desenvolvido nos primeiros cantos da *Eneida* de Virgílio.

131 *Lívio* liv. 23, 24, 25; *Gélio* liv. 16 cap. 15.

132 [N.T.:] Trata-se aqui não da capital da Áustria, mas sim de uma cidade (e hoje departamento) das Gálias Transalpinas, na região de Poitou.

133 *Apiano* liv. 1; Plutarco, *Sula*.

134 Liv. 26.

135 [N.T.:] "Já destes lugares, os associados dos Romanos são aqueles que, embora vários em civilidade, aceitam as mesmas leis; mesmo sendo diversos em fortuna, são associados quando aceitam a cidadania".

136 Lei Júnia Norbana.

137 [N.T.:] "O que pois? Acaso o senador itálico é mais potente que o provincial?".

eles são iguais. Assim, Tibério imperador[138] retirou o direito de possuir estados e ofícios aos gauleses, que haviam obtido o direito de burguesia romana. Ao que eu disse deve-se relacionar o dito de Plínio. A Espanha, diz ele, tem quatrocentas e setenta cidades, a saber, doze colônias, treze de burgueses romanos, quarenta e sete que possuem o direito dos latinos, quatro aliadas, seis francas e duzentas e sessenta tributárias. E ainda que os latinos fossem tão estreitamente aliados aos romanos que pareciam cidadãos, todavia não o eram. Por essa causa Cícero dizia: *Nihil acerbius socios Latinos ferre solitos esse quam id, quod perraro accidit, a consulibus juberi ex urbe exire*[139], pois quanto aos outros estrangeiros, muitas vezes eram expulsos, como foi feito pela Lei Pappia, tal como lemos em Díon.

Em suma, de todos os privilégios e prerrogativas dos burgueses romanos, encontra-se talvez um único que seja comum a todos, a saber, que os magistrados e governadores não podiam tomar conhecimento das causas de um cidadão que envolvessem a honra ou a vida, ou mesmo quando houvesse apelação interposta pelo cidadão ao povo romano ou ao imperador, ainda que os governadores das províncias tivessem poder de alta, média e baixa justiça sobre todos os súditos das mesmas. E quanto a essa prerrogativa, ela foi outorgada a todos os cidadãos romanos assim que o povo romano expulsou os reis pela Lei Júnia[140] – lei sagrada e depois muitas vezes republicada e renovada pelas Leis Valerianas[141] e pelas leis Semprônia e Portia Tribunitia – para obviar as ingerências dos magistrados e governadores, que avançavam sobre a jurisdição do povo e passavam muitas vezes por cima da apelação sem deferi-la[142]. Mas Cícero, tendo contravindo, foi banido, seus bens declarados adquiridos e confiscados pela República e sua casa, estimada em cinquenta mil escudos, queimada, e em seu lugar foi construído um templo da liberdade por sentença do povo dada por defeitos e contumácias. Isso fez com que, dali em diante, os magistrados fossem mais cautelosos.

---

138 *Tácito* liv. 2.

139 [N.T.:] "Não há nada mais duro para os nossos sócios latinos que ordenar aos seus cônsules que saiam [em missão], mesmo que raramente, para fora da urbe".

140 *Lívio* liv. 2.

141 Por Públio, Marco e Lúcio Valério; *Lívio* liv. 2, 7, 10.

142 Cícero, *Ação contra Verres* I.4.7; *Valério Máximo* liv. 8.

Eis porque Plínio o Jovem, governador da Ásia, escrevendo[143] a Trajano imperador sobre as assembleias dos cristãos que se davam à noite na alçada de sua jurisdição, diz: "meti muitos deles na prisão, entre os quais há cidadãos romanos, que separei para enviá-los a Roma". E quando São Paulo foi trazido à justiça como sedicioso e perturbador da paz pública, assim que percebeu que o governador Félix queria entrar em conhecimento de causa solicitou que fosse enviado ao Imperador, objetando que era burguês romano porque seu pai, da linhagem de Benjamin e nativo de Tarso na Carmânia, tinha adquirido o direito de burguesia romana. O governador logo afastou-se do conhecimento e enviou Paulo a Roma dizendo: "poder-se-ia ter absolvido este homem aqui de pleno direito, se ele não tivesse declinado minha jurisdição". De outro modo, se ele não fosse burguês romano, o governador lhe teria movido processo, visto que a Palestina estava então reduzida à forma de província.

Em caso semelhante, Pôncio Pilatos, tendo o mesmo governo, foi obrigado a condenar Jesus Cristo como súdito da província e tributário, por mais que buscasse de todo modo lavar as mãos disso, se pudesse assim fazendo evitar o crime de lesa-majestade que lhe seria atribuído, e para justificar-se enviou o processo a Tibério o imperador, como diz Tertuliano. Se os magistrados municipais tivessem poder de alta justiça, eles não teriam enviado Jesus ao governador, clamando que ele merecia a morte, mas que eles não tinham poder para mover processo contra ele. Pois os magistrados municipais das províncias não tinham jurisdição alguma sobre tais casos, salvo o sequestro de bens diante de perigo iminente, o recebimento de cauções e, às vezes, a nomeação de tutores para os órfãos pobres, mas não tinham conhecimento criminal algum, nem sobre o burguês romano, nem sobre o súdito da província, nem sobre o estrangeiro, nem sobre os libertos, mas somente sobre os escravos, que podiam condenar no máximo às vergastadas. Isso porque, no que diz respeito à jurisdição que foi dada aos defensores das cidades, eles foram estabelecidos por Valentiniano trezentos e cinquenta anos depois, de modo que a jurisdição universal pertencia ao governador da província ou a seus lugares-tenentes, privativamente com relação a quaisquer outros. Enganam-se grandemente aqueles que pensam que os prestes e pontífices da Judeia, por sua qualidade sacerdotal, tiveram escrúpulo de condenar Jesus Cristo à morte, e que disso concluem que as gentes de Igreja não devem dar julgamento em casos que

143 *Epístolas* liv. 10.

comportem efusão de sangue. Pois, antes que a Palestina fosse reduzida em forma de província, era somente o senado de 71 dos judeus, composto em parte por prestes e levitas, que tinha poder de condenar à morte, como o intérprete caldeu[144] mostra evidentemente, e melhor ainda as pandectas dos hebreus.

Eis, portanto, o maior privilégio próprio aos burgueses romanos e do qual todos os cidadãos romanos gozavam. Os outros súditos dos romanos, que não tinham tal privilégio, não eram denominados cidadãos. Mas daí não decorre que não fossem cidadãos propriamente ditos e segundo o verdadeiro significado de cidadão. Pois é preciso que fossem cidadãos, ou estrangeiros, ou aliados, ou inimigos, já que não eram escravos. Não se pode dizer que fossem aliados, visto que apenas os povos livres e que governavam seus estados eram chamados de aliados. Tampouco se pode dizer que fossem inimigos, nem estrangeiros, haja vista que eram súditos obedientes, e mais, tributários do Império Romano. É preciso, portanto, concluir que eram cidadãos: pois seria coisa bem absurda dizer que o súdito natural em seu país, e sob a obediência de seu príncipe soberano, fosse estrangeiro. Eis porque dissemos que o cidadão é o súdito livre dependente da soberania de outrem. Mas as prerrogativas e privilégios que tinham uns mais que outros faziam com que se denominasse a uns cidadãos e a outros tributários.

Ainda assim, lemos[145] que o imperador Augusto era tão cioso dos privilégios que certa vez não quis dar direito de burguesia a um gaulês, por maiores que fossem os rogos de sua mulher Lívia, embora o tenha liberado de pagar talhas. E ele achou muito ruim que seu tio César[146] tivesse dado direito de burguesia a uma legião de gauleses que ele havia apelidado de Cotovia, e a todos os habitantes de Novocome. Ele reprovava também Marco Antônio por ter vendido em troca de dinheiro o direito de burguesia aos habitantes da Sicília. Todavia, seus sucessores não foram tão escrupulosos. De fato, Antonino Pio, através de um édito geral que promulgou, outorgou a todos os súditos do Império o direito de burguesia romana, seguindo o exemplo de Alexandre o Grande, que considerava a Terra inteira uma citandade e seu campo fortificado a fortaleza desta. Entretanto, uns sempre tinham alguns privilégios a mais que outros, como lemos nas leis dos romanos. Pois vemos

144 *Jeremias* cap. 5.

145 Suetônio, *Augusto*.

146 Suetônio, *Júlio*.

que o imperador Severo, posterior a Antonino em mais de cinquenta anos, foi o primeiro a dar aos alexandrinos o privilégio de serem senadores romanos. Antes de Antonino, os egípcios não podiam obter o direito de burguesia romana se não fossem burgueses de Alexandria[147], fato este que bem mostra que os privilégios não fazem com que o súdito seja mais ou menos cidadão, pois não há República na qual o burguês tenha tantos privilégios que não esteja também sujeito a algum encargo. Assim, os nobres são isentos das talhas, mas são obrigados a pegar em armas para a defesa dos outros, a preço de seus bens, de seu sangue e de sua vida.

E se as prerrogativas e privilégios que uns têm sobre os outros fizessem o cidadão, os estrangeiros e os aliados seriam cidadãos, pois muitas vezes dá-se aos estrangeiros e aos aliados o direito de burguesia por honra e sem sujeição alguma. Assim o rei Luís XI foi o primeiro dos reis da França que foi burguês da Suíça, e o rei da Pérsia concedeu direito de burguesia a Pelópidas[148] e a toda sua linhagem tratando uma aliança com ele. Os atenienses[149] fizeram de Evágoras rei de Chipre e de Dionísio de Siracusa, tirano da Sicília, assim como dos reis da Ásia Antígono e Demétrio, burgueses de Atenas. Mais ainda, os atenienses deram a todos os rodíacos direito de burguesia e os rodíacos fizeram igualmente de todos os atenienses seus burgueses, como lemos em Tito Lívio. Isso se chama tratado de comburguesia, como o tratado feito no ano de 1528 entre os valesianos e os cinco pequenos cantões e aquele entre os cantões de Berna e Friburgo, no ano de 1505, que estipula honra, amizade e aliança, sem sujeição alguma de uns a outros. Mas seu efeito é tal que o súdito de um pode ir sem licença morar no país do outro e gozar dos privilégios de burguês sem cartas de naturalidade. Foi assim que os coríntios, que possuíam apenas o istmo da Moreia, fizeram de Alexandre o Grande seu burguês, dizendo que jamais haviam concedido essa honra senão a Hércules. Todavia, é certo que esses reis não eram súditos dos atenienses, de modo que o direito de burguesia era apenas um título honorífico.

Como, portanto, é impossível que uma mesma pessoa seja estrangeiro ou aliado e cidadão, é preciso então dizer que os privilégios não fazem o cidadão, mas sim a obrigação mútua do soberano para com o súdito, ao qual, pela fé e

147 *Plínio* liv. 10 epístola 6.

148 Plutarco, *Pelópidas*.

149 Plutarco, *Demétrio*.

obediência que recebe, ele deve justiça, conselho, conforto, ajuda e proteção, coisas que não são devidas aos estrangeiros. Mas, dirá alguém, como pode acontecer que os aliados dos romanos e outros povos governando seus estados fossem cidadãos romanos (como os de Marselha e de Autun neste reino), visto que Cícero, no processo de Cornélio Balbo, diz, exclamando: "Ó, os belos direitos dos burgueses romanos! Que ninguém possa ser burguês de Roma e de uma outra citandade, que ninguém possa ser lançado para fora, nem retido por força em nossa citandade", espantando-se pelo fato de os gregos tolerarem que se possa ser burguês de várias citandades? Quanto ao que ele diz dos gregos, a lei de Sólon[150] – que não queria que um estrangeiro tivesse direito de burguesia em Atenas se não estivesse banido de seu país – tinha sido então abolida. E Sólon fez isso, como é verossímil, para que ninguém gozasse dos privilégios de burguesia se estivesse sujeito à soberania de outrem, fato este que Plutarco, intrigado por tal lei, não levou em conta.

Dessa forma encontramos vários burgueses de Atenas que eram estrangeiros e não eram banidos, como observei acima, e mesmo Pompônio Ático, do qual descendem três imperadores romanos[151], recusou o direito de burguesia que lhe foi oferecido pelos atenienses[152], temendo – como se dizia – perder o direito de burguesia romana. Isso é bem verdadeiro com relação aos verdadeiros súditos e cidadãos, mas não para os burgueses de honra – que não são súditos – nem para os cidadãos de várias cidades submetidas a um mesmo Príncipe, coisa que era permitida pelo direito comum. Pois embora um escravo possa sê-lo de vários amos e um vassalo de vários senhores iguais, dependentes de outrem, não se pode fazer com que um mesmo cidadão seja súdito de vários Príncipes soberanos se estes não estiverem de acordo, já que estes últimos não estão sujeitos às leis, como os senhores dependentes de outrem e os amos dos escravos, que estão obrigados a pôr-se de acordo com relação ao serviço que o escravo lhes deve, ou para vendê-lo.

Eis um ponto pelo qual vemos muitas vezes estalar a guerra entre Príncipes vizinhos: pelos súditos das fronteiras, que são fiéis tanto a um quanto a outro, que não sabem a quem obedecer e que muitas vezes isentam-se da obediência a ambos, e são comumente invadidos e pilhados tanto por um quanto por

150 Plutarco, *Sólon*.

151 Sêneca, *Epístolas a Lucílio*.

152 Cornélio Nepos, *Vida de Ático*.

outro. Como o país da Valáquia, que, tendo isentado-se da obediência aos polacos, foi submetido aos turcos e depois recolocado na sujeição aos reis da Polônia, pagando entretanto tributo ao turco, como apreendi das cartas de Estanislau Rosdrazeroski enviadas ao condestável de França com data de 17 de agosto de 1553. Todavia, existem muitos povos de fronteira que se libertaram por ocasião de querelas entre príncipes, como aconteceu no país baixo de Liège, na Lorena e na Borgonha, onde mais de doze súditos do rei da França, do Império ou da Espanha empalmaram a soberania. Entre eles o imperador Carlos V contava o duque de Bouillon, que chamava de vassalo seu; e como este último era prisioneiro seu no ano de 1556, no tratado feito para a libertação dos prisioneiros ele pediu cem mil libras de resgate, porque se dizia soberano. Mas há muitos outros casos além desse do duque de Bouillon. Sem ir além das marcas da Borgonha, há seis senhores que detêm o país pelo que dizem ser direito de sustação, com o que não se pôde concordar; mesma situação na Lorena – na terra e senhoria de Lumes – e no condado de Aspremont. O mesmo aconteceu também na fronteira da Escócia com a Inglaterra, onde os particulares se fizeram soberanos há vinte ou trinta anos, contra os antigos tratados. Para obviar a tais empresas, os ingleses e os escoceses concordaram há muito tempo que o *debas*, isto é, certa região assim denominada na fronteira entre os dois reinos, que tem cinco léguas de comprimento por duas de largura, não será lavrada, nem construída, nem habitada, embora nela seja permitido aos dois povos conduzir seu gado para pastar, sob a condição que, se depois do Sol poente ou antes do Sol nascente ali for encontrada alguma rês, ela pertencerá àquele que a achar. Este foi um dos artigos decididos nos estados da Escócia reunidos no ano de 1501, e enviados ao rei Henrique para ser por ele provido.

Mas quando os senhores soberanos entram em acordo, como os suíços do país de Lugano e de outras terras que pertencem em comum a todos os senhores de ligas, para as quais eles enviam seus oficiais, cada cantão por seu turno, então os súditos não são reputados súditos de vários soberanos, mas de um só que comanda em sua vez, a menos que uns queiram sobrepor-se aos outros, como uma sedição que se acendeu entre os sete cantões católicos e os quatro protestantes no ano de 1554. Os católicos queriam castigar os habitantes de Lugano e Louverts, que se afastavam da Igreja católica; os protestantes os impediam, e já estavam a ponto de pegar em armas uns contra os outros, se os cantões de Glarus e Appenzell, que admitiam católicos e protestantes, juntamente com o embaixador do rei da França, não tivessem intervindo.

Ora, o burguês e súdito por completo de um Príncipe soberano só pode ser burguês honorário de outra senhoria. Assim, quando lemos que o rei Eduardo I concedeu direito de burguesia aos habitantes da baixa Bretanha[153], entende-se que foi para gozar das liberdades, isenções e franquias das quais gozavam aqueles do país. O mesmo diremos dos habitantes de Berna e de Genebra, que se dizem iguais pelos tratados de aliança e comburgueses pelas cartas. Pois quanto ao que diz Cícero, que estava no poder do burguês romano abandonar sua burguesia para ser cidadão de outrem, isso era da maior antiguidade e totalmente certo pelas leis dos romanos, e quase sempre ocorreu nas Repúblicas populares, nas quais cada burguês não apenas tem parte nos ofícios, mas também na soberania, assim como em Roma e Atenas, onde era facilmente permitido abandonar o direito de burguesia. Ao contrário, em Atenas[154] ele só podia ser outorgado ao estrangeiro se houvesse seis mil cidadãos que o concedessem em voto secreto.

Porém, nos países tiranizados ou por muito sujeitados, ou ainda desagradáveis e inférteis, como a Tartária e a Moscóvia, não apenas os súditos, mas também os estrangeiros que lá puseram o pé não podem sair[155]. Isso também é praticado na Etiópia[156]: quando se percebe que o estrangeiro é homem de espírito, ele é retido com benefícios ou então pela força se quiser ausentar-se, ao passo que é preciso pagar bem caro tal direito ou merecê-lo, em Veneza e em outras Repúblicas francas. Mas embora Cícero diga que não fosse proibido abandonar a sujeição dos romanos e ir para outra parte, isso não faz com que não esteja no poder de todos os senhores soberanos reter seus súditos e impedi-los de sair de sua obediência. Assim vemos em todos os tratados de paz ou de aliança esta cláusula ordinária pela qual os Príncipes não reconhecerão aos súditos e vassalos uns dos outros proteção, burguesia ou privilégios sem o consentimento expresso do outro, o que é conforme à cláusula antiga relatada por Cícero: "*Ne quis foederatorum a populo Romano*

153 [N.T.:] Isto é, da Bretanha francesa.

154 Demóstenes, *Contra Eubulides.*

155 Sigismundo Barão de Herbestein, *História da Moscóvia.*

156 Francisco Álvares, *História da Etiópia.*

civis reciperetur, nisi is populus fundus factus esset, id est, auctor"[157]. Muito embora a casa de França e os senhores das ligas sejam estreitamente aliados, o tratado de aliança feito no ano de 1520 leva a cláusula que mencionei, que está também no sétimo artigo do tratado feito entre o duque de Saboia e os cinco pequenos cantões em 1559, segundo o qual aqueles que solicitarem burguesia de outrem e não quiserem morar em seu país permanecerão seus sujeitos plenos como antes.

Além dos tratados, não há Príncipe que ordene coisa semelhante. Muitas vezes o súdito sequer ousaria sair do país sem dispensa, como na Inglaterra, Escócia, Dinamarca e Suécia, onde os nobres não ousariam ausentar-se do país sem dispensa se não quiserem perder seus bens, o que é também observado no reino de Nápoles, por costume do país. Da mesma forma foi proibido pelo imperador Augusto[158] a todos os senadores que saíssem da Itália sem sua licença, o que foi sempre respeitado estritamente. Pelas ordenanças da Espanha é proibido passar às Índias Ocidentais sem licença do rei da Espanha, e isso foi também proibido antigamente em Cartago, quando o capitão Hannon descobriu as Ilhas das Madeiras. Pelas ordenanças de Milão, não é permitido a qualquer súdito receber direito de burguesia ou tratar aliança ou liga com os outros Príncipes e Repúblicas sem permissão expressa do senado de Milão.

Mais ainda, muitas vezes se vê que sequer é permitido trocar de domicílio, ainda que não se saia da senhoria e obediência do Príncipe soberano, como no ducado de Milão, onde o súdito que vier morar na cidade ou no subúrbio de Milão deve obter cartas e pagar três ducados. Assim também encontramos[159] que foi proibido aos bitínios, súditos dos romanos, receber os outros súditos na sua cidade ou conceder-lhes direito de burguesia, como se fazia com frequência para declinar a jurisdição ou para fraudar os direitos das talhas e impostos. Nesse caso a lei quer que aquele que mudou de domicílio suporte os encargos de dois lugares, o que também foi ordenado pelos reis Felipe[160], Felipe o Belo[161], João, Carlos V e Carlos VII. Mas a ordenança de Felipe

157 [N.T.:] "Apenas é recebido como federado à cidade do povo romano aquele que é assim feito pela base do povo, o seu autor".

158 Suetônio, *Augusto*.

159 *Plínio* liv. 10 epístolas 84 e 117.

160 No ano de 1302.

161 No ano de 1251.

o Comprido[162] quer que o preboste ou o bailio do lugar, assistido por três burgueses, seja obrigado a conceder a qualquer um dos súditos do rei o direito de burguesia, desde que, dentro de um ano e um dia, ele compre uma casa pelo preço de 60 soldos parisienses pelo menos, e que isso seja comunicado por um sargento ao senhor que lhe aplica justiça, e que ele permaneça no lugar onde foi aceito como burguês desde a festa de Todos os Santos até a de São João, pagando a mesma talha que pagava antes de ter se mudado até que se aparte da nova burguesia, e sem declinar a jurisdição para os processos intentados nos três meses anteriores.

Mas embora seja permitido aos súditos mudar de domicílio, eles não podem renunciar ao país de seu nascimento, muito menos os censitários de mão-morta que não podiam antigamente mudar seu domicílio sem privilégio especial. E geralmente se pode dizer, em termos de direito, que a burguesia não está perdida, nem o poder do Príncipe sobre seu súdito, ao mudar este de lugar ou país, não mais que o vassalo não pode isentar-se da fé ao seu senhor, pelo direito dos feudos, nem o senhor abandonar a proteção do vassalo, sem o consentimento um do outro, sendo a obrigação mútua e recíproca caso não haja justa causa. Mas se um ou outro prestou consentimento expresso ou tácito, e se o súdito, abandonando seu Príncipe, submeteu-se a outro em detrimento do primeiro e sem contradição, ele não está mais adstrito à obediência que devia ao primeiro. Pois muitas vezes os Príncipes atraem os estrangeiros ao seu país à força de privilégios, seja para fortificar e povoar seu país, seja para enfraquecer seus vizinhos, seja para ganhar os espíritos gentis, seja para a honra e glória das cidades recentemente construídas, como fez Teseu, o primeiro a outorgar direito de burguesia a todos os estrangeiros que viessem morar em Atenas, e Alexandre o Grande, que, tendo fundado a cidade de Alexandria, outorgou grandes privilégios a todos os habitantes[163], e em poucos anos ela tornou-se uma das mais belas e florescentes cidades do mundo. O rei Luís XI concedeu a todos os estrangeiros, amigos ou inimigos (salvo os ingleses), o gozo dos privilégios da cidade de Bordeaux sob condição de que fossem habitantes da cidade. O rei Francisco o Grande, tendo construído Le Havre de Grâce, logo o encheu de habitantes, e ele hoje regurgita de gente graças à isenção de encargos que o rei lhe deu. Vemos também a cidade de Londres abundar em

162 Em 1318.

163 Josefo, *Guerra dos Judeus* liv. 3.

gente, cheia de mercadores e artesãos, pelo privilégio que deu Ricardo rei da Inglaterra a todos os estrangeiros que lá tivessem morado dez anos de gozar dos privilégios de burgueses. Essa é também uma ordenança comum na Suíça e em quase todas as cidades da Alemanha, conforme o direito comum.

É verdade que o tempo exigido é maior ou menor em umas ou em outras, segundo a comodidade do lugar e a grandeza dos privilégios. Assim, em Veneza, para se obter cartas e privilégios de simples citadino (sem com isso ter parte nos estados, salvo alguns ofícios miúdos), é preciso ter morado 14 anos na cidade. Em Ferrara é preciso ter habitado dez anos no país e ter portado encargos de cidadão. Mas não basta ter morado no país de outrem pelo tempo prefixado pelos costumes para se adquirir direito de burguesia, se o estrangeiro não pede o direito de burguesia e se seu pedido não é aceito, pois pode acontecer que o estrangeiro não queira de modo algum trocar de Príncipe, ainda que seus afazeres o retenham fora de seu país. Tanto que muitos são da opinião que, tendo alguém se demorado pelo tempo prefixado no país de outrem sem ter obtido cartas de naturalidade, este é capaz de legados testamentais, o que concedem em favor dos testamentos e até mesmo de legados piedosos feitos aos pobres estrangeiros, que são sempre tão recomendáveis quanto os feitos às viúvas e órfãos.

Mas para adquirir pleno direito e privilégio de burguês, não basta ter se demorado o tempo prescrito pelas ordenanças se não se pediu e não se obteve cartas de naturalidade. Pois da mesma forma como a doação de nada vale se o doador não apresentou e o donatário não aceitou a oferta que lhe foi feita, assim o estrangeiro não é de modo algum cidadão nem súdito do Príncipe estrangeiro se não recebeu o benefício do Príncipe estrangeiro e se permanece ainda súdito de seu Príncipe natural, ou se, em caso semelhante, foi recusado. Essa foi a razão pela qual o cônsul Mancino, que fez a paz com os numantinos, e os capitães que também trataram com os samnitas, sendo apresentados pelos arautos de armas aos inimigos e por eles recusados, retornaram a Roma. Daí decorreu grande debate e numerosas disputas que ainda não foram bem resolvidas, pela diversidade das opiniões distintas de Brutus e de Scaevola. Pois quando o cônsul voltou ao senado o tribuno do povo fê-lo sair, mas por fim o senado declarou por sua sentença que ele não havia perdido o direito de burguês romano, tendo sido recusado pelos inimigos. Porém, como, na verdade, ele havia sido não somente privado do direito de cidadão, mas também feito escravo dos inimigos por sentença do povo, por ter, sem sua licença, capitulado e tratado a paz com os inimigos, era preciso que ele fosse reintegrado pelo povo. Todavia, a opinião mais branda interpretou que a privação era condicional, ligada ao fato de ter sido aceito pelos inimigos.

O cidadão entregue aos inimigos, se não for aceito, não perde a cidadania

Portanto, se o estrangeiro não perde de modo algum o direito de burguesia quando se filia a outro príncipe e é por este recusado, menos o perderá aquele que não o requereu ou, quando este lhe foi oferecido, recusou-o. E muito menos se não foi apresentado ao Príncipe estrangeiro e não requereu dele cartas de naturalidade, mas somente demorou-se em seu país, como estrangeiro, pelo tempo prefixado pela ordenança. Isso resolve a dificuldade que o senado de Nápoles teve e não solucionou, a saber, se aquele que morou toda a sua vida em país estrangeiro deve gozar dos direitos de burguesia em seu país. Muitos decidiram sumariamente que não deve gozar, dizendo que se deve ter consideração pelo lugar do domicílio, mas eu seria da opinião – se meus conselhos coubessem – que ele deve gozar do privilégio de burguesia, se não renunciou expressamente ao consentimento de seu Príncipe ou se não praticou atos contrários aos do súdito natural.

E não sou o único dessa opinião: de fato, a Corte do Parlamento de Paris julgou por sua sentença de 14 de junho de 1554 que um francês que tinha morado cinquenta anos em Veneza permanecia ainda súdito do rei da França, e foi aceito na sucessão de seus parentes próximos, pois não havia praticado ato contrário ao súdito. Os atos contrários são o banimento perpétuo ou a recusa em obedecer ao Príncipe quando instado, ou a obtenção de cartas de naturalidade de um Príncipe estrangeiro, haja vista que o consentimento tácito não é considerado consentimento em coisa prejudicial, em que deve ser expresso, pois de outra maneira se poderia interpretar a vontade daquele que de modo algum a declarou. E mesmo que a tenha declarado, ele não pode causar prejuízo ao seu Príncipe soberano. Ademais, todas as câmaras do Parlamento de Bordeaux encontraram-se divididas, e a decisão foi remetida ao rei, sobre se um espanhol, filho de um francês (francês que tinha sempre morado na Espanha e renunciado expressamente à sua origem), que veio para a França estabelecer residência perpétua deveria gozar dos privilégios de cidadão sem cartas de naturalidade. Eu, entretanto, sustento que ele é estrangeiro, pelas razões acima deduzidas, e que ele não deve gozar do privilégio de cidadão, salvo se o Príncipe lho conceder, se assim lhe aprouver. Se o estrangeiro que obteve cartas de naturalidade fora de seu país não quiser aí demorar-se, perde o direito que pretende, pois a dupla ficção não é aceita em direito. Por esse motivo, o rei Luís XII despiu do direito de burguesia todos os estrangeiros que dele tinham obtido cartas e que tinham se retirado para fora do reino. Também pelos costumes, mesmo os de Champagne, e pelos éditos[164] é preciso demorar-se pelo tempo prefixado neste reino, obter cartas e pagar fiança.

Diferença entre os súditos e os estrangeiros

Essas razões mostram a diferença que há não apenas entre o cidadão e aquele que não o é, mas também entre os próprios cidadãos. Se seguíssemos a variedade dos privilégios para julgar a definição do cidadão, encontraríamos cinquenta mil definições de cidadão, pela diversidade infinita de prerrogativas que os cidadãos detêm uns sobre os outros e sobre os estrangeiros. E até se descobriria que o estrangeiro, em muitos lugares, é mais cidadão verdadeiro que o súdito natural – como em Florença, onde muitos habitantes apresentaram requerimento ao novo duque para serem estimados e reputados como estrangeiros, pela liberdade dos estrangeiros e sujeição dos cidadãos. Não obstante, há ali cidadãos tão privilegiados com relação aos outros que, uma vez, o duque recebeu cinquenta mil escudos por cinquenta burgueses que criou, e nisso utilizou mão de mestre, acrescendo seu poder de tantos súditos fiéis e rebaixando o daqueles que haviam conjurado contra ele com a bela soma de dinheiros que obteve. Assim fizeram os venezianos que, empobrecidos pelas vitórias dos genoveses e temerosos da rebelião de tantos súditos contra tão poucos senhores, venderam o direito de gentil-homem vêneto a trezentos citadinos para apoiarem-se em seus bens, sua força e seu conselho.

Portanto, é o reconhecimento e a obediência do súdito livre para com seu Príncipe soberano e a tutela, justiça e defesa do Príncipe para com o

164 Dos anos de 1301, 1351, 1355.

súdito que fazem o cidadão: aí está a diferença essencial do burguês para o estrangeiro. As outras diferenças são casuais e acidentais, como ter parte em todos ou em alguns ofícios e benefícios, dos quais o estrangeiro é despido em quase todas as Repúblicas. Quanto aos ofícios, isso é certo, mas quanto aos benefícios – ainda que os papas tenham por muito tempo resistido, para distribuí-los a quem bem lhes parecesse – todos os Príncipes, cada qual em sua alçada, fazem como querem, principalmente em países insubmissos, como a França, pois um país de obediência, como a Espanha, obteve-os através da bula do papa Sixto. E mesmo em Bolonha a Gorda, onde o Papa é senhor soberano, os ofícios e benefícios são dados apenas aos habitantes e súditos naturais. Coisa semelhante se faz em toda a senhoria de Veneza. Os suíços aqui não procederam por concordatas, mas pelo *abscheid* feito nos estados gerais do ano de 1520 foi decretado que os magistrados lançariam na prisão os emissários de Roma com suas bulas e mandatos apostólicos, que detinham para frustrar os súditos providos de modo ordinário. Quanto aos poloneses, suas ordenanças estão cheias disso desde Casimiro o Grande até Sigismundo Augusto. Nisso os alemães também puseram boa ordem através de suas concordatas, e foi por essa causa que os prefeitos, escabinos e treze outros da cidade de Metz se queixaram por cartas do mês de março de 1563 que a cidade de Metz estava compreendida nas concordatas da Alemanha e que o rei não deveria tolerar que os cortesãos de Roma viessem tomar posse dos benefícios de Metz, para deles excluir os súditos providos do ordinário.

O outro privilégio dos cidadãos é que eles estão isentos de muitos encargos que o estrangeiro é obrigado a suportar, como antigamente em Atenas, onde os estrangeiros pagavam um direito de domicílio[165] e os burgueses estavam liberados de todos os impostos. Mas o mais notável privilégio que o cidadão detém com relação ao estrangeiro é que ele tem poder de fazer testamento e dispor de seus bens segundo os costumes ou então deixar seus parentes próximos como seus herdeiros. O estrangeiro não possui nem um, nem outro e seus bens são destinados ao senhor do local onde morreu.

165 Demóstenes, *Contra Neaera*.

Direito de advena[166]*, antigo e comum aos gregos, latinos e turcos*

Este não é um direito novo na França, como os italianos se queixam, mas é também comum ao reino de Nápoles, da Sicília e a todo o Império do Oriente, onde o grão-senhor é herdeiro não apenas dos estrangeiros, mas também dos *timariots*[167] quanto aos imóveis, e dos outros súditos quanto ao dízimo, como antigamente em Atenas[168] o fisco tomava a sexta parte da sucessão do estrangeiro e todos os filhos de seus escravos. Em Roma o rigor era bem maior, apesar do que diz Diodoro, que os egípcios e romanos permitiam que os herdeiros dos estrangeiros apreendessem a sucessão. Mas ele fala disso como estrangeiro que não prestou atenção, pois é certo que não era de forma alguma permitido ao estrangeiro dispor de seus bens e que este nada poderia ter do testamento de um burguês romano, mas sim que o fisco levava a sua sucessão. Nossas leis estão cheias desses traços, o que podemos também julgar pela arenga de Cícero[169], o qual, para mostrar que o poeta Árquias era burguês romano, diz, entre outras coisas, que ele havia disposto de seus bens por testamento. Mais ainda, falando em sua própria defesa, para dar a entender que a sentença de banimento dada contra ele por processo de Cláudio o tribuno era nula, disse: "Quem é o burguês romano que teve dificuldade em

166 [N.T.:] A voz aubeine transforma-se, a partir de meados do século XVII, em aubaine e parece derivar etimologicamente de *auban* (= *au ban*), o antigo nome do forasteiro ou do estrangeiro. Citemos mais uma vez as nossas fontes etimológicas principais: NICOT, *Thresor de la Langue Française* (1606): "Aubeine, est prins tantost pour le droit que le Seigneur d'un pays ou particulier territoire a sur les biens vaccans et caducs em sa seigneurie, mais on adjouste ce mot droit, comme, Tel heritage est mis en la main du Seigneur, par droit d'Aubaine: Iure caduci"; *Dictionnaire de l'Académie Française* 1ère éd. (1694): "Aubaine. S.f. Succession aux biens d'un Estranger qui meurt dans un pays ou il n'est pas naturalisé. L'aubaine appartient au Roy. Le Roy a droit d'aubaine. Ce Seigneur a droit d'aubaine". Desconhecemos um étimo no vocabulário jurídico português que traduza essa ideia. Assim, pretendemos utilizar direito de advena com o significado de direito em virtude do qual reverte em favor do soberano a sucessão de um estrangeiro que morre em seus domínios.

167 [N.T.:] Lemos na página 834 do *Dictionnaire de l'Académie Française* (4ª ed. 1762): "Timariot. s.m. Soldado turco que goza de um benefício militar através do qual ele se obriga a manter a si e a alguns outros milicianos que fornece. O benefício denomina-se Timar." Desconhecemos um étimo equivalente em português.

168 Demóstenes, *Contra Andrócio*.

169 No discurso a favor de Árquias.

me deixar o que lhe aprouvesse em testamento, sem levar em consideração a sentença de meu banimento?". O mesmo argumento[170] havia usado Demóstenes, para mostrar que Euxítenes era burguês de Atenas: "Seus parentes, disse ele, não recolheram a sucessão de seu pai, que lhe tinha sobrevivido?".

Direito de advena na Inglaterra

Assim como neste reino, na Inglaterra os senhores particulares têm direito de advena sobre o estrangeiro que morre em seu território. Assim também os burgueses romanos que tivessem acolhido estrangeiros sob sua proteção levavam a sucessão destes com primazia sobre o fisco, e a isso denominavam direito de aplicação[171]. Eis porque se dizia em Roma que o direito de fazer testamento era somente permitido aos burgueses romanos. Fica, pois, evidente que esse direito de advena é dos mais antigos e que sempre foi comum, tanto aos gregos quanto aos romanos e outros povos, até que Frederico II imperador derrogou-o por um édito que foi muito mal executado, pois permite que todos os estrangeiros, se morrerem nos enclaves do Império, disponham de seus bens por testamento ou, se morrerem sem testar, que se nomeie seus parentes próximos como herdeiros. Mas esse édito foi aniquilado na Itália, onde se usa de maior rigor para com os estrangeiros que para com aqueles que têm nas bandas de cá o direito de advena. Pois é permitido ao estrangeiro adquirir neste reino todos os bens móveis e imóveis que puder e vendê-los, doá-los, permutá-los e deles dispor por contratos passados entre vivos, da maneira que quiser, e possuir, pela soma de vinte ou trinta escudos, cartas de naturalidade.

Mas em várias cidades da Alemanha e pelo costume geral da Boêmia não é permitido ao estrangeiro possuir um pé de terra. Semelhantemente, na Itália é proibido a todos os estrangeiros adquirir qualquer imóvel em propriedade. No ducado de Ferrara, o costume nesse ponto é formal. Mais ainda, pelo costume de Perugia é proibido ceder ao estrangeiro não somente a propriedade, mas também a posse de qualquer imóvel, e pelo costume de Milão sequer é permitido ao estrangeiro ter o usufruto ou a renda de qualquer imóvel, sob pena de confiscar seu preço e sua herança, com proibição aos herdeiros de desposar estrangeiros sob pena de confisco. Da mesma forma, não

170 *Contra Eubulides.*

171 Cícero, *Ad Quintum fratrem.*

é permitido ao credor estrangeiro tomar o imóvel de seu devedor por falta de pagamento, salvo com o encargo de passá-lo adiante dentro de um ano, o que obriga os credores a vender a herança a preço vil, mesmo que os habitantes temam ou amem o devedor. E por ordenança do imperador Carlos V, todos os estrangeiros estão alijados da sucessão dos súditos de Milão, ordenança à qual João Batista de Plot ergueu cinquenta limitações, que são porém mal executadas.

Costume de Veneza

Ademais, pelo costume de Veneza a obrigação pactuada com o estrangeiro não vincula o herdeiro simples do súdito veneziano, salvo para os bens do defunto, o que é contrário ao direito comum. Pelo costume de Brescia, na Itália, a mulher casada com um estrangeiro não pode transportar aos estrangeiros seus bens imóveis, nem o preço destes, direta ou indiretamente. Eis o bom tratamento que os estrangeiros têm na Itália! Esta não tem por que se queixar da França, visto também que na Inglaterra sequer é permitido aos súditos hipotecar seus bens aos estrangeiros e que muitas vezes os embaixadores apresentam queixa apenas para levar a melhor sobre os devedores. Mesmo nas montanhas dos Grisões e dos suíços, onde o poeta Du Bellay diz que é preciso confinar os parricidas, não é permitido hipotecar a terra. Em todo o país da Lituânia[172], Moscóvia e Tartária, os bens dos mercadores estrangeiros que aí morrem são confiscados.

Não obstante, neste nosso reino o direito de advena é moderado, de modo que é permitido ao estrangeiro que morrer fora da França dispor dos bens por ele aqui adquiridos a título oneroso, e nomear seus filhos nascidos na França como herdeiros, desde que a mãe não seja estrangeira. Quanto à cláusula das cartas de naturalidade segundo a qual os herdeiros devem ser reinícolas, os juízes estenderam-na aos herdeiros que moram na França, que são preferidos aos mais próximos que moram fora do reino na sucessão do estrangeiro naturalizado, pois, de outra forma, seria requerido, para fazer suceder os filhos do estrangeiro, que eles tivessem nascido na França e de uma burguesa ou súdita natural. Além do que eu já disse, nossos reis – usando

172 Sigismundo, *História da Moscóvia*.

de uma bondade extraordinária – remiram[173] do direito de advena todos os mercadores estrangeiros que frequentam as feiras de Champagne e de Lyon e os mercadores ingleses na Guyenne. E quanto àqueles do país baixo de Hainaut e de Artois, das cidades de Amiens, Cambray e Tournay, eles jamais estiveram sujeitos ao direito de advena, já que por cartas-patentes[174] e sentenças eles sempre foram isentos dele. Da mesma forma, os mercadores das cidades marítimas do mar Báltico também estão isentos de direito de advena, com vários belos privilégios outorgados por Luís o Jovem, confirmados por Carlos VIII, verificados no Parlamento e há pouco enviados ao rei Carlos IX pelo senhor Danezay, embaixador da França junto ao rei da Dinamarca. É verdade que o privilégio dado aos mercadores estrangeiros não se estende aos mercadores naturalizados, como foi julgado pelo privado Conselho contra um mercador italiano naturalizado, embora ainda em juízo provisório. Os mercadores estrangeiros não detêm um único desses privilégios em todo o Oriente. Temos profusão de exemplos, como a sucessão de Croizile, mercador de Tours, que valia duzentos mil escudos e foi dada ao paxá Ibrahim. Além do que eu já disse, é permitido a todos os estrangeiros que morrerem fora da França dispor por testamento dos bens aqui adquiridos, o que basta para mostrar que os estrangeiros são tratados muito mais graciosamente na França do que se estivessem na Grécia, em Roma ou em todo o Oriente.

Há ainda uma outra diferença entre o cidadão e o estrangeiro, a saber, a cessão de bens, da qual os estrangeiros estão alijados, o que é o antigo direito dos romanos[175]. De outra forma, o estrangeiro poderia, em sua vantagem, sugar o sangue e o tutano dos súditos e depois pagá-los com falências, pois não há menos bancarroteiros que cessionários. Quanto à diferença entre o cidadão e o estrangeiro no que diz respeito à caução de juízo que, pelos costumes deste reino, o estrangeiro querelante está obrigado a depositar, mas não o súdito, não é nada que não seja usual em toda parte, pois o estrangeiro querelante paga caução para ter acesso à justiça e cobrir as custas do juízo. Mas em ação pessoal o querelado, seja súdito ou estrangeiro, jamais está obrigado a depositar caução de juízo, como foi julgado em Corte de Roma (como observou Jean Durant no *Speculum*, no título das satisfações, § *dicta.*

173 Cartas-patentes de Felipe de Valois, 1559, e de Carlos VII, 1443.

174 Nos anos de 1406, 1482, 1497, 1549.

175 *Tácito* liv. 5; Suetônio, *César*.

vers. sed pone) e depois por sentença da Corte do parlamento em 1385, anotada por Le Coq, parte V questão XLIX. Segundo o direito comum, que não obriga o defensor se ele não se apresentar para defender a outrem, tanto o súdito quanto o estrangeiro estão obrigados a depositar caução em causa de cessão ou em matéria de benefício de direito vacante. Todavia, praticou-se e pratica-se ainda que o estrangeiro, querelante ou querelado, seja obrigado a depositar caução e pagar as custas de juízo, desde o ano de 1567, quando foi assim julgado por sentença da Corte do parlamento.

Mas há decerto uma diferença que é e sempre foi comum a todos os povos, a saber, o direito de marca contra os estrangeiros, que não se dá contra os súditos. Por esse motivo, Frederico II imperador enviou aos estados do Império aqueles que lhe pediam direito de represália contra súditos do Império. Para resumir, o estrangeiro pode ser expulso do país, não somente em tempo de guerra, pois então se despede os próprios embaixadores, mas também em tempo de paz, seja para impedir que os súditos sejam estragados e alterados por um estrangeiro vicioso – como fez Licurgo[176], que proibiu os súditos de saírem sem licença e baniu o ouro e a prata para assim expulsar o estrangeiro, ou como os indianos da China Oriental, que proíbem os súditos de receberem estrangeiros, sob pena de morte –, seja para obviar as empresas que o estrangeiro pode cometer contra o estado de outrem.

Se a guerra está declarada contra o Príncipe, o estrangeiro pode ser retido como inimigo, segundo a lei de guerra. Senão, ele não deve ser retido, a não ser que esteja obrigado por contrato ou por delito, ou que se tenha feito súdito de outro Príncipe sem licença do seu, pois nesse caso seu Príncipe sempre tem o direito de confisco, como o senhor sobre o escravo fugitivo, mesmo que o súdito viesse diante dele na qualidade de embaixador, como ocorreu com Dan o tirano, que o imperador Teodósio declarou rebelde à sua majestade, lançando na prisão seus embaixadores. O mesmo foi praticado pelo imperador Carlos V contra o embaixador do duque de Milão, seu súdito, que foi retido prisioneiro quando o duque coligou-se contra ele. Logo que a notícia chegou na França, o embaixador da Espanha foi feito prisioneiro[177] no grande Châtelet, mas foi logo de lá retirado quando se soube que os embaixadores e os arautos de armas da França, da Inglaterra e de Veneza haviam sido postos para fora da

176 Plutarco, *Licurgo*.

177 No ano de 1528.

Espanha com salvaguardas, isso tudo sem que os coligados se ressentissem do fato do imperador ter retido o embaixador de Milão. Pois embora isso pareça contrário à lei *si quis legatus. de legation.*, a verdade é que os romanos puniam o súdito que se tivesse bandeado para os inimigos, na qualidade de inimigos. A mais bela cobertura que os imperiais encontraram para escusar o assassinato cometido nas pessoas de Rincón e Fregose, embaixadores da França junto ao Turco, foi que, sendo um espanhol, súdito natural do Imperador, e o outro genovês, sob a proteção deste, puseram-se a serviço do inimigo, quando já havia rumores de que moveriam nova guerra contra ele, embora o Imperador não quisesse confessar o assassinato, oferecendo que se fizesse justiça àqueles que fossem apanhados e julgados culpados.

Mas faça o que fizer o súdito, ele não pode isentar-se do poder de seu senhor natural, mesmo que se torne Príncipe soberano no país de outrem, não mais que o escravo Barbarius, que, tendo sido feito pretor de Roma, foi perseguido e reivindicado por seu senhor, com quem acordou sua liberdade, como diz Sudas. Assim o súdito, em qualquer lugar onde seja soberano, pode ser convocado, como de fato a rainha da Inglaterra chamou junto de si o conde de Lenos e seu filho, o rei da Escócia, e, por não ter sido obedecida, confiscou-lhes os bens. Pois o súdito está obrigado às ordenanças pessoais de seu Príncipe, de modo que, se for proibido ao súdito contratar ou alienar, as alienações serão nulas, mesmo que ele as faça em país de outrem e sobre bens que possui fora do território de seu Príncipe. Se o marido, fora de seu país, faz doação a sua mulher contrariando a proibição de seu Príncipe ou os costumes de seu país, a doação é nula, pois o poder de vincular e obrigar um súdito não está ligado aos lugares. Por essa causa, os Príncipes acostumaram-se a usar entre si comissões rogatórias ou direito de marca para se fazer obedecer por seus súditos ou avocar as causas e perseguições encetadas contra eles, salvo nos casos permitidos por direito. Lembro-me, a esse respeito, de ter visto cartas dos senhores de Berna ao falecido rei Henrique, sobre o fato de que a rainha da Escócia tinha feito convocar perante o juízo do Palácio em Paris a marquesa de Rotelin, na qualidade de tutora do duque de Longueville, por causa do condado de Neuchâtel, para avocar a causa, arguindo que o duque de Longueville era seu burguês, por causa de Neuchâtel.

Diferença dos cidadãos entre si

Eis as principais diferenças entre os súditos cidadãos e os estrangeiros, deixando-se de lado as diferenças peculiares a cada país, que são infinitas. Quanto às diferenças dos súditos entre si, não são menos numerosas, em muitos lugares, que aquelas entre os estrangeiros e os súditos. Observei algumas delas, entre nobres e plebeus, entre maiores e menores, entre homens e mulheres, e a qualidade de cada um. Em resumo, pode acontecer em termos de direito que, entre os cidadãos, uns estejam isentos de todos os encargos, talhas e impostos, aos quais os outros estarão sujeitos. Temos disso uma infinidade de exemplos em nossas leis, assim como uma sociedade é boa e válida mesmo que um dos associados tenha parte nos lucros e em nada responda pelas perdas. Eis porque vemos a distinção dos cidadãos em três estados, a saber o clero, a nobreza e o povo, distinção esta que é respeitada em quase toda a Europa. Além dessa divisão geral, há outras mais especiais em muitas Repúblicas, como em Veneza entre os gentis-homens, os citadinos e o povo miúdo. Em Florença, antes que fosse submetida a um Príncipe, havia os grandes, os populares e a populacho. Nossos antigos gauleses tinham os druidas, a gente a cavalo e o povo miúdo. No Egito, os prestes, a gente de armas e os artesãos, como lemos em Diodoro. Assim, o antigo legislador Hipódamo dividiu os cidadãos em gente de armas, artesãos e lavradores e foi, sem causa, caluniado por Aristóteles[178], como podemos comprovar pelos fragmentos de suas ordenanças[179]. E embora Platão tenha se esforçado para fazer todos os cidadãos de sua República iguais em todos os direitos e prerrogativas, ele os dividiu em três estados, a saber: guardiões, gente de armas e lavradores. Isso mostra que nunca houve República, seja verdadeira ou imaginária, mesmo a mais popular que se possa pensar, na qual os cidadãos fossem iguais em todos os direitos e prerrogativas, mas sempre uns têm mais ou menos que outros.

178 *Política* liv.2.

179 Recolhidos por Stobaeus.

Capítulo VII

Daqueles que estão sob proteção e da diferença entre os aliados, estrangeiros e súditos

DISSEMOS QUAL DIFERENÇA EXISTE ENTRE os súditos, os burgueses e os estrangeiros. Falemos agora dos aliados, e primeiramente daqueles que estão sob proteção, porque não há um só, daqueles que escreveram sobre a República, que tenha tocado esta corda, que é, todavia, das mais necessárias para perceber o estado das Repúblicas.

O que significa proteção

A palavra "proteção", em geral, estende-se a todos os súditos que estão na obediência de um Príncipe ou de uma senhoria soberana. Como já dissemos, o Príncipe está obrigado a manter pela força das armas e das leis seus súditos na segurança de suas pessoas, bens e famílias. E os súditos, por obrigação recíproca, devem a seu Príncipe fé, sujeição, obediência, ajuda e socorro. É a primeira e mais forte proteção que existe, pois a proteção dos amos para com seus escravos, dos patrões para com seus libertos, dos senhores para com seus vassalos é muito menor que a dos Príncipes para com seus súditos. Tanto que o escravo, o liberto, o vassalo devem fé, homenagem e socorro ao seu senhor, mas isso depois de seu Príncipe soberano, ao qual devem ser homens totalmente devotados. Assim, o soldado deve obediência e socorro ao seu capitão e merece a morte se não lhe serve de escudo quando necessário: a lei usa a palavra *protexit*.

Mas em todos os tratados a palavra "proteção" é especial e não importa sujeição alguma daquele que está sob proteção, nem comando do protetor sobre seus aderentes, mas apenas honra e reverência dos aderentes para com o protetor que tomou a sua defesa e proteção, sem outra diminuição da majestade dos aderentes, sobre os quais o protetor não tem poder. Assim, o direito de proteção é mais belo, mais honroso e mais magnífico que todos os outros. Pois o Príncipe soberano, o mestre, o senhor, o patrão tiram proveito e obediência pela defesa dos súditos, escravos, libertos e vassalos, mas o protetor se contenta com a honra e o reconhecimento de seu aderente: se disso ele tirar outro proveito, não se trata mais de proteção. Tanto é assim que aquele que presta ou oferece a outrem os seus bens ou o seu labor, se disso retira proveito pecuniário, não realiza nem préstimo nem oferecimento, mas puro arrendamento de homem mercenário[180]. Também aquele que liberalmente prometeu fazer alguma coisa para outrem está obrigado a manter sua promessa sem nenhum penhor, e a razão da lei é *quia officio merces non debetur*[181].

Ora, não há promessa mais forte que aquela que é feita de defender os bens, a vida e a honra do fraco contra o mais poderoso, do pobre contra o rico, dos bons afligidos contra a violência dos maus. Eis porque Rômulo, rei dos romanos, ordenando o estado de seus súditos para nutri-los em paz e repouso, atribuiu a cada um dos cem gentis-homens que tinha escolhido para seu conselho privado o restante dos súditos, para mantê-los sob a proteção e salvaguarda daqueles, tendo por execrável aquele que abandonasse a defesa de seu aderente. De fato, os censores taxavam de ignomínia aqueles que tinham abandonado seus aderentes[182]. Ademais, a Lei das Doze Tábuas fixava a pena

180 [N.T.:] Não se entenda o termo exclusivamente na acepção pejorativa.

181 [N.T.:] "quem se opõe a ser pago não exige o débito".

182 *Dionísio de Halicarnasso* liv. 2.

das proibições: *Si patronus clienti fraudem faxit, sacer esto*[183]. É verdade que Plutarco diz que os aderentes emprestavam dinheiro aos patrões para que estes casassem suas filhas, mas pode acontecer que ele tenha se equivocado e tomado os aderentes por libertos, pois Dionísio de Halicarnasso não menciona nada disso. De qualquer forma, esse é um dos quatro casos nos quais os súditos são taxáveis segundo vários costumes deste reino. Desde então, os grandes senhores de Roma começaram também a tomar sob sua proteção uma ou outra cidade, como a casa dos Marcelos, que tinha sob sua proteção a cidade de Siracusa, e a casa dos Antoninos, que protegia Bolonha a Gorda. Da mesma forma, os estrangeiros que frequentavam a cidade de Roma tinham também seus protetores, que recolhiam a sua sucessão como por direito de advena caso os protegidos morressem em Roma, como foi dito acima. Chamava-se os aderentes ou agregados de clientes, e os protetores de patronos, pela semelhança que havia entre uns e outros.

Mas há uma diferença notável, pois o liberto deve corveias ao patrão e pode ser reduzido à servidão se for ingrato – o aderente não deve corveias e não pode perder sua liberdade se for ingrato; o liberto deve uma parte de seus bens ao patrão, se este sobreviver ao liberto – o aderente nada deve de sua sucessão ao protetor. Embora o vassalo tenha muitas coisas em semelhança com o aderente, tanto que muitos fizeram confusão entre um e outro, entre eles há diferença, pois o vassalo deve fé, homenagem, ajuda, socorro e honra ao senhor. Se ele comete felonia, se volta atrás em sua palavra ou se dá um desmentido ao seu senhor, ele perde seu feudo, que volta ao senhor por direito de retorno. O aderente, não tendo feudo algum do protetor, não se acha em tais temores. Mais ainda, se o vassalo é especialmente devotado ao senhor, ele é súdito natural e deve não somente fé e homenagem, mas também sujeição e obediência ao senhor e Príncipe soberano, das quais não poderá desligar-se sem o consentimento de seu Príncipe, antes de abandonar o feudo. Os aderentes não estão vinculados a esses termos e em nada estão sujeitos ao protetor. O simples vassalo, seja papa, rei ou imperador, é súdito de outrem

183 [N.T.:] O termo mais significativo aqui é *sacer*, que equipara a felonia, a quebra da promessa ou a fuga ao dever de proteção às falhas rituais e religiosas, ao mais alto sacrilégio, severamente punido na Lei das Doze Tábuas. Trata-se, pois, da ruptura de um vínculo sagrado e da equiparação da boa ordem dos vínculos sociais ao ordenamento religioso do cosmos. Para os gregos, e mais ainda para os romanos, a questão religiosa era uma questão central do direito público e a impiedade um atentado severo à boa ordem social.

e deve serviço ao senhor de quem detém o feudo, embora possa, deixando o feudo, isentar-se da fé e da homenagem. O simples aderente, se for Príncipe soberano, não deve nem serviço, nem obediência, nem homenagem ao protetor.

O direito de vassalagem é novo, data da vinda dos lombardos à Itália. Antes disso nada se encontra que possa assegurá-lo. O direito de proteção é antiquíssimo, anterior a Rômulo, que o emprestou dos gregos, pois era usado na Tessália, e no Egito, na Ásia e na Esclavônia, como lemos nos autores antigos[184]. O vassalo, ao contrário, recebe heranças e feudos do senhor, de cuja fé e homenagem ele não pode ser isento, mesmo que o Príncipe soberano erija o feudo de seu vavassalo em condado, ducado, marquesado ou principado, como foi julgado por sentença do Parlamento de Paris[185]. Nisso se enganou aquele que sustentou que César, em suas memórias, chama de *soldurios et devotos* os vassalos, visto que não há aí menção alguma ao feudo. Acrescente-se que estes eram súditos verdadeiros e naturais, pois sua vida, seus bens e suas pessoas estavam consagradas ao seu senhor, o que é a verdadeira marca de sujeição, que o vassalo e o vavassalo devem somente ao Príncipe soberano, não na qualidade de vassalos, mas na qualidade de súditos naturais, que devem conhecer a mesma fortuna que seu Príncipe e viver e morrer por ele se necessário for, sendo o vassalo obrigado a isso mais especialmente que os outros súditos.

Vassalagem, patronato e proteção, e a diferença entre os três

Aqui estão todos os argumentos necessários para mostrar que os direitos de patronato, de vassalagem e de proteção não devem ser confundidos, embora tenham alguma semelhança entre si. Pois o vassalo e o aderente devem fé ao senhor e ao protetor, e estão um ao outro reciprocamente obrigados, se bem que o senhor não necessite prestar juramento de fidelidade ao vassalo verbalmente, como o protetor deve fazê-lo ao aderente, e isso se observa solenemente em todos os tratados de proteção. Da mesma forma, o senhor e o vassalo devem entregar cartas um ao outro, assim como o protetor e o aderente estão obrigados a trocar cartas de proteção entre si, mesmo se a

184 *Dionísio de Halicarnasso* liv. 2; Varrão, *De re rustica* liv. 1.

185 No ano de 1565.

proteção for de um Príncipe soberano com relação a outro; e tais cartas devem ser renovadas por ocasião do advento de um novo Príncipe, pois a proteção dura apenas durante a vida do protetor.

Mas, para esclarecer a matéria da proteção entre Príncipes soberanos, da qual temos que tratar, parece que o Príncipe ou povo soberano que se colocou sob a proteção de outrem é seu súdito. Se é súdito, não é mais soberano, e seus súditos serão igualmente súditos do protetor. E qual sujeição pode ser maior que se pôr sob a salvaguarda de outrem e reconhecê-lo por superior? Pois a proteção não é outra coisa senão a confederação e aliança de dois Príncipes ou duas senhorias soberanas, na qual um reconhece o outro como superior e um é acolhido sob a salvaguarda do outro. Ou então, quando o súdito de um Príncipe se retira para a terra de outro, ele está também sob sua proteção, de modo que, se for perseguido pelo inimigo e feito prisioneiro em terra de outro Príncipe soberano, ele não é prisioneiro de seu perseguidor.

Assim foi julgado pela lei das armas nas conversações de paz que houveram entre o rei da França e o imperador Carlos V no ano de 1555, quando foi tratada a questão dos prisioneiros imperiais que os franceses haviam tomado no condado de Guynes, que estava então sob a sujeição dos ingleses. Foi então sustentado pelo chanceler da Inglaterra que eles não podiam ser mantidos prisioneiros, pois estavam em terra e sob proteção dos ingleses. Se bem que se poderia dizer o contrário, pois, embora não seja permitido rastrear nem levantar a presa em terra de outrem, é permitido, tendo-a levantado em sua terra, persegui-la no fundo de outrem. É verdade que há uma exceção: se o senhor não o impedir, como de fato milorde Grec, governador de Calais e de Guynes, interveio durante a perseguição e pôs sob sua guarda aqueles que os franceses haviam tomado. Ora, nesse caso a palavra "proteção" não é tomada com propriedade, pois não há proteção se não houver convenção, e nem pode o Príncipe estrangeiro tomar o súdito de outrem sob sua proteção sem o consentimento deste Príncipe, como logo diremos.

Mas antes é preciso resolver esta questão: se um Príncipe soberano, colocando-se sob a proteção de outro, perde o direito de soberania e torna-se súdito de outrem, pois parece que não há soberano que reconheça alguém superior a si mesmo. Todavia, mantenho que tal Príncipe permanece soberano e que não é súdito. Esse ponto está decidido por uma lei que não tem par e que foi alterada em diversas lições. Mas nós seguiremos a original das pandectas de

Florença, que sustenta que os Príncipes soberanos que, no tratado de aliança, reconhecerem o protetor como superior a si mesmos não são seus súditos. Não duvido, diz a lei, que os aliados e os outros povos usando de sua liberdade não sejam estrangeiros, etc. E ainda que no tratado dos aliados por aliança desigual seja expressamente dito que um conservará a majestade do outro, isso não faz com que ele seja súdito, não mais que nossos aderentes e clientes não são menos livres que nós, embora não sejam iguais a nós nem em bens, nem em poder, nem em honra. Mas a cláusula ordinária inserida nos tratados de aliança desigual, que leva as palavras *Comiter Majestatem conservare*[186], não acarreta outra coisa senão que, entre os Príncipes aliados, um é maior e primeiro que o outro, e não que tal palavra significa *communiter*[187], como dizia a parte adversa de Cornélio Balbo. Tampouco significa "sem dolo e sem fraude", como diz Charles Sigon[188], mas quer dizer que os menores aliados respeitam os maiores com toda modéstia. Eis a lei, relatada palavra por palavra, de onde decorre evidentemente que a proteção não acarreta sujeição, mas sim superioridade e prerrogativa de honra.

Para entender esse ponto mais claramente, assim como a natureza dos tratados e das alianças, podemos dizer que todos os tratados entre Príncipes se fazem com amigos, inimigos ou neutros. Os tratados entre inimigos se fazem para haver paz e amizade – ou tréguas – e para encerrar as guerras empreendidas por senhorias ou pessoas, ou ainda para reparar as injúrias e ofensas de uns para com os outros, ou mesmo pelo direito de comércio e hospitalidade, que pode viger entre os inimigos durante as tréguas. Quanto aos outros, que não são inimigos, os tratados que se fazem com eles são por aliança igual ou desigual. Nesta última, um reconhece o outro como superior no tratado de aliança, que é duplo, a saber: quando um reconhece o outro por

186 [N.T.:] O nó da questão reside no advérbio *comiter*, que deriva do adjetivo *comis*, que significa generoso, liberal, largo, amplo, esplêndido, magnífico na língua clássica. O advérbio *comiter* aparece em Cícero, Plínio e nos imperiais com o sentido de magnificamente, luxuosamente, pomposamente, com grandeza. O advérbio introduz assim um condicionante importante na norma, que, ao invés de uma simples conservação mútua de majestades, implicaria agora "conservar magnificamente a majestade", com uma das partes necessariamente amplificando a majestade da outra e consequentemente diminuindo a sua.

187 [N.T.:] De fato, o advérbio *communiter* deriva do adjetivo *communis* (com o significado de aquilo que pertence a muitos, comum, vulgar), de modo que *communiter* significa em comum, partilhado.

188 *De antiquo jure Italiae* liv. 1 cap. 1.

honra e não está sob sua proteção, ou então quando um recebe o outro sob sua proteção. Um e outro são obrigados a pagar alguma pensão ou prestar algum socorro, ou, ao contrário, não devem mutuamente nem pensão nem socorro.

O que é aliança igual

Quanto aos aliados por aliança igual, que os latinos diziam AEQUO FOEDERE[189], a igualdade se entende quando um não é em nada superior ao outro no tratado e quando um nada detém sobre o outro quanto à prerrogativa de honra, mesmo que um deva fazer ou dar mais ou menos que o outro quanto ao socorro que um deve ao outro. Nesse tipo de tratado, há sempre tratado de amizade, comércio e hospitalidade para abrigar uns aos outros e para traficar conjuntamente todas as mercadorias, ou certas espécies somente, com o encargo de certos impostos acordados pelos tratados. E essa aliança é simples ou dupla, a saber: defensiva somente ou defensiva e ofensiva, e pode ser ainda uma e outra sem exceção de pessoas, ou então com exceção de alguns Príncipes. A mais estreita é aquela que é ofensiva e defensiva para com todos e contra todos, para ser amigo dos amigos e inimigo dos inimigos. No mais das vezes essa ordem é selada com tratados de casamento de uns com outros. Mas a aliança é ainda mais forte quando é de rei para rei, de reino para reino e de homem para homem, como eram antigamente os reis da França e da Espanha e os reis da Escócia e da França. Eis porque os embaixadores da França responderam a Eduardo IV, que tinha sido expulso do reino da Inglaterra, que o rei não poderia ajudá-lo, visto que as alianças entre França e Inglaterra eram feitas entre reis e reinos, de modo que, uma vez expulso o rei Eduardo, permanecia a liga com o reino e o rei que lá reinava. É o efeito destas palavras "Com tal rei, seus países, terras e senhorias" que estão em quase todos os tratados. Mas é preciso também que os tratados sejam publicados pelas Cortes soberanas, ou parlamentos, e ratificados pelos estados, com o consentimento do procurador-geral, como foi decretado no tratado feito entre o rei Luís XI e Maximiliano arquiduque, no ano de 1482.

---

189 [N.T.:] O conceito fundamental aqui é o verbo *foedero*, que significa unir, ligar, utilizado principalmente no que tange às pessoas ou aos fatos humanos. O particípio *foederati* passou a indicar aqueles que estavam ligados por certo vínculo mútuo, principalmente as cidades que se aliavam sem concessão de soberania. *Foedere*, portanto, seria propriamente uma aliança, uma coligação.

A terceira espécie de aliança é de neutralidade, que não é nem defensiva nem ofensiva e que pode se dar entre alguns súditos de dois Príncipes inimigos, como aqueles do Franco-Condado, que têm aliança de neutralidade com a casa de França e ficam assegurados em tempo de guerra. Em tal aliança foi incluído o país de Bassigny, pelo *abscheid* de Baden, no ano de 1555, tendo o rei concedido a renovação da aliança de neutralidade para o Franco-Condado. Todas as ditas alianças são perpétuas ou limitadas a um certo tempo, ou pela vida dos príncipes em alguns anos mais, como sempre se fez nos tratados de aliança acordados entre os reis da França e os senhores das ligas. Eis a divisão geral de todos os tratados que se fazem entre Príncipes, na qual estão compreendidas todas as alianças particulares. Pois quanto à divisão dos embaixadores romanos, nas conversações de paz entre eles e Antíoco o Grande, ela é demasiado curta: *Tria sunt* (diz Tito Lívio) *genera foederum: unun cum bello victis dicerentur Leges: alterum cum pares bello aequo foedere in pacem et amicitiam venirent: tertium cum qui nunquam hostes fuerunt, ad amicitiam foedere coëunt, qui neque dicunt, neque accipiunt leges*[190].

Alianças dos suíços

Todos os outros – que não são nem súditos nem aliados – são coaliados, ou inimigos, ou neutros sem aliança nem hostilidade. E todos, geralmente, se não são súditos – sejam eles aliados, coaliados, inimigos ou neutros – são estrangeiros. Os coaliados são os aliados dos nossos aliados, que entretanto não são nossos aliados, não mais que o companheiro de nosso associado não é nosso companheiro. Todavia, estão sempre compreendidos no tratado de aliança, em termos gerais ou especialmente, como os senhores das três ligas dos Grisões, antigos aliados dos suíços, foram compreendidos em termos expressos no tratado de aliança feito no ano de 1521 entre o rei Francisco I e os suíços, na qualidade de coaliados. Mas no ano de 1550 eles foram aliados à casa de França e compreendidos no tratado de aliança renovada entre o rei Henrique e os suíços, na qualidade de aliados por aliança igual, em grau e

190 [N.T.:] "Três são os gêneros de aliança: um com o vencedor da guerra ditando as leis; outro com os pares da guerra chegando à paz e à amizade por uma aliança igual; o terceiro com aqueles que jamais chegaram às hostilidades, que se juntam em uma aliança de amizade e que nem ditam, nem aceitam leis".

pensão iguais aos dos suíços, a saber 3000 libras para cada liga, para suprimir as parcialidades que existiam entre uns e outros. Pois embora os suíços fossem aliados das ligas dos Grisões por aliança igual, pelo tratado feito entre os Grisões e os sete pequenos cantões no ano de 1498 eles obrigavam os senhores das ligas dos Grisões a obedecer aos *abscheids* decretados nas suas Dietas, como ainda fizeram desde então. Por essa causa quase foi rompida a aliança entre os Grisões e os suíços no ano de 1565, não por outra causa, como diziam os Grisões, que a de fazer saber aos suíços que eles eram iguais em aliança. Mas a verdade é que o Imperador manobrava à socapa e deu onze mil escudos aos mais facciosos dos Grisões para dar cabo deles, como eles confessaram depois de terem sido submetidos à tortura, e foram condenados a dez mil escudos de multa, como apreendi dos memoriais e cartas do embaixador da França que estava então entre os Grisões. Temos também o exemplo daqueles de Genebra, que foram compreendidos nos tratados de aliança feitos entre a casa de França e os de Berna – sob a proteção dos quais se encontravam então, apesar do que se disse, pois sob esta estiveram desde o ano de 1527 até o ano de 1558, quando se isentaram dessa proteção e trataram aliança igual – e que sempre foram compreendidos na aliança na qualidade de coaliados.

Tratado de comércio entre os reis da França e os Osterlings

Ora, assim como as alianças ofensivas e defensivas, para com todos e contra todos sem exceção, são as mais estreitas que existem, da mesma forma a mais simples aliança é a de simples comércio e tráfico[191], que pode ocorrer até entre inimigos. Pois, embora o tráfico seja matéria do direito das gentes, pode ser proibido por cada Príncipe em seu país, e por essa causa os Príncipes usam para tal efeito de tratados particulares e outorgam alguns privilégios e liberdades. É o caso do tratado de tráfico entre a casa de França e as cidades marítimas dos Osterlings, e o dos milaneses com os suíços, perante os quais

191 [N.T.:] Como já notamos no capítulo I, os termos comércio e tráfico, na linguagem do século XVI, possuíam um significado distinto do atual. Tráfico designava geralmente os atos de comércio concretos, o transporte, troca e venda de mercadorias. Os mercadores eram os praticantes do mercado e das feiras, e comércio possuía então um significado mais geral de relações que aos poucos foi se restringindo para abranger somente as relações comerciais. Por uma questão de precisão, mantivemos o registro original dos termos.

estão obrigados, por tratados de comércio, a fornecer certa quantidade de grão a um certo preço prescrito pelos tratados, que os embaixadores franceses muitas vezes quiseram quebrar, pela dificuldade que tinham os suíços de entrar no Milanês, tendo em vista que o senado de Milão proibia transportar os víveres do país. Tanto que, no ano de 1550, enquanto os oficiais de Milão defendiam o tratado, os suíços estiveram a ponto de tratar uma aliança defensiva para o Milanês, ou pelo menos uma aliança de neutralidade, sem a qual o súdito tomado pelos estrangeiros que não sejam aliados de alguma forma nem inimigos declarados deve pagar resgate, e se for capturado por aliados amigos ou aliados em neutralidade não é prisioneiro, como diz a lei. Quando digo inimigo, entendo aquele que declarou ou ao qual se declarou guerra abertamente, de palavra ou de fato. Quanto aos outros, são estimados ladrões ou piratas, com os quais o direito das gentes não deve ter parte alguma. Antigamente havia também tratados de aliança para se obter justiça, até mesmo na Grécia. Todavia, pouco a pouco a porta da Justiça foi aberta a todos os estrangeiros.

Mas seja qual for a espécie de aliança, sempre a soberania das partes está reservada. De outra forma, aquele que recebe a lei estaria sujeito àquele que a dá e o mais fraco obedeceria ao mais forte, o que não se faz nos tratados de aliança igual, pois neles o mais fraco é igual ao maior e não o conhece de forma alguma. É o que se pode ver no tratado de aliança igual feito entre o rei da Pérsia e a senhoria de Tebas[192], pois embora o rei da Pérsia estendesse o seu poder desde a Índia Oriental até Constantinopla, ao passo que os tebanos detinham apenas o recinto de sua cidade e a Beócia, não obstante a aliança foi igual. Quando digo que o protetor tem prerrogativa de honra, isso não se entende apenas por ser ele o primeiro aliado, como foi o caso de Luís XI, rei da França, com os suíços, que lhe fizeram essa honra por sobre o duque de Saboia, que tinha precedência sobre o primeiro. Pois sempre o Príncipe soberano, por menor que seja em aliança igual, é amo em sua casa e detém o primeiro posto acima de todos os Príncipes que venham ao seu país. Mas se vem o protetor, ele é o primeiro em precedência e em todas as honras.

Aqui dirá alguém: porque os aliados em liga ofensiva e defensiva, para com todos e contra todos sem exceção, usando dos mesmos costumes, das

192 Plutarco, *Pelópidas*.

mesmas leis, dos mesmos estados e das mesmas dietas[193], serão reputados estrangeiros uns aos outros? Disso temos o exemplo dos suíços, que são aliados entre si pela aliança que mencionei desde o ano de 1315. Eu disse, no entanto, que tais alianças não impedem que uns sejam estrangeiros com relação aos outros e não fazem com que sejam cidadãos uns dos outros.

Aliança dos romanos e latinos

Disso temos também o exemplo dos latinos e dos romanos, que eram aliados em liga ofensiva e defensiva, usavam dos mesmos costumes, mesmas armas, mesmas línguas, e tinham os mesmos amigos e inimigos. De fato, os latinos sustentavam que havia e deveria haver uma mesma República, e pediam para ter parte nos estados e ofícios de Roma como os romanos. *Si societas* (diziam eles[194]) *aequatio juris est, si socialis exercitus illis est, quo duplicent vires suas, cur non omnia aequantur? cur non alter ab Latinis Consul datur? ubi pars virium, ibi et imperii pars est.* E pouco depois, *Unum populum, unam Rempublicam fieri aequum est. Tum Consul Romanus, Audi, Jupiter, haec scelera, peregrinos Consules, et peregrinum senatum in tuo templo, etc.*[195] São chamados de estrangeiros aqueles que eram aliados pela mais forte aliança que é possível pensar.

Muitos caíram no mesmo erro, crendo que os suíços têm apenas uma República, quando na verdade é certo que têm treze Repúblicas, que não devem nada uma à outra, tendo cada uma sua soberania separada das outras. Antes havia apenas um único membro e vicariato do Império. Os primeiros que se rebelaram foram os habitantes de Schwyz, Uri e Unterwalden, que trataram aliança ofensiva e defensiva no mês de dezembro do ano de 1315, na qual foi dito, no primeiro artigo, que ninguém suportaria Príncipe algum como senhor. No ano de 1332 fez-se a aliança dos quatro cantões, que era como se chamavam as quatro cidades dos bosques, Uri, Schwyz, Unterwalden

193 [N.T.:] O termo aqui deve ser entendido no seu sentido de assembleia de deliberação política, parlamento.

194 *Lívio* liv. 8.

195 [N.T.:] "Se a sociedade está sob um mesmo direito, se o exército social cá está, duplicando as suas forças, por que não igualar tudo? Em toda parte onde estiverem os varões, lá estará uma parte do império. [...] Um só povo, uma só República se fez Tu, cônsul romano, ouve! Ouve ó Júpiter, pois se mancha com cônsules e senado estrangeiros o teu templo!"

e Lucerna. No ano de 1351, Zurique entrou em aliança com as quatro, em 1352 Zug foi também aceita entre as cinco e no ano seguinte, Berna. No ano de 1393 fez-se o tratado de Sempach, depois que a nobreza foi derrotada, e então Zurique, Lucerna, Berna, Soleure, Zug, Uri, Schwyz, Unterwalden e Glarus fizeram uma aliança ofensiva e defensiva, renovada no ano de 1481. Basileia foi aceita no ano de 1501 e Schaffhausen também, Appenzell no ano de 1513, Mulhouse no ano de 1515, Rotwil no ano de 1519 e os valesianos no ano de 1528, além do antigo tratado particular feito entre eles e os de Berna no ano de 1475, em liga defensiva. Bienne entrou também em liga ofensiva e defensiva com os de Berna no ano de 1352, ocasião em que se isentaram do poder do bispo da Basileia, seu Príncipe soberano.

Todos esses tratados o abade de Ormez, que foi embaixador na Suíça, mos fez ver, e por eles não somente se pode observar a pluralidade de Repúblicas, mas a diversidade das alianças. Pois Berna pode convocar os três pequenos cantões em seu auxílio em virtude do primeiro tratado, e Zurique e Berna podem convocar-se reciprocamente. Os de Lucerna podem convocar cinco cantões sobre oito. E os três pequenos podem convocar todos os outros, por causas diversas. A aliança é igual e os estados de todos os cantões se reúnem ordinariamente todos os anos. O que for decretado para a pluralidade dos treze, no que diz respeito à comunidade, obriga cada um em particular e a menor parte de todos em nome coletivo.

Os últimos que entraram na liga, sob a proteção dos de Berna, foram os de Genebra. Todos os aliados, confederados e coaliados perfazem vinte e duas Repúblicas, com o abade de Saint-Gall Príncipe soberano, separadas em soberania e cada qual com seus magistrados à parte, estado à parte, bolsa à parte, domínio à parte, território à parte. Em suma, as armas[196], o grito[197], o nome, a moeda, o selo, a alçada, a jurisdição e as ordenanças de cada estado são divididos. Se um dos cantões adquire alguma coisa, os outros não têm parte nela, como os de Berna bem fizeram saber, pois desde que entraram na liga conquistaram nada menos que quarenta cidades, com as quais os outros nada têm a ver, como foi julgado pelo rei Francisco I, eleito árbitro a esse respeito. Os da Basileia, no ano de 1560, até emprestaram ao rei da França cinquenta mil escudos, como caução pelo cantão de Soleure. E como adquiriram em

196 [N.T.:] Isto é, os brasões.

197 [N.T.:] Isto é, o grito de guerra.

comum o bailiado de Lugano, e algumas outras terras além dos montes, cada cantão envia para lá magistrados e governadores, uns depois dos outros. Os oito cantões da antiga liga também possuem Baden em comum, e lá realizavam ordinariamente suas dietas. Todos têm nove prebostes comuns entre eles, entretanto cada um tira daí seu proveito à parte. Sabe-se igualmente que eles também estão divididos pela religião e que muitas vezes teriam pegado em armas uns contra os outros se o rei da França não tivesse prudentemente intervindo – tanto pela boa amizade e sincera afeição que lhes dedica quanto pelo interesse notável que tem de mantê-los em paz –, e isso não sem grande dificuldade. Da mesma forma, o rei foi muito bem advertido por cartas do seu embaixador, que estava em Soleure no ano de 1565, que o bispo de Terracina, núncio do Papa, dardejava tantas faíscas para atear o fogo entre eles, quanto o rei lançava água fria para extingui-lo.

Que os cantões dos suíços possuem diversas Repúblicas

Mas dir-se-á que todos juntos formam apenas um estado, visto que aquilo que é decretado em suas dietas em comum obriga cada um dos cantões e a menor parte de todos, como os sete cantões católicos fizeram bem ver aos quatro protestantes na dieta realizada em setembro de 1554, tanto que o país comum situado além dos montes é em parte da Religião[198] e governado pelos magistrados que cada cantão envia na sua vez. Ocorreu que os sete cantões católicos quiseram obrigar os fiéis do país comum a não mudar a religião católica e, segundo essa obrigação, quiseram depois proceder contra aqueles da Religião. Os cantões protestantes opuseram-se a isso e estavam prontos para entrar em guerra se o embaixador da França não tivesse intervindo, pacificando a todos muito habilmente, com a condição, todavia, que os súditos comuns da Religião seriam punidos se a maioria dos cantões fosse dessa opinião, e que, não obstante, os cantões católicos devolveriam as cartas obrigatórias dos súditos comuns. Por esse meio suas diferenças foram apaziguadas, e para tanto bem serviram os cantões de Glarus e Appenzell, que receberam indiferentemente uma e outra religião e atuaram como contrapeso entre uns e outros. Mas é evidente que a maioria dos cantões obriga a minoria em nome do coletivo e cada um em particular.

198 [N.T.:] Subentenda-se aqui religião reformada ou protestantismo.

Além disso, nenhum dos cantões pode ter aliança com qualquer príncipe se não houver o consentimento dos outros. De fato, os cantões protestantes trataram aliança com o landgrave de Hesse e com a senhoria de Estrasburgo no ano de 1532, mas foram obrigados a desmanchá-la. Em caso semelhante, os cantões católicos também abandonaram a nova aliança tratada com a casa de Áustria. No entanto, cinco cantões católicos – Lucerna, Uri, Schwyz, Unterwalden e Zug – trataram aliança com o papa Pio IV para a defesa de sua religião, mas ela não foi renovada com os sucessores. E o que mais impediu o tratado de aliança feito entre o rei Francisco I e os suíços foi a oposição dos cantões protestantes, que se fizeram por muito tempo rogar e mesmo assim só trataram aliança para a paz, muito embora Schaffhausen e Basileia posteriormente tenham entrado com os cantões católicos em liga defensiva com o rei da França, mas Berna e Zurique proibiram aos seus súditos, no ano de 1554, sob pena de morte, de correr em socorro do rei da França. Nesse mesmo ano, os senhores do cantão de Unterwalden, solicitados pelo cardeal de Trento que lhe permitissem levantar homens em seu país, proibiram a todos os seus súditos de pôr-se a serviço de outro Príncipe que não o rei da França, sob pena de confisco do corpo e dos bens.

Esses são todos argumentos indubitáveis para mostrar que há tantas Repúblicas quanto cantões. Em caso semelhante, as três ligas dos Grisões, que possuem cinquenta comunas, perfazem três Repúblicas separadas em poder e soberania. Quando os deputados das três ligas se reúnem, a maior envia 28 deputados, a segunda 24 e a terceira 13, e mediante a pluralidade dos votos aquilo que diz respeito à aliança comum é resolvido. Por vezes também todas as comunas se reúnem para as coisas da maior importância. Por isso enganam-se aqueles que de três Repúblicas quiseram fazer apenas uma. Pois os estados comuns, o domínio comum, as dietas comuns, os amigos e inimigos comuns não fazem um estado comum – ainda que haja uma bolsa com certos dinheiros comuns –, mas sim o poder soberano de dar cada um a lei aos seus súditos, como, em caso semelhante, se vários chefes de família estivessem associados em todos os seus bens, nem por isso formariam uma mesma família. Faremos o mesmo juízo das alianças contraídas entre os romanos e as cidades da Itália, confederadas em liga ofensiva e defensiva, contra todos sem exceção, e que, todavia, eram Repúblicas separadas em alçada e soberania.

Aliança das cidades anfictiônicas

Diremos algo semelhante da liga das sete cidades anfictiônicas, que tinham alçada e soberania separadas. Posteriormente, muitas outras cidades e senhorias aderiram à liga[199] para a resolução de suas diferenças. Cada senhoria enviava todos os anos seus embaixadores e deputados aos estados comuns, nos quais os maiores negócios, processos e diferenças entre Príncipes e senhorias eram decididos[200] pelos deputados que eles chamavam de *myrios*. Os lacedemônios foram por eles condenados, em disputa com a senhoria de Tebas, a um montante de trinta mil escudos. Por não terem obedecido à sentença, foram condenados ao dobro, pois haviam tomado o castelo da Cadmeia, contra o tratado de paz. Depois os fócios foram também condenados a restituir o dinheiro por eles tomado ao templo de Delfos, e por não terem feito isso todo o seu país foi adjudicado ao tesouro do templo. Se havia alguém que desobedecesse às sentenças anfictiônicas, este incorria na indignação da Grécia inteira. Aqui se pode dizer que toda a Grécia era uma única República, visto o poder dos estados anfictiônicos. Entretanto eram todas Repúblicas separadas, não tendo nada umas das outras nem dos estados anfictiônicos, a não ser aquilo a que se tivessem comprometido, assim como os Príncipes têm costume de comprometer-se e de escolher por árbitros os seus aliados. Isso não fizeram nem os lacedemônios, nem os fócios. Os fócios, inclusive, para fazer saber aos anfictiões que estes não tinham poder sobre eles, arrancaram e quebraram a sentença dos anfictiões, afixada nas colunas do templo de Delfos. É verdade que Felipe, rei da Macedônia, que não pertencia à liga, aproveitou-se dessa ocasião para arruinar os fócios e, em recompensa, obteve o vínculo e os privilégios dos fócios, e assim os lacedemônios foram afastados da liga anfictiônica, por terem prestado socorro àqueles.

Alianças das antigas Repúblicas da Gália

Encontramos uma liga semelhante entre os antigos gauleses, como se pode ver nas memórias de César, nas quais ele diz que Vercingetórix, eleito capitão em chefe, fez reunir os estados de toda a Gália. Não obstante, as

199 Pausânias, *Élida*; *Estrabão* liv. 4.

200 Pausânias, *Acaia*; *Diodoro* liv. 16.

senhorias de Autun, de Chartres, de Gergóvia na Auvérnia, de Beauvais em nada dependiam umas das outras, a senhoria de Bourges estava sob a proteção de Autun e a de Viaron sob a proteção de Bourges. Consequentemente, havia outras cidades na mesma situação, de modo que todos os Príncipes e senhorias passavam suas diferenças pelo conselho e julgamento dos druidas, senão eram por estes excomungados e evitados por todos como gente detestável[201]. Entretanto, é notório que as Repúblicas das quais falei tinham suas soberanias divididas umas das outras. Mas também acontece que haja apenas um estado, uma República, uma senhoria, quando os partidários de uma liga concordam sob uma mesma soberania, coisa que não é fácil de julgar, quando não se olha de perto.

Liga dos aqueus

É o caso da liga dos aqueus, que no começo era formada por apenas três cidades separadas em estado, alçada e soberania, aliadas por aliança igual, ofensiva e defensiva. Mas pouco a pouco elas foram se unindo tão estreitamente, pelas guerras contínuas que travavam, que por fim houve apenas uma República composta por muitas. Na sequência elas atraíram todas as cidades da Acaia e da Moreia para o seu estado, permanecendo sempre o primeiro nome dos aqueus, como ocorreu com os senhores das ligas que se chamam suíços, porque o cantão de Schwyz, que é o menor, foi o primeiro a se revoltar, quando seu governador foi morto. E assim como os aqueus eram chamados de corretores de tiranos, os suíços também receberam esse título de honra. E mesmo as cidades do reino de Nápoles, estando perturbadas e não sabendo a quem recorrer depois do massacre dos pitagóricos, lançaram-se sob a proteção dos aqueus[202].

O meio de fazer de todas essas Repúblicas uma única foi Arato quem o encontrou[203], pois ele fez decretar pelos estados que todos os anos se elegeria um capitão em chefe para comandar na guerra e presidir os estados, e ao invés de cada cidade enviar seus embaixadores e deputados para dar voz deliberativa, ele fez com que se elegessem dez demiurgos, que seriam os únicos a ter voz

201 *César* liv. 6.

202 *Políbio* liv. 2.

203 Plutarco, *Arato*; Pausânias, *Acaia*; *Estrabão* liv. 6; *Políbio* liv. 3; *Lívio* liv. 32 liv. 2.

deliberativa e poder de resolver, decretar e decidir os negócios de estado, enquanto os outros deputados teriam apenas voz consultiva. Uma vez ganhos esses dois pontos, formou-se pouco a pouco uma República aristocrática ao invés de várias monarquias particulares, aristocracias e senhorias populares, pois muitos tiranos foram atraídos para a liga, quer por amor, quer pela força. E todas as conquistas feitas pelos capitães em chefe dos aqueus permaneciam unidas ao estado dos aqueus, de modo que todas as cidades da Acaia e da Moreia, estando sujeitas, unidas e incorporadas ao estado dos aqueus, usavam das mesmas leis, mesmo direito, mesmos costumes, mesma religião, mesma justiça, mesma moeda e mesmos pesos, como diz Políbio[204].

Os reis da Macedônia entraram também na liga e os dois Felipes, Antígono e Demétrio foram capitães em chefe dos aqueus, retendo contudo o seu reino separado da senhoria dos aqueus. Mas os romanos sabiam muito bem que não poderiam sujeitar a Grécia enquanto a liga dos aqueus permanecesse em sua inteireza, e deram ordem a Gallus procônsul de agir de modo que a liga fosse desmantelada. Isso foi muito bem executado, a pretexto de que havia algumas cidades que tinham se queixado aos estados que, sob uma sombra de liga e de aliança igual, lhes tinham sido subtraídos o manejo de seu estado e a sua soberania. Assegurando-se do apoio dos romanos, elas se revoltaram contra a comunidade dos aqueus. Para obviar isso e impedir que as outras cidades fizessem o mesmo, Arato obteve comissão dos estados para informar contra os rebeldes. Então as cidades que tinham se revoltado puseram-se sob a proteção dos romanos, com a condição de que seu estado e soberania fossem mantidos. Temendo que os lacedemônios se aliassem aos aqueus, que os haviam sujeitado pelo tratado feito entre os romanos e a liga dos aqueus, foi decretado que os lacedemônios continuariam sujeitos aos aqueus, mas que os aqueus não poderiam conhecer das questões de vida ou morte[205]. Isso era, na realidade, isentá-los do poder dos aqueus, e não obstante mantê-los em perpétua discórdia para enfraquecê-los ainda mais.

Os romanos usaram da mesma astúcia para com os etólios[206], que eram um outro estado e liga separado dos aqueus, composto por três cidades, que tinham também seu estado, alçada e soberania divididos, mas por fim

204 Liv. 3.

205 Pausânias liv. 7.

206 Lívio liv. 31.

seguiram a forma dos aqueus e, de três Repúblicas aliadas por aliança igual, ofensiva e defensiva, estabeleceram uma República aristocrática, manejada pelos estados de três ligas e por um senado comum, ao qual presidia o capitão em chefe eleito a cada ano. Podemos dizer coisa parecida das 23 cidades da Lícia, que estabeleceram uma República aristocrática semelhante à dos aqueus, embora os deputados das maiores cidades tivessem três vozes deliberativas, os das médias duas e os das outras uma, como diz Estrabão. Ademais, elas elegiam nos estados o capitão-general, que denominavam liciarca, e os outros magistrados e juízes de todas as cidades.

Liga das treze cidades jônicas

As outras alianças e ligas das treze cidades jônicas, das doze cidades da Toscana[207] e das 47 cidades latinas foram bem contraídas por aliança igual, ofensiva e defensiva, e reuniam seus estados anualmente. Elegiam também por vezes, mas não sempre, um capitão em chefe, quando havia guerra aberta contra os inimigos. No entanto, a soberania de cada cidade permanecia em seu estado, como os suíços. Pois embora a cidade de Roma tivesse entrado em liga com os latinos, e embora Sérvio Túlio e Tarquínio o Soberbo tivessem sido eleitos capitães em chefe da liga dos latinos[208], não obstante cada cidade mantinha sua alçada e soberania, e os reis de Roma nada perdiam de sua majestade. Todavia, parece, à primeira vista, que tais ligas eram semelhantes à dos aqueus.

207 [N.T.:] Outro anacronismo de Bodin, que aqui se refere à coligação das doze cidades-matrizes da Etrúria agrupadas em torno da metrópole dos Tarquínios. A Etrúria foi a grande potência da Itália entre os séculos IX e III a.C., assentada solidamente sobre o que hoje é a Toscana, parte da Emília e do Lácio e a Campânia. Essas doze lucumones, como eram chamadas em etrusco, representavam os estabelecimentos originais do povo na Itália, que era tido como de origem asiática (dizia-se que procediam da Lídia). É provável que esse número, entretanto, esteja assentado em fatores místico-religiosos e não na realidade histórica. Ao tempo de sua máxima extensão, a Etrúria constituía-se de dezoito a vinte lucumones, unidas por um forte pacto federativo, mas sem indícios de um poder central como quer Bodin.

208 *Dionísio de Halicarnasso* liv. 4.

Liga dos etólios

Mas não há nada parecido, salvo a liga dos etólios, e nos dias de hoje o estado e Império dos alemães, que mostraremos, em seu devido lugar, não ser de modo algum uma monarquia, mas sim uma pura aristocracia, composta pelos príncipes do Império, os sete Eleitores e as cidades imperiais. Da mesma forma como a senhoria dos aqueus elegeu por capitães os reis da Macedônia Antígono e Felipe segundo, e a liga dos etólios elegeu Átalo, rei da Ásia, como diz Tito Lívio[209], e semelhantemente a liga dos latinos elegeu os reis de Roma e outros Príncipes vizinhos, assim também os Eleitores muitas vezes elegeram Príncipes estrangeiros, como Henrique de Luxemburgo, Afonso X rei de Castela e Carlos V, um flamengo, ainda que fossem soberanos em seus reinos e, não obstante, súditos do Império, como capitães em chefe. Pois assim como o capitão em chefe, não sendo soberano daqueles que o elegeram, não faz com que a liga seja unida em República, assim também ele não muda nada no estado e na união da República à qual é chamado. Assim, vemos que Felipe de Valois, rei da França, foi eleito capitão em chefe da Igreja romana e qualificado como tal no tratado de aliança[210] feito entre Henrique, conde palatino – que depois se tornou imperador –, e Felipe de Valois. Sem ir mais longe, Adolfo, tio de Frederico rei da Dinamarca, foi eleito capitão[211]da liga das cidades marítimas, sendo costume dos venezianos escolher um capitão em chefe estrangeiro.

Bem sei que os imperadores da Alemanha pretendem uma qualidade mais alta que a de capitães em chefe: trataremos disso em seu lugar. Também pretendem eles ter poder de comandar não apenas os príncipes do Império, mas também aqueles que deste nada detêm. Não faz muito tempo, o imperador Ferdinando enviou embaixadores aos suíços para que estes não recebessem Grombach nem seus aderentes, banidos do Império. As cartas do imperador continham algum comando que os suíços acharam bem estranho. Do mesmo modo, o embaixador Morlet advertiu[212] o rei que o governador de Milão tinha proibido ao cardeal de Syon, que devia seu cargo ao imperador, de

209 Liv. 27.

210 No ano de 1333.

211 No ano de 1560.

212 No ano de 1557.

entrar em aliança com o rei da França, porque era Príncipe do Império. Mas o cardeal de Syon não fez grande conta disso e, sem levar em consideração as proibições, contratou aliança com o rei, tirando dessa forma mil e duzentas libras de pensão da França.

É verdade que, em todos os tratados de aliança feitos entre os senhores das ligas e os outros Príncipes, o Império é sempre excetuado se não se faz menção expressa a ele. Por essa causa, La Guiche, embaixador do rei junto aos suíços, teve o encargo expresso, como vi pela instrução que lhe foi confiada, de fazer menção ao Imperador no tratado de aliança do ano de 1521, pois os alemães se fundam numa máxima em virtude da qual o imperador Sigismundo fez os suíços pegarem em armas contra Frederico de Áustria, em prejuízo da aliança feita com a casa de Áustria, pressupondo que o Império fosse superior aos suíços e que, em todos os tratados de aliança, o direito do superior é sempre ressalvado, mesmo que não seja feita menção expressa. Isso é certo quanto à máxima, mas os senhores das ligas não confessariam que o Império tem alguma superioridade sobre eles, e muito menos o Imperador, sujeito aos estados do Império.

É verdade que, pelo tratado feito entre os oito cantões antigos, há cláusula expressa pela qual os cantões de Zurique, Berna, Schwyz e Unterwalden, tendo sido dependências do Império, declaram que pretendem, no que lhes tange, compreender no tratado o Santo Império, cujos direitos não pretendem prejudicar pelo tratado. Há poucos anos, os cantões de Zurique, Lucerna, Uri e Glarus enviaram embaixadores em nome de todos os cantões da Suíça para obter confirmação de seus antigos privilégios concedidos por Ferdinando nos estados realizados na cidade de Augsburgo. Pelos tratados de aliança feitos entre o Santo Império e os senhores das ligas, é expressamente articulado que eles não prestarão socorro algum a Príncipe estrangeiro para fazer a guerra em terras do Império, como apreendi das cópias das cartas que o imperador Carlos V escreveu aos senhores das ligas[213], nas quais ele se queixava que os súditos destas tinham entrado em terras do Império em conjunto com as forças do rei da França, contra o teor expresso das alianças que as ligas tinham com o Império. Por outras cartas, ele pede aos senhores das ligas que punam os seus súditos que invadiram as terras da casa de Áustria, contra a aliança hereditária feita pelo domínio da casa de Áustria no ano de 1467 e

213 No ano de 1553.

confirmada no ano de 1501, na qual a sé de Roma, o Papa e o Império são reservados, pagando anualmente a cada cantão duzentos florins do Reno. Essa aliança foi renovada pelos treze cantões na dieta de Baden e decretada em 20 de julho de 1504.

Junte-se também a isso que a aliança contratada entre os ditos senhores das ligas e o rei comporta apenas liga defensiva, pela conservação dos estados dos aliados, que são as verdadeiras razões pelas quais os suíços são impedidos de portar armas nas terras do Império e da casa de Áustria, e não por um direito de superioridade que o Império tenha sobre eles. Isso é ainda mais expressamente verificado no tratado de aliança renovado entre o rei e os senhores das ligas no mês de junho do ano de 1549, do qual são excluídos todos aqueles que não são súditos dos suíços nem de língua germânica, o que foi também decretado pelo *abscheid* de Baden no mesmo ano. Eis porque o imperador Carlos V esforçou-se por todos os meios para fazer com que os suíços concordassem que o ducado de Milão e os reinos de Nápoles e da Sicília fossem compreendidos no tratado de aliança hereditária feito pela casa de Áustria, coisa que recusaram no ano de 1555.

Liga dos Grisões

Faremos o mesmo julgamento dos Grisões, que nada devem ao Império e menos ainda ao Imperador, como bem fizeram saber no ano de 1566, quando o Imperador outorgou o direito de regalia, que ele detém sobre o bispado de Coira, a um Príncipe do Império eleito pelo capítulo[214] e provido pelo Papa. Os de Coira o impediram e procederam à eleição de outro, e sobre essa diferença das três ligas dos Grisões e daqueles que haviam sido eleitos, os treze cantões da Suíça, seguindo os tratados de aliança, enviaram seus deputados, os quais, sem levar em consideração nem a provisão do Papa, nem a confirmação do Imperador, adjudicaram o bispado àquele que tinha sido eleito pelo capítulo e era súdito dos Grisões, e ordenaram que dali em diante seria bispo aquele que a liga de Cadde nomearia.

Mas pode-se duvidar se é permitido aos súditos tratar aliança particular entre si e com outros Príncipes sem o consentimento do soberano. Bem que os monarcas se acostumaram a impedir tais alianças, pelas consequências que

214 [N.T.:] Isto é, o conjunto dos cônegos da sé em questão.

elas podem trazer. Até mesmo o Rei Católico, por éditos expressos, proibiu isso claramente a todos os seus súditos. E não houve acusação maior contra Luís de França, duque de Orléans, depois que ele foi morto, do que a de ter tratado aliança com o duque de Lencastre. Todavia, os príncipes do Império acostumaram-se a contratar tais alianças, nas quais o Império está sempre compreendido, em prejuízo do qual os tratados seriam dissolvidos e de nulo efeito, o que não ocorre com relação ao Imperador. Isso foi claramente dado a entender ao imperador Carlos V no tratado de Chambord, feito no ano de 1552 entre o rei da França e vários Príncipes alemães, que contrataram liga ofensiva e defensiva, principalmente contra o Imperador, pela liberdade do Império. O rei da França, Henrique II, foi nomeado capitão em chefe da liga e qualificado protetor dos Príncipes e da liberdade do Império. No ano de 1559 houve semelhante aliança ofensiva e defensiva entre o rei da Suécia, o marquês Assemberg, o duque de Brunswick, o duque de Cleves, o príncipe de Orange, o conde de Aiguemont e várias cidades imperiais de um lado, e o rei da Dinamarca, o duque Augusto Eleitor, o landgrave de Hesse, o duque de Holstein, o duque da Baviera, a cidade de Nuremberg, os bispos de Wurzburg e Bamberg, a cidade de Lubeck e vários outros com Sigismundo Augusto, rei da Polônia, do outro lado. Mesmo o imperador Carlos V tratou aliança particular com o duque da Baviera e outros Príncipes católicos para eleger Ferdinando Rei dos Romanos. Depois, a Liga Francônia foi jurada entre a casa de Áustria, o duque da Baviera, os três bispos da Francônia, o arcebispo de Salzburgo e as cidades de Augsburgo e Nuremberg. No entanto, Ferdinando, Rei dos Romanos, fez ainda liga particular com o bispo de Salzburgo contra os protestantes em 1556. Viu-se também a liga da Suábia tratar aliança ofensiva e defensiva por 40 anos, sem nada excetuar salvo o Império. Liga semelhante entre as cidades marítimas que se chamam vândalas – a saber, Lubeck, Hamburgo, Wismar, Rostock, Bremen e Suid, cidades imperiais – elegeu como capitão em chefe Adolfo, tio do rei da Dinamarca, que de modo algum é súdito do Império. Ademais, a nobreza da Dinamarca tratou uma liga defensiva com Sigismundo Augusto rei da Polônia e a cidade de Lubeck contra o rei da Dinamarca, o que seria crime de lesa-majestade em primeiro grau se o rei da Dinamarca fosse absolutamente soberano, o que trataremos em seu lugar. Mas primeiro é preciso falar da soberania.

Capítulo VIII

Da soberania

A SOBERANIA É O PODER ABSOLUTO E PERPÉTUO de uma República, que os latinos denominam *majestatem*, os gregos άκραν έξουσιαν, κυρίαν άρχ e κΰρίον πολίτευμα[215], e os italianos *segnoria* – palavra que usam tanto para os particulares quanto para aqueles que manejam todos os negócios

215 [N.T.:] Translitera-se respectivamente: ákran éxusian, kyrían arkhé e kýrion políteuma. Os significados desses termos em grego são interessantes para se desvendar o pensamento de Bodin. O substantivo *exusia* é composto e escrever-se-ia *ex-usía*. O prefixo *ex-* indica uma expansão, um movimento para fora, e *ousia* originalmente significa essência, substância, ser e fortuna. *Exusia* seria, pois, uma expansão, um derramamento do ser ou da substância. No grego da koiné e no período helenístico, o vocábulo *exusia* significava liberdade ou faculdade de fazer algo e, figurativamente, poder, autoridade, brilho, esplendor. No Novo Testamento, o termo é utilizado para designar os magistrados. Dessa forma, podemos pensar que *exusía* designa o poder como influência, como derramamento de potência. Já o adjetivo *ákran* deriva do substantivo *akra*, que originalmente designa uma elevação ou um cume de montanha e que já no grego homérico designa por vezes uma cidadela ou fortaleza encastelada numa altura. O adjetivo *akraios* significa agudo, pontiagudo. Dessa forma poderíamos pensar que *ákran éxusian* designa *o* ***mais elevado poder de influência.*** As outras duas expressões são tributárias do substantivo *kyrós* que designa *autoridade* ou *soberania* e do advérbio *kýriós* que designa *aquele que detém autoridade, aquele que é senhor de*. Destes derivam, por exemplo, *kyriótes*, o senhor, o amo, e, num contexto mais político, o verbo *kýron*, que significa *dar força de lei* a uma deliberação. No grego dos cristãos,

de estado de uma República. Os hebreus a chamam de תזמר שכט[216], quer dizer, o maior poder de comandar. Há necessidade aqui de formar a definição de soberania, porque não há jurisconsulto nem filósofo político que a tenha definido, embora seja o ponto principal e o mais necessário de ser entendido no tratado da República.

---

kyrie é utilizado para traduzir o aramaico *Adonai*, um dos nomes de Deus, que o latim mais tarde traduzirá por *Domine*. Assim, o significado geral do termo como designando o *senhor* e a *senhoria* é indisputável.

Restam, portanto, *arkhê* e *políteuma*. O segundo termo é um substantivo derivado de *polis* e de significado preciso. No grego ático e no grego da *koiné*, *políteuma* é utilizado para significar a *administração pública*, os *atos administrativos do governo*. Assim, *kýrion políteuma* pode ser traduzido como a ***administração pública senhorial***.

Já *arkhê* é um termo muito rico que remete a todo um plexo de significados. É atestado em todas as épocas da língua, desde os tempos homéricos até os bizantinos. É utilizado no contexto filosófico e político e pode significar *princípio, origem, ponta, extremidade, fundamento, mando* e *poder*. É fato bem sabido que os filósofos jônicos utilizavam o vocábulo no sentido de *origem* e de *fundamento*. O sentido político de *arkhê* está presente em termos como *monarquia* (isto é, o poder ou o princípio governativo de um só) ou *anarquia* (ausência de poder ou de governo).

Devemos notar, entretanto, que esse significado de poder deve ser algo nuançado, pois o grego possui outra palavra para designar o mesmo fato: *kratos*, presente em formas como *aristokratikós* e *demokratikós* para designar aquelas formas políticas nas quais o poder residiria na mão dos *aristói* (literalmente dos *poucos*, e não dos *nobres*: este sentido derivou mais tarde, por extensão) ou na mão do *demos* (do *povo miúdo*, da cidade baixa dos artesãos, marinheiros e pequenos proprietários). O *kratos* designa propriamente o *poder de força e de coerção*. O conceito de *arkhê*, em contrapartida, designa um poder mais descarnado, mais abstrato, normativo. Diríamos portanto que *kyrían arkhê* pode ser traduzido como o ***poder normativo senhorial***.

Vemos dessa forma que, ao citar essas três expressões gregas, Bodin se refere a três aspectos distintos mas relacionados da soberania, que serão fundamentais em sua concepção: a soberania como ***poder de influência elevado e eminente*** (*ákran éxusian*), próximo ao conceito latino de *majestas*, ***poder normativo e legislativo senhorial*** (*kyrían arkhê*) e ***poder senhorial de gerir a administração pública*** (*kýrion políteuma*). Para ele a soberania é uma síntese de todos esses aspectos.

216 [N.T.:] Pronuncia-se *tsimed shibeth*. A palavra *tsimed* é utilizada com sentido de verbo, como se disséssemos "cajado de apoiar" – תזמר שכט. A palavra "apoio" em hebraico é תמוך (pronuncia-se *tamuch*). *Tsimed* significa primitivamente "apoio, sustentáculo" e *shibeth* "cajado, bastão, cetro". No sentido figurado, o cetro ou o cajado, tanto no antigo Egito quanto entre os povos semitas, sempre designou o poder do rei sobre seu povo, da mesma forma como o cajado simboliza o poder do pastor sobre seu gado. A ideia de domínio forte e proteção – como de um pastor sobre suas ovelhas – é o ponto ao qual nos remete Bodin ao fazer tal citação.

O fundamento principal de toda República

Ainda que tenhamos dito que República é um reto governo de várias famílias e daquilo que lhes é comum com poder soberano, é necessário esclarecer o que significa poder soberano. Eu disse que esse poder é perpétuo porque pode acontecer que se dê poder absoluto a um ou a vários por um certo tempo que, uma vez expirado, faz com que estes não sejam nada mais do que súditos. Enquanto estão no poder não podem chamar-se Príncipes soberanos, visto que são apenas depositários e guardas desse poder até que preze ao povo ou ao Príncipe revogá-lo, pois estes continuam seus detentores. Pois assim como aqueles que emprestam seus bens a outrem permanecem seus senhores e possuidores, assim também aqueles que dão poder e autoridade de julgar ou de comandar – seja por um tempo certo e limitado, seja por um tempo tão longo quanto lhes aprouver – permanecem contudo investidos do poder e jurisdição que outros exercem sob forma emprestada ou precária. Eis porque a lei diz que o governador de um país, ou lugar-tenente do Príncipe, uma vez expirado seu tempo, devolve o poder como depositário e guarda do poder de outrem.

E nisso não há diferença entre o grande oficial e o pequeno. De outra forma, se o poder absoluto outorgado ao lugar-tenente do Príncipe se chamasse soberania, ele poderia usar dele para com seu Príncipe, que então não seria mais que um número, e o súdito comandaria ao senhor e o servidor ao mestre, coisa que seria absurda, visto que a pessoa do soberano é sempre excetuada em termos de direito. Seja qual for o poder e a autoridade que ele dê a outrem, ele nunca dá tanto que não retenha sempre mais, e nunca está excluído de comandar ou de conhecer, por prevenção, concorrência ou avocação, ou do modo que lhe aprouver, as causas das quais encarregou seu súdito, seja ele comissário ou oficial. Ele pode subtrair-lhes o poder que lhes foi atribuído em virtude de sua comissão ou instituição, ou manter tal poder em suspenso por tanto tempo quanto quiser.

O ditador não era soberano

Assim colocadas tais máximas como fundamentos da soberania, concluiremos que nem o ditador romano[217], nem o harmosta da Lacedemônia, nem o esimneta de Salônica, nem aquele denominado *archus* em Malta, nem o antigo bailio de Florença, que detinham o mesmo cargo, nem os regentes dos reinos, nem outro comissário ou magistrado que tivesse poder absoluto por tempo determinado para dispor da República tiveram soberania, mesmo que os primeiros ditadores tivessem todo o poder, na melhor forma que se podia fazer, a qual os antigos latinos[218] chamavam de OPTIMA LEGE. Pois então não havia apelação e todos os oficiais ficavam suspensos[219] até que os tribunos fossem instituídos, os quais permaneciam nos cargos apesar da criação do ditador e tinham salva sua oposição. Se havia apelação interposta ao ditador, os tribunos reuniam o povo miúdo e davam intimação às partes para apresentar as causas da sua apelação, e ao ditador para sustentar seu julgamento. Assim se fez quando o ditador Papirius Cursor quis mandar matar Fábio Máximo I[220], coronel da cavalaria, e quando Fábio Máximo II, ditador, quis fazer o mesmo com Minutius, coronel de sua cavalaria. Daí se vê que o ditador não era nem Príncipe, nem magistrado soberano, como muitos escreveram, e que não tinha nada mais além de uma simples comissão para fazer a guerra, reprimir a sedição, reformar o estado ou instituir novos oficiais.

Ora, a soberania não é limitada nem em poder, nem em responsabilidade, nem por tempo determinado. E mesmo os dez comissários estabelecidos para reformar os costumes e as ordenanças, embora tivessem poder absoluto e sem apelação e todos os magistrados estivessem suspensos durante a sua comissão, nem por isso detinham a soberania. Pois, uma vez acabada a sua comissão, seu poder expirava, tal como o do ditador. Assim, Cincinato, tendo vencido o inimigo, desencarregou-se da ditadura que só tinha detido por quinze dias. Servilius Priscus deteve-a por oito dias e Mamercus por um dia. Além disso, o ditador era nomeado por um dos mais nobres senadores, sem édito, nem lei, nem ordenança, coisa necessária tanto antigamente quanto no presente

---

217 *Dionísio de Halicarnasso* liv. 9.

218 Festo Pompeu, *De verborum significatione, verbete optima lege.*

219 Plutarco, *Quaestiones Romanae.*

220 *Lívio* liv. 7.

para a eleição dos ofícios, como diremos em seu lugar. Se se disser que Sula obteve a ditadura por oitenta anos pela Lei Valéria, responderei como disse Cícero, que não era lei nem ditadura, mas uma cruel tirania – embora ele tenha reservado aos tribunos o direito de franca oposição –, a qual, todavia, foi abandonada quatro anos depois, quando as guerras civis foram apaziguadas. E mesmo que César tenha empalmado a ditadura perpétua, ele não retirou aos tribunos o direito de oposição; mas como a ditadura tinha sido abolida por lei expressa, e não obstante, sob esse véu, ele tomou o estado, foi morto.

Mas ponhamos o caso que se eleja um, ou vários, dos cidadãos, aos quais se dá o poder absoluto de manejar o estado e governar inteiramente, sem deferir oposições ou apelações de espécie alguma, e que isso se faça todos os anos – não diremos que eles detêm a soberania? Pois é absolutamente soberano aquele que não reconhece nada maior do que si, salvo Deus. Eu digo, entretanto, que eles não detêm a soberania, visto que nada mais são que depositários do poder que se lhes outorgou por um certo tempo. Assim, o povo não se desfaz da soberania quando estabelece um ou vários lugares-tenentes com poder absoluto por um certo tempo limitado, o que é muito mais que se o poder fosse revogável ao arbítrio do povo, sem prefixação de tempo. Pois um e outro nada detêm por si e permanecem responsáveis de seus cargos perante aquele a quem devem o poder de comandar, o que não ocorre com o Príncipe soberano, que só deve prestar contas a Deus.

O grande arconte de Atenas não era soberano

Mas o que diremos se o poder absoluto for outorgado por nove ou dez anos? Como antigamente em Atenas, onde o povo fazia um dos cidadãos soberano e o chamava de arconte. Digo, todavia, que ele não era Príncipe e não detinha a soberania, mas sim que era um magistrado soberano, responsável de suas ações perante o povo, depois de decorrido o seu tempo. Ainda se pode dizer que o poder absoluto será conferido a um dos cidadãos, como eu já disse, sem que este seja obrigado a prestar contas ao povo, como os cnídios[221] todos os anos elegiam sessenta burgueses, que eram chamados de amimones, isto é, irrepreensíveis, com poder soberano, sem que pudessem ser processados, nem durante seu cargo nem depois deste vencido, por coisa

221 Plutarco, *Apophthegmata Graecorum*.

alguma que tivessem feito. Digo, todavia, que eles não detinham a soberania, visto que eram tidos como guardiões e deviam entregar o poder quando o ano expirasse, permanecendo a soberania com o povo e seu exercício com os amimones, que se poderia denominar magistrados soberanos, mas não soberanos simplesmente. Pois um é Príncipe e o outro é súdito, um é senhor e o outro servidor, um é proprietário e detentor da soberania e o outro não é nem proprietário nem possuidor dela, e só a tem em depósito.

Faremos o mesmo julgamento dos regentes estabelecidos na ausência ou na juventude dos Príncipes soberanos, quer os éditos, mandamentos e cartas-patentes sejam assinados e selados com a assinatura e o selo dos regentes e em seu nome, como se fazia neste reino antes da ordenança de Carlos V, rei da França, quer isso seja feito em nome do rei e os mandamentos selados com seu selo. Pois qualquer que seja a forma, é certo em termos de direito que o mestre é competente para fazer aquilo que encarregou o seu procurador de fazer. Ora, o regente é verdadeiro procurador do rei e do reino: assim se denominava o bom conde Thibaut, *procurator regni Francorum*. E dessa forma, quando o Príncipe dá poder absoluto ao regente ou ao senado para, em sua presença ou em sua ausência, governar em seu nome, mesmo que a qualidade de regente seja empregada nos éditos e cartas de comando, é sempre o rei que fala e que comanda. Assim se vê que o senado de Milão e o de Nápoles, na ausência do rei da Espanha, têm poder absoluto e decretam todos os mandamentos em seu nome, como se pode ver pela ordenança do imperador Carlos V, que leva estas palavras: *Senatus Mediolanensis potestatem habeat constitutiones Principis confirmandi, infirmandi, tollendi, dispensandi contra statuta, habilitationes, praerogationes, restitutionies faciendi, etc. a Senatu ne provocari possit, etc. Et quicquid faciet parem vim habeat, ut si a principe factum, ac decretum esset: non tamen possit delictorum gratiam, ac veniam tribuere, aut literas salui conductus reis criminum dare*[222]. Esse poder quase infinito não foi dado ao senado de Milão e ao de Nápoles para diminuir em nada que seja a majestade do rei da Espanha, mas ao contrário, para descarregá-la de trabalhos

222 [N.T.:] "O senado milanês tem o poder de confirmar, infirmar, suspender e dispensar as constituições dos príncipes e de habilitar, fazer prerrogativas e restituições, etc.; não se pode provocar o senado, etc. e quem quer que o faça responde como se ao príncipe fizesse; não se pode igualmente, sem vênia a ele, agraciar os delitos, nem dar cartas de salvo-conduto para coisas criminais".

e cuidados. Acrescente-se que tal poder, por maior que seja, é revogável ao bel-prazer daquele que o outorga.

Ponhamos, pois, o caso em que tal poder seja dado ao lugar-tenente de um rei por toda a sua vida. Não é um poder soberano e perpétuo, senão, se o disséssemos perpétuo porque nunca tem fim, só haveria soberania no estado aristocrático e no popular, que nunca morrem. Ou então, se se aplicasse a palavra "perpétuo" a um monarca, ou seja, a ele e a seus herdeiros, haveria poucos monarcas soberanos, visto que há muito poucos monarcas hereditários, e aqueles que chegam à coroa por direito de eleição não seriam soberanos. É preciso pois entender essa palavra "perpétuo" com relação à vida daquele que detém o poder. Eu digo que, se o magistrado soberano e somente anual, ou por algum tempo prefixado e limitado, vem a continuar no poder que lhe foi outorgado, é preciso que isso seja por acordo ou à força. Se for à força, isso se chama tirania. No entanto, o tirano é soberano, assim como a posse violenta do predador é posse verdadeira e natural, ainda que seja contra a lei e que aqueles que antes a detinham agora se encontrem despossuídos. Mas se o magistrado continua no poder soberano que detém por acordo, eu digo que ele não é Príncipe soberano, visto que nada detém senão por concessão, e muito menos se o tempo não for limitado, pois nesse caso ele nada detém senão por comissão precária.

O lugar-tenente geral e perpétuo de um Príncipe com poder absoluto não é soberano

Sabe-se bem que nunca houve poder maior que aquele que foi dado a Henrique de França, duque de Anjou, pelo rei Carlos IX, pois foi soberano e sem exceção de qualquer artigo de regalia. No entanto, não se pode dizer que seu detentor fosse soberano, pois tinha qualidade de lugar-tenente geral do rei, ainda que fosse perpétuo, embora a cláusula ENQUANTO NOS APROUVER tenha sido aposta em suas cartas, que continham concessões, mas sempre o seu poder era suspenso na presença do rei.

Que diremos, pois, daquele que tem do povo o poder absoluto enquanto e tão longamente viver? Nesse caso é preciso distinguir: se o poder absoluto lhe foi dado pura e simplesmente, sem qualidade de magistrado nem de comissário, nem de forma precária, é certo que ele é e pode dizer-se monarca soberano, pois o povo se desincumbiu e se despojou de seu poder soberano para cedê-lo a ele e nele investi-lo, e para ele e nele transportou todo o seu poder, autoridades, prerrogativas e soberania, como aquele que cedeu a posse e propriedade daquilo que lhe pertencia. A lei usa destas palavras: EI ET IN EUM OMNEM POTESTATEM CONTULIT.

Mas se o povo outorga seu poder a alguém enquanto este viver, na qualidade de oficial ou lugar-tenente, ou então para desencarregar-se somente do exercício de seu poder, nesse caso este não é soberano, mas simples oficial, ou lugar-tenente, ou regente, ou governador, ou guardião e depositário do poder de outrem. Da mesma forma, se um magistrado, ao nomear um lugar-tenente perpétuo, não tiver cuidado algum com sua jurisdição, deixando o inteiro exercício da mesma ao seu lugar-tenente, não é todavia na pessoa do lugar-tenente que jaz o poder de comandar, nem o de julgar, nem a ação e a força da lei. Se ele for além do poder que lhe foi dado, nada estará feito se seus atos não forem ratificados, louvados e aprovados por aquele que lhe deu poder. Por esse motivo, o rei João, após seu retorno da Inglaterra, ratificou solenemente todos os atos de Carlos, seu filho primogênito, estabelecido como regente, para validá-los e confirmá-los, como era necessário.

Antiga lei da Escócia

Portanto, seja por comissão, ou por instituição, ou por delegação que se exerça o poder de outrem por certo tempo ou perpetuamente, aquele que exerce esse poder não é soberano, mesmo que por suas cartas não seja qualificado de procurador, lugar-tenente, governador, regente, ou mesmo que a lei do país lhe desse esse poder, que seria ainda mais forte que por eleição. Assim era a antiga lei da Escócia[223] que dava o governo inteiro do reino ao parente mais próximo do rei pupilo ou de pouca idade, com o encargo de que tudo se faria em nome do rei, lei essa que foi cassada pelos inconvenientes que acarretava.

O que é o poder absoluto

Prossigamos agora com a outra parte de nossa definição e digamos o que significam estas palavras, PODER ABSOLUTO. Pois o povo ou os senhores

223 Hector Boece, *Historia Scotorum*.

de uma República podem dar pura e simplesmente a qualquer um o poder soberano e perpétuo de dispor dos bens, das pessoas e de todo o estado ao seu prazer e depois deixá-lo a quem quiser, da mesma forma que o proprietário pode dar seu bem pura e simplesmente, sem outra causa que sua liberalidade, o que constitui a verdadeira doação, que não contém mais condições uma vez perfeita e realizada, ao passo que as outras doações, que comportam encargo e condição, não são verdadeiras doações. Assim também a soberania dada a um Príncipe com encargos e condições não é propriamente soberania nem poder absoluto, a menos que as condições apostas à criação do Príncipe sejam da lei de Deus ou da natureza, como se faz quando o grande rei da Tartária morre. O Príncipe e o povo, a quem pertence o direito de eleição[224], escolhem aquele dentre os parentes do defunto que melhor lhes parecer, desde que seja filho ou sobrinho, e, tendo-o assentado num trono de ouro, dizem-lhe estas palavras: "Nós te rogamos, nós queremos também, e te designamos para que reines sobre nós". Então o rei diz: "Se quereis isso de mim, é preciso que estejais prontos a fazer aquilo que eu comandar: que aquele cuja morte eu ordenar seja morto incontinente e sem retardo, e que todo o reino seja comissionado e estabelecido entre minhas mãos". O povo responde: "Que assim seja". Depois o rei, continuando, diz: "A palavra de minha boca será meu gládio" e o povo todo o aplaude. Feito isso, ele é tomado e retirado do trono e posto em terra sobre uma tábua e os Príncipes dirigem-lhe a palavra dizendo assim: "Olha para o alto e conhece a Deus, e vê estas ripas sobre as quais estás sentado cá em baixo: se governares bem, terás tudo a que aspirares; senão, serás derrubado e despojado de tal forma que nem mesmo este ripado sobre o qual estás sentado te restará". Dito isso, ele é elevado e aclamado rei dos tártaros. Esse poder é absoluto e soberano, pois não tem outra condição que aquelas que a lei de Deus e a da natureza comandam.

Pode-se ver também, nos reinos e principados devolutos por direito sucessório, que tal forma ou outra semelhante é por vezes mantida. Mas não há nenhuma semelhante à da Caríntia[225], onde ainda hoje se vê uma pedra de mármore perto da cidade de São Vito, num prado, sobre a qual sobe um camponês, a quem tal ofício pertence por direito sucessório, tendo à destra uma vaca preta e à sinistra uma égua magra, e o povo todo ao seu redor. Aquele

224 A forma de eleger o rei da Tartária.

225 Forma de investir o duque da Caríntia.

que vem para ser duque caminha com grande número de senhores vestidos de vermelho, com suas insígnias diante de si e todos bem em ordem, salvo o duque que está vestido como pobre pastor com um báculo, e aquele que está sobre a pedra grita em eslavão: "Quem é aquele, diz ele, que caminha tão bravamente?". O povo responde que é o seu Príncipe. Então ele pergunta: "É juiz? Busca a salvação do país? É de condição franca, digno de honra, observador da religião?". Respondem: "Ele o é e o será!". Então o camponês dá um ligeiro bofetão no duque, permanecendo isento de acusações públicas, e o duque sobe na pedra brandindo a espada, e falando ao povo promete ser justo. Nessas roupas vai à missa e depois reveste o hábito ducal. Retorna então à pedra e recebe as homenagens e os juramentos de fidelidade. É verdade que o duque da Caríntia era antigamente apenas o monteiro-mor[226] do Imperador, e que depois que o Império caiu na casa de Áustria, a quem pertence o ducado, a qualidade de monteiro e a forma antiga de investir foram abolidas e os ducados da Caríntia, Estíria e Croácia, assim como os condados da Cília e do Tirol, foram anexados ao ducado da Áustria.

Seja o que for o que se escreva sobre o reino de Aragão, a forma antiga que se observava para os reis de Aragão não é mais usada se o rei não reunir os seus estados, como aprendi de um cavaleiro espanhol. A forma era que o grande magistrado, que eles chamam de Justiça de Aragão, dizia ao rei estas palavras: "*Nos qui valemos tanto come vos, y podemos mas que vos, vos elegimos Re con estas y estas conditiones entra vos y nos, un que mande mas que vos*", o que quer dizer: "Nós que valemos tanto quanto vós e podemos mais que vós, nós vos elegemos rei com tais e tais condições entre vós e nós, que um comande mais que vós". Nisso enganou-se aquele que escreveu que o rei era então eleito pelo povo, coisa que jamais se fez, pois é certo que Sancho o Grande conquistou o reino pelo direito das armas sobre os mouros que o detiveram por setecentos anos, e depois sua posteridade, em linha masculina e feminina, deteve o reino por direito sucessório, passando de um a outro. De fato, Pedro Belluga[227], que diligentemente escreveu sobre o direito de Aragão, escreve que o povo não possui direito algum de eleger o rei, salvo no caso da linhagem se extinguir[228]. Também é impossível e incompatível que o rei de Aragão tenha

226 No ano de 1331.

227 No *Speculum principum*.

228 *Speculum principum* tít. 14 § *veniamus* nº 6.

menos poder que os estados de Aragão, visto que o mesmo autor Belluga[229] diz que os estados não podem se reunir se não há mandamento expresso do rei e que não podem partir, uma vez reunidos, se não aprouver ao rei licenciá-los. É ainda mais ridículo que tais palavras se dissessem ao rei já coroado, sagrado e reconhecido como rei por direito sucessório. Se não fosse soberano como era, como daria o ofício àquele que se chamava a grande Justiça de Aragão e como o destituiria quando bem o quisesse? De fato, o mesmo autor escreve[230] que Martin Didato foi instituído e destituído desse ofício pela rainha de Aragão, na ausência de seu marido Afonso, rei de Aragão e da Sicília. E embora, por concessão do rei, a Justiça de Aragão julgue os processos e diferenças entre o rei e o povo – coisa que se faz também na Inglaterra, ora pela alta câmara do Parlamento, ora pelo magistrado que se chama Justiça da Inglaterra, e por todos os juízes daquele reino, em todos os lugares –, a Justiça de Aragão e todos os estados permanecem em plena sujeição ao rei, que não é de modo algum obrigado a seguir seus conselhos, nem a atender suas solicitações, como diz o mesmo doutor. Isso é geral a todos os estados de monarquia, como diz Oldrad, falando dos reis da França e da Espanha, que têm, diz ele, poder absoluto.

É verdade que esses doutores não dizem o que é poder absoluto, pois se dissermos que aquele que tem poder absoluto não está sujeito às leis, não se encontrará Príncipe soberano no mundo, visto que todos os Príncipes da Terra estão sujeitos às leis de Deus e da natureza, e a várias leis humanas comuns a todos os povos. Ao contrário, pode acontecer que um dos súditos seja dispensado e absolvido de todas as leis, ordenanças e costumes de sua República, e nem por isso será Príncipe, nem soberano. Temos exemplo disso em Pompeu o Grande, que foi dispensado das leis por cinco anos, por decreto expresso do povo romano, publicado a pedido do tribuno Gabinius[231], e não era coisa nova nem estranha dispensar um súdito de obedecer às leis, visto que até mesmo o senado às vezes dispensava um deles sem consultar o povo, até a Lei Cornélia[232], publicada a pedido de um tribuno, pela qual foi ordenado que ninguém seria isentado do poder das leis, nem dispensado

229 *Speculum principum* cap. 1 e 2.

230 *Speculum principum* tít. 26 § Jesu.

231 Plutarco, *Pompeu*.

232 Ascônio, *Cornelianam*.

delas pelo senado, sem que pelo menos duzentos senadores assim decidissem. De fato, era proibido pela Lei das Doze Tábuas, sob pena de morte, outorgar qualquer privilégio, a não ser pelos grandes estados do povo, mas a lei era mal executada. De qualquer forma que seja, o súdito que está isento do poder das leis permanece sempre na sujeição e obediência àqueles que detêm a soberania.

Ora, é preciso que aqueles que são soberanos não estejam de forma alguma sujeitos aos comandos de outrem e que possam dar a lei aos súditos e cassar ou anular as leis inúteis para fazer outras, o que não pode fazer aquele que está sujeito às leis ou aos que têm comando sobre ele. Eis porque a lei diz que o Príncipe é isento do poder das leis, e essa palavra "lei" significa também em latim o comando daquele que detém a soberania. Assim, vemos que, em todos os éditos e ordenanças, se apõe esta cláusula: "Não obstante todos os éditos e ordenanças que já derrogamos e que derrogamos agora pela presente, e os derrogatórios dos derrogatórios", cláusula que sempre foi aposta às leis antigas, seja que a lei fosse publicada pelo mesmo Príncipe ou por seu predecessor. Pois é certo que as leis, ordenanças, cartas-patentes, privilégios e outorgas dos Príncipes só têm força durante sua vida, a não ser que sejam ratificadas por consentimento expresso, ou ao menos tácito, do Príncipe que delas tiver conhecimento, da mesma forma que os privilégios.

Por essa causa, Bártolo, tendo sido nomeado embaixador junto ao imperador Carlos IV para obter a confirmação dos privilégios de Perugia, obteve tal confirmação sujeita à seguinte cláusula: "até que sejam revogados por nossos sucessores", em prejuízo dos quais ele nada podia fazer. Essa foi a causa pela qual o sr. de l'Hospital, chanceler da França, recusou-se a selar a confirmação dos privilégios e isenções de talhas de Saint-Maur-des-Fossés, embora tivesse recebido mandamento para tanto. Pois estes implicavam franquia perpétua, o que é contra a natureza dos privilégios pessoais e diminui o poder dos sucessores, e só podem ser dados aos corpos e colégios durante a vida do Príncipe que os outorga, mesmo que a palavra "perpétuo" seja aposta a eles, o que não é o caso nas Repúblicas populares e aristocráticas. E por essa causa Tibério imperador, sucessor de Augusto, não quis que os privilégios outorgados pelos imperadores defuntos tivessem efeito algum se os sucessores não os tivessem confirmado, mormente se os privilégios quisessem perpetuar uma isenção de que gozavam, se a outorga não fosse limitada a certo tempo, como diz Suetônio[233]. Também vemos neste reino, no advento dos novos reis, que todos os colégios e comunidades, e até mesmo os parlamentos e Cortes soberanas, bem como os oficiais particulares, pedem confirmação de seus privilégios, poderes e jurisdição.

Portanto, se o Príncipe soberano está isento das leis de seus predecessores, muito menos seria ele obrigado pelas leis e ordenanças que faz, pois pode-se receber a lei de outrem, mas é impossível por natureza dar lei a si próprio, bem como ordenar a si mesmo coisa que depende da própria vontade, como diz a lei: "*Nulla obligatio consistere potest, quae a voluntate promittentis statum capit*"[234], o que é razão necessária que mostra evidentemente que o rei não pode estar sujeito às suas leis. Assim como o Papa jamais ata as próprias mãos, como dizem os canonistas, tampouco o Príncipe soberano pode atar as próprias mãos, ainda que quisesse. Assim vemos no final dos éditos e ordenanças estas palavras: POIS TAL É NOSSA VONTADE, para fazer saber que as leis do Príncipe soberano, mesmo que fundadas em boas e vivas razões, dependem somente de sua pura e livre vontade.

Mas quanto às leis divinas e naturais, todos os Príncipes da Terra estão a elas sujeitos, e não está em seu poder infringi-las, se não quiserem ser culpados de lesa-majestade divina, fazendo guerra a Deus, a cuja grandeza todos os monarcas do mundo devem subjugar-se e baixar a cabeça com todo temor e reverência. E assim o poder absoluto dos Príncipes e senhorias soberanas não se estende de modo algum às leis de Deus e da natureza, e aquele que melhor entendeu o que é o poder absoluto e que fez vergar reis e imperadores sob o seu[235] dizia que este não é outra coisa senão derrogar ao direito ordinário: ele nada disse das leis divinas e naturais.

Mas não estaria o Príncipe submetido às leis do país, que ele jurou guardar? É preciso distinguir. Se o Príncipe jura a si mesmo que guardará sua lei, não está vinculado à sua lei nem ao juramento prestado a si mesmo, pois nem mesmo os súditos estão vinculados ao juramento que fazem nas convenções, das quais a lei permite afastar-se, desde que sejam honestas e razoáveis. Se o Príncipe soberano promete a outro Príncipe guardar as

233 *Indulta beneficia a defunctis Princi. ne aliter rata haberent, quam si ipsi dedissent, cum antea Principis beneficium, nisi ad tempus datum esset, perpetuum haberetur.*

234 [N.T.:] "Nenhuma obrigação pode sustentar-se se a ela a vontade lançar oposição capital".

235 O papa Inocêncio IV.

leis que ele ou seus predecessores fizeram, ele está obrigado a guardá-las se o Príncipe ao qual a palavra foi dada tiver nisso interesse, mesmo que o primeiro não tenha jurado. E se o Príncipe ao qual a promessa foi feita não tem interesse, nem a promessa nem o juramento podem obrigar aquele que prometeu. Diremos o mesmo se a promessa foi feita ao súdito pelo Príncipe soberano, ou antes que este tenha sido eleito, pois nesse caso não há diferença alguma, como muitos pensam. Não que o Príncipe esteja adstrito às suas leis ou às de seus predecessores, mas sim às justas convenções e promessas que fez, seja sob juramento, seja sem juramento algum, assim como faria um particular. E tal como um particular pode ser dispensado de uma promessa injusta ou não razoável, ou que o agrave em excesso, ou se foi induzido por dolo, fraude, erro, força ou justo temor, ou por lesão enorme, pelas mesmas causas o Príncipe pode ser restituído naquilo que tange à diminuição de sua majestade, se for Príncipe soberano.

Assim, permanece nossa máxima de que o Príncipe não está sujeito nem às suas leis, nem às leis de seus predecessores, mas sim às suas convenções justas e razoáveis em cuja observação os súditos, em geral ou em particular, têm interesse. Nisso muitos se enganam, pois fazem uma confusão entre as leis e os contratos do Príncipe, que denominam leis. Há também quem chame os contratos do Príncipe de leis pactuadas[236], como elas se chamam nos estados de Aragão, onde, quando o rei faz alguma ordenança por solicitação dos estados e por isso recebe dinheiro ou algum subsídio, eles dizem que o rei está adstrito a ela, e quanto às outras leis, que ele não está adstrito a elas. No entanto, eles admitem que o Príncipe pode derrogá-las[237], fazendo cessar a causa da lei. Isso é certo e fundado em razões e autoridade, mas não há necessidade de dinheiro nem de juramento para obrigar o Príncipe soberano se os súditos aos quais ele prometeu têm interesse que a lei seja guardada. Pois a palavra do Príncipe deve ser como um oráculo, que perde sua dignidade quando a opinião que se tem dele é tão má que ele não é crido se não jurar, ou que não está submetido à sua promessa se ninguém lhe der dinheiro.

No entanto, permanece em vigor a máxima de direito[238] segundo a qual o Príncipe soberano pode derrogar, sem o consentimento dos súditos, as leis

236 Pedro Belluga, *Speculo principum* tít. I.

237 Idem tít. II.

238 *Cessante causa, cessat effectus.*

que ele prometeu e jurou guardar, se a justiça destas cessar. É verdade que a derrogação geral, nesse caso, não basta se não houver derrogação especial. Mas se não há justa causa para cassar a lei que ele prometeu manter, nesse caso o Príncipe não deve nem pode ir contra ela. É verdade que ele não está adstrito às convenções e juramentos de seus predecessores se não for herdeiro destes. Por essa causa os estados do reino de Aragão queixaram-se ao rei Afonso que ele tinha mudado e alterado a moeda de Aragão, para ganhar com isso, em grande prejuízo dos súditos e dos mercadores estrangeiros, contra a promessa feita por Jaime I, rei de Aragão, no ano de 1265, no mês de abril, e confirmada por Pedro, no ano de 1336, que jurou aos estados nunca mudar a moeda, e o povo, em recompensa, prometeu pagar ao rei, de sete em sete anos, um *maravedi* por fogo, para todos aqueles que tivessem haveres valendo 15 maravedis, que é a metade de um *liard*[239]. Ora, é certo que o reino de Aragão é hereditário por linha masculina e feminina, mas, uma vez cessado o efeito da convenção entre o Príncipe e o povo, como o subsídio pelo qual os reis de Aragão fizeram a ordenança de que falei, o Príncipe não está mais adstrito a ela, não mais que o povo ao subsídio imposto, se o Príncipe não mantiver a sua promessa.

Portanto, não se deve confundir lei e contrato, pois a lei depende daquele que detém a soberania e que pode obrigar todos os seus súditos, mas não pode obrigar a si mesmo. Já a convenção é mútua entre o Príncipe e os súditos e obriga ambas as partes reciprocamente: uma das partes não pode contrariá-la em prejuízo e sem o consentimento da outra, e o Príncipe, nesse caso, não está acima do súdito. Porém, ao cessar a justiça da lei que ele jurou guardar, ele não está mais adstrito à sua promessa, como dissemos – o que não podem os súditos entre si, se não forem dispensados pelo Príncipe. Fica bem entendido também que os Príncipes soberanos nunca prestam juramento de guardar as leis de seus predecessores, ou então não seriam soberanos. Dir-se-á talvez que o Imperador – que detém precedência sobre todos os outros reis cristãos –, antes de ser sagrado, jura, entre as mãos do arcebispo de Colônia, guardar as leis do Império, a bula de ouro, estabelecer

239 [N.T.:] O *liard* era uma antiga moeda francesa de cobre que valia um quarto de tostão. O antigo tostão (*sou*), por sua vez, valia nominalmente 1/20 de libra, ou seja, aproximadamente 23g de prata. Dessa forma, um *liard* teoricamente valia 1/80 de libra e um *maravedi* 1/160 de libra, ou seja, 2,8g de prata.

justiça, obedecer ao Papa, guardar a fé católica, defender as viúvas, os órfãos e os pobres. Eis o sumário do juramento que prestou o imperador Carlos V, que depois foi enviado ao Papa pelo cardeal Caetano, legado na Alemanha. Eu respondo que o Imperador está sujeito aos estados do Império e não se atribui a soberania sobre os Príncipes, nem sobre os estados, como diremos no lugar apropriado. E quando se diz que os reis dos epirotas antigamente juravam que reinariam bem e devidamente segundo as leis do país, e que os súditos também juravam reciprocamente guardar e manter seu rei segundo as ordenanças e costumes do país, eu digo que, não obstante todos esses juramentos, o Príncipe soberano pode derrogar às leis, ou cassá-las e anulá-las uma vez cessada a justiça delas. Também o juramento dos nossos reis, que é o mais belo e o mais breve que se possa prestar, nada contém sobre guardar as leis e costumes do país, nem dos predecessores.

O juramento prestado por Felipe I, filho de Henrique I

Citarei as palavras tais como foram extraídas literalmente da biblioteca de Reims, de um antigo livro que assim começa: *Juliani ad Erigium Regem, Anno M.LVIII. Henrico regnante XXXII.IIII Calend. Junii. EGO Philippus Deo propiciante mox futurus Rex Francorum, in die ordinationis meae, promitto coram Deo et sanctis ejus, quod uni cuique de nobis commissis canonicum privilegium et debitam legem atque justitiam conservabo, et defensionem, adjuvante Domino, quantum potero exhibebo, sicut Rex in suo Regno unicuique Episcopo, et ecclesiae sibi commissae per rectum exhibere debet: populo quoque nobis credito, me dispensationem legum in suo jure consistentem, nostra auctoritate concessurum. Qua perlecta posuit eum in manus Archiepiscopi*[240]. Eu soube também que aquela que se encontra na biblioteca de Beauvais é semelhante, e do mesmo rei Felipe I, mas eu vi outra num livrinho muito antigo, na abadia de Saint Allier no Auvergne, que leva estas palavras: "EU JURO EM NOME DE

240 [N.T.:] "Juliano a Erígio. No ano de M.L.VIII, XXXII do reinado de Henrique, ao III das Calendas de junho. EU, Felipe, se Deus me propiciar futuro rei dos francos, no dia de minha ordenação prometo diante de Deus e de seus santos que, em primeiro, conservarei a justiça por meio de nossos comissários, das devidas leis e dos privilégios canônicos, com a ajuda de Deus e que, o quanto puder, confirmo como rei em seu reino cada bispo e comissário eclesiástico que exiba o seu reto direito; ao povo a nós creditado dispensarei leis consistentes com o direito de cada um, concedido por nossa autoridade. Lido de todo e posto nas mãos do Arcebispo".

DEUS todo-poderoso e prometo governar bem e devidamente os súditos confiados à minha guarda, e fazer com todo o meu poder julgamento, justiça e misericórdia". Isso parece tirado de Jeremias[241], em que está dito: "Eu sou o grande Deus eterno, que faz justiça, julgamento e misericórdia, e nessas coisas tomo singular prazer". Isso mostra claramente que os juramentos contidos no livro publicado e impresso na sagração do rei foram mudados e alterados com relação à antiga forma.

Porém, pode-se ver, tanto num juramento quanto no outro, que não há obrigação alguma de guardar as leis, a não ser na medida em que o direito e a justiça o exigirem. Não há registro de que os reis antigos do povo hebreu prestassem algum juramento, nem mesmo aqueles que foram sagrados por Samuel, Elias e outros. Mas há quem preste juramento mais preciso, como o de Henrique III, rei da França e da Polônia, que diz: "*Ego Henricus Rex Poloniae, etc., juro Deo omnipotenti, quod omnia jura, libertates, privilegia publica et privata, juri communi non contraria, ecclesiis, principibus, baronibus, nobilibus, civibus, incolis per meos praedecessores Reges, et quoscunque principes dominos regni Poloniae iuste, donata, ab ordinibusque tempore interregni statuta: sancta, nobis oblata, observabo, etc., justitiamque omnibus incolis juxta jura publica administrabo. Et si (quod absit) sacramentum meum violavero, nullam nobis incolae regni obedientiam praestare debebunt, etc. sic me Deus adjuvet*"[242].

Quanto às leis que concernem ao estado do reino e ao estabelecimento deste, por estarem anexadas e unidas à coroa, o Príncipe não pode derrogá-las, como é o caso da lei sálica. E se vier a fazê-lo, seu sucessor sempre pode cassar o que tiver sido feito em prejuízo das leis reais sobre as quais está apoiada e fundada a majestade soberana. Ainda se pode dizer que Henrique V, rei da França e da Inglaterra, desposando Catarina de França, irmã de Carlos VII, jurou guardar o Parlamento em suas liberdades e soberanias e fazer administrar

---

241 Cap. 9.

242 [N.T.:] "Eu, Henrique, rei da Polônia, etc. juro por Deus onipotente que guardarei todos os direitos, liberdades, privilégios públicos e privados e direitos comuns não contrários dos eclesiásticos, príncipes, barões, nobres e cidadãos íncolas, estabelecidos por meus predecessores Reis, bem como observarei como santos e como se por nós mesmo fossem doados todos os domínios principescos do reino da Polônia que tiverem sido, com justiça e ordem, estatuídos ao tempo do interregno, etc. Juro também que administrarei com justiça o Direito Público dos íncolas. E se (que Deus não o permita) este meu sacramento eu violar, nenhum dos reinícolas deverão mais obediência prestar-me. Que Deus me ajude!".

a justiça no reino segundo os costumes e direitos deste. Eis as palavras do tratado convencionado para fazer dele o sucessor da coroa da França em 21 de maio de 1420. Eu digo que fizeram com que ele prestasse tal juramento porque era um estrangeiro que chegava a um novo reino, do qual o sucessor legítimo tinha sido afastado por sentença do Parlamento de Paris, dada por defeitos e contumácias, pelo assassinato cometido na pessoa de João de Borgonha, e que foi pronunciada na mesa de mármore, na presença dos Príncipes e ao som das trombetas.

Quanto aos costumes gerais e particulares, que não concernem ao estabelecimento do reino, não é hábito modificá-los, senão depois de ter reunido correta e devidamente os três estados da França em geral, ou os de cada bailiado em particular. Não que seja necessário ater-se à sua opinião, ou que o rei não possa fazer o contrário daquilo que pedirem, se a razão natural e a justiça de seu querer lhe assistirem. Nisso se reconhece a grandeza e majestade de um verdadeiro Príncipe soberano, quando os estados de todo o povo estão reunidos e apresentam requerimentos e súplicas ao seu Príncipe com toda humildade, sem ter poder algum de comandar ou conceder, nem voz deliberativa. Ao contrário, aquilo que praz ao rei consentir ou dissentir, comandar ou proibir, é tido por lei, por édito, por ordenança.

Estados da França

Assim, aqueles que escreveram sobre os deveres dos magistrados e outros livros semelhantes enganaram-se ao sustentar que os estados do povo são maiores que o Príncipe, coisa que faz com que os verdadeiros súditos se revoltem contra a obediência que devem ao seu príncipe soberano. Não há razão nem fundamento algum nessa opinião se o rei não estiver cativo, ou se não for furioso ou infante. Pois se o Príncipe soberano estivesse submetido aos estados, não seria nem Príncipe, nem soberano, e a República não seria nem reino, nem monarquia, mas uma pura aristocracia de muitos senhores de igual poder, na qual a maior parte comanda a menor em geral e cada um em particular. Seria preciso, portanto, que os éditos e ordenanças fossem publicados em nome dos estados e ordenados pelos estados – como na senhoria aristocrática, na qual aquele que preside não tem poder algum e deve obediência aos mandamentos da senhoria –, o que são coisas absurdas e incompatíveis. Também se vê que, na assembleia dos estados deste reino reunida em Tours, quando o rei Carlos VIII tinha pouca idade e os estados estavam mais autorizados do que nunca, o orador Relli, tomando a palavra por todos os estados, começa assim: "Altíssimo, potentíssimo e cristianíssimo rei, nosso soberano e natural senhor, vossos humildes e obedientíssimos súditos etc., vindos aqui por vosso comando, comparecem e apresentam-se diante de vós com toda humildade, reverência e sujeição, etc. Fui encarregado por toda esta notável assembleia de vos expor a boa vontade, a afeição cordial, o firme e detido propósito que eles têm em vos servir e obedecer, e em secundar-vos em todos os vossos negócios, comandos e vontades". Em suma, todo o discurso e narrativa dos estados não comporta nada senão sujeição, serviço e obediência. Coisa semelhante se vê nos estados de Orléans.

Estados da Espanha

Não se deve dizer que na Espanha se aja de outra forma, pois as mesmas submissões e palavras de sujeição, serviço e obediência de todo o povo para com o rei da Espanha, bem como para com seu soberano senhor, se veem no discurso dos estados reunidos em Toledo no ano de 1552 e nas respostas do Príncipe soberano aos humildes requerimentos e súplicas do povo por estas palavras, "NÓS QUEREMOS", ou melhor, "Nós ordenamos", e outras respostas semelhantes, contendo recusa ou consentimento do Príncipe. Também a outorga que os súditos pagam ao rei da Espanha se chama serviço. Assim, Pedro Belluga[243] enganou-se ao dizer que os reis de Aragão não podem derrogar aos privilégios dos estados, contrariando o privilégio dado pelo rei Jaime no ano de 1260 e confirmado no ano de 1320, pois tal como o privilégio nada mais valeria depois da morte de Jaime sem a confirmação do seu sucessor, da mesma forma a confirmação dos outros reis é necessária segundo a máxima de direito que não aceita que se possa comandar um semelhante.

Estados da Inglaterra

Embora nos parlamentos do reino da Inglaterra, que se reúnem de três em três anos, os estados usem de maior liberdade, como fazem todos os povos

243 No *Speculum principum*.

do setentrião, na verdade eles só procedem por súplicas e requerimentos. No Parlamento da Inglaterra reunido no ano de 1566, no mês de outubro, todos os estados resolveram de comum acordo, como fizeram saber à rainha, que não tratariam de coisa alguma se ela não declarasse um sucessor à coroa. Todavia, ela respondeu que eles queriam cavar sua cova antes que ela estivesse morta e que todas as resoluções deles não teriam efeito algum sem o seu querer, e nada fez daquilo que eles pediram, como apreendi das cartas do embaixador do rei. Assim, os estados da Inglaterra nunca são reunidos, tal como neste reino e na Espanha, sem cartas-patentes e mandamentos expressos emanados do rei, o que mostra bem que tais estados não têm poder algum de outorgar, comandar ou decretar, visto que sequer podem reunir-se ou dissolver-se sem mandamento expresso.

Porém, pode-se dizer que as ordenanças feitas pelo rei da Inglaterra a pedido dos estados não podem ser cassadas sem convocar os estados. Isso é bem praticado e se faz ordinariamente, como eu soube do sr. Dail, embaixador da Inglaterra, homem de honra e saber. Mas ele me assegurou que o rei recebe ou recusa a lei se bem lhe parecer e que não deixa de ordenar a seu prazer e contra a vontade dos estados, como se viu Henrique VIII sempre usar de seu poder soberano, e isso embora os reis da Inglaterra não sejam sagrados se não jurarem respeitar as ordenanças e os costumes do país, pois tal juramento deve ser reportado àquilo que dissemos acima. Mas pode-se dizer que os estados não consentem que se lhes imponham encargos extraordinários nem subsídios, salvo se acordados e concedidos no Parlamento, segundo a ordenança do rei Eduardo I na Magna Carta, da qual o povo sempre se valeu contra os reis.

Eu respondo que os outros reis não têm mais poder que o rei da Inglaterra porque não está no poder de um Príncipe do mundo cobrar impostos a seu prazer sobre o povo, não mais que tomar os bens de outrem, como Felipe de Commines advertiu sabiamente perante os estados reunidos em Tours, como lemos em suas memórias. Todavia, se a necessidade for urgente, nesse caso o Príncipe não deve esperar a assembleia dos estados, nem o consentimento do povo, cuja salvação depende da previdência e diligência de um sábio Príncipe; mas disso falaremos em seu lugar. É verdade que os reis da Inglaterra desde Henrique I, como lemos em Polidoro, tiveram quase sempre o hábito de pedir, de três em três anos, algum subsídio extraordinário que, no mais das vezes, foi concedido. Assim, no parlamento reunido no mês de abril de 1570, a rainha da Inglaterra levou o valor de quinhentos mil escudos, com o consentimento dos estados; o mesmo se faz nos estados da Espanha.

Aqui dirá alguém que os estados da Inglaterra têm o poder de condenar, como Thomas e Henry, os Havars, foram condenados pelos estados no processo movido por Henrique VIII, rei da Inglaterra, e mais ainda, como o rei Henrique VI foi também condenado pelos estados à prisão na Torre de Londres. Mas eu digo que isso foi feito pelos juízes ordinários da Inglaterra, da câmara alta do Parlamento, a pedido dos membros da câmara baixa, que apresentaram também requerimento à câmara alta no ano de 1571 tendendo ao fim de que os condes de Northumberland, Westmoreland e outros conjurados fossem declarados incidentes nas penas previstas pelas leis do país contra os criminosos de lesa-majestade. Isso mostra bem que os estados em conjunto não possuem nem poder nem jurisdição, e que o poder está nos juízes da câmara alta, como seria se o Parlamento de Paris, assistido pelos Príncipes e pelos Pares, fosse aos estados como corpo separado para julgar as grandes causas.

Mas permanece ainda uma dificuldade a resolver para os ditos estados da Inglaterra, que parecem ter poder de comandar, resolver e decidir os negócios de estado. Afinal, a rainha Maria os reuniu para fazer passar os artigos concernentes ao seu casamento com o rei Felipe e, depois de muitas disputas e dificuldades encontradas, enfim a verificação do tratado se fez no segundo dia de abril de 1554, na forma de sentença concebida em nome dos estados nestes termos: "VISTOS pelos estados reunidos no Parlamento realizado no Palácio de Westminster os artigos sobreditos e o que deles depende, foi dito, quanto à disposição e colação reservada à rainha de todos os benefícios e ofícios, bem como de todos os frutos, proveitos, rendas e receitas de seus países, terras e senhorias, que a rainha só e unicamente gozará da regalia e soberania de seus ditos reinos, países, terras e súditos absolutamente depois da consumação do casamento, sem que o dito príncipe possa pretender, pela forma da cortesia da Inglaterra[244], a coroa e a soberania do reino, nem outros direitos, preeminências ou autoridades;

244 Pela qual o marido é usufrutuário dos bens de sua mulher, se lhe tiver sobrevivido.

A cortesia da Inglaterra

que todos os mandamentos e cartas-patentes se passarão sob a qualidade do dito senhor príncipe e da rainha conjuntamente; que tais cartas só serão válidas assinadas unicamente pela mão da rainha e seladas com os grandes selos de sua chancelaria; que se não estiverem assinadas pela dita rainha serão nulas". Eu quis citar a verificação por extenso para mostrar que a soberania pertence totalmente e sem divisão aos reis da Inglaterra e que os estados nada têm a ver com isso, pois a verificação dos estados, não mais que a de uma Corte, de um Parlamento, de um corpo ou colégio não basta para mostrar o poder de comandar, mas sim o consentimento para validar atos que, de outra forma, teriam sido revogados diante de qualquer dúvida depois da morte da rainha, ou mesmo enquanto vivesse, pela oposição dos magistrados e oficiais do reino.

Concluiremos portanto que a soberania do monarca não é em nada alterada nem diminuída pela presença dos estados, mas, ao contrário, que a sua majestade é muito maior e mais ilustre ao ver que todo seu povo o reconhece como soberano, ainda que por tal assembleia os Príncipes que não queiram desagradar seu súditos concedam e passem muitas coisas que não consentiriam se não fossem vencidos pelas solicitações, súplicas e justas queixas de um povo aflito e vexado, no mais das vezes ignorado pelo Príncipe, que só vê e ouve pelos olhos, ouvidos e relatos de outrem. Assim se vê que o ponto principal da majestade soberana e do poder absoluto consiste principalmente em dar lei aos súditos em geral sem seu consentimento. E sem ir ao país de outrem, viu-se muitas vezes neste reino certos costumes gerais serem abolidos pelos éditos de nossos reis sem ouvir os estados, quando a injustiça daqueles era flagrante. Por exemplo, o costume deste reino, em todo o país consuetudinário, a respeito da sucessão das mães aos bens de seus filhos foi mudado sem reunir os estados, nem em geral nem em particular. Nada de novo nisso, pois desde o tempo do rei Felipe o Belo o costume geral em todo este reino que não permitia que aquele que perdera seu processo fosse condenado às custas foi cassado por édito, sem reunir os estados. E o costume geral que proibia receber o testemunho de mulheres em causas civis foi abolido por édito de Carlos VI[245] sem convocar os estados.

245 No ano de 1394.

Pois é preciso que o Príncipe soberano tenha as leis em seu poder para mudá-las e corrigi-las segundo a ocorrência dos casos, como dizia o jurisconsulto Sextus Caecilius, assim como o mestre piloto deve ter o leme em sua mão para mudar a direção. De outra forma o navio logo pereceria, pouco importando a opinião daqueles que carrega. O que não é apenas necessário ao Príncipe soberano, mas às vezes também ao magistrado, como dissemos de Pompeu e dos dez comissários. Eis porque Augusto, depois da guerra de Actium, foi absolvido pelo senado do poder das leis, embora fosse apenas chefe de sua República e não Príncipe soberano, como diremos em seu lugar. Depois, Vespasiano imperador foi também isento do poder das leis por lei expressa do povo, como muitos pensam, que se encontra ainda em Roma gravada em pedra, e que o jurisconsulto chama de lei real, embora não seja muito verossímil que o povo, que muito tempo antes havia perdido todo o poder, o desse àquele que era o mais forte.

Singularidade do estado popular

Ora, se é útil que o Príncipe soberano, para bem governar um estado, tenha o poder das leis sob o seu, isso é ainda mais conveniente para o senhor no estado aristocrático e necessário para o povo no estado popular. Pois o monarca está apartado do povo e no estado aristocrático os senhores também estão apartados do povo miúdo, de modo que em uma e outra República há duas partes, a saber, aquele ou aqueles que detêm a soberania de um lado, e o povo do outro, o que causa as dificuldades que existem entre eles pelos direitos de soberania, dificuldades que cessam no estado popular. Pois se o Príncipe ou os senhores que detêm o estado estão obrigados a guardar as leis, como muitos pensam, e se não podem fazer lei que não seja concedida pelo povo ou pelo senado, esta tampouco poderá ser cassada sem o consentimento de um ou de outro, em termos de direito. Isso não pode ocorrer no estado popular, visto que o povo forma um único corpo e não pode obrigar a si mesmo. Por que então, dirá alguém, o povo romano jurava guardar as leis[246]? Díon escreve[247] que este foi um costume novo introduzido a pedido de um

246 Plutarco, *Mário*.

247 Liv. 37.

tribuno e que depois continuou em todas as leis, mesmo que fossem iníquas e absurdas, o que não resolve a dificuldade.

Por que o senhor não deve juramento ao vassalo

Digo portanto que cada um em particular prestava o juramento, já que todos em geral não poderiam fazê-lo, visto que o juramento só pode ser prestado, propriamente falando, do menor ao maior. Ao contrário, na monarquia, cada um em particular e todo o povo em conjunto deve jurar guardar as leis e prestar juramento de fidelidade ao monarca soberano, que deve juramento unicamente a Deus, a quem deve o cetro e o poder. Pois o juramento sempre comporta reverência àquele a quem ou em nome de quem é prestado. Essa é a única causa pela qual o senhor não deve juramento ao vassalo, mesmo que a obrigação seja mútua entre um e outro. Mas se é assim, se o Príncipe soberano deve juramento apenas a Deus, por que Trajano imperador jurava guardar as leis postando-se de pé diante do cônsul, que estava sentado? Há uma dupla resposta. Em primeiro lugar, ele só prestou juramento enquanto foi cônsul, como cada um dos magistrados recém-empossados em seus ofícios jurava diante do maior magistrado que estivesse na cidade, no primeiro dia do ano, depois de ter sacrificado no Capitólio. Assim, Trajano às vezes tomava o consulado, além do título imperial que detinha, como também faziam os outros imperadores.

O que é principado

Em segundo lugar, os primeiros imperadores romanos não eram soberanos, mas apenas chefes e primeiros entre os cidadãos, por isso chamados *príncipes*. Essa forma de República era em aparência aristocrática, mas de fato monárquica e se chamava PRINCIPATUS. Nela o imperador tinha essa prerrogativa de ser o primeiro em dignidade, em honra e em precedência, mas na verdade a maioria dos imperadores eram tiranos. E como um dia alguns reis estrangeiros disputassem acerca de sua nobreza e grandeza à mesa do imperador Calígula, ele disse este verso de Homero: "ουκ άγαθον ή πολυκοιρανία εἷς κοίρανος ἔστω εἷς βασιλεύς"[248], que quer dizer que não é conveniente haver vários senhores e que é preciso um único rei. Por pouco, diz Suetônio, ele não tomou então o diadema real para mudar a forma da República, que era um principado, em reino[249]. Ora, é certo que, no principado, o capitão ou príncipe não é soberano, não mais que o doge em Veneza, como diremos em seu lugar. E quando se considerava que os imperadores, com efeito, haviam usurpado a soberania, como de fato ocorreu, não devemos nos maravilhar que Trajano, que foi um dos melhores Príncipes que já houve no mundo, jurasse guardar as leis, mesmo que delas fosse isento na qualidade de príncipe, a fim de dar exemplo aos súditos para guardá-las mais cuidadosamente. Porém, nenhum dos imperadores antes dele o havia feito.

Juramento de Trajano

Eis porque Plínio o Jovem, falando do juramento que prestou Trajano, exclama: "Eis, diz ele, um caso estranho, que jamais foi visto, um imperador

248 [N.T.:] Translitera-se: "uk agathón ê polykoiranía eis koíranós estô eis basileús". Os conceitos fundamentais aqui são os de *koíranós* e *basileús*. *Koíranós* significa propriamente um chefe militar, um capitão, de onde podem derivar os sentidos de soberano ou senhor. Já o termo *basileús* é curioso. Em primeiro lugar, não parece ser de origem indo-europeia, mas sim asiânica. Está presente, na forma *wa-si-le-sas*, juntamente com a forma *wa-nax* nas tabletas micênicas escritas em Linear B, sendo provavelmente uma aquisição do idioma da civilização cretense, passada para o grego. Se assim for, o vocábulo designaria uma instituição desconhecida ou estranha aos gregos no momento de sua descida dos Bálcãs (~1800-1600 a.C.). Nas tabletas, *wa-si-le-sus/wa-si-le-sas* parece designar o chefe político local, e no idioma homérico o termo *basileús* designa um "rei", isto é, um chefe das famílias que habitam um certo território. Assim, na Ilíada, Agamêmnon, Menelau, Aquiles, Ulisses e todos os outros chefes de guerra são *basilei*, não importando muito seu esplendor e riqueza, nem o tamanho dos países que controlam. É interessante notar que o termo é utilizado aqui praticamente em oposição ao substantivo que, em vários outros idiomas indo-europeus, designa a realeza: o rex latino, o raj sânscrito, o rig céltico etc. No grego da koiné e no período helenístico, a palavra e seus derivados designam o rei, o soberano e mesmo o grande soberano – Alexandre Magno, p. ex. Os imperadores romanos se apossarão dela para designar seu posto e o mesmo farão os imperadores bizantinos. O verso da Ilíada citado faz parte de uma fala de Ulisses na qual ele procura apaziguar um conflito entre os chefes nas portas de Troia. Ele propõe que seja eleito um chefe supremo do exército ao qual todos obedecerão (coisa muito difícil para os aqueus). Podemos traduzi-lo por: "O que há de bom em se ter muitas chefias? Que um de nós seja o chefe, que um de nós seja rei".

249 Suetônio, *Calígula*.

que jura guardar as leis" etc., o que mostra tratar-se de coisa bem nova. Depois dele Teodorico, querendo ganhar o favor do senado e do povo romano, seguiu o exemplo de Trajano, como lemos em Cassiodoro: "*Ecce*, diz ele, *Trajani nostri clarum seculis reparamus exemplum: jurat vobis, per quem juratis*"[250]. É verossímil que os outros príncipes tenham adotado esse costume de prestar juramento na sua coroação, mesmo que detivessem a soberania por direito sucessório. É verdade que os reis dos povos do setentrião prestam juramentos que derrogam à soberania. De fato, a nobreza da Dinamarca impediu o coroamento do rei Frederico, no mês de agosto de 1559, até que ele jurasse solenemente que não poderia mandar matar nem confiscar homem nobre, e que este seria julgado pelo senado; que todos os gentis-homens teriam jurisdição e poder de vida e morte sobre seus súditos, sem apelação e sem que o rei tivesse parte nas multas e confiscos; que o rei não poderia prover ofícios sem o consentimento do senado; e esses são todos argumentos pelos quais o rei da Dinamarca não é soberano. Mas esse juramento foi primeiro arrancado da boca de Frederico, o avô deste, que então estava em guerra contra Cristiano rei da Dinamarca, que morreu na prisão, onde havia ficado por 25 anos; e depois foi confirmado por Cristiano, pai de Frederico, que prestou o mesmo juramento. E, para que ele não pudesse quebrá-lo, a nobreza tratou liga com a cidade de Lubeck e com o rei da Polônia, Sigismundo Augusto, que não possuía mais soberania que o rei da Dinamarca.

Mas de duas coisas uma, a saber: ou o Príncipe que jura guardar as leis civis não é soberano, e então será perjuro se quebrar seu juramento – como é necessário que o Príncipe soberano faça, para cassar, mudar ou corrigir as leis segundo a exigência dos casos, dos tempos e das pessoas; ou então, se dissermos que o Príncipe não deixará de ser soberano e no entanto ele for obrigado a tomar a opinião do senado ou do povo, será preciso também que ele seja dispensado por seus súditos do juramento que tiver prestado de guardar as leis inviolavelmente. E os súditos, que são vinculados e obrigados pelas leis, seja em particular, seja em geral, terão também necessidade de serem dispensados por seu Príncipe, sob pena de perjúrio. Desse modo, a soberania estará dividida em duas partes e ora o povo, ora o Príncipe serão senhores, o que são absurdos notáveis, de todo incompatíveis com a soberania absoluta

250 [N.T.:] "Do nosso Trajano o claro exemplo assim repetimos: juramos a vós, por quem jurastes".

e contrários às leis e à razão natural. No entanto, vê-se muitos dos mais suficientes sustentarem que é necessário que os Príncipes sejam obrigados a prestar juramento de guardar as leis e costumes do país. Assim fazendo eles aniquilam e degradam a majestade soberana, que deve ser sagrada mesmo para dela fazer uma aristocracia ou uma democracia. Também ocorre que o monarca soberano, vendo que lhe é furtado aquilo que lhe é próprio, e que se quer sujeitá-lo às sua leis, dispensa-se por fim não somente das leis civis, mas também das leis de Deus e da natureza, tornando-as iguais. Portanto, é necessário bem esclarecer esse ponto.

A lei dos medos

Pois pode-se dizer ainda que, pela lei dos medos e dos persas, os éditos do rei eram irrevogáveis. É o que está repetido em três lugares[251], e embora o rei dos medos quisesse isentar Daniel da pena capital contida no édito que ele havia infringido, os príncipes objetaram-lhe que o édito por ele feito não podia ser revogado, segundo a lei do país; e, de fato, Daniel foi lançado aos leões. Se, portanto, nem o maior monarca da Terra podia cassar os éditos por ele feitos, nossas resoluções sobre o poder soberano estariam mal fundadas, e isso teria lugar não apenas na monarquia, mas também no estado popular, como era o de Atenas, do qual fala Tucídides, mostrando que a Guerra do Peloponeso começou por um édito feito pelo povo de Atenas que retirava dos megáricos o poder de abordar no porto de Atenas. Uma vez apresentada aos aliados a queixa contra tal ultraje ao direito das gentes, os lacedemônios despacharam uma embaixada aos atenienses para solicitar-lhes que se dignassem revogar o édito.

Lei dos atenienses

Péricles, que então era todo-poderoso em Atenas, respondeu aos embaixadores que as leis dos atenienses diziam eloquentemente que os éditos publicados e suspensos nas colunas nunca se poderiam retirar. Se assim era, o povo estava obrigado não somente às suas leis, mas ainda às leis de seus predecessores.

---

251 *Daniel* cap. 6.

Lei do imperador Teodósio

Ademais, o imperador Teodósio quis que os éditos fossem feitos com o consentimento de todos os senadores. Da mesma forma, pela ordenança de Luís XI, rei da França, a respeito da instituição dos cavaleiros da ordem, no seu artigo VIII, é expressamente dito que o rei não empreenderá guerras, nem outras coisas altas e perigosas, sem fazê-lo saber aos cavaleiros da ordem, para ter e usar de seu conselho e opinião.

Costume da Inglaterra

Isso faz também com que os éditos de nossos reis, se não forem lidos, publicados, verificados e registrados em parlamento, com o consentimento do sr. procurador-geral e a aprovação da Corte, não tenham efeito. Da mesma forma, a máxima das leis da Inglaterra, guardada inviolavelmente, diz: "Que se as ordenanças que atentam contra o estado não forem autorizadas pelo Parlamento da Inglaterra, elas serão revogadas em caso de dúvida".

Como todos os éditos são revogáveis

Eu digo que essas objeções não podem impedir que a regra de Estado que estabelecemos seja verdadeira. Pois, quanto à lei dos medos, trata-se de pura calúnia que os cortesãos dirigiram a Daniel, despeitados por ver um Príncipe estrangeiro tão altamente elevado em seu país, a um grau apenas da majestade do rei, o qual recebeu a calúnia para tirar a prova de se o deus de Daniel o garantiria da pena, como de fato fez. E logo o rei mandou lançar seus inimigos na fossa dos leões esfaimados, no que ele mostrou bem que não estava sujeito às leis civis de seu país. Tal pode ver-se igualmente no fato de Dário Mnemon, a pedido de uma jovem dama judia, ter cassado o édito através do qual ele havia ordenado que a nação judaica fosse exterminada. Quanto a Péricles, era uma vocação de guerra que buscava, para escapar da acusação de seus inimigos, como Teopompo e Timeu asseguraram e Plutarco não negou. Eis porque ele disse aos embaixadores de Esparta que os éditos, uma vez suspensos às colunas, não podiam ser retirados. Mas aqueles o pagaram com uma farpa lacônica, dizendo que não queriam que o édito fosse retirado, mas simplesmente que o quadro fosse revirado.

E se os éditos dos atenienses tivessem sido irrevogáveis, por que vemos uma sequência infinita de leis[252] que eles faziam a propósito ou sem propósito, para dar lugar a leis novas? E para verificar que Péricles enganava os embaixadores, é preciso ver a arenga que Demóstenes pronunciou contra Leptino, o qual havia apresentado requerimento ao povo tendendo ao fim de que, por édito perpétuo e irrevogável, fosse proibido dali em diante, sob pena de morte, apresentar requerimento ao povo para obter qualquer privilégio ou isenção, e que pena semelhante fosse atribuída àquele que falasse em cassar tal édito. Demóstenes fez com que ele retirasse seu requerimento imediatamente, mostrando claramente que, se o povo concordasse com tal édito, ele se despojaria não somente da prerrogativa que tinha de outorgar as isenções e privilégios, mas também do poder de fazer e cassar leis conforme a necessidade.

Eles possuíam também uma ação popular por leis infringidas, que se intentava contra todos aqueles que quisessem fazer passar ao povo algum édito contrário às leis já recebidas, como se pode ver em todas as orações de Demóstenes. Mas isso nunca impediu que novas leis, boas e úteis, fossem preferidas às velhas leis iníquas. Em tal caso, o édito geral que rezava que a multa, uma vez atribuída pelo povo, nunca seria retirada foi revogado muitas vezes, inclusive uma vez em favor de Péricles e outra em favor de Cleomedon e de Demóstenes, todos condenados, por diversos julgamentos do povo[253], à multa de trinta mil escudos cada um. Diz-se também que, neste reino, a multa, uma vez paga, a torto ou a direito, nunca é restituída; entretanto, viu-se muitas vezes o contrário.

Cláusula das leis perpétuas

É, portanto, uma forma de proceder que existe e sempre existiu em qualquer República, que todos aqueles que fazem as leis, a fim de lhes dar maior peso e autoridade, acrescentam-lhes estas palavras: POR ÉDITO PERPÉTUO E IRREVOGÁVEL, etc. Neste reino, põe-se no começo de tais éditos: A TODOS PRESENTES E FUTUROS, etc., que mostram um traço perpétuo à poste-

252 Plutarco, Demétrio, Fócion, Demóstenes.

253 Plutarco, Péricles, Demétrio, Demóstenes.

ridade, e, para mostrar ainda mais a diferença com os éditos feitos de maneira provisória, são selados com cera verde e lacre de seda verde e vermelha; os outros são selados com cera amarela. No entanto, não há nenhum deles que seja perpétuo, não mais que em Roma, onde cada um que publicava uma lei acrescentava ao final que ela não poderia ser derrogada nem pelo senado, nem pelo povo.

E se isso ocorria, por que o povo, de um dia para outro, cassava as leis? "Tu sabes, diz Cícero[254], que o tribuno Cláudio, na lei que mandou publicar, pôs no final que nem o senado, nem o povo poderiam derrogá-la de qualquer maneira que fosse". Mas é bastante notório que jamais se levou em consideração essa cláusula, UT NEC *per Senatum, nec per populum lex infirmari possit*. De outro modo, diz ele, nunca se veria uma lei cassada, visto que não há lei que não contenha essa cláusula e que, no entanto, não seja de ordinário derrogada. Isso é ainda melhor declarado na arenga de Fábio Ambusto sobre a oposição dos tribunos, que sustentavam que o povo não poderia nomear dois cônsules nobres, contrariando a lei que queria que um deles fosse plebeu. Fábio diz que a Lei das Doze Tábuas rezava que o último mandamento do povo era o mais forte. Vê-se, pois, evidentemente que persas, medos, gregos e latinos usavam da mesma forma para validar seus éditos e ordenanças que a que usam nossos reis quando põem por vezes esta cláusula: "SEM que posteriormente possa, por nós ou nossos sucessores, ser derrogada", ou "SEM considerar derrogação, que desde já declaramos nula".

Todavia, não se pode de fato dar uma lei da qual não nos possamos afastar, como já dissemos, pois o édito que se faz depois comporta sempre derrogação expressa à derrogatória. Assim, Sólon não quis obrigar os atenienses a guardar suas leis para sempre, mas contentou-se que fossem guardadas por cem anos[255]. Contudo, logo depois, estando ele vivo e presente, pôde ver mudanças na maioria delas. E quanto à verificação dos éditos feita pelos Estados ou parlamentos, ela é de grande consequência por fazer com que sejam guardados, e não porque sem ela o Príncipe soberano não possa fazer lei. Assim, Teodósio diz *humanum esse* para mostrar que o consentimento do senado *non tam necessitatis est, quam humanitatis*[256], como em caso semelhante

254 *Ad Atticum* liv. 3 cap. 72.

255 Plutarco, *Sólon*.

256 [N.T.:] Isto é, que tal consentimento não é tanto uma necessidade intrínseca, mas sim uma conveniência humana.

se diz que é coisa que bem assenta a um Príncipe soberano guardar sua lei, porque não há coisa que o torne mais temido e reverenciado pelos súditos. Ao contrário, não há nada que mais rebaixe a autoridade de sua lei que seu desprezo pela mesma, como dizia um antigo senador romano[257]: *Levius est, et vanius sua decreta tollere quam aliorum*[258].

Mas se o Príncipe proíbe matar, sob pena de morte, não estará obrigado pela sua lei? Eu digo que essa lei não é sua, mas é a lei de Deus e da natureza, à qual ele está mais estritamente obrigado que qualquer um dos súditos e da qual não pode ser dispensado, nem pelo senado, nem pelo povo, e pela qual ele é sempre responsável no juízo de Deus, que se informa com todo rigor, como dizia Salomão. Eis porque Marco Aurélio dizia que os magistrados são juízes dos particulares, os Príncipes dos magistrados, e Deus dos Príncipes. Eis a opinião de dois Príncipes que foram sempre estimados como dos mais sábios. Citarei ainda a de Antígono, rei da Ásia, o qual, ouvindo um adulador dizer que todas as coisas são justas aos reis, disse: "Sim, aos reis bárbaros e tiranos". O primeiro a usar dessa adulação foi Anaxarco para com Alexandre o Grande, a quem fez crer que a deusa Justiça estava à destra de Júpiter para mostrar que os Príncipes nada fazem que não seja justo. Mas logo depois ele experimentou dessa justiça ao cair nas mãos do rei de Chipre, seu inimigo, que mandou rompê-lo sobre uma bigorna. Sêneca diz exatamente o contrário: *Caesari cum omnia licent, propter hoc minus licet*[259]. Por conseguinte, aqueles que dizem geralmente que os Príncipes não estão sujeitos às leis, nem mesmo às suas convenções, se não excetuarem as leis de Deus e da natureza e as justas convenções e tratados feitos pelos Príncipes, fazem injúria a Deus se não deixarem manifesta nenhuma isenção especial, como se diz em matéria de privilégios. Até mesmo Dionísio, tirano da Sicília, disse à sua mãe que poderia muito bem dispensá-la das leis e costumes de Siracusa, mas não das leis da natureza[260].

Assim como os contratos e testamentos dos particulares não podem derrogar às ordenanças dos magistrados, nem os éditos dos magistrados aos costumes, nem os costumes às leis gerais de um Príncipe soberano, da

257 *Lívio* liv. 3.

258 [N.T.:] "É fútil e vão tolher seus próprios decretos tanto quanto os de outrem".

259 [N.T.:] "César, a quem tudo é lícito, é o que menos pode".

260 Plutarco, *Apophthegmata Graecorum*.

mesma forma as leis dos Príncipes soberanos não podem alterar nem mudar as leis de Deus e da natureza. Por essa causa, os magistrados romanos tinham costume de colocar no final dos requerimentos e leis que apresentavam ao povo para serem ratificadas esta cláusula[261]: "SI QUID IUS NON ESSET E.E.L.N.R. *eius ea lege nihilum rogaretur*", quer dizer, se houvesse coisa que não fosse justa e razoável, eles saberiam não pedi-la. Muitos se enganaram ao dizer que o Príncipe soberano nada pode ordenar contra a lei de Deus se não estiver fundado em razão aparente. Mas qual razão pode-se ter para infringir a lei de Deus? Eles dizem também que aquele que o Papa dispensou das leis divinas está assegurado diante de Deus. Eu me reporto à verdade.

Resta ainda esta objeção: se o Príncipe está adstrito às leis da natureza e se as leis civis são equânimes e razoáveis, segue-se que os Príncipes estão também obrigados às leis civis, e a isso se reporta aquilo que dizia Pacâncio ao imperador Teodósio: "*Tantum tibi licet quantum per leges licebit*"[262]. Eu respondo que a lei do Príncipe soberano concerne ao público, ou ao particular, ou a ambos em conjunto. E em todo caso que é questão do proveito contra a honra, ou do proveito que não tange à honra, ou da honra sem proveito, ou do proveito junto com a honra, ou então daquilo que não tange nem ao proveito nem à honra. Quando digo honra, entendo aquilo que é honesto de direito natural, e quanto a esse ponto está resolvido que todos os Príncipes estão a ele sujeitos, visto que tais leis são naturais, mesmo que o Príncipe as faça publicar, e com mais forte razão quando a lei é justa e proveitosa. Se a lei não tange nem ao proveito nem à honra, não se deve fazer caso dela. Se o proveito combate a honra, é certo que a honra vença, como dizia Aristides o justo, que a opinião de Temístocles era muito útil ao público, e todavia desonesta e vil. Mas se a lei for proveitosa e não abrir brecha na justiça natural, o Príncipe não está sujeito a ela, mas pode mudá-la ou cassá-la se bem lhe parecer, desde que a derrogação da lei, ao trazer proveito a uns, não faça dano a outros sem justa causa. Pois o Príncipe pode muito bem cassar e anular uma boa ordenança para dar lugar a outra pior ou melhor, visto que o proveito, a honra e a justiça têm seus graus de mais e menos.

Se, pois, é lícito ao Príncipe, dentre as leis úteis, escolher as mais úteis, também o será, dentre as leis justas e honestas, escolher as mais equânimes

261 Cícero, *Pro Caesina*.

262 [N.T.:] "A ti é lícito aquilo que à lei for lícito".

e as mais honestas, mesmo que com isso uns tenham proveito e outros dano, desde que o proveito seja público e o dano particular. Mas não é lícito ao súdito infringir as leis de seu Príncipe sob o véu da honra ou da justiça. Por exemplo, se em tempo de fome o Príncipe proíbe o tráfico de víveres, coisa não somente proveitosa ao público, mas também muitas vezes justa e razoável, ele não deve permitir que alguns tirem proveito em prejuízo do público, e dos mercadores em particular. Pois, sob a sombra do proveito que os aduladores e intermediários tiram, muitos bons mercadores sofrem dano e, no geral, todos os súditos esfaimam-se. No entanto, ao cessar a fome e a carestia, não é lícito ao súdito infringir o édito de seu Príncipe se as proibições não forem levantadas. Não lhe pertence fundar sua convenção na equidade natural, que quer que se ajude o estrangeiro, cedendo-lhe parte dos bens que Deus faz crescer num país mais que em outro, pois a lei que proíbe é mais forte que a equidade aparente, se a proibição não for diretamente contrária à lei de Deus e da natureza. Pois às vezes a lei civil é boa, justa e razoável e, entretanto, o Príncipe não deve estar de modo algum sujeito a ela. Como se, por exemplo, ele proíbe sob pena de morte o porte de armas, para pôr fim aos assassínios e sedições, ele não deve estar sujeito à sua lei, mas, ao contrário, deve estar bem armado para a tutela dos bons e a punição dos maus.

Faremos o mesmo julgamento dos outros éditos e ordenanças, que dizem respeito apenas a parte dos súditos e que são justos com relação a algumas pessoas, por certo tempo ou em certo lugar, ou pela variedade das penas, que dependem sempre das leis civis, embora a proibição dos crimes seja de direito divino e natural. A tais éditos e ordenanças os Príncipes não estão de modo algum obrigados, salvo no que tange à justiça natural dos éditos. Cessando esta, o Príncipe não está mais obrigado, mas os súditos continuam a eles adstritos até que o Príncipe os tenha derrogado, pois é uma lei divina e natural obedecer aos éditos e ordenanças daquele a quem Deus deu o poder sobre nós, se os éditos não forem diretamente contrários à lei de Deus, que está acima de todos os Príncipes. Pois assim como o vassalo do vassalo deve juramento de fidelidade ao seu senhor, para com todos e contra todos, com reserva do seu Príncipe soberano, da mesma forma o súdito deve obediência ao seu Príncipe soberano, para com todos e contra todos, com reserva da majestade de Deus, que é o senhor absoluto de todos os Príncipes do mundo.

O Príncipe está obrigado às suas convenções

Dessa resolução podemos tirar uma outra regra de estado, a saber, que o Príncipe soberano está adstrito aos contratos por ele feitos, seja com seu súdito, seja com o estrangeiro, pois como ele é garante perante os súditos das convenções e obrigações mútuas que têm uns para com os outros, com mais forte razão é devedor da justiça em seu fato. Por isso a Corte do Parlamento de Paris escreveu ao rei Carlos IX, no mês de março de 1563, que apenas sua majestade não podia romper o contrato feito entre ele e o clero sem o consentimento do clero, visto que ele era devedor de justiça. Lembro-me de uma decisão de direito a respeito dos Príncipes que merece ser gravada em letras de ouro em suas galerias e palácios: "DEVE-SE colocar entre os casos fortuitos o fato do Príncipe quebrar sua promessa, e não se deve presumir o contrário". Pois a obrigação é dupla: uma pela equidade natural, que quer que as convenções e promessas sejam mantidas, e a outra pela fé do príncipe, que ele deve manter, mesmo que haja dano, porque ele é garante formal perante todos os seus súditos da fé que têm entre eles e porque não há crime mais detestável num príncipe que o perjúrio. Eis porque o Príncipe soberano deve ser sempre menos apoiado em justiça que seus súditos quando se trata de promessa sua. Pois ele não pode retirar sem justa causa o ofício dado a seu súdito, e o senhor particular pode fazê-lo, como se julga ordinariamente; ele não pode retirar o feudo a seu vassalo sem causa, e os outros senhores podem, pelas máximas dos feudos.

Isso responde aos doutores canonistas que escreveram que o Príncipe só pode ser obrigado naturalmente porque, dizem eles, as obrigações são de direito civil – o que é um engano, pois é certo, em termos de direito, que, se a convenção for de direito natural ou de direito comum a todos os povos, a obrigação e a ação serão da mesma natureza. Mas nós estamos em termos mais fortes, pois o Príncipe está de tal forma obrigado às convenções que tem com seus súditos, mesmo que estas sejam apenas de direito civil, que ele não pode derrogá-las com seu poder absoluto, como quase todos os doutores em direito estão de acordo, visto que o próprio Deus, como diz o mestre das sentenças, está adstrito à sua promessa: "Reuni[263], diz ele, todos os povos da Terra para que julguem se entre meu povo e eu há coisa que eu devesse ter feito e que não fiz". Não se deve, portanto, lançar dúvidas, como alguns doutores fizeram, sobre

263 Jeremias 45.

se o Príncipe, tendo contratado com seus súditos, está adstrito à sua promessa. Isso não deve nos espantar, visto que eles sustentaram que o Príncipe pode tirar seu proveito do dano a outrem sem justa causa, o que é contra a lei de Deus e da natureza. Portanto, foi julgado por sentença do Parlamento que o Príncipe pode dar seu interesse àquele que foi condenado, e não o interesse civil da parte; e indo além, a Corte preferiu a parte civil ao fisco, com relação à pena. E por outra sentença, dada em quinze de julho de 1351, foi dito que o rei podia derrogar as leis civis, desde que fosse sem prejuízo do direito dos particulares, o que confirma as decisões que estabelecemos a respeito do poder absoluto.

Testamento de Felipe de Valois

De fato, o rei Felipe de Valois, pelos dois testamentos que fez no ano de 1347 e de 1350 (que estão no tesouro da França, no cofre intitulado "os testamentos dos reis", número CCLXXXIX), ajustou a cláusula derrogatória aos costumes e leis civis, como não estando obrigado a estas, e fez o mesmo na doação feita à rainha em 21 de novembro de 1330, que se encontra no registro LXVI, letra D, CCCXXVII. Também o imperador Augusto, em caso semelhante, querendo dar à sua mulher Lívia mais do que era permitido pela Lei Voconia, pediu dispensa ao senado (mesmo que isso não fosse necessário, visto que ele tinha sido muito tempo antes dispensado das leis civis), a fim de melhor assegurar sua doação, já que ele não era Príncipe soberano, como dissemos. De outra forma ele não estaria de modo algum adstrito a isso, como foi julgado em termos mais fortes pela sentença da Corte[264] segundo a qual o rei não estava adstrito aos costumes do resgate por linhagem[265] quando se quis dele resgatar o condado de Guynes, ainda que muitos sustentassem o contrário.

Eis porque vemos nos antigos registros que o rei Felipe o Belo, quando erigiu o Parlamento de Paris e o de Montpellier, declarou que eles não seriam adstritos às leis romanas. E nas fundações das universidades os reis sempre

264 No ano de 1282.

265 [N.T.:] Não conseguimos um equivalente português para esta expressão jurídica do francês medieval. Traduzimos, pois, a definição que consta do *Thrésor de la Langue Française*, de Nicot (1606), p. 567: "*Retraict lignagier*: diz-se simplesmente *Retraict*, é um direito atribuído pelo costume ao parente mais próximo do vendedor de uma coisa imobiliária, de esta venda resgatar, dentro de um certo tempo prefixado pelo comprador, oferecendo-lhe para tanto uma bolsa livre de todos os custos legais".

declararam que entendiam receber a profissão do direito civil e canônico para usá-las segundo sua vontade, sem estar de forma alguma obrigados a isso. Pela mesma causa, Alarico, rei dos godos, proibiu, sob pena de morte, alegar o direito romano contra as suas ordenanças, fato este que o sr. Charles du Moulin, tendo-o mal compreendido, chama de bárbaro. Mas o rei não fez nada além do que todo Príncipe soberano pode e deve justamente fazer, como em caso semelhante Carlos o Belo, neste reino, proibiu que se alegasse as leis romanas contra os costumes. A mesma coisa está contida numa antiga sentença que li nos registros da Corte, pela qual isso é expressamente proibido aos advogados, em três palavras: "Que os advogados não sejam tão ousados para lançar o direito escrito contra o costume". Também Oldrad escreveu que os reis da Espanha fizeram um édito pelo qual ninguém, sob pena de morte, podia alegar as leis romanas, ainda que não houvesse costume nem ordenança a elas contrários. Tal proibição implica que os juízes não podem nem devem ser constrangidos a julgar segundo o direito romano, e o Príncipe muito menos, pois é ele que disso os dispensa, remetendo a matéria à discrição deles[266].

Assim, seria crime de lesa-majestade opor o direito romano às ordenanças de seu Príncipe. E como isso se fazia muito na Espanha, Estêvão, rei da Espanha, proibiu que se lesse as leis romanas[267], como escreve Polícrates[268], e por outra ordenança de Afonso X ordenava-se a todos os magistrados que fossem ao rei quando não houvesse ordenança nem costume. E nisso Baldo se equivocou, quando disse que os franceses usam das leis romanas por razão apenas e que os italianos estão a elas obrigados, pois uns estão tão pouco adstritos a elas quanto os outros, ainda que a Itália, a Espanha e os países de Provença, Saboia, Languedoc e Lyonnais usem do direito romano mais que os outros povos, e que o imperador Frederico Barba-Roxa tenha mandado publicar os livros das leis romanas, a maioria das quais não tem lugar algum na Itália e menos ainda na Alemanha.

---

266 *Eo jure utimur, et id confirmat Petrus Belluga in speculo.*

267 [N.T.:] Isto é, que fossem ensinadas nas universidades. O ensino, nas universidades medievais, estava basicamente calcado na leitura e comentário dos textos clássicos de uma disciplina em sala de aula pelo mestre ou doutor. Esse hábito, que durou muito tempo, ainda reflete-se na linguagem cotidiana de muitos países, como no inglês, por exemplo, em que uma conferência universitária é chamada de *lecture*.

268 Liv. 8 cap. 22.

Mas certamente existe diferença entre o direito e a lei: o direito não implica nada além da equidade, ao passo que a lei implica comando, pois a lei não é outra coisa senão o comando do soberano, usando de seu poder. Portanto, assim como o Príncipe soberano não está adstrito às leis dos gregos, nem de um estrangeiro, seja ele quem for, da mesma forma não o está às leis dos romanos e menos ainda às suas, salvo naquilo em que elas se conformam à lei natural, que é a lei à qual, diz Píndaro, todos os reis e Príncipes estão sujeitos. E não se deve excetuar nem o Papa nem o Imperador, como alguns aduladores dizem que ambos podem tomar os bens de seus súditos sem causa. Muitos doutores e até mesmo os canonistas detestam tal opinião, como contrária à lei de Deus. Mas é muito mal limitado dizer que eles podem fazê-lo com poder absoluto; melhor seria dizer por força e pelas armas, que é o direito do mais forte e dos ladrões, visto que o poder absoluto não é outra coisa senão a derrogação das leis civis, como mostramos acima, e que ele não pode atentar contra as leis de Deus, que pronunciou alto e claro por sua lei que não é lícito tomar e nem mesmo cobiçar o bem de outrem. Ora, aqueles que sustentam tais opiniões são mais perigosos que aqueles mesmos que as executam, pois mostram ao leão as garras e armam os Príncipes com o véu da justiça. Depois, a malícia de um tirano abeberado de tais opiniões toma o rumo de um poder absoluto e pressiona as paixões violentas, fazendo com que uma avareza se torne confisco, um amor, adultério, e uma cólera, assassinato. E assim como o trovão vem antes do raio, embora pareça exatamente o contrário, da mesma forma o mau Príncipe, sendo depravado por opiniões perniciosas, faz passar a multa à frente da acusação, e a condenação à frente da prova.

Portanto, é uma incongruência em direito dizer que o Príncipe pode coisa que não seja honesta, visto que seu poder deve sempre ser medido ao pé da justiça. Assim falava Plínio o Jovem[269] do imperador Trajano: *Ut enim foelicitatis est posse quantum velis, sic magnitudinis velle quantum possis*, o que quer dizer que o mais alto grau de felicidade é poder o que se quer, e o de grandeza é querer o que se pode, no que ele mostra que o Príncipe nada pode que seja injusto. Por isso diz mal quem diz que o Príncipe soberano tem o poder de roubar o bem de outrem e de fazer o mal: isso é antes impotência, fraqueza e frouxidão de coração. Se, pois, o Príncipe soberano não tem o poder de ultrapassar os limites das leis da natureza que Deus – de quem ele

269 No Panegírico de Trajano.

é a imagem – estabeleceu, ele tampouco poderá tomar o bem de outrem sem causa que seja justa e razoável, seja por compra, troca ou confisco legítimo, ou – ao tratar a paz com o inimigo, se de outra forma ela não puder ser concluída – tomando do bem dos particulares para a conservação do estado, embora muitos não sejam dessa opinião. Mas a razão natural quer que o público seja preferido ao particular e que os súditos abram mão não apenas de suas injúrias e vinganças, mas também de seus bens, para a salvação da República, como se faz ordinariamente do público ao público e de um particular a outro.

Assim vemos no tratado de Péronne, feito para a libertação do rei Luís II, prisioneiro do conde de Charolais, que foi dito que o senhor de Torcy não podia fazer com que se executasse a sua sentença contra o senhor de Saveuse. Por tal motivo louvou-se Trasíbulo, que, depois de expulsar os trinta tiranos de Atenas, mandou proclamar a anistia geral de todas as perdas e injúrias entre os particulares, que depois foi também publicada em Roma pelo tratado feito entre os conjurados, de um lado, e os partidários de César, do outro. Todavia, deve-se buscar todos os meios de recompensar a perda de uns com o proveito de outros, e se isso não se puder fazer sem tumulto, deve-se tomar os dinheiros da poupança ou tomá-los emprestado, como fez Arato[270], que tomou emprestado sessenta mil escudos para ajudar a reembolsar aqueles que tinham sido banidos e privados de seus bens, que já eram possuídos e prescritos há muitos anos.

A força da cláusula: salvo o direito de outrem

Cessando, portanto, as causas das quais falei, o Príncipe não pode tomar nem doar o bem de outrem sem o consentimento de seu senhor, e em todos os dons, graças, privilégios e atos do Príncipe, sempre a cláusula "SALVO o direito de outrem" está entendida, mesmo que não seja expressa. De fato, essa cláusula, aposta à investidura do ducado de Milão, que fez o imperador Maximiliano ao rei Luís XII, foi ocasião de uma nova guerra pelo direito que os Sforza pretendiam ao ducado, que o imperador não tinha podido nem querido doar. Pois ao dizer que os Príncipes são senhores de tudo, isso se entende da reta senhoria e da justiça soberana, permanecendo a cada um a

270 Políbio liv. 2.

posse e propriedade de seus bens. Assim, dizia Sêneca[271]: "*Ad reges potestas omnium pertinet, ad singulos proprietas*[272]" e, logo adiante: "*Omnia Rex imperio possidet, singuli domino*[273]".

O Príncipe menos privilegiado que o súdito

É por essa causa que nossos reis, pelas ordenanças e sentenças da Corte, estão obrigados a abrir mão dos bens que lhes couberem por direito de confisco ou de advena, se não forem detentores da coroa em nua propriedade e sem meios, para que os senhores nada percam de seus direitos. E se o rei é devedor de seu súdito, ele sofre condenação. E a fim de que os estrangeiros e a posteridade saibam com quanta sinceridade nossos reis procederam em justiça, encontra-se uma sentença do ano de 1319 pela qual o rei foi alijado das cartas de restituição que havia obtido para cobrir as falhas adquiridas contra ele. Por outra sentença, dada no ano de 1266, o rei foi condenado a pagar o dízimo ao seu cura sobre os frutos do seu jardim.

Que o Príncipe não é considerado menor de idade

Os particulares não são tratados tão rigorosamente, pois o Príncipe soberano nunca é considerado menor de idade, sendo sempre reputado maior quando se trata de seu interesse particular. Não obstante, a República é sempre reputada menor de idade, e isso responde àqueles que são da opinião de que a República não deve ser restituída, e nisso confundem o patrimônio do Príncipe com o bem público, que é sempre dividido na monarquia e uno no estado popular e aristocrático. Assim se vê a retidão dos nossos reis e a equidade dos parlamentos, que preferiram a República aos particulares e os particulares aos reis. Encontra-se ainda uma sentença do Parlamento dada contra o rei Carlos VII, pela qual ele foi condenado a sofrer que fossem cortados os bosques que possuía perto da cidade de Paris, para uso público em geral e de cada um em particular. Além disso, o preço lhe foi cobrado pela sentença, o que não se faria a um particular. Então podia-se julgar a olhos vistos a diferença

271 *De beneficiis* liv. 7 cap. 4 e 5.

272 [N.T.:] "Ao poder real tudo pertence, mas a propriedade é singular".

273 [N.T.:] "O império do rei tudo possui, mas o domínio é singular (pessoal)".

entre um Príncipe verdadeiro e um tirano: pois verdadeiro era aquele que, embora fosse grande rei e vitorioso sobre todos seus inimigos, era mais dócil e dobrável à razão, à equidade e ao juízo dos seus magistrados que o menor dos seus súditos. Não obstante, ao mesmo tempo[274] Felipe Maria, duque de Milão, proibia passar ou vadear os rios e fazer qualquer uso destes sem ter sua permissão, que vendia a preço de dinheiro.

Se o Príncipe está obrigado às convenções de seus predecessores

Dissemos até aqui de que maneira o príncipe está sujeito às leis e convenções por ele tratadas com seus súditos. Resta ver se ele está sujeito aos contratos de seus predecessores e se tal obrigação é compatível com a soberania. Para resolver brevemente uma infinidade de questões que podem ser postas a tal respeito, digo que, se o reino é hereditário, o Príncipe é tão obrigado quanto o seria um herdeiro particular, pelas regras de direito. Mesmo caso se o reino for deixado em testamento a outra que não a linhagem próxima, como Ptolomeu rei de Cirene, Nicodemo rei da Bitínia, Átalo rei da Ásia e Eumenes rei de Pérgamo fizeram do povo romano herdeiro de seus reinos, estados e principados; ou se o reino for deixado em testamento ao parente mais próximo, como o da Inglaterra, que foi deixado pelo testamento do rei Henrique VIII a Eduardo VI, sucedido por Maria, sua irmã, e esta por Elisabete, que gozaram do estado sucessivamente. Nesse caso é preciso distinguir se o herdeiro instituído quer aceitar o estado na qualidade de herdeiro ou renunciar à sucessão do testador e pedir a coroa em virtude do costume e da lei do país. No primeiro caso, o sucessor está obrigado pelos fatos e promessas de seu predecessor, como o estaria um herdeiro particular. Porém, no segundo caso, ele não está obrigado aos fatos de seu predecessor, mesmo que este tenha jurado, pois o juramento do predecessor não vincula o sucessor, mas o sucessor está obrigado naquilo que reverter em proveito do reino. Eis porque o rei Luís XII, quando lhe pediram a artilharia que tinha sido emprestada a Carlos VIII, respondeu que não era seu herdeiro.

274 No ano de 1446.

Cartas do rei Francisco II aos suíços

Eu vi e li, da mais fresca memória, as cartas do rei Francisco II de 19 de janeiro do ano de 1559, nas quais ele escreve assim aos senhores das ligas: "Ainda que não estejamos obrigados ao pagamento das dívidas contraídas pelo nosso falecido e muito honrado senhor e pai, porque não recebemos esta coroa como seu herdeiro, mas em virtude da lei e do costume geralmente observados neste reino desde a primeira instituição deste, e esta nos obriga apenas à observância dos tratados feitos e passados por nossos predecessores reis com os outros Príncipes e Repúblicas para o bem e utilidade desta coroa, nós, todavia, desejando descarregar a consciência do já dito e falecido nosso senhor e pai, resolvemo-nos a quitar aquelas dívidas que se encontram lealmente devidas, etc. rogando-vos moderar os juros na mesma razão em que têm curso em vossos países e que são permitidos por vossas leis, etc." Isso foi aceito pelos suíços e os juros que tomavam, à razão de dezesseis por cento, foram reduzidos a cinco por cento. Isso concorda com uma antiga sentença dada no ano de 1256, pela qual foi dito que o rei não estava obrigado às dívidas de seus predecessores.

E nisso enganam-se aqueles que se detêm nas palavras proferidas durante a coroação dos reis da França a tal respeito, porque, depois que o arcebispo de Reims põe a coroa sobre a cabeça do rei, assistido pelos doze Pares da França, ele lhe diz estas palavras: "Detende-vos aqui e desde agora gozai do estado, o qual até agora detivestes por sucessão paterna e que agora, como ao verdadeiro herdeiro, vos é posto entre as mãos pela autoridade de Deus todo-poderoso e pela tradição que nós bispos e outros servidores de Deus presentemente vos fazemos". Pois é certo que o rei não morre jamais, como se diz, mas tão logo um falece o varão mais próximo de sua estirpe é investido no reino e na posse do mesmo antes de ser coroado[275], e não acede por sucessão paterna, mas sim em virtude da lei do reino[276]. Portanto, se o Príncipe soberano contratou na qualidade de soberano para coisa que toca ao estado e ao proveito deste, os seus sucessores estão obrigados a tanto. Mais ainda se o tratado se fez com o consentimento dos estados, ou das cidades e comunidades principais, ou

275 Como julgado por sentença de 16 de abril de 1468.

276 [N.T.:] Bodin refere-se à lei sálica, que regulava a estrutura política e a sucessão da coroa do reino dos francos, como já comentamos em outra oportunidade.

dos parlamentos, ou dos Príncipes e maiores senhores, mesmo que o tratado seja danoso ao público, dada a fé e a obrigação dos súditos.

Mas se o Príncipe contratou com o estrangeiro ou com o súdito sobre coisa que toca ao público, sem o consentimento daqueles que mencionei, e se o contrato traz grande prejuízo ao público, o sucessor no estado não está, de forma alguma, adstrito a ele, e menos ainda se aí chegou por direito de eleição. Nesse caso não se pode dizer que ele tenha algo de seu predecessor, como teria se detivesse o estado por resignação. Mas se os atos de seu predecessor reverteram para o proveito público, o sucessor sempre está obrigado a eles, seja qual for a qualidade que tome. De outra forma, seria permitido tirar proveito com dano a outrem, por fraudes e vias indiretas, e a República poderia perecer, pois ninguém quereria erguer a mão contra a equidade e a razão natural. Assim, as sentenças do Parlamento, que estão no livro intitulado *Olim*, dadas no ano de 1256 e de 1294, pelas quais foi dito que o rei não estaria adstrito às obrigações de seu predecessor, foram declaradas, como eu disse, por várias outras sentenças dadas em casos semelhantes. Não obstante, a opinião de Baldo foi também reprovada, pois ele quer que seja retirado o estado ao Príncipe soberano se ele não executar o testamento de seu predecessor, sem fazer as distinções que colocamos.

Mas, dirá alguém, por que é preciso distinguir, visto que todos os Príncipes estão sujeitos a guardar o direito das gentes? Ora, as convenções e últimas vontades dependem disso. Eu digo, entretanto, que tais distinções são aqui necessárias, pois o Príncipe não está mais obrigado ao direito das gentes que aos seus próprios éditos. Se o direito das gentes é iníquo, o Príncipe pode derrogá-lo por seus éditos em seu reino e proibir seus súditos de usá-lo, como se fez com o direito dos escravos neste reino, ainda que fosse comum a todos os povos, e assim ele pode fazer em outras coisas semelhantes, desde que nada faça contra a lei de Deus. Pois se a justiça é o fim da lei, a lei obra do Príncipe e o Príncipe a imagem de Deus, é preciso, pela mesma sequência de razão, que a lei do príncipe seja feita no modelo da lei de Deus.

Capítulo IX

Do Príncipe tributário ou feudatário e de se ele é soberano, e da prerrogativa de honra entre os Príncipes soberanos

ESTA QUESTÃO MERECE UM CAPÍTULO separado, pois ela não possui nada em comum com as antigas marcas de soberania que eram outrora o direito dos feudos, usados por toda a Europa e Ásia e mais ainda na Turquia que em qualquer outro lugar do mundo, pois os *timariots*[277] na Turquia só detêm os feudos que possuem para servir na guerra enquanto aprouver ao rei dos turcos, que os concede no máximo vitaliciamente, ainda que se confie aos *timariots* vários censuários com o registro fundiário de todos os débitos e rendas do feudo, que chamam de *timar* (que quer dizer, em sua língua, usufruto). Talvez

277 [N.T.:] Já nos detivemos sobre este termo em outra oportunidade. Recordemos aqui que o *timariot* era uma espécie de soldado turco que gozava de um benefício militar, geralmente constituído de terras em título precário, através do qual ele era obrigado a manter-se e equipar-se, bem como manter e equipar um certo número de homens que era obrigado a fornecer. Tal benefício denominava-se *timar*.

essa palavra provenha do grego τιμάν[278] e *timar* significaria usufruto honorífico, que é a verdadeira natureza do feudo, isento de encargos plebeus. Por essa razão o vassalo, nas antigas leis dos lombardos, se chama *Leude*[279], que quer dizer livre, *Aldius* ou *Aldia*, que significa liberto e de onde a palavra *Alaudium* foi tirada, e *Laudimia*, que são os *lods*[280] e direitos devidos ao senhor do feudo.

Dissemos acima que é absolutamente soberano quem nada deve, depois de Deus, senão à sua espada. Se detém de outrem não é mais soberano, como diz um poeta: "*esse sat est servum, jam nolo vicarius esse: Qui Rex est, Regem Maxime non habeat*"[281]. Portanto, se aqueles que se mantêm em fé e homenagem não fossem soberanos, quase não haveria Príncipe soberano. E se concedermos que aqueles que se mantêm em fé e homenagem, ou que são tributários, são soberanos, será preciso admitir, pelas mesmas razões, que o vassalo e o senhor, o mestre e o servidor, são iguais em grandeza, em poder e em autoridade. Todavia, os doutores em leis sustentaram que os duques de Milão, Mântua, Ferrara e Saboia, e até mesmo os condes são soberanos, o que contraria muito fortemente a máxima que estabelecemos. Por isso é necessário esclarecer essa questão, que carrega consigo o ponto principal da soberania e a prerrogativa de honra entre os Príncipes, que nada estimam de mais caro neste mundo. Ora, mostramos no capítulo da proteção que os Príncipes que estão em proteção, se não houver outra sujeição, detêm a soberania, mesmo que tenham tratado aliança desigual pela qual estejam obrigados a reconhecer seus protetores em toda honra. Mas existe sim diferença entre aqueles que estão em proteção simplesmente e aqueles que se mantêm em fé e homenagem. Quando digo fé e homenagem, entendo o juramento de fidelidade, a submissão, o serviço e o dever do vassalo para com o senhor.

278 [N.T.:] Trasnlitera-se *timán*. O termo deriva do substantivo *timê*, através do verbo *timáô*. *Timê* significa originariamente avaliação, estima, valor, preço com os sentidos derivados de valor que se deve pagar, pena, satisfação monetária por um delito e também dignidade real ou divina, meio de se honrar uma divindade e posto honroso, cargo honorífico. Portanto, *timáô* significa primariamente avaliar, fixar preço de algo e também julgar, honrar, recompensar. *Timán* seria pois a honra ou recompensa advinda de um certo serviço.

279 [N.T.:] Forma germânica antiga de Leute, o povo, no sentido do conjunto dos homens livres que constituem as tribos e a nacionalidade.

280 [N.T.:] *Lods* é um termo da antiga jurisprudência francesa que designa, como na expressão *lods et ventes*, a taxa que se pagava ao senhor quando se vendia um bem imobiliário ou uma parte dos territórios pelos quais se estendiam seus direitos feudais.

281 [N.T.:] "Já é servo o bastante aquele que é designado: quem é rei, um rei máximo não tem".

Seis graus de sujeição

Distinguiremos pois seis graus, dos menores aos mais elevados, além daquele que é absolutamente soberano e que não tem Príncipe, nem senhor, nem protetor. O primeiro é o Príncipe tributário, que é menor, no tratado, do que aquele a quem deve tributo. Não obstante, ele detém todo o direito de soberania, sem outra submissão àquele a quem o tributo é pago. Embora pareça ser mais agravado que aquele que está em proteção, na verdade ele é maior, pois, pagando o tributo que prometeu para obter a paz, ele está quite e não depende de outrem para defender seu estado.

O segundo é o Príncipe que está em proteção ou em avocação, que é menor que o protetor, como dissemos, e que o Príncipe tributário, pois não pode garantir-se da invasão de seus inimigos sem ajuda e proteção, e põe-se sob o escudo de outrem, recebendo o nome de protegido ou defeso, e tal proteção o nome de avocação, da qual tratamos acima.

O terceiro é o Príncipe soberano de um país, fora de proteção, mas vassalo de outro Príncipe por algum feudo, pelo qual ele deve a honra e o serviço portados por seu voto.

O quarto é o vassalo simples, que deve fé e homenagem pelo feudo que detém e não é Príncipe soberano de outra senhoria, nem súdito daquele de quem detém o feudo.

O quinto é o vassalo leal de um Príncipe soberano, do qual não é súdito natural.

O sexto é o súdito natural, seja vassalo ou censitário, ou detentor de terras feudais ou plebeias, quer as detenha de seu Príncipe soberano e senhor natural, quer como franco alódio, e cuja jurisdição reconhece, ou ainda quem não tem fogo nem lugar, mas é submetido à justiça e súdito do Príncipe do país do qual é nativo.

Fiz essa distinção para afastar a confusão que muitos fazem entre o súdito e o vassalo, e entre o vassalo simples e o homem leal, sustentando que o homem leal deve toda obediência ao senhor, para com e contra todos, e que o vassalo simples reserva o superior, quando é apenas o súdito quem deve obediência. Pois o vassalo, seja leal ou simples, se não for súdito, deve apenas o serviço e a homenagem resultantes de sua investidura e pode isentar-se deles deixando o feudo sem fraude. Mas o súdito natural que detém feudo, terra censitária ou franco alódio, ou mesmo que nada possui, não pode isentar-se do poder de seu Príncipe sem seu querer e consentimento, como demonstramos no capítulo do cidadão. O simples vassalo deve prestar juramento ao seu senhor apenas uma vez na vida, e também existem tais vassalos que nunca estão obrigados a prestar juramento, pois o feudo pode estar sem a obrigação de fazer fé, diga o que disser o sr. Charles du Moulin. Mas o súdito, seja ele qual for, está sempre obrigado a prestar juramento quantas vezes aprouver ao seu Príncipe soberano, mesmo que não seja vassalo nem censitário ou que nada detenha em franco alódio, e até mesmo se for bispo sem nenhum bem temporal. Quanto ao homem leal, não é necessário que ele seja súdito do senhor do qual detém: pode acontecer que seja Príncipe soberano, detendo alguma senhoria de outrem em fé e homenagem leal, e pode acontecer também que seja súdito natural de um Príncipe e homem leal de outro por causa do feudo, ou ainda vassalo simples de um senhor, sem ser súdito nem homem leal de outro, e súdito natural de um terceiro sob cuja justiça estará, sem deste deter nem feudo, nem censo. Pois o vassalo do vassalo não é, contudo, nem vassalo nem súdito do mesmo senhor, a não ser no que diz respeito ao próprio feudo. Mas são necessários exemplos para esclarecer o que eu disse.

Os reis da Inglaterra, antigos vassalos dos reis da França

Vemos que os reis da Inglaterra prestaram fé e homenagem leal aos reis da França por todos os países que detinham aquém-mar, salvo os condados de Oye e de Guynes. No entanto, detinham os reinos da Inglaterra e da Hibérnia em soberania, sem reconhecer Príncipe algum. Desde o ano de 1212 eles se constituíram vassalos do Papa e da Igreja Romana, e não somente vassalos, mas também tributários: além do dom anual de uma esterlina por fogo, outorgado antigamente por Inas, rei da Inglaterra, no ano de 740 e aumentado por Etelfo, dom que era chamado de denário de São Pedro. Pois acontece que João, rei da Inglaterra, com o consentimento de todos os condes, barões e senhores do país, constituiu-se vassalo do Papa e da Igreja Romana e aceitou deter em fé e homenagem os reinos da Inglaterra e da Hibérnia, sob o encargo de pagar como censo e renda anual e perpétua mil marcos esterlinos no dia de São Miguel, além do denário de São Pedro de que falei, e disso prestou fé e homenagem ao legado do papa Inocêncio III, no ano de 1213, na presença de seu chanceler, do arcebispo de Canterbury, de quatro bispos, seis condes e muitos outros grandes senhores. A bula foi expedida em forma autêntica, cuja cópia vi num registro do Vaticano, extraído por ordem do chanceler Du Prat, quando este era legado. E embora Thomas More, chanceler da Inglaterra, tenha sido o primeiro a sustentar o contrário, em seu próprio tempo e até o momento em que o rei Henrique VIII se revoltou contra o Papa, no ano de 1534, o censo e tributo anual foi sempre pago. Foi graças ao ato de fé e homenagem prestado ao papa Inocêncio III que o rei da Inglaterra obteve indulgência pelos seus pecados, o que mostra bem que isso foi feito para encobrir o parricídio por ele cometido na pessoa do jovem Artus, seu sobrinho e duque da Bretanha, sucessor legítimo do reino da Inglaterra. Pela mesma causa, dez anos antes, Felipe o Conquistador confiscou-lhe os ducados da Normandia, Guyenne, Anjou, Touraine e Maine e todos os países de aquém-mar aos quais ele poderia pretender algum direito e que os reis da Inglaterra detinham em fé e homenagem leal do rei da França.

Os reis da Escócia, antigos vassalos dos reis da Inglaterra

Não obstante, eles eram soberanos do reino da Escócia, pois Constantino rei da Escócia, juntamente com todos os barões do país, prestou fé e homenagem ao rei da Inglaterra Athelstan, e depois também Balliol rei da Escócia prestou fé e homenagem ao rei da Inglaterra, com exceção das 32 Ilhas Órcadas, que foram mantidas em fé e homenagem do reino da Noruega e devem ao novo rei que assume a coroa dez marcos de ouro, como foi decidido entre os reis da Escócia e da Dinamarca para pôr fim às guerras que se travaram pelas mesmas ilhas no ano de 1564, como apreendi das cartas do sr. Danzai, embaixador do rei na Dinamarca. É verdade que os reis da Escócia não quiseram reconhecer os reis da Inglaterra depois que Balliol prestou homenagem a eles, pois embora Davi rei da Escócia tenha feito o que pudesse perante seus súditos para consentir que o reino da Escócia fosse mantido em fé e homenagem da Inglaterra, ele passou nove anos na prisão, e pelo tratado feito entre Eduardo III, seu cunhado, e ele foi dito que ele sairia com a condição de que, se não pudesse ganhar esse ponto sobre seus estados, ao menos permanecesse em paz. E quanto ao reino da Hibérnia, é preciso também excetuar o conde de Argueil, que a própria rainha da Inglaterra admite ser Príncipe soberano.

Os reis da Dinamarca, antigos vassalos do Império

O mesmo podemos dizer do rei da Dinamarca, que é soberano em parte do reino da Noruega, sem reconhecer Príncipe algum, e que, no entanto, detém do Império em fé e homenagem leal parte do ducado de Holstein, assim como antigamente detinha, na mesma qualidade, o país da Dinamarca, que era um simples ducado quando Canuto prestou por ele fé e homenagem ao imperador Lotário. Depois, Frederico I imperador enviou a espada e a coroa a Pedro da Dinamarca[282], erigindo seu país em reino, a título honorífico somente, sob o encargo de que ele prestaria fé e homenagem ao Império.

Entretanto, todos esses de quem falei, não sendo súditos e não reconhecendo Príncipe algum, senão por causa dos feudos que detêm dos outros Príncipes, ficam quites da fé e homenagem e do serviço abandonando os feudos sem fraude. Digo sem fraude pois não é lícito ao vassalo deixar seu senhor em necessidade, mesmo que queira livrar-se do feudo e que não haja outra pena além da perda do feudo para aquele que abandona seu senhor na guerra. Porém, isso causa um prejuízo irreparável à honra, que permanece comprometida pelo ato tão covarde de ter abandonado o seu senhor ao perigo, visto que, pelo juramento de fidelidade, o vassalo, mesmo o que é leal, deve socorro, mesmo contra seus irmãos e filhos. É verdade que há alguns jurisconsultos que são da opinião de que ele deve socorro ao senhor mesmo contra seu pai. Mas se o vassalo é também súdito, não se trata apenas de seu feudo e de sua honra, se ele abandona seu Príncipe soberano em necessidade, mas também de sua vida, mesmo que seja simples soldado, que não chega a ser tão súdito quanto o vassalo. Não nos devemos maravilhar que Jean de Montfort e Pedro duque da Bretanha nunca tenham querido admitir que eram homens leais dos reis da França no que tange ao ducado da Bretanha e que, por duas vezes, os chanceleres da França tenham entrado em disputa com os chanceleres da Bretanha.

Os duques da Bretanha, antigos vassalos dos reis da França

Embora Carlos V e VI reis da França tenham chamado a atenção para os dois atos de fé e homenagem feitos pelos duques da Bretanha, a Felipe o

282 *Trithemius* cap. 17.

Conquistador[283] e a Luís VIII[284], no entanto os duques não quiseram prestar homenagem leal e foram recebidos em homenagem simples. É verdade que a homenagem leal prestada a Luís VIII durava apenas pela vida daquele que a fazia, como contido no ato, sem obrigar a ela seus sucessores. O outro ato, que era do jovem Artus, não era puro e simples, mas somente condicional, sob o encargo de ser restituído por Felipe o Conquistador nos países e senhorias dos quais havia sido despojado, o que ele não fez.

Os antigos condes da Bretanha, vassalos da França

Ora, os atos verdadeiros e legítimos não comportam condição e o ato de fé e homenagem tampouco, mas é verdade que os antigos condes da Bretanha eram verdadeiros súditos e homens leais dos reis da França, como se pode ver nas *Histórias* de Gregório, bispo de Tours. Tendo se revoltado, foram sujeitados por Carlos Magno e depois ainda por Luís o Piedoso, ao qual prestaram homenagem e prometeram toda obediência, como se pode ver nas *Histórias* de Floard e Guytald, que alguns chamam de Witald, neto de Carlos Magno. Por outra rebelião, contra Carlos o Calvo no ano de 1359, foram acusados nos Estados de lesa-majestade, que só pode acontecer do súdito natural para com seu Príncipe soberano. Mais tarde, Herispon conde da Bretanha emendou o erro e prestou fé e homenagem a Carlos o Calvo, pois não é verossímil que os reis da França tenham recebido como companheiro no reino da França o capitão Conan, expulso da Inglaterra pelos saxões. E se for o caso que eles tenham obtido graça da homenagem por favor de algum rei da França, isso não poderia trazer prejuízo aos reis sucessores e menos ainda à coroa. Ademais, nos tratados entre os reis da França e os primeiros duques da Normandia está expressamente dito que os condes da Bretanha serão vassalos dos duques da Normandia[285], aos quais prestaram muitas vezes fé e homenagem, o que seria impossível se não fossem vassalos e homens leais da coroa, visto que os duques da Normandia prestaram fé e homenagem leal aos reis da França[286]. E se é certo que o vassalo nunca se liberta por prescrição

283 No ano de 1202.

284 No ano de 1230.

285 *Crônicas da Normandia.*

286 Nas mesmas Crônicas.

da fé e homenagem prestada ao seu senhor, como poderia o súdito libertar-se por prescrição da sujeição ao seu Príncipe?

Regalias reservadas aos duques da Bretanha

Assim, o senescal de Rennes, homem douto, não pode sustentar que Pierre de Dreux, príncipe do sangue, apelidado Maucler, tenha abandonado a soberania da Bretanha aos reis da França, visto que era vassalo e súdito natural do rei. Contudo, ao conceder a homenagem, ele reservou para si o poder de fazer ordenanças, conceder graças, reunir os estados do país e tomar os confiscos, mesmo em crimes de lesa-majestade, e os direitos de regalia nas igrejas e a guarda palaciana. Pois, quanto aos condados de Montfort e de Vertus, eles sempre prestaram fé e homenagem leal aos reis da França, como vi pelas atas extraídas do tesouro da França. Portanto, realmente há diferença entre aquele que detém simplesmente em fé e homenagem, não sendo soberano nem súdito do senhor feudal, e aquele que é soberano de um país e vassalo de um senhor por algum feudo, e entre aquele que está somente sob proteção e outro que é tributário de um Príncipe que detém soberania sobre os seus, ou quem é súdito natural.

O Príncipe que detém de outrem não é soberano

Dessa forma, concluiremos que só é absolutamente soberano aquele que nada detém de outrem, visto que o vassalo, por qualquer feudo que seja, mesmo que fosse papa ou imperador, deve serviço pessoal por causa do feudo que detém. Contudo, essa palavra "serviço", em matéria de feudos e em todos os costumes, não traz prejuízo algum à liberdade natural do vassalo, mas implica direitos, deveres, honra e reverência ao senhor feudal, o que não é uma servidão real, mas está anexa e é inseparável da pessoa, e dela só se pode ser libertado deixando-se o feudo, à condição de não ser súdito natural do senhor feudal, de quem ninguém pode isentar-se abandonando o feudo.

A homenagem é pessoal

Quando digo que a homenagem e o serviço pessoal são inseparáveis do vassalo, isso é tão verdadeiro que este não pode delas quitar-se por procurador, como era permitido pelo direito dos feudos, que é reprovado, nesse aspecto, na Europa, na Ásia e mesmo na Itália, onde o direito dos feudos teve origem, como muitos pensam. Pois Luís Sforza, governador da Lombardia, enviou seu dinheiro à França, para o rei Carlos VIII, para obter dele que seu sobrinho, o duque de Milão, fosse por ele recebido para prestar homenagem por procurador em nome do ducado de Gênova, o que o rei não quis aceitar. Da mesma forma encontra-se sentença nos registros da Corte, de 9 de dezembro de 1486, pela qual foi dito que o marquês de Salusses seria recebido por graça, se assim aprouvesse ao rei, a prestar-lhe fé e homenagem por procurador, sob o encargo de que, o mais rápido que pudesse, viesse em pessoa. Depois houve outra sentença em causa semelhante contra o senhor de Ormoy, em 12 de março de 1536, segundo a qual, ao contrário, o senhor feudal pode obrigar seu vassalo a prestar fé e homenagem a um procurador seu, como se faz ordinariamente e se fazia para com os reis da Inglaterra, quando estes eram vassalos da França. Desse modo, o procurador de um vassalo pupilo não pode ser recebido (o qual, por esse motivo, é tolerado até que tenha idade) se não aprouver ao senhor feudal receber seu procurador, como fez o rei Luís XI, que recebeu em fé e homenagem, através de seu embaixador Felipe de Commines, a mãe do jovem Galeazzo, duque de Milão, para o ducado de Gênova, que lhe pagou cinquenta mil ducados pelo alívio.

Por essa causa, no tratado feito entre o rei Luís XI e Maximiliano arquiduque da Áustria no ano de 1482, no artigo LVI foi expressamente dito que os súditos de uma parte e da outra seriam recebidos a prestar homenagem por procurador apenas em caso de doença ou de outro impedimento justo e razoável, ou se fosse o súdito um corpo ou colégio, e que, em todos os outros casos, eles seriam obrigados a comparecer em pessoa. Pois o senhor feudal possui um interesse notável em que a pessoa de um grande senhor que lhe deve homenagem não seja substituída por um fantoche. Foi essa a causa pela qual ficou estabelecido, no tratado de Amiens feito entre Felipe o Belo, rei da França, e Henrique, rei da Inglaterra, no ano de 1303, que o rei da Inglaterra viria em pessoa prestar fé e homenagem leal sem condições se não fosse retido por doença, sem fraude, caso em que seu filho primogênito viria. Por outro tratado, feito no ano de 1330 entre o rei Felipe de Valois e o rei Eduardo III, foi também dito que o rei da Inglaterra viria em pessoa prestar fé e homenagem leal se o impedimento que mencionei não ocorresse; não obstante, uma vez cessado este, o rei viria.

Forma da homenagem feita pelos reis da Inglaterra aos reis da França

Pelo tratado de paz feito no ano de 1259 entre Luís IX rei da França e Henrique rei da Inglaterra, é declarado por artigo expresso que o rei da Inglaterra prestaria ao rei da França fé e homenagem leal em pessoa (juramento do qual não há nem Príncipe, nem papa, nem imperador que seja excetuado), e a forma da homenagem contida no tratado de 1331 entre o rei Felipe de Valois e o rei Eduardo III é a seguinte: o rei da Inglaterra terá as mãos juntas entre as mãos do rei da França e aquele que falar pelo rei da França dirá ao rei da Inglaterra: "Tornar-vos-eis homem leal do rei da França que aqui está, como duque da Guyenne e par da França, conde de Poitou e de Monstrueil, e prometer-lhe-eis fé e lealdade portar; dizei: 'Em verdade'". E o rei da Inglaterra dirá: "Em verdade". Então o rei da França receberá o rei da Inglaterra pela fé e pela boca. Coisa semelhante foi feita por Carlos, rei de Navarra, ao rei Carlos V no ano de 1370, ao qual prometeu fé e lealdade portar para com e contra todos que possam viver e morrer, embora fosse então rei soberano da Navarra e pretendesse a soberania do Béarn, que ainda está indecisa.

A forma da homenagem simples, prestada por Jean de Montfort, Artus II e Pedro II, duques da Bretanha, é semelhante, com a omissão da palavra "leal", e se faz em todo lugar na mesma forma, mais precisa para o vassalo súdito que para aquele que não é súdito natural do senhor feudal. Pois o rei da Inglaterra Eduardo III, tendo vindo a Amiens para prestar homenagem ao rei da França, recusou-se a juntar suas mãos entre as mãos do rei e voltou para seu reino, onde passou seis meses debatendo sobre a forma da homenagem com os deputados do rei da França e reuniu os estados para tomar uma resolução. Por fim, ele concedeu a homenagem na forma que eu disse. Mas o vassalo que é súdito natural deve retirar a espada, as luvas, o chapéu, o manto e as esporas, e colocar-se de joelhos, com as mãos juntas entre as mãos de seu Príncipe, ou de um oficial do mesmo, e prestar o juramento. Pelos costumes deste reino, se não aprouver ao senhor, ele não está obrigado a apresentar a boca ao vassalo, e pode vê-lo, se bem lhe parecer, na forma que eu disse, prestar fé e homenagem a um pequeno oficial, ou diante da casa do feudo dominante, beijando a trava da porta.

É verdade que alguns costumes não obrigam o vassalo a prestar homenagem senão por procurador, se o senhor não estiver presente ou não o receber, como o costume do Vermandois, no seu artigo 220. Diremos, portanto, que um Príncipe é absolutamente soberano se for obrigado a prestar tal homenagem? Se for obrigado a prestar serviço? Em suma, se for homem de outrem, quer dizer, servidor? Eis porque muitos Príncipes preferiram deixar e abandonar grandes senhorias a prestar tal homenagem, e os outros nunca quiseram vender o direito de soberania por coisa alguma do mundo. De fato, o príncipe de Orange recusou do rei Luís XI dez vezes o valor de seu principado, que lhe custa quase mais do que os lucros que de lá extrai. Pelo mesmo motivo, o tratado de Bretigni, no primeiro artigo, estabelece que os reis da França deixarão aos reis da Inglaterra as honras, homenagens, vassalagens, obediências, deveres de lealdade[287], serviços, reconhecimentos, tributos, direito de alta e média justiça, toda jurisdição, alçadas, avocações, salvaguardas, direitos de patronato e toda senhoria e soberania que pertençam à coroa, nas terras que os reis da Inglaterra detêm na França.

Rebelião do voivoda da Valáquia

A rebelião de Estêvão, voivoda da Valáquia, fundou-se no fato de que o rei da Polônia mandou chamá-lo ao seu pavilhão[288], que foi descoberto no momento em que o rei recebia a fé e a homenagem do voivoda, a fim de que ele fosse visto por todos. O que não é coisa estranha num senhor como esse, se considerarmos que o sobrinho de Aristóteles, Calístenes, preferiu perder a vida a ajoelhar-se diante de Alexandre o Grande no dia das cerimônias, embora fosse o costume dos reis da Pérsia e o próprio Alexandre reerguesse aqueles que se punham de joelhos, apresentando-lhes a boca. Assim também faziam todos os reis aliados que estavam sob a proteção dos romanos quando recebiam dos imperadores os cetros e as coroas. Assim, o rei da Armênia, Tiridates, tendo vindo a Roma, pôs-se de joelhos diante do imperador Nero, que estendeu-lhe as mãos, reergueu-o e beijou-o, e depois de ter retirado o seu turbante cingiu-lhe a cabeça com uma faixa e o diadema real e sentou-o à sua destra[289]. Pois embora os reinos fossem dados pelos imperadores sem reserva de fé nem homenagem, os

287 [N.T.:] *ligeautés* no original francês, isto é, os domínios, deveres e propriedades daquele que é vassalo leal.

288 [N.T.:] No sentido da tenda leve de campanha que os senhores feudais geralmente faziam armar nos campos de treinamento e torneio. Por ser armada de tecidos leves e ter várias aberturas, permitia uma fácil observação de tudo o que ocorria em seu interior.

289 Suetônio, *Nero*.

reis, ao tirar seus cetros e faixas, serviam os imperadores romanos como criados de quarto. Os outros chamavam a si mesmos de procuradores dos imperadores, como Aderbal, rei da Numídia, que se intitulava procurador do povo romano.

O barrete antigamente era a marca dos libertos recentes, para cobrir sua cabeça raspada

Eumenes, rei de Pérgamo, após a derrota de Mitridates, rei da Amásia, veio a Roma e tomou um barrete, dizendo que tinha sido libertado pelo povo romano. Prúsias, rei da Bitínia, ao entrar no senado romano, beijou o lintel da porta, denominando-se escravo do senado e dos senadores, mesmo que não fosse nem súdito, nem tributário e nem estivesse sob a proteção dos romanos. Todas essas honras gratuitas e voluntárias em nada diminuem a majestade soberana de um Príncipe, como o faz a forma de homenagem que é servil e forçada e que os tártaros, persas e turcos estimam como verdadeira servidão de escravo. De fato, o sultão Suleiman estava a ponto de restabelecer o rei da Hungria em seu reino, no ano de 1555, com o encargo de receber dele fé e homenagem sem outra sujeição, como seu mensageiro fez saber ao rei da Polônia Sigismundo Augusto, e assim teria feito se Ferdinando, que pretendia que o reino lhe pertencia, não tivesse impedido o efeito da restituição, como vi nas cartas de Estanislau Rosdrazeroski, polonês, escritas ao condestável.

Que o vassalo de um Príncipe não deve ser eleito Imperador

Por essa causa, o rei Francisco I, para impedir que Carlos de Áustria fosse eleito Imperador, objetou aos Eleitores do Império que a majestade imperial seria demasiadamente rebaixada se eles fizessem de seu vassalo o seu chefe e Imperador. Depois, quando o Imperador o manteve prisioneiro, não quis consentir que fosse libertado antes que tivesse abandonado inteiramente a soberania do país baixo.

Os países de Flandres, Artois e Hainaut detidos pela coroa da França

Mas parece que não era suficiente dizer que Carlos de Áustria era vassalo da coroa da França, mas também homem leal, e não apenas homem leal, mas também súdito natural do rei, visto que era nativo de Flandres, antigo feudo, pariato e membro da coroa da França, do qual a fé e a homenagem leal, as alçadas e soberanias eram reservadas por todos os tratados e pelo tratado solene de Arras, feito entre o rei Carlos VII e Felipe II duque de Borgonha. Até mesmo Carlos V, já eleito Imperador, pediu permissão ao rei da França para levantar a outorga de Artois no ano de 1520, a que o rei respondeu que faria o que pudesse, sem diminuição dos direitos de sua coroa, como vi pelas instruções entregues ao senhor de La Roche-Gaucourt, embaixador na Espanha. Havia ainda outros meios maiores, pelos quais se podia criticar os Eleitores e que causavam prejuízo perpétuo ao Papa e ao Império, pois naquele momento Carlos de Áustria não era apenas vassalo, homem leal e súdito natural do rei da França, mas também homem leal do Papa e da Igreja Romana, por todos os países, terras e senhorias que detinha além daqueles ligados à coroa da França e ao Império – embora naquela época nada detivesse do Império além das terras vizinhas do Reno e de Cambray, pois Arnould, último do nome, conde da Borgonha, as havia dado juntamente com seus outros países a Conrado II imperador no ano de 1205, e depois Carlos IV imperador doou-as a Carlos VI delfim, como consta da investidura que está no tesouro da França. Mas ele era homem leal do Papa.

Os reinos de Nápoles e da Sicília detidos pelo Papa

Pela investidura que lhe foi feita no reino de Nápoles e da Sicília, estava dito que ele não pediria e jamais receberia o título de Imperador, nem de duque de Milão, e com tal encargo ele prestou fé e homenagem ao Papa. Essa não é uma cláusula nova, mas uma antiga condição, aposta em todos os atos de fé e homenagem prestados ao Papa pelos reis de Nápoles e da Sicília, desde que o papa Urbano neles investiu Carlos de França. E na investidura feita por Inocêncio III a Edmundo, filho de Henrique rei da Inglaterra, no ano de 1255, na qual pende a bula de ouro, constam estas palavras: "*Ego Henricus Dei gratia Rex Angliae, nomine Edmundi filii nostri Regis Siciliae, plenum et ligium vassalagium facio Ecclesiae Romanae, etc.*"[290]. E pelo ato de fé e homenagem leal prestado por Roberto rei da Sicília no ano de 1338 há o

290 [N.T.:] "Eu, Henrique, pela graça de Deus rei da Inglaterra, em nome de Edmundo, nosso filho e rei da Sicília, faço plena e leal vassalagem à Igreja Romana, etc.".

juramento de jamais receber a coroa imperial, nem o ducado de Milão, nem senhoria algum na Toscana, sob pena de ser declarado despido do direito que ele poderia pretender aos reinos de Nápoles e da Sicília. Encontra-se ainda um ato semelhante, prestado por Carlos, rei de Nápoles, no ano de 1295, e por Joana, rainha, no ano de 1348, como li no registro do Vaticano.

Por essa única causa, Júlio II, papa, recusou-se a ceder a investidura a Fernando, rei de Aragão, avô materno do imperador Carlos V, salvo sob as condições que mencionei e com o encargo de um censo anual de oito mil onças[291] de ouro, ou oitenta mil escudos-coroa, que os reis de Nápoles estavam obrigados a pagar todos os anos, e de uma égua branca, além do socorro que a investidura implicava, com reserva do condado de Benevento. Essa obrigação era de tal consequência para os papas que, tão logo eles declaravam guerra a alguém, os reis de Nápoles pegavam em armas para a defesa da Igreja Romana, como Afonso, rei de Nápoles, por declaração do papa Sixto, fez guerra contra o estado de Florença, porque haviam enforcado o cardeal de Pisa, legado do Papa *a latere*, em hábito pontifical. Paulo III exigiu do imperador Carlos V, através de seu legado Alexandre Farnese, que fizesse a paz com o rei da França e a guerra aos protestantes. Esse foi o primeiro artigo do Tratado de Soissons, feito em setembro de 1544, coisa que o Imperador talvez não tivesse feito se não fosse vassalo leal do Papa, ameaçado de perder o estado de Nápoles e da Sicília, como foi bem advertido. Pois, embora no tratado feito no ano de 1528 entre o papa Clemente e os cardeais assediados no castelo de Santo Ângelo, por um lado, e o imperador Carlos V, por outro, tenha sido dito que os reis de Nápoles permaneceriam quitados do censo anual de oito mil onças de ouro e de todos os atrasados, que constituíam uma grande soma, fora isso os encargos da antiga investidura permaneceram em sua força e virtude. Depois disso os imperadores da Alemanha conheceram bem – e o Papa melhor ainda, vendo Roma ser saqueada e sendo submetido a um resgate de quatrocentos mil ducados depois de ter perdido os mais belos direitos do domínio de São Pedro – que perigo havia em se eleger para chefe do Império o vassalo de um Príncipe soberano e súdito natural de outro, pois ele arruinou o Papa com as forças dos alemães, e arruinou os Príncipes da Alemanha com as forças do Papa.

291 A onça vale dez escudos coroa. [N.T.:] Em termos de massa, uma onça equivale a 28,35 gramas.

Os ducados de Milão e Gueldres adstritos ao Império

Embora o Imperador detivesse o título imperial, os ducados de Milão, de Gueldres e outras senhorias do Império, ele era antigo vassalo e homem leal do Papa, e, consequentemente, obrigado primordialmente e mais estreitamente à Igreja que ao Império. Acrescente-se que os papas pretendem, há trezentos anos, que o Imperador não pode apossar-se do Império sem ter tomado deles a coroa imperial. De fato, o Papa ameaçou excomungar o imperador Ferdinando por não ter querido tomar a coroa imperial de suas mãos, como havia feito Carlos V, seu irmão.

Não se pode ser homem leal de muitos

Mas aqui dirá alguém: como pôde acontecer que o imperador Carlos V fosse homem leal do Papa, do rei da França e do Império, visto que ninguém pode ser homem leal de vários senhores, ainda que detenha vários feudos móveis de cada um separadamente, pois a fé é devida a um só, sem exceção de homem vivo, e se ele é vassalo de vários cossenhores por causa de um mesmo feudo, ele não é homem leal de nenhum deles separadamente, visto que a lealdade não sofre divisão, e ele tampouco pode prestar homenagem a um deles sem exceção, por efeito da concorrência. Entendo aqui a homenagem leal propriamente dita, pois nossos pais abusavam dessa palavra "leal" em todos os antigos tratados de aliança e juramentos que faziam. Lembro-me de ter visto 48 tratados de aliança e cartas de juramento, colacionados no original do tesouro, atos prestados aos reis Felipe de Valois, João, Carlos V, VI e VII e Luís XI pelos três Eleitores de aquém Reno e vários outros príncipes do Império, que prometeram e juraram entre as mãos dos deputados do rei servi-lo em guerra com todos e contra todos, exceto o Imperador e o Rei dos Romanos, admitindo ser vassalos e homens leais do rei da França, uns mais e outros menos, uns nomeando-se conselheiros, os outros pensionários e todos vassalos leais, salvo o arcebispo de Trier, Eleitor do Império, que se denominava apenas confederado. Todavia, eles nada detinham da coroa, pois eram somente pensionários da França, que prestavam juramento ao rei de socorrê-lo, sob os encargos e nas condições determinadas pelos atos de juramento. Pois o ato de juramento do duque de Gueldres e conde de Juliers comporta estas palavras:

Ato de juramento do duque de Gueldres ao rei da França

Ego devenio vassalus ligius Caroli Regis Francorum, pro ratione quinquaginta millium scutorum auri, ante festum D. Rhemigij mihi solvendorum[292]. O ato está datado do mês de junho de 1401. E mesmo entre Príncipes soberanos usava-se dessa maneira de falar, como no tratado de aliança entre Felipe de Valois rei da França e Afonso rei de Castela, do ano de 1336, no qual há procurações de uma e outra parte comportando estas palavras: "PARA prestar e receber fé e homenagem um do outro". Mas isso é abusar das palavras "vassalo" e "leal". Por isso, nem os juramentos dos pensionários do rei nem os tratados comportam mais tais palavras.

Eu digo portanto que o imperador Carlos V não poderia prestar fé e homenagem leal ao Papa sem exceção, visto que era homem leal, par e súdito natural do rei da França e que o serviço e a homenagem são inseparáveis da pessoa. E mesmo que ele não fosse súdito do rei, mas somente vassalo leal, em termos de direito a homenagem leal é devida ao mais antigo e o vassalo deve servir ao mais antigo senhor. Se os senhores forem iguais em antiguidade e inimigos entre si, ele não deve socorro nem a um, nem a outro, pois em matéria de serviços e servidões a concorrência muitas vezes os impede, sendo a servidão individual e trazendo prejuízo a um dos companheiros. Aquele que se opõe, por seu interesse, é o mais forte, embora, em termos de aliança simplesmente, o socorro seja devido àquele que foi ofendido e invadido em seu país contra o outro aliado comum que lhe move a guerra, como se faz ordinariamente se o atacante não tem justa causa e se o atacado, após denúncia feita a ele pelos aliados comuns para curvar-se à razão, se recusa a fazê-lo. Mas é certo que o súdito natural deve sempre preferir seu senhor natural acima de todos, se ele estiver presente, ao qual está primeiramente obrigado e do qual não pode isentar-se.

Eis porque, nas ordenanças do rei Luís XI e de Felipe II duque da Borgonha, feitas para a Ordem da França, no artigo XIII, e para a Ordem do Tosão, no artigo IX, está dito que os cavaleiros, de qualquer Príncipe que seja, devem ajudar seu senhor natural, do qual são homens leais e de cujo país são nativos, contra aquele que lhe move guerra, sem incorrer em infração de honra, desde que o senhor natural lá esteja em pessoa e não de outra forma, e

---

292 [N.T.:] "Eu me torno vassalo leal de Carlos, rei dos francos, mediante a soma de cinquenta mil escudos de ouro a serem solvidos no dia da festa de São Remígio".

que comuniquem o fato ao chefe da Ordem da qual são cavaleiros. Assim, fica evidente que o imperador Carlos V não podia prestar juramento aos Eleitores do Império, salvo com reserva do rei da França e, depois, do Papa, pois, além dos reinos de Nápoles e da Sicília, dependentes do Papa simplesmente e sem intermediários, ele era também vassalo e homem leal pelo reino de Aragão, como li nos registros extraídos do Vaticano, nos quais a confissão dada por Pedro, rei de Aragão, comporta as seguintes palavras:

Ato do juramento do rei de Aragão prestado ao Papa

Ego Petrus Dei gratia rex Arragonum, Comes Barcinonae, dominus Montispessulani, cupiens praeter Deum, principali beati Petri et Apostolicae sedis protectione muniri, tibi reverendis. Pater, et domine summe Pontifex Innocenti, et pro te sacrosanctae Romanae ecclesiae, et Apostolicae sedi, offero regnum meum, illùd que tibi, et successoribus tuis in perpetuum, pro remedio animae, et progenitorum meorum constituo censuale, ut annuatim de camera Regis ducenta quinquaginta Massimitinae Apostolicae sedi reddantur: et ego ac successores mei specialiter, et fideles, et obnoxii teneamur: hac autem lege perpetua servandum forum decerno, quia spero et confido, quod tu et successores tui, quasi beati Petri manibus in regem duxeris solenniter coronandum. Actum Romae anno Christi M.CCIIII.[293]

Investidura nos reinos da Sardenha e da Córsega outorgada pelo Papa

Quanto aos reinos da Sardenha e da Córsega, o Imperador era igualmente homem leal do Papa, como vi na investidura que foi feita a Pedro III

293 [N.T.:] "Eu, Pedro, pela graça de Deus rei de Aragão, conde de Barcelona e senhor de Montpellier, tendo querido, por Deus e pelo beato Pedro, gratificar o amparo da Sé apostólica, a ti reverencio, Pai, senhor e sumo Pontífice Inocêncio e a ti, à sacrossanta Igreja Romana e à sé Apostólica ofereço o meu reino, tanto a ti quanto aos teus sucessores em perpétuo, e para remédio da alma e por meus progenitores, constituo um censo de duzentos e cinquenta Massimitinae(?) que anualmente a câmara do rei pagará à sé Apostólica: e a isto eu e meus sucessores, especialmente, fiéis e dependentes nos manteremos; por outro lado, como se ao foro de uma lei perpétua servisse, distingo, espero e confio que de ti e teus sucessores, como se das mãos do beato Pedro, o comando do rei seja solenemente coroado. Dado em Roma, no ano de Cristo de M.CCIIII.".

rei de Aragão, nestes termos: "*Pontifex Max. de fratrum suorum assensu, dat in feudum regnum Sardiniae, et Corsicae, proprietatem Ecclesiae Romanae, etc.*"[294] e, pouco depois, "*Per capam auream te praesentialiter investimus, etc. ita tamem quod tu, et successores tui praestabitis hommagium ligium, vassalagium plenum, et fidelitatis juramentum, etc. Et centum equites armatos, et uno equo ad arma, et duabus equitaturis ad minus per quemlibet, et quingentis peditibus terrae vestrae de Arragonia, cum gagiis per trimestre, a die quo intrabunt terram Ecclesiae, etc. Et insuper censum duarum millium marcarum argenti, bonorum, et legalium strelinguorum: ubicunque fuerit Rom. Pontifex, in festo beatorum Petri et Pauli, annis singulis: sub poena excommunicationis post quatuor menses, etc. Et post tertium terminum, si non solveris, tu haeredesve tui, a dicto regno Sardiniae, et Corsicae cadetis ex toto, et regnum ad Romanae Ecclesiam revertetur*"[295]. Depois, Jaime rei de Aragão também prestou por eles homenagem leal em Valência, entre as mãos do legado, no ano de 1353, com reserva ao Papa das apelações interpostas pela gente da Igreja e abolição das ordenanças e costumes introduzidos pelos reis daquele país. Descobri também que Fernando, e depois dele Afonso, reis de Aragão, prestaram por eles fé e homenagem no ano de 1445.

Os reinos vindos da Igreja de Roma

No estrato da chancelaria de Roma está registrado que os reinos de Nápoles, Sicília, Aragão, Sardenha, Jerusalém, Inglaterra, Hibérnia e Hungria são mantidos em fé e homenagem à Igreja de Roma. Quanto às Ilhas Canárias, Nigárias e Gorgônidas, o Imperador as detinha também do Papa. Lemos igualmente que Luís de Espanha prestou por elas fé e homenagem

294 [N.T.:] "O Pontífice Máximo, com o assentimento de seus irmãos, dá em feudo o reino da Sardenha e Córsega, propriedade da Igreja Romana, etc.".

295 [N.T.:] "Com a áurea capa com a qual presentemente te investimos, etc. assim, tu e teus sucessores prestareis homenagem leal, vassalagem plena e juramento de fidelidade, etc. E cem cavaleiros armados e um cavalo de batalha e dois coudeleiros ao menos e (o rendimento de) quinhentos pés de vossas terras de família em Aragão, com penhor trimestral em dia, como se terras da Igreja fossem, etc. Além disso, um censo de dois mil marcos de prata, em bons e legais esterlinos (a serem pagos) lá onde estiver o Pontífice Romano, na festa dos beatos Pedro e Paulo e a cada ano, sob pena de excomunhão após quatro meses (de atraso) etc. E se após o terceiro termo não solveres (tua dívida), tu ou teus herdeiros, estareis de todo descaídos do dito reino de Sardenha e Córsega e este à Igreja Romana voltará."

ao Papa, no ano de 1343, sob o encargo de por elas pagar, todos os anos, à câmara de Roma, quatrocentos florins de ouro, com o peso e a cunhagem de Florença. E quanto ao resto das Ilhas Ocidentais e ao Peru, é certo que o papa Alexandre VI, ao fazer a partilha do mundo novo entre os reis de Castela e de Portugal, reservou expressamente para si a dependência feudal, a alçada e a soberania sobre este, com o consentimento dos dois reis, que desde então se constituíram em seus vassalos em todas as aquisições e conquistas por eles feitas e que fizessem a partir de então, como os próprios espanhóis escreveram. Em caso semelhante, Júlio II, papa, deu a Fernando, rei da Espanha, os reinos de Granada e de Navarra, expulsando os mouros de um e Pierre d'Albret de outro, sob o encargo de que ele os detivesse da Igreja de Roma em fé e homenagem, pois embora o imperador Carlos V pretendesse direito ao reino de Navarra por causa da doação a ele feita por Germaine de Foix, casada em segundas núpcias com Fernando, seus embaixadores e deputados, quando vieram à conferência, vendo que esse dom estava mal fundado, sempre deram apoio à proibição do Papa.

Assim, pode-se julgar que não restava ao Imperador lugar algum onde ele se pudesse dizer soberano, pois os reinos de Maiorca e Minorca estavam há muito tempo reunidos ao reino de Aragão – desde que haviam sido retirados dos herdeiros de Jaime o Feliz – e tudo aquilo que o Imperador possuía nos países baixos[296] estava adstrito à coroa da França ou ao Império, necessariamente. Até mesmo o condado do Charolais é mantido em propriedade do rei da Espanha e na soberania da coroa da França, dependendo do parlamento de Dijon. E quanto ao reino de Castela, é certo que ele deveria caber a Luís IX, rei da França, por causa de sua mãe Branca de Castela, e ele foi para lá chamado pelos estados da Espanha, como se pode ver pelas cartas que examinei, que lhe foram enviadas naquela ocasião pela nobreza e cujos originais ainda estão no tesouro da França, selados com vários selos de cera branca, ainda que os espanhóis digam que no casamento contraído por Branca de França, filha de Luís IX, com o rei de Castela quitou-se a sucessão de Castela, o que o rei da França não podia fazer em prejuízo dos seus sem obter o consentimento dos estados. Acrescente-se que as infantas de França nada devem possuir senão por constituição de rendas.

---

296 [N.T.:] em minúsculas no original.

O imperador Carlos V não detinha lugar algum onde fosse absolutamente soberano

E embora o rei pudesse ter dado o reino à sua filha, mesmo não estando ainda reunido e incorporado à coroa, desde então fez-se o tratado de aliança do ano de 1369 entre Carlos V rei da França e Henrique de Castela, então expulso de seu reino (tratado que está no tesouro da França), pelo qual eu vi que Henrique prometeu, tanto por si como por seus sucessores, ser vassalo e deter seu reino de Castela dos reis da França, pois foi por meio do rei da França que ele foi restituído em seu estado. Portanto, como o reino de Castela é hereditário, cabendo às filhas ou aos varões, os sucessores de Henrique estão obrigados aos seus feitos e promessas.

É verdade que a promessa de Henrique não poderia prejudicar os seus sucessores nem os estados de Castela, sem cuja opinião o tratado foi feito, se o reino de Castela não fosse hereditário. Foi por essa causa que se resolveu que Felipe o Belo, rei da França, não poderia fazer de Artus duque da Bretanha vassalo do rei da Inglaterra sem o querer do duque, salvo se deixasse seu reino ao rei da Inglaterra. E isso ele não poderia fazer, nem mesmo através de seu poder absoluto – diga-se o que se disser –, sem o consentimento dos estados. De outra forma, a cessão seria de nulo efeito e valor, não mais que aquela do rei João feita ao rei da Inglaterra pelo tratado de Calais, pelo qual ele transportou o reino da França para o rei da Inglaterra sem o consentimento dos estados. Isso foi cassado pelo tratado de Chartres, pelo qual o rei da Inglaterra abandonou todo direito que tinha à coroa, pois o reino da França não é devoluto, nem por direito sucessório – diga-se o que se disser *ab intestato* –, nem por testamento, nem por transporte, mas sim em virtude da lei real, à qual os reis não podem derrogar sem o consentimento dos estados, o que não ocorre nos reinos da Espanha, Inglaterra, Escócia, Nápoles e Navarra.

Mas, dirá alguém, o título imperial não pode tornar soberano aquele que é vassalo de outrem, assim como o Príncipe ou o povo, fazendo de um escravo magistrado, parece também alforriá-lo? Isso é verdadeiro se o escravo é do Príncipe ou do povo, de outro modo não. Da mesma forma, o Império não tem poder algum sobre os súditos do rei da França, como o era Carlos V.

O Imperador não é absolutamente soberano

Acrescente-se a isso que o título imperial nada comporta de soberano, embora o Imperador, ao escrever aos príncipes do Império, use destas palavras: "NÓS te ordenamos", etc., "Tu farás isto", etc., coisa que os outros Príncipes não fazem, nem mesmo para com seus próprios súditos. Ademais, os príncipes-eleitores levam qualidades de criados domésticos, como despenseiros, escudeiros e escanções do Imperador. Não obstante, a majestade soberana desse império não jaz na pessoa do Imperador, mas na assembleia dos estados do Império, que podem ditar a lei ao Imperador e a cada Príncipe em particular, de modo que o Imperador não tem poder de fazer qualquer édito, nem a paz, nem a guerra, nem de cobrar dos súditos do Império um único imposto, nem de passar por cima de uma apelação interposta contra ele perante os estados. Eis porque o imperador Maximiliano I, na dieta de Constança reunida no ano de 1507, disse aos estados e ao legado do Papa que tomar a coroa imperial do Papa era apenas uma cerimônia que de nada servia, visto que a autoridade e o poder imperiais dependiam dos estados do Império. Esclareceremos isso particularmente em seu lugar. Em suma, pode-se julgar que há poucos Príncipes absolutamente soberanos.

Não há Príncipe na Itália que não dependa do Papa ou do Império

Se excetuarmos a senhoria de Veneza, não há nem Príncipe, nem cidade na Itália que não dependa do Império, ou do Papa, ou da coroa da França. Nós mostramos isso com relação ao rei de Nápoles. Quanto ao duque de Milão, ele é vassalo natural do Império, do qual toma a investidura e ao qual paga os resgates, dos quais o imperador Maximiliano, em menos de quinze ou dezesseis anos, tirou mais de trezentas mil libras, pois o rei Luís XII pagou, certa vez, cem mil libras, e os Sforza não conseguiram melhor preço. Há apenas 150 anos, o ducado de Milão era um simples vicariato e câmara ordinária do Império. Mesmo João Galeazzo II e Barnabé, seu irmão, na investidura que receberam do imperador Carlos IV, são chamados simplesmente de vigários do Império. E Galeazzo I, tendo sido acusado de ter sobrecarregado os súditos com subsídios, foi feito prisioneiro no castelo de Módena por decreto do

Imperador e depois lá morreu. Seu filho, Actius, foi instalado no lugar do pai por Luís da Baviera, imperador, que recebeu cem mil libras para conceder-lhe o título de Príncipe, no ano de 1328. Depois, Galeazzo III, sogro de Luís de França, o duque de Orléans, pagou cem mil florins a Frederico III, imperador, para ter o título de duque, no ano de 1397.

O mesmo diremos do duque de Mântua, que admite depender do Império, do qual se denomina Príncipe. Quanto ao duque de Ferrara, ele admite ainda hoje depender do Papa e paga todos os anos o censo feudal com respeito a Ferrara, pois, desde 1372, o marquês de Este foi estabelecido vigário de lá pelo papa Gregório, reservadas à Igreja a fé e homenagem, alçada e soberania, sob o encargo de pagar todos os anos dez mil florins de ouro à câmara de São Pedro e de fornecer cem homens de serviço, pagos por três meses, contra requisição escrita, como li no registro do Vaticano. Quanto a Reggio e Módena, ele confessa detê-las do Império, embora o papa Júlio II sustentasse que eram feudos da Igreja e tenha feito guerra aos ferrarenses e ao rei da França, que os ajudava, tanto por isso quanto para obter o censo feudal inteiro, diminuído por Alexandre VI, papa, ao casar sua bastarda Lucrécia com o duque Afonso.

Quanto aos florentinos, há muito tempo pretendem a liberdade contra o Império, por terem pago para tanto seis mil florins ao imperador Raul, assim como os genoveses, que foram libertados pelo mesmo imperador, como eles dizem, embora depois tenham se colocado sob a proteção do rei Carlos VI e, algum tempo depois, do duque de Milão, que os recebeu sob o encargo de prestar fé e homenagem aos reis da França. Em casos semelhantes, os luqueses pagaram ao imperador Henrique V doze mil florins para serem libertados, Siena dez mil, e Pietro Gambacurta pagou doze mil ao imperador Carlos IV pela senhoria de Pisa. Mas estas não eram alienações verdadeiras, nem isenções de sujeição, mas simples outorgas e subsídios com alguns privilégios de governar o próprio estado, sob a obediência do Império. Tampouco estava no poder dos imperadores, nem de Príncipe algum, alienar algo do domínio público, e menos ainda dos direitos da majestade soberana. Sempre estaria no poder do sucessor lançar mão da captura, assim como é permitido ao senhor sobre o escravo fujão, como bem deu a entender o imperador Maximiliano I ao lançar seu exército sobre a Itália em conjunto com o rei Luís XII. Então os florentinos enviaram embaixadores a ele para prestar fé e homenagem de seu estado e obter confirmação de seus privilégios, o que lhes custou quarenta mil ducados.

O rei Felipe, vigário do Império

Ainda que o duque de Florença, Cosme, tenha se tornado senhor de Siena pela força e pelas armas, ele dela tomou investidura e por ela prestou fé e homenagem ao rei da Espanha, como vigário perpétuo do Império. Se os sienenses tivessem sido de fato libertados e isentos do Império, por que Júlio II papa teria pago trinta mil ducados a Maximiliano para resgatar a liberdade de Siena a fim de nela investir o duque de Urbino? Todavia, isso não impediu que o duque de Florença, que a tinha conquistado pelo direito das armas, fosse obrigado a dela tomar investidura do rei da Espanha, pagando por isso seiscentos mil escudos, os quais depois o rei da Espanha quis devolver ao duque de Florença para restaurar Siena no estado em que estava. Isso o duque não quis fazer, pois tinha sido advertido que o rei da Espanha queria entregá-la ao duque de Parma, para reunir Piacenza e Parma ao ducado de Milão, do qual tinham sido subtraídas.

E como poderiam os imperadores da Alemanha, que estão sujeitos aos estados do Império, alienar o domínio e os direitos de soberania, visto que nem o Príncipe absolutamente soberano pode fazê-lo? Pois os Príncipes soberanos propriamente ditos são apenas usufrutuários, ou, melhor dizendo, usuários do bem e do domínio públicos. Por essa causa, Carlos IV, ao outorgar a confirmação dos privilégios aos de Perugia, acrescentou esta cláusula: ENQUANTO VIVER. Não obstante, o papa Júlio II retirou essa cidade dos bailios e colocou-a sob a obediência da Igreja.

Nem as cidades da Itália, nem os potentados afora o Papa e os venezianos têm soberania

Como as cidades da Itália e o duque de Florença poderiam ter soberania absoluta se, nas diferenças concernentes aos seus estados, fronteiras, domínio e posses, vão queixar-se diante do Imperador ou da câmara imperial?

Gênova ameaçada pelo veto imperial

Embora os genoveses, que parecem estar menos submetidos ao Império que qualquer outra das cidades da Itália, tenham sido chamados diante do imperador Maximiliano II, no ano de 1559, a pedido do marquês de Final, que eles haviam expulsado de seu estado, e quisessem ter o Imperador como árbitro e não como juiz nem superior, acabaram por se emendar, depois de várias falhas outorgadas[297] pelo Imperador, que ameaçou, através de um arauto de armas, lançar-lhes um veto imperial. Ora, é certo que apenas as cidades dependentes do Império podem ser atingidas pelo veto imperial, seja por sentença do Imperador, seja por decreto da câmara imperial, como ocorreu com Minde, Munster, Magdeburg e outras. Dessa forma, os genoveses, que interpuseram apelação ao Papa da sentença interlocutória do Imperador, depois concordaram com a sentença, renunciando à sua apelação e reconhecendo a jurisdição, alçada e soberania do Império, do qual o marquês de Final pretendia depender simplesmente e sem intermediário, ao passo que os genoveses sustentavam que ele era seu vassalo. Depois, o marquês foi mantido na posse do marquesado por sentença definitiva, como vi pelas cartas do senhor de La Forest, embaixador do rei, datadas de Viena, de 18 de julho de 1560, sentença que o Imperador emitiu depois de ter recebido as opiniões dos jurisconsultos de quatro universidades. Por outra sentença do Imperador, dada no mês de julho de 1564, eles foram condenados num processo que tinham contra Antônio Flisque, um seu banido. Mas o que mostra mais claramente que as cidades e comunidades da Itália não têm soberania é o fato de que todos os seus advogados e jurisconsultos sustentaram que elas não podem fazer lei nem costume contrário ou derrogante do direito comum que o imperador Frederico mandou publicar. Por essa causa as cidades abandonaram, através do tratado de Constança, as marcas de soberania.

As cidades imperiais pertencem à alçada recursal da câmara imperial

Até mesmo o doutor Alexandre italiano, o primeiro jurisconsulto de sua época, diz que a jurisdição outorgada às citandades da Itália não acarreta soberania, visto – diz ele – que o Imperador distribui juízes e comissários

297 [N.T.:] *apres plusieurs defauts ottroyez par l'Empereur* no original francês. *Defauts ottroyez* refere-se a um antigo termo da jurisprudência francesa que designava uma advertência formal, emanada de uma instância superior para uma inferior, registrando algum vício ou defeito, formal ou material, em um processo. Traduzimos por falha outorgada por desconhecermos um termo equivalente na linguagem jurídica portuguesa.

entre as cidades. Assim, o tratado de Constança, feito no ano de 1181, do qual consta a confirmação dos privilégios outorgados às cidades da Lombardia, comporta a reserva da fé e homenagem, alçada e soberania. Poderiam muito menos aspirar à soberania as cidades imperiais da Alemanha situadas nos enclaves do Império e que também pretendem ter recebido liberdade dos imperadores, como Nuremberg de Frederico, Isne de Oto III, Egre de Luís da Baviera, ou que se libertaram de seus senhores, príncipes do Império, como a cidade de Brunswick, a de Ulm e outras. Pois as libertações nada mais eram que imposições, permanecendo sempre as cidades sujeitas ao Império e reconhecendo a jurisdição da câmara imperial, não apenas para os processos impetrados pelas cidades entre si, ou contra os Príncipes, mas também entre os súditos de uma mesma cidade, ou de um mesmo Príncipe. A apelação, em caso civil, acima de 50 escudos, era da alçada da câmara imperial estabelecida pelos estados do Império, a qual tem poder de confirmar ou infirmar as sentenças dos Príncipes e das cidades.

Como se poderia cassar tais julgamentos se estes fossem soberanos? Veja-se o que diz um poeta: *rescindere nunquam Diis licet acta Deum*[298]. Além disso, os suíços em geral enviaram seus embaixadores ao imperador Ferdinando para obter a confirmação de seus privilégios, o que é uma forma de homenagem e de reconhecimento de que eles detêm a sua liberdade do Império. Embora haja alguns Príncipes de aquém-Reno que pretendam a soberania, é preciso, por necessidade, que eles detenham a coroa da França ou do Império, visto que todo o país da Lotaríngia e o reino de Arles, depois da morte dos três filhos de Lotário, foram partilhados entre Carlos o Calvo, imperador, e Luís, rei da Alemanha, seu irmão, como se pode ver nas histórias de Guitald e de Floardo ou Frodoardo, e até na história de Lambert. Ora, a homenagem do vassalo ao senhor nunca prescreve, nem a sujeição à jurisdição de um Príncipe, e as outorgas e concessões dos imperadores e reis da França não puderam prejudicar a coroa, nem o Império.

O duque da Lorena, Príncipe do Império

É preciso, pois, concluir que eles permanecem súditos de um ou de outro. Embora muitos pensem que o duque da Lorena seja absolutamente soberano,

298 [N.T.:] "Um deus apenas pode rasgar (ou rescindir) os atos de um deus".

pelo brasão que leva no braço armado, querendo dizer, ao que parece, que ele nada deve senão à sua espada, todavia ele se qualifica em seus títulos Príncipe do Santo Império, o que já é reconhecer a majestade imperial. Acrescente-se a isso que ele procede ordinariamente na câmara imperial, mas sem ter assento nas cerimônias como quarto duque do Império, e tampouco detém sequer a sexta parte do antigo ducado da Lorena, que era um governo geral de todos os países entre o Mosa e o Reno. Pois os próprios imperadores tomavam algumas vezes essa qualidade de duques da Lorena, como vi num tratado de aliança entre o imperador Carlos III e João rei da França.

O ducado da Lorena devoluto aos condes de Vaudémont

Contudo, o ducado da Lorena, tal como existe, depende do Império, pois encontramos que Estêvão conde de Boulogne foi nele investido no ano de 1019 pelo imperador Henrique I e, nas memórias do arquidiácono de Verdun, pode-se ver como Ferry, conde de Vaudémont, sustentou no Concílio de Constança que se tratava de um feudo imperial, transmitido apenas aos varões, e com isso venceu o debate em favor de Sigismundo imperador contra Renato de Anjou, que tinha desposado Isabel, herdeira da Lorena, e este não ousou negar que se tratava de um feudo imperial, mas pôde mostrar vários feudos imperiais atribuídos às infantas. Dessa forma, as duas partes foram para as vias de fato e Renato, aprisionado por Ferry, concordou depois por tratado que sua filha Iolanda se casasse com o filho de Ferry, Antônio, com o encargo de que, se Renato falecesse sem varões, o ducado retornaria à casa de Vaudémont, como de fato ocorreu.

Ora, se o ducado da Lorena é um feudo imperial, nem o senhor de Lumes, nem o conde de Apremont, que estão em enclaves da Lorena, poderiam pretender a soberania como fizeram, já que é certo, em termos de direito, que aquele que possui um território limitado tem, sobre cada um dos particulares que estão dentro do entorno de seu território, o mesmo direito que tem sobre todos em geral, se não instituir isenção especial e autêntica. Esse é um ponto pelo qual todos aqueles que pretendem a soberania nos enclaves e territórios de outrem podem ser frustrados. O mesmo não se pode tão facilmente julgar daqueles que usurpam a soberania nas fronteiras dos Príncipes soberanos, como fazem os cinco senhores do país em litígio entre o ducado e o franco--condado da Borgonha, o país do Béarn, que o procurador-geral do rei sustentou depender da coroa da França, contestando o pleito do procurador do rei no Parlamento de Toulouse, que havia afirmado nada deter da coroa, no ano de 1505. Todavia, o processo ainda está suspenso.

Em caso semelhante, Lizet, advogado do rei, sustentou que o principado de Dombes seria feudo da coroa da França e que o duque de Saboia não poderia tê-lo atribuído ao Império, como se fosse vicariato seu, o que foi feito por usurpação, no ano de 1398, durante as querelas entre Orléans e Borgonha. O mesmo ocorreu com a princesa da Frísia oriental e com aqueles que se apossaram por concessão do país disputado entre os reinos da Inglaterra e da Escócia; e com o abade de Gosen, entre Metz e Pont-à-Mousson, que detém a abadia e 25 aldeias em título de soberania, sem reconhecer senhor algum; assim como fizeram os senhores de Beaujeu, que, querendo isentar-se da coroa da França, filiaram-se ao Império e foram compreendidos no vicariato do duque de Saboia, do qual pouco a pouco também se isentaram sem querer reconhecer nem duque, nem rei, nem imperador.

O ducado de Saboia dependente do Império

Quanto ao duque de Saboia, os doutores, por um erro comum, sustentaram que ele tem poder absoluto e até mesmo imperial, e assim foi julgado por sentença do Parlamento de Saboia, coisa esta de todo contrária às qualidades de vassalo e de vigário. Mesmo o primeiro presidente do Piemonte, Ozasque, escreve que os duques de Saboia obtiveram tal poder dos imperadores, o que não poderiam fazer como vigários do Império, como escreve o doutor Felin. E tudo isso é incompatível com a soberania: ser vigário perpétuo e Príncipe do Santo Império; deter em fé e homenagem o país de Saboia, erigido em condado por Henrique V e depois em ducado por Sigismundo, imperadores; como vassalo do Império, ter prestado fé e homenagem após voltar ao seu país. Além disso, no ano de 1561 o duque enviou procuração especial ao conde de Arques, primeiro camareiro do Imperador, para obter outra investidura além daquela que havia obtido em Augsburgo, porque esta não lhe parecia estar suficientemente em boa forma, como vi nas cartas do senhor de La Forest, embaixador do rei junto ao Imperador. Mas é muito difícil encontrar uma forma que pareça boa ao duque, pois parece que a qualidade de vigário perpétuo traz prejuízo não apenas à soberania, mas também à qualidade de feudatário e proprietário das terras que se detém de outrem, salvo por equívoco.

Os duques da Saxônia e do Palatino, vigários do Império

Os duques da Saxônia e os condes palatinos são também vigários perpétuos do Império, mas isso para fazer justiça aos príncipes e às cidades imperiais contra o próprio Imperador, como diremos no lugar apropriado, e a todos aqueles que são de seu governo. É preciso que aquele que toma a qualidade de vigário, lugar-tenente e governador não seja feudatário nem proprietário das senhorias que detém daquele de quem é lugar-tenente.

Carlos VI, rei da França, vigário perpétuo do Império

Dessa forma, o título de vicariato perpétuo deve se relacionar aos outros países, fora do território e do domínio da Saboia. Com isso os outros Príncipes da Itália e da Alemanha não concordarão, e menos ainda o rei da França, que não detém do Império lugar algum onde possa ser submetido à justiça dos vigários do Império. Acrescente-se que o imperador Carlos IV fez de Carlos VI, delfim de Vienne, vigário perpétuo em 13 de janeiro de 1378, e como ele tinha apenas nove anos o imperador concedeu-lhe o benefício de idade[299]. Pelas cartas-patentes de vicariato perpétuo que estão no tesouro da França com selo de ouro e das quais tenho as cópias, nada é excetuado, salvo o condado de Saboia. Ademais, foi-lhe outorgado o poder de vida e morte sobre os súditos do Império e o poder de conceder a graça, instituir e recolher talhas e isentar delas quem bem lhe aprouvesse, e de conhecer com mão soberana as apelações interpostas ao Império, fazer a paz e a guerra, dar leis aos súditos, cassar e derrogá-las, etc. O vicariato era válido para todo o reino de Arles, que se estendia desde o monte Saint-Claude, o Saône e o Ródano, até os Alpes e o mar, que os imperiais sempre pretenderam estar adstrito ao Império. Mas os condes de Barcelona e da Provença sustentaram o contrário, entre eles o último Raimundo, cujas filhas se casaram com Luís IX

299 [N.T.:] Hoje diríamos pensão de aposentadoria.

e Carlos de França, e por esse meio o condado da Provença coube à casa de Anjou e depois à coroa.

Aquisição da soberania do reino de Arles

Embora Felipe de Valois, rei da França, tenha comprado de Henrique V, imperador, a soberania de todo o reino de Arles, sem excetuar nem o condado de Saboia, nem o principado de Orange, nem o de Beaujeu (que depois foi dado a Luís, duque de Bourbon), nem o condado da Provença (que estava então na posse da casa de Anjou), nem o Franco-Condado (que foi dado a Felipe o Ousado por Carlos IV, imperador, no ano de 1362, tendo retornado ao Império por falta de varões), a transferência da soberania do dito reino de Arles foi efetuada pela soma de trezentos mil marcos de prata, com a promessa de fazê-la ratificar pelos príncipes do Império, que depois deram o contrato como aceitável, do qual João, rei da Boêmia, foi garante. Este vendeu também a cidade de Lucca ao mesmo rei, por 180 mil florins de ouro, no ano de 1330. Os contratos, ratificações e quitações ainda estão no tesouro da França, cujas cópias foram por mim colacionadas com o original e que certamente mereceriam ser vistas por aqueles que foram deputados para os negócios da Saboia no ano de 1562.

Eduardo III, rei da Inglaterra, vigário perpétuo do Império

Quase ao mesmo tempo, o imperador Luís da Baviera fez de Eduardo III, rei da Inglaterra, seu vigário perpétuo, despachando-lhe cartas-patentes que lhe concediam o poder de fazer leis e direito para os súditos do Império e estipulavam que todos os súditos do Império tivessem que lhe obedecer e prestar-lhe fé e homenagem em seu nome. Essa foi uma ocasião[300] excelente e desejada para declarar guerra ao rei da França, que detinha Cambray e os castelos de Crèvecoeur e Payerne, membros do Império, pois os antigos tratados feitos entre os reis da França e os imperadores estabeleciam que eles nada poderiam adquirir uns dos outros, como foi objetado ao rei Eduardo pelos príncipes imperiais a ele aliados, reunidos então na cidade de Halle. Esse é um argumento muito certeiro de que os reis da França nada detêm do Império.

300 *Froissard* liv. 1 cap. 33.

O reino da França nada detém do Império

Isso também consta expressamente do contrato de aquisição de Felipe de Valois, que citei acima e que comporta esta cláusula: "E permanecerão os reis e reinos da França nos privilégios, franquias e liberdades que sempre detiveram contra o Império da Alemanha, ao qual não estão em nada sujeitos". Foi o que se deu muito bem a entender ao imperador Sigismundo, quando este quis fazer duque o conde de Saboia na cidade de Lyon, por seu poder imperial, pois os oficiais do rei se opuseram e ele foi obrigado a ir para fora do reino para usar do seu poder, o que ele fez com cólera e grande arrependimento. Isso foi feito por mandamento expresso do rei, para cobrir duas notáveis faltas que haviam sido cometidas. Uma foi tolerar que o imperador Sigismundo, tendo sido magnificamente recebido em Paris, como convinha ao tio do rei, desse audiência no lugar real em pleno Parlamento; outra, suportar que ele fizesse cavaleiro o senescal de Beaucaire. Quanto a esse último ponto, a Corte objetou ao rei que a ele somente pertencia fazer cavaleiros em seu reino, como havia sido solenemente julgado por duas sentenças, contra os condes de Flandres e de Nevers.

Eis o que eu queria observar para demonstrar o erro de Alciat, que sustentou que o rei da França é súdito do Império. Isso é um erro ou uma ingratidão simulada, tendo em vista os penhores que recebeu na França para ensinar a verdade, ou então ele quis favorecer o Imperador, que o removeu para Pavia e dobrou seu salário. O mesmo fez o imperador Carlos IV, que enobreceu Bártolo e lhe deu por armas um leão em goles[301] sobre um campo de prata, bem como o poder de outorgar benefício de idade para si e para todos os seus que fizessem profissão de ensinar o direito. Em reconhecimento de tal benefício, Bártolo deixou por escrito uma opinião dizendo que são heréticos todos aqueles que não creem que o Imperador seja senhor do mundo inteiro. Isso não merece resposta, visto que os imperadores de Roma jamais foram senhores de mais que uma trigésima parte da Terra e que o Império da Alemanha não é sequer a décima parte do império dos romanos. Todavia, o imperador Sigismundo, acometido por uma ambição incurável, inventou de fazer rei o duque da Lituânia (que está a mais de duzentas léguas das fronteiras do Império da Alemanha) e enviou-lhe a coroa. Mas o duque

301 [N.T.:] É assim que se designa, em heráldica, o esmalte vermelho. Bodin descreve aqui o brasão outorgado a Bártolo.

recusou-a e não mudou de qualidade, embora estivesse isento do poder e da sujeição dos tártaros.

Os reis da Polônia nada detêm do Império

Vemos também que os imperadores da Alemanha enviaram as coroas reais aos duques da Polônia, antes que o Papa lhes permitisse portar título real. Contudo, é coisa certa que os reis da Polônia jamais detiveram algo do império. Os alemães nunca o pretenderam, mas foram, ao contrário, os poloneses que conquistaram uma parte da Silésia e a soberania sobre a Prússia[302]. Disso os alemães muitas vezes se queixaram aos estados do Império, mas não ousaram tentar nada, sabendo muito bem que os reis da Polônia tinham derrotado os imperadores e os exércitos imperiais, tantas vezes quantas os imperadores quiseram pretender a soberania sobre a Polônia.

Pois parece que os partidários do Império, por um lado, e da Igreja, por outro, quiseram pretender, seja para o Papa, seja para o Imperador, a soberania e o poder sobre todos os Príncipes cristãos. Uns escreveram que todos os reis sagrados são vassalos do Papa. Outros sustentaram que os papas podem dar curadores aos reis insensatos, como fez Inocêncio IV, que, tendo tomado conhecimento que o rei de Portugal cuidava mal do bem público, expediu mandamento aos príncipes e barões de Portugal para designar um curador que fosse responsável pelos negócios de estado e pelas finanças: "não – diz ele – que eu queira trazer prejuízo à sua coroa, mas sim para conservá-la"; porém, poderia lhe ser dito que seu protesto era contrário aos seus atos. Urbano V ousou legitimar Henrique, bastardo de Castela, a fim de lhe dar a ocasião de expulsar Pedro, seu irmão legítimo, do reino – e assim foi feito, pois os papas tomavam a prerrogativa de legitimar acima de todos os Príncipes.

Há quem tenha ido mais além, dizendo que o Papa tem jurisdição sobre o Imperador por poder e sobre todos os reis e Príncipes realmente e de fato, salvo sobre os reis da França, que os canonistas admitem não reconhecer, de fato, nada maior que si depois de Deus. Mas há um doutor espanhol que diz que o rei da França não reconhece, nem de fato e nem de direito, Príncipe algum no mundo, assim como fez Oldrad, o primeiro em sua época. Assim esses bons

302 [N.T.:] Bodin refere-se aqui à região báltica que, até o final da I Guerra Mundial, era conhecida como Prússia Oriental: a região de Gdinia e Gdansk (a antiga Dantzig).

doutores, por mais razão que tenham seus ditos, não têm nada melhor que a autoridade do papa Gelásio, que escreveu que os papas podem despojar todos os Príncipes de seu poder. Um outro sustentou que cabia apelação ao Papa por parte de todos os povos e monarcas; que só o Imperador e o Papa podem revogar suas sentenças e destituir os outros reis; que não há Príncipe senão aquele cujo principado o Papa confirmou; que este último pode dar privilégios, isenções e imunidades aos súditos de outrem, contra os éditos e ordenanças de todos os Príncipes, e que ele é o único e geral juiz dos isentos. Ademais, há quem tenha escrito que o Papa, tendo colocado em suas cartas a cláusula DE PLENITUDINE POTESTATIS, derroga as leis de todos os Príncipes. E embora haja quem tenha sustentado que se deve acatar tudo o que diz o Papa, sem inquirir de outra forma sobre a verdade, Baldo escreve que lhe pode ser dito "Salvo vossa reverência". E sobre a máxima posta pelos canonistas segundo a qual o Papa pode tudo, os teólogos a limitaram em duas palavras: *Clave non errante*.

Como todos os bons súditos têm interesse em sustentar a grandeza e a majestade de seus Príncipes, não entrarei nas disputas de Jacques de Terrane, camareiro do Papa, nem nas de Capito, nem nas do sr. Charles du Moulin e de outros que frequentemente se enganaram, ou agiram com propósito deliberado, ou então pressionados por paixões violentas, e, sem propósito, entraram no mérito da religião. Falarei apenas da soberania temporal, que é o assunto de que trato e do qual eles não falaram, para que se compreenda quem são os Príncipes absolutamente soberanos e se os outros Príncipes estão sujeitos ao Imperador ou ao Papa.

Desde que Gregório – o primeiro que se denominou escravo dos escravos de Deus – obteve de Focas, imperador de Constantinopla, a prerrogativa sobre todos os bispos seus sucessores, voltando o espiritual para o temporal, os papas sempre aumentaram pouco a pouco o seu poder, de modo que os Príncipes, tanto pelo temor que tinham então de Deus quanto pelo respeito ao grau da prelatura, começaram a reverenciá-los muito mais do que antes. Do mesmo modo, depois que o império do Oriente começou a declinar, os papas proibiram os povos da Itália de pagar qualquer imposto aos imperadores de Constantinopla ou reconhecê-los como senhores, porque Leão imperador – apelidado Iconômaco ou Quebra-Imagens – e Tomás, também imperador, mandavam abater as imagens, o que fez com que um fosse morto pelo povo no templo de Santa Sofia. Nesse tempo, os reis da Lombardia esforçavam-se para tornar-se senhores da Itália e os papas, por seu lado, queriam ter sua parte nisso. Por causa de tal desavença, lançaram-se sob a proteção dos reis da França, que eram então os maiores monarcas da cristandade.

Por essa causa, Pepino, grande mestre da França, que dispunha então dos negócios do reino, entrou na Itália e, depois de ter vencido os lombardos, foi o primeiro a ceder parte das senhorias da Itália ao papa Zacarias, que o havia coroado rei da França, tendo proibido os Príncipes e o povo da França de eleger outros fora da casa de Pepino e declarado publicamente o rei Childerico inábil para comandar. O povo da França apresentou pouca resistência a isso porque Pepino tinha a nobreza e o exército da França sob o seu comando e o Papa (que era então estimado como Deus na Terra) tinha sido o autor da mudança. A ele Pepino prometeu solenemente, e despachou para tanto cartas-patentes, que, se fosse vitorioso sobre os lombardos, doaria à Igreja de Roma o exarcado de Ravena, que continha treze cidades, e a Pentápole, que continha dezesseis. Isso ele cumpriu depois da vitória, depositando as chaves das cidades sobre o altar de São Pedro, reservando não obstante, para si e seus sucessores na coroa da França, a soberania, e além disso a faculdade de eleger os papas. Por esse mesmo meio o Papa persuadiu-o a tomar o título de imperador, que era então próprio dos Príncipes de Constantinopla.

Depois da morte de Carlos Magno, aqueles que tinham crédito em Roma faziam-se eleger papas pelo clero, seja pela desconfiança que tinham de obter essa dignidade dos reis da França, não tendo favor na corte, seja pela negligência dos reis da França que não cuidavam muito disso, seja pelas guerras civis que surgiram entre os filhos de Luís o Piedoso. Todavia, pode-se ver em Guitard, que vivia naquele tempo, que três papas vieram sucessivamente à França para escusarem-se diante de Luís o Piedoso, dizendo que tinham sido constrangidos pelo clero de Roma a aceitar a dignidade papal e suplicando-lhe que a tivesse por agradável. Assim ele fez porque temia irritar o clero, que tinha tamanho crédito que por fim obrigou-o a abandonar a coroa e fazer-se monge, e sua mulher freira, por um ano inteiro. Porém, depois da morte de Luís o Piedoso, que era imperador da França, da Alemanha e da maior parte da Itália e da Espanha, o Império foi dividido em três reinos, que Carlos o Calvo, Lotário e Luís, irmãos, detinham cada um a título de soberania, sem reconhecer um ao outro. Os filhos de Lotário subdividiram a parte de seu pai em três reinos, a saber: o reino da Lorena, o reino de Arles e o reino da

Itália. Com isso o poder dos papas cresceu tremendamente, sucedendo-se eles por via de eleição, sem mais reconhecer a majestade dos reis da França, como deveriam. Isso aconteceu principalmente no tempo do papa Nicolau I, que entendia melhor do manejo dos negócios de estado que seus predecessores e que foi o primeiro a usar rigorosamente, para com os Príncipes, da interdição, tendo excomungado Lotário, irmão de Luís, rei da Itália.

Crescimento do poder dos papas

Acrescente-se que a sucessão dos três filhos de Lotário, que morreram sem herdeiros legítimos, foi dividida entre seus tios Carlos e Luís, cabendo a Itália a Luís, rei da Alemanha, que a governava através de lugares-tenentes e vigários, que não tinham grande poder para resistir aos papas. Além disso, Guichard o Normando, que conquistou o reino de Nápoles e da Sicília, deu mão forte aos papas, até que seus sucessores, morrendo sem varões, deixaram o estado de Nápoles e da Sicília a uma infanta, que foi casada com Frederico II, rei da Alemanha, o qual veio para a Itália e quis fazer papa um de seus favoritos. O clero, por outro lado, elegia quem bem lhe aprouvesse, e o eleito do clero vinha à França para se apoiar sobre a grandeza dos nossos reis, que o mantinham, seja pela reverência que inspiram os papas eleitos canonicamente, seja para enfraquecer o poder dos imperadores.

Dessa maneira, Frederico II foi excomungado pelo Papa e, vendo uma rebelião aberta dos súditos contra um Príncipe excomungado, retirou-se para a Alemanha depois de ter obtido a absolvição do papa Inocêncio, abandonando o direito de eleição e deixando os reinos de Nápoles e da Sicília para seu bastardo Manfroy, o qual foi também excomungado pelo papa Urbano, que chamou Carlos de França, duque de Anjou e irmão de Luís IX, para investi-lo nesses dois reinos, reservando para si o condado de Benevento, além da fé e homenagem, alçada e soberania, e oito mil onças de ouro de censo feudal anual e perpétuo, como dissemos acima. Desde esse tempo, a casa de Aragão, que sucedia a Manfroy por direito de proximidade, tendo sempre querela com a casa de Anjou, encontrou meios de ganhar o favor dos papas e constituir-se em seus vassalos, não apenas para os reinos de Nápoles e da Sicília, mas também para os reinos de Aragão, Sardenha, Córsega, Maiorca e Minorca, como eu disse, de modo que os papas acresceram seu poder com a querela entre essas duas casas, gozando pacificamente da Romanha, de parte da Toscana e do ducado de Urbino, em virtude da doação que mencionei. Além disso, detinham a soberania sobre a cidade de Roma, a qual haviam pouco a pouco sujeitado, embora Carlos Magno tenha expressamente querido que ela permanecesse em plena liberdade, com poder para os seus habitantes de governar seu estado, como Agostinho Onofre, camareiro do Papa, diz ter lido nos registros do Vaticano, dos quais não vi todos.

Mas é certo que, se houvesse algum príncipe soberano que fosse tirano ou herético, ou que tivesse feito alguma maldade notável, o Papa o excomungaria, e essa era a única ocasião de fazer com que seus súditos se revoltassem e de armar os outros Príncipes contra o excomungado. Não havia meio de cair novamente nas graças a não ser constituindo-se feudatário da Igreja de Roma e vassalo do Papa. Assim eu disse de João, rei da Inglaterra, que se fez vassalo de Inocêncio III pelo assassinato cometido na pessoa do jovem Artus, duque da Bretanha. Da mesma forma, foi aumentado o censo feudal da Inglaterra por causa do assassinato cometido a mando do rei da Inglaterra na pessoa de Tomás, arcebispo de Canterbury[303]. O mesmo ocorreu no caso semelhante do assassinato cometido na pessoa de Estanislau, arcebispo de Guesne, em que o Papa excomungou o rei e subtraiu o título real aos reis da Polônia, incitando os súditos (como alguns escreveram) a cortar seus cabelos da forma que se vê. Assim, os poloneses tiveram somente duques, até que aprouve ao Papa levantar as proibições, no tempo de Lacolde, duque da Polônia, que recebeu a coroa real do papa João XXII, com a promessa de pagar um certo tributo, que ainda hoje se paga para a lâmpada de São Pedro, como lemos em suas histórias. Dessa forma, os reis da Inglaterra, Aragão, Nápoles, Sicília, Jerusalém, Polônia, Sardenha, Córsega e Canárias eram feudatários dos papas, ou tributários, ou um e outro em conjunto.

Reis feudatários dos papas

Os papas também pretenderam que a soberania do reino da Hungria lhes pertencia. De fato, ele está compreendido no catálogo da chancelaria de Roma. Eu mesmo vi, no registro do Vaticano, um ato datado do ano de 1229 pelo qual Lancelot, rei da Hungria, promete obediência ao papa Bento XII e

303 [N.T.:] Trata-se aqui do famoso caso de Thomas Becket.

reconhece que deve tomar a coroa de suas mãos. Por outro ato, Lancelot II, rei da Hungria, pela desobediência por ele cometida contra o legado do Papa e para ter dela absolvição, obrigou-se a pagar à câmara do Papa, a cada ano, cem marcos de prata; a obrigação é do ano de 1280. É verdade que existe um outro ato no mesmo registro, datado do ano de 1308, pelo qual se pode ver que os barões da Hungria se opuseram ao legado do Papa – que dizia que santo Estevão I, rei da Hungria, havia tomado a coroa do Papa – e que não suportariam que o Papa detivesse tal prerrogativa sobre eles. Contudo, eles não impediriam que o rei por eles eleito se fizesse coroar pelo Papa, se bem lhe aprouvesse. No final do ato há vários éditos feitos pelo legado do Papa a respeito do estado da Hungria, com proibição aos reis da Hungria de alienar o domínio da coroa, o que parece ter sido a causa pela qual foi chamado a Roma[304] André, rei da Hungria, por ter alienado o domínio. Da mesma forma, Inocêncio III, no capítulo *licet. de voto*, insta expressamente o rei da Hungria a executar o voto que seu falecido pai tinha feito, sob pena de ser privado da coroa, que ele promete dar ao seu irmão mais novo em caso de contravenção. Não se deve estranhar tais fatos nessa época porque, ao mesmo tempo, vemos inseridas nas decretais as proibições feitas pelo Papa aos condes de Toulouse de instituir novos impostos sobre os seus súditos. Vemos também que Godefroy de Bouillon, tendo conquistado os reinos de Jerusalém e da Síria, admitiu detê-los do Papa em fé e homenagem. Isso também está compreendido no catálogo dos reis feudatários da Igreja de Roma.

O grão-mestre da Ordem de S. João, feudatário do rei da Espanha e do Papa

Quanto aos grão-mestres da Ordem de S. João de Jerusalém, que era composta por oito povos de línguas diversas, eles sempre foram investidos pelo Papa, e prestam ainda fé e homenagem aos papas pelo poder soberano que têm sobre os cavaleiros de sua ordem, embora prestassem homenagem a Carlos V imperador por Trípoli, na Berbéria, antes que ela estivesse sob a sujeição do Turco, e prestem ainda hoje fé e homenagem ao Rei Católico pela Ilha de Malta, que lhes foi cedida contra esse encargo. Quanto ao reino de Navarra, o papa Júlio II – depois de ter interditado Pierre d'Albret, como

304 Pelo papa Honório III, no ano de 1221.

aliado do rei da França Luís XII, que também estava excomungado – cedeu-o ao primeiro que pudesse conquistá-lo, com o encargo, todavia, de detê-lo em fé e homenagem da Igreja de Roma. Do mesmo modo, há poucos anos o papa Pio V, querendo fazer algo parecido a Jeanne d'Albret, rainha de Navarra, mandou chamá-la a Roma e depois, por defeitos e contumácias, mandou condená-la por seus comissários, o que teria acontecido se o rei Carlos IX não a tivesse tomado sob sua proteção, como sendo sua súdita, vassala e parenta. Isso ele fez saber a todos os Príncipes cristãos, embora o imperador Ferdinando não levasse isso minimamente em conta, por mais admoestações que lhe fizesse La Forest, embaixador da França. Pois os Príncipes cristãos tinham quase todos a opinião de que o Papa era, absolutamente, senhor soberano de todos os reinos da cristandade. E até mesmo quando o rei da Inglaterra se revoltou contra o Papa, o conde de Aisimond, na Irlanda, enviou cartas ao rei da França, Henrique II, oferecendo colocar-se sob sua sujeição se ele quisesse requerer ao Papa a soberania da Irlanda.

Reggio, Módena e Concórdia, feudos do Império

Os papas também pretenderam a soberania de Miranda e dos condados de Concórdia, Reggio, Módena, Parma e Piacenza, embora se pretenda que Parma e Piacenza sejam membros do ducado de Milão, e Reggio e Módena feudos do Império, como no caso semelhante do condado de Concórdia, que é um feudo obtido do Império e que foi erigido em condado por Sigismundo imperador. Quanto a Miranda, seus príncipes sempre sustentaram que eram verdadeiros sucessores da condessa de Mahaut, que era senhora de Concórdia, Reggio, Módena e outras senhorias que ela cedeu à Igreja de Roma e com relação às quais o Papa permanecia vassalo do Império da Alemanha. Para disso se isentarem, os papas fizeram passar uma doação, que eu li no registro do Vaticano, sem data, pela qual Oto imperador (não se diz qual) cede ao Papa e à Igreja Romana Pisauro, Ancona, Fossabrum e Ausun.

Doação do imperador Oto IV ao Papa

Há uma carta-patente de Oto IV imperador ao papa Inocêncio III na qual ele usa destas palavras: "*Ego Otho IIII. Rex Romanorum semper Augustus, tibi Domino meo Papae Innocentio III. tuisque successoribus Ecclesiae, Romanae spondeo, polliceor, et juro, quod omnes possessiones Ecclesiae*"[305], e assim prossegue longamente, fornecendo confirmação das doações feitas ao Papa e à Igreja por qualquer Príncipe ou senhor que seja, que compreendem inclusive: "*Comitatus Perusiae, Reate, Salivae, Interamne, Campaniae, nec non Romam, Ferrariam, etc. Marchiam Anconitanam, terram Comitissae Matildis, et quaecunque sunt citra Rodicofanum, usque Ceperanum, exarchatum Ravennae, Pentapolim, cum aliis terris, etc.*"[306]. A mesma confirmação encontra-se em Raul e Carlos IV, imperadores, com data do ano de 1289 e 1368, indicando que fazem concessões igualmente abundantes ao Papa e à Igreja Romana enquanto houver necessidade e para suprimir as rebeliões, e confirmando tudo aquilo que Henrique V, seu avô, tinha dado à Igreja. De maneira que, se essas doações são válidas, os papas estão isentos da fé e homenagem devida aos imperadores por causa dos feudos que detêm e que são membros do Império da Alemanha. Mas se os imperadores não podiam alienar a soberania e reta senhoria sobre essas terras, os papas permanecem vassalos do Império.

Podemos dizer coisa semelhante do direito de eleição dos papas, que os imperadores da Alemanha pretenderam. Pois o imperador Frederico II, para obter a absolvição do papa Inocêncio IV, expediu-lhe cartas-patentes seladas com selo de ouro, datadas do ano de 1219, sétimo ano de seu Império e vigésimo-segundo de seu reino na Sicília, das quais eu vi o extrato e pelas quais ele abandona inteiramente o direito de eleição que tinha na criação dos bispos, usando destas palavras: "*Illum abusum abolere volentes, quem quidam praedecessorum nostrorum exercuisse dignoscuntur in electionibus Praelatorum, concedimus, ut electiones liberè fiant, et canonicè*"[307]. Na verdade, esse direito de eleger os papas pertencia aos reis da França e não aos imperadores da Alemanha, que usurparam o título de imperador, adquirido por Carlos Magno rei da França e deixado aos seus suces-

305 [N.T.:] "Eu, Oto IV, Rei dos Romanos e sempre Augusto, a ti, Senhor meu Papa Inocêncio III e a teus sucessores na Igreja Romana, respondo, prometo e juro que todas as posses são da Igreja".

306 [N.T.:] "Condados de Perugia, Reggio, Salva e Interamne, toda a Campânia, mesmo não Romana, Ferrara, etc. a Marca de Ancona, as terras da condessa Matilde e aqueles que estão entre Rodicofanun (?) até Ceperanum (?), o exarcado de Ravena, a Pentápole, com outras terras, etc.".

307 [N.T.:] "E querendo tais abusos abolir, pelos quais nossos predecessores arrogavam-se conhecer e perseguir nas eleições dos Prelados, concedemos (doravante) que tais eleições se façam livres e canônicas".

sores reis da França e não aos reis da Alemanha. Pois assim eles são chamados em todos os antigos tratados e pelos historiadores da Alemanha e da França: nunca se chamavam imperadores se não tivessem sido coroados pelos papas.

A ocasião de pretender o direito de eleição dos papas foi dada pelos abusos que nisso se cometiam. De fato, o imperador Henrique III despojou do papado Gregório VI, eleito pelo clero sem seu consentimento, e entregou-o a Clemente II, fazendo o clero jurar que jamais receberia um papa sem o consentimento do Imperador, como se encontra no registro do Vaticano e como Onofre, camareiro do Papa, também o escreve. Por isso, o clero, depois da morte do papa Clemente II, enviou embaixadores ao Imperador para nomear um papa, e o Imperador enviou Poppo, denominado Dâmaso II. Após sua morte, o clero expediu imediatamente novos embaixadores ao Imperador para o mesmo fim, e este enviou Bruno, denominado Leão IX, e depois deste enviou Vítor II, depois de cuja morte o clero elegeu Frederico, e depois dele Alexandre II. Vendo isso, Henrique IV enviou Cadol, bispo de Parma, que foi recebido no país da Lombardia, mas expulso por Alexandre. Depois dele, Hildebrando, ou Gregório VII, eleito pelo clero, proibiu a todos os leigos a colação de qualquer benefício sob pena de excomunhão e, a seguir, excomungou Henrique IV imperador por ter contrariado sua proibição. Este último lançou um exército sobre a Itália e expulsou Gregório VII – que havia sustentado o assédio por onze anos – nomeando papa Clemente III, que deteve a dignidade por 17 anos contra quatro papas eleitos consecutivamente pelo clero. Depois deste, Henrique V nomeou Bourdin papa, mas o clero não levou isso em consideração e elegeu Calisto II, um burgúndio que expulsou o papa indicado pelo Imperador, o qual, pelo tratado feito para esse fim em Worms com o papa Calisto, renunciou ao direito das eleições de todos os benefícios, com a condição de que assistiria a elas, se assim lhe aprouvesse. O tratado está no registro do Vaticano e comporta estas palavras: "*Pro salute animae meae dimitto Deo et sancti Apostolis D. Petro et Paulo, sanctaeque ecclesiae catholicae omnem investituram per annulum et baculum, et concedo in omnibus ecclesiis quae in imperio meo sunt canonicam fieri electionem*"[308].

308 [N.T.:] "Pela salvação de minha alma demito-me, diante de Deus e dos santos apóstolos srs. Pedro e Paulo, de tudo o que concerne às investiduras, através de anel e báculo, da santa igreja católica e concedo a todas as igrejas que neste meu império estão que façam as suas eleições de forma canônica".

Todavia, 229 anos depois desse tratado, Luís da Baviera declarou Nicolau V papa, enquanto sediava em Avignon João XXII, que mandou chamar diante de si o imperador e depois lançou-lhe uma sentença de interdição por defeitos e contumácias. O imperador, por seu lado, mandou chamar diante de si o papa João, dizendo que a Igreja estava sujeita ao Império, e privou-o do papado, por sentença dada em Roma, onde o Antipapa tinha a sua sé. Este último, tendo-se depois retirado para Pisa, foi entregue pelos habitantes nas mãos do papa João, que o fez morrer nas prisões de Avignon. O imperador, excomungado, foi abandonado por seus súditos, embora não tenha sido o único, pois houve oito imperadores excomungados pelos papas[309].

Porém, depois de Luís da Baviera, a majestade imperial foi rebaixada e eles não ousaram tentar mais nada contra os papas. Muito pelo contrário, Carlos IV imperador expediu cartas-patentes no ano de 1355 pelas quais reconhecia ao papa Inocêncio V que deveria obter a confirmação de sua eleição e a coroa imperial dos papas, começando por estas palavras: *Post pedum oscula beatorum, etc.*[310], que estão em todas as cartas dos imperadores aos papas desde Luís, e na forma da coroação imperial, na qual consta, entre outras cerimônias, que o Imperador servirá ao Papa como subdiácono e que, ao sair da igreja, ele segurará o estribo quando o Papa montar em seu cavalo e o conduzirá por algum tempo, segurando as rédeas. Há muitas outras cerimônias que estão longamente deitadas por escrito nos registros do Vaticano e que não é necessário mencionar aqui.

O que deve ser ainda mencionado, pois não está nos registros, é que o Imperador deve ir buscar o Papa e, se este muda de lugar, deve segui-lo, como fez Carlos V imperador quando veio para a Itália na esperança de ir a Roma: tão logo advertido de que o papa Clemente VII tinha ido para Bolonha a Gorda, ele o seguiu como requer a cerimônia dos menores Príncipes para com os maiores. Depois da morte de Carlos V, o imperador Ferdinando não pôde obter do Papa a confirmação de sua eleição, sendo ainda ameaçado por este de ser proibido de manejar os negócios do Império, de modo que foi obrigado a empregar o favor dos reis da França e da Espanha para apaziguar o Papa. Isso os príncipes do Império acharam muito ruim, visto que tinham prometido empregar todo o seu poder para defender a majestade do Império

309 Frederico I, Frederico II, Felipe, Conrado, Oto IV, Luís da Baviera e os Henriques IV e V.

310 [N.T.:] "e os pés do beato ele beija".

contra as ingerências do Papa, como eu soube pelas cartas do embaixador do rei, datadas de Viena no mês de julho de 1559. E para mostrar uma submissão maior dos imperadores aos papas, a subscrição das cartas do Imperador ao Papa comporta estas palavras: "beijo os pés e as mãos de Vossa Santidade", como vi nas cartas do imperador Carlos V ao papa Clemente VII. Ele não disse isso por cortesia afetada, mas de fato beijou muito humildemente os pés do Papa, perante a maior assembleia que já houve – e jamais houve mais bela na Provença – e na qual se encontravam o Papa, o Imperador, os reis da França e de Navarra, os duques de Saboia, Bouillon, Florença, Ferrara e Wittenberg, o grão-mestre de Malta e vários outros Príncipes e grandes senhores, que todos beijaram os pés do Papa, salvo os duques de Bouillon e Wittenberg, protestantes, que lá não estavam para obter absolvição (como fez o doge de Veneza, o qual tomou o baraço ao pescoço, caminhando de quatro diante do papa Clemente V) nem para comprar a paz, como fez Frederico Barba-Roxa, que, por ter seu filho prisioneiro, suportou que o papa Alexandre III pisasse sobre sua cabeça, se tais histórias são verdadeiras.

Todos esses são argumentos indubitáveis de que os papas rebaixaram bastante a antiga grandeza dos imperadores. Eles também dizem que são maiores que os imperadores tanto quanto o Sol é maior que a Lua, isto é, seis mil seiscentos e quarenta e cinco vezes e sete oitavos mais, se acreditarmos em Ptolomeu e nos árabes[311]. Ademais, eles sempre pretenderam direito ao Império, pois, quando o posto imperial estava vago, eles cediam as investiduras àqueles que dependiam do Império, como fizeram com João e Lucchino, viscondes de Milão, por ocasião da vacância do posto imperial em 1341, quando estes últimos foram denominados vigários da Igreja Romana e não do Império, com proibição de obedecer a Luís da Baviera, que estava excomungado. Por esse motivo os canonistas sustentam que o Imperador não pode ceder a dignidade imperial a ninguém, exceto ao Papa, e a razão que alegam é que o Imperador detém a coroa imperial dos homens e o Papa, a sua tiara de Deus, ainda que uma e outra, assim como todo poder em geral,

311 [N.T.:] Estes dados astronômicos estão completamente equivocados: a razão do diâmetro do Sol para o diâmetro da Lua é de aproximadamente 400,5 e a razão de seus diâmetros orbitais é de 389,4. Bodin é hostil ao sistema copernicano e ao heliocentrismo, que lhe parecem heréticos. Por isso agarra-se à astronomia ptolomaica que, em seu tempo, já está sendo ultrapassada pelo novo paradigma. Mesmo com as observações relativamente pobres de sua época, o sistema de Copérnico já forneceria valores bem exatos dessas grandezas.

sejam dadas por Deus. Todavia, o imperador Carlos V resignou a dignidade imperial entre as mãos dos Eleitores e enviou-a através do príncipe de Orange.

Porém, ainda que o Papa pretenda a soberania não apenas espiritual mas igualmente temporal sobre todos os Príncipes cristãos e ainda que tenha adquirido esse poder sobre uns por títulos e cessões e sobre outros por prescrição e gozo, o reino da França sempre se garantiu contra isso, embora os papas tenham se esforçado para sujeitá-lo a eles, excomungando nossos reis que não queriam se submeter, a fim de provocar a revolta dos súditos, como faziam em outros países. Mas vendo que era grande a obediência dos franceses ao seu rei e recíproco o amor dos nossos reis para com seus súditos, eles interditaram rei, reino e súditos, como fez Bonifácio VIII no reinado de Felipe o Belo, excomungando-o junto com aqueles que o consideravam rei. Mas o rei lhe enviou cartas tais como ele merecia e que ainda se encontram no tesouro, juntamente com um exército sob o comando de Nogarel, dotado de um mandado de prisão de corpo em virtude do qual ele constituía o Papa prisioneiro, fazendo-lhe saber que o rei não era seu súdito, como ele o havia qualificado na sua bula. Não obstante, ele interpôs apelação das proibições de Bonifácio perante o concílio superior daquele que o agravava, seguindo a opinião dos Príncipes e da gente de seu conselho.

Muito tempo antes, Felipe o Conquistador, excomungado junto com seu reino pelo papa Alexandre III, que queria sujeitá-lo, respondeu-lhe que não detinha nem do Papa, nem de Príncipe algum que existisse sobre a Terra; vi essa carta, que ainda se encontra no tesouro da França, no cofre de cota *Anglia*. E mesmo que posteriormente Bento XIII e Júlio II, papas, tenham excomungado nossos reis, com isso em nada diminuíram, mas antes aumentaram a obediência dos súditos, pois aconteceu que o portador da bula de interdição foi feito prisioneiro e sua bula lacerada em público, por sentença da Corte. Da mesma forma, João de Navarra, que se dizia conde palatino, nomeou alguns notários e legitimou bastardos em virtude de um poder que dizia deter do Papa, foi condenado por sentença do Parlamento de Toulouse[312] como culpado de lesa-majestade.

É verdade que aqueles que pensaram melhor assegurar a majestade dos reis da França contra o poder do Papa obtiveram bulas dos papas sediados na cidade de Avignon para isentá-los do seu poder. No tesouro da França há até

312 No ano de 1462, a 25 de maio.

mesmo uma bula do papa Clemente V pela qual não somente ele absolve Felipe o Belo e seus súditos da interdição de Bonifácio, mas também declara o rei e o reino isentos do poder dos papas. O papa Alexandre IV também concedeu ao reino da França esse privilégio de não poder ser interditado, o que depois foi confirmado por sete papas consecutivamente, a saber: Gregório VIII, IX, X, XI, Clemente IV, Urbano V e Bento XII, cujas bulas ainda se encontram no tesouro da França. Porém, isso não era engrandecer, mas diminuir a majestade dos nossos reis, que jamais detiveram coisa alguma dos papas. Ademais, a Corte do Parlamento, através de várias sentenças[313], declarou nula e abusiva a cláusula AUCTORITATE APOSTOLICA inserida nos decretos do Papa enviados à França. É preciso que aquele que queira se apoiar em tais decretos proteste em juízo que não se servirá de modo algum da dita cláusula.

Tais são os argumentos para demonstrar as soberanias, franquias e liberdades dos reis e do reino da França, apesar do que diz Jean Durand, bispo de Mende, que os reis da França são súditos do Papa quanto ao juramento, o que não merece resposta. Isso foi no tempo em que, em virtude do juramento aposto aos contratos, os juízes eclesiásticos avocavam o conhecimento e a jurisdição de todas as coisas, o que lhes foi subtraído por éditos e sentenças da Corte. A isso se pode relacionar a submissão do rei Felipe de Valois à jurisdição da câmara do Papa para uma obrigação por causa de empréstimo feito ao rei pelo papa Clemente VI, de um montante de trezentos e trinta mil florins de ouro. Essa é uma cláusula ordinária em todas as obrigações, em virtude da qual o próprio Papa estaria obrigado, nem que fosse pelas regras do direito comum. E como o papa Clemente VI era da casa de Turenne, parece que, por essa soma que ele emprestou, os condes de Turenne receberam grandes privilégios, dos quais ainda gozam. Decerto houve quem pretendesse que os reis da França deviam tomar a coroa real da mão dos papas, visto que o rei Pepino a tomou, em Saint-Denis-en-France, do papa Zacarias, como se um ato em solenidades descontinuadas e de tal consequência pudesse gerar direito, o que não se faria sequer na aquisição da menor servidão descontinuada, salvo por prescrição de cem anos. Ademais, o rei não deixa de ser rei sem o coroamento ou a sagração, que não pertencem à essência da soberania.

Mas não se pode negar que, se a doação do exarcado de Ravena e da Pentápole, que é um dos mais belos países da Itália, foi feita pelos reis da França

313 Sentenças de 27 de junho de 1536 e do último dia de janeiro de 1552.

aos papas e à Igreja de Roma, isso seria detido da coroa da França, visto que a confirmação das senhorias assim doadas foi pedida a Luís o Piedoso, sucessor de Carlos Magno, como Charles Sigon escreve ter visto tal confirmação. Disso se pode extrair dois argumentos muito certeiros: um é que a doação foi feita pelos predecessores de Luís o Piedoso, e outro é que a soberania estava retida, pois de outra forma não seria necessário obter confirmação, visto que o rei Pepino havia adquirido as terras pelo direito de armas sobre os imperadores de Constantinopla, que enviaram embaixadores à França junto a Pepino com o fim de impedir o efeito da doação e nada puderam obter, como se pode ver nas histórias de Floard e de Sigon. Ademais, Agostinho Onofre, camareiro do Papa, que viu todos os registros e papéis do Vaticano, confessa (falando dos papas) que o exarcado de Ravena, a Romanha, o ducado de Urbino e parte da Toscana foram dados à igreja de Roma.

Mas ele não diz isto que eu li num extrato do registro do Vaticano, que João, apelidado *Digitorum*, tinha escrito em letras de ouro a pretensa doação de Constantino, da qual constam as seguintes palavras no final: "*Quam fabulam longi temporis mendacia finxit*"[314]. Eu não quis nada mudar: esses são argumentos muito mais fortes que aqueles de Laurens Vale para tornar convincentes as mentiras de Agostinho Egubin, que forjou em grego a doação de Constantino para dar-lhe lustro, mas Sigon e Onofre, italianos, desmentiram-no suficientemente. Isso também está bastante justificado pela epístola do papa João escrita no ano de 876, que confessa as amplas larguezas e doações feitas à Igreja de Roma por Pepino, Carlos Magno e seus sucessores, e até mesmo a antiga mesa de mármore que se vê ainda em Ravena e leva estas palavras: PIPINUS. PIUS. PRIMUS. AMPLIFICANDAE. ECCLESIAE. VIAM. APERUIT. ET EXARCHATUM. RAVENNAE. CUM. AMPLISSIMIS... o resto está apagado.

Eis o que há a dizer sobre a grandeza e soberania da casa de França. Não toco aqui a grandeza e soberania do Negus da Etiópia, que é chamado de Preste-João e que tem 50 reis tributários, como diz Paul Jove, ou melhor dizendo governadores de províncias, que lhe prestam não apenas os tributos ordinários, mas também fé e homenagem na maior humildade, como aquela que os escravos têm para com seus senhores, como se pode ver na história de Francisco Álvares, português, que permaneceu seis anos na Etiópia.

314 [N.T.:] "A mentira muito antiga se transforma em fábula".

Contudo, eles são denominados reis sem propósito, pois não são soberanos absolutamente, já que são tributários e prestam fé e homenagem a outrem. Quanto aos príncipes que não são cristãos, deles nada posso dizer, pela pouca segurança que temos deles pelos escritos e relatos de outrem. Todavia, há um capítulo do Alcorão no qual está expressamente proibido a todos os Príncipes muçulmanos (isto é, fiéis) denominarem-se senhores, salvo o Califa ou grande pontífice[315]. Por meio dessa proibição os pontífices maometanos usurparam a soberania absoluta acima de todos os Príncipes, dando os reinos e principados a quem bem lhes aprouvesse, na qualidade de governos. Essa pode ser a causa pela qual não há príncipe muçulmano que use coroa na cabeça, embora os mais antigos reis da Ásia e da África usassem coroa e até mesmo o pontífice Joiadá, tendo sagrado Joás rei da Judeia, lhe tenha posto uma coroa na cabeça. Todavia, os príncipes muçulmanos sustentam que esse capítulo não é do legislador, mas dos pontífices (pois de vários Alcorões diversificados fizeram um só, muito tempo depois da morte de Maomé), que acrescentaram esse capítulo para o acréscimo de sua majestade.

O rei de Portugal possui vários reis feudatários e tributários

Por isso houve três antipontífices[316] em competição. Os príncipes da Pérsia, os curdos, os tártaros, os turcos, os sultões do Egito, os reis do Marrocos, de Fez, de Teleusina, de Túnis e de Bugie, os povos dos Zenetas e de Luntune isentaram-se da obediência aos califas para deter seus reinos em soberania, como ainda o fazem os reis de Tombut, da Guiné, de Gaoga e outros reis da

315 [N.T.:] Bodin cede aqui ao uso que lhe é contemporâneo e traduz califa por uma figura no mínimo nebulosa, que se refere à tradição do papado e à religião romana. Lembremos que *Pontifex* – construtor de pontes, literalmente – era o título dado aos membros de um dos mais elevados colégios sacerdotais da Roma antiga e que, a partir do século IX, passou a ser usado para designar o Papa. O significado mais exato do termo califa é aquele que lhe emprestam, honestamente, quase todos os arabizantes e dicionários: comendador dos crentes.

316 [N.T.:] Bodin refere-se aqui aos principais cismas que afetaram o mundo islâmico nos seus primeiros séculos. Inicialmente houve a cisão entre xiitas e sunitas, com os primeiros separando-se do califado de Bagdá e constituindo-se em poder autônomo nas regiões dominadas pela antiga Pérsia. Posteriormente o próprio califado omíada entra em crise, sobrevivendo apenas na Espanha muçulmana e nas regiões berberes do Magreb.

África, salvo aqueles que detêm em fé e homenagem do rei de Portugal, como os reis de Calecute, de Malaca, de Cambarra e de Cananor, que os portugueses obrigaram a proceder assim e a pagar tributo porque ocuparam boa parte dos reinos do Marrocos e da Guiné e ergueram uma fortaleza na ilha de Ormuz, nas barbas do rei da Pérsia, cobrando peagens dos mercadores que abordam no mar Pérsico. E teriam feito o mesmo no mar Vermelho se o Barnagas, governador dessa costa e súdito do rei da Etiópia, não os tivesse cortado em pedaços e arruinado a fortaleza que tinham começado a fundar sob o véu da aliança e da amizade contratada por Lopez, embaixador do rei de Portugal, com o rei da Etiópia, no ano de 1519.

Entretanto, é certo que o rei de Portugal era antigamente feudatário do rei de Castela e o reino de Portugal, um membro do reino de Castela que foi dado a Henrique, irmão de Godefroy de Bouillon, ao desposar a bastarda de Afonso, rei de Castela. Desse casamento saíram todos os reis de Portugal há quatrocentos e cinquenta anos e a linhagem ainda continua. Eles se isentaram da soberania de Castela e mantêm vários reis tributários e feudatários, pois não há reis feudatários, na Ásia ou na África, que não sejam também tributários. Antigamente, os reis da Pérsia e os romanos se contentavam em ter reis tributários, como no caso dos romanos que, depois de terem vencido Felipe II rei da Macedônia, estipularam que ele pagaria todos os anos um certo tributo que seu filho Perseu, duvidando de seus negócios, ofereceu aos romanos. Mas também havia reis tributários que tinham outros sob si, como Davi, que tornou todos os Príncipes da Palestina e circunvizinhos seus tributários; porém, seus sucessores ficaram tributários dos reis da Pérsia. Também o rei da Esclavônia e a República de Cartago eram tributários dos romanos, sem outra diminuição de sua majestade.

Diferença entre pensão e tributo

Mas há uma diferença entre tributo e pensão, pois um se paga para obter a paz e a outra para obter ajuda e socorro, ou por proteção. É verdade que aquele que recebe pensão geralmente a chama de tributo, como faziam os ingleses com a pensão de cinquenta mil escudos que lhes pagava o rei Luís XI pelo tratado de Piqueni, até que a infanta da Inglaterra fosse casada com Carlos VIII. Felipe de Commines diz que isso não era pensão nem tributo, mas é preciso que seja um ou outro. Assim, o Grande Senhor chama o Imperador de tributário seu, pela pensão da Hungria que ele paga todos os anos, e, em caso semelhante, os venezianos, genoveses, ragusanos, os reis da Argélia e de Túnis são chamados por ele de tributários seus, mesmo que pelos tratados e cartas do Turco eles sejam qualificados de grandes amigos e aliados.

O knez de Moscóvia é Príncipe absolutamente soberano

Mas o grande *precop* da Tartária, que era antigamente senhor soberano de todos os reinos desde o rio Volga até o Borístenes, mantinha todos os Príncipes e senhores desses países como seus tributários e feudatários, que não apenas se punham de joelhos diante dele, como também ficavam de pé diante de seus embaixadores sentados[317]. Dentre estes, o grande *knez* de Moscóvia sofria mil indignidades, sendo, por essa causa, ainda chamado somente de duque pelos outros Príncipes soberanos, embora no ano de 1524 os duques tivessem se libertado da obediência ao *precop*, cuja filha o sultão Selim – bisavô do atual – havia desposado. O primeiro duque que se revoltou contra ele foi Basílio I, que se denominava grande camareiro de Deus e rei da Moscóvia. O atual, apesar de os outros príncipes o chamarem de duque, qualifica-se de grande imperador, e de fato é um dos maiores e mais temidos monarcas que existem. Não que a extensão do país torne o Príncipe mais ou menos soberano, pois embora o rei Eumenes não tivesse mais que um castelo sob o seu poder, quando se tratou de capitular diante de Antígono, rei da Ásia, que queria deter a prerrogativa de honra, ele respondeu que jamais reconheceria alguém maior do que si enquanto tivesse a espada no punho[318].

Graus de honra entre os Príncipes soberanos iguais

Todavia, entre os senhores absolutamente soberanos existe prerrogativa de honra das mais antigas repúblicas ou monarquias sobre as modernas e as novas, mesmo que estas sejam maiores e mais poderosas, como se vê entre os

317 Sigismundo, *História da Moscóvia*.

318 Plutarco, *Eumene*.

treze cantões dos suíços, que são todos soberanos e não reconhecem nenhum Príncipe nem monarca do mundo como soberano.

Ordem dos cantões da Suíça

O cantão de Zurique detém a prerrogativa de honra e o deputado desse cantão preside aos estados e recebe, em nome de todos os cantões, os embaixadores dos Príncipes e das Repúblicas. Somente a ele compete mandar reunir os estados de todos os cantões e dispensá-los, embora o cantão de Berna seja muito maior e muito mais poderoso. Depois de Berna vêm Lucerna e Uri, apesar de este último não ter muralhas, não mais que Schwyz e Unterwalden, que seguem em ordem, e depois Zug, Glarus, Basileia, Friburgo e Soleure. Poder-se-ia dizer que isso se fez segundo o tempo no qual cada cantão entrou na aliança, mas os tratados mostram o contrário, pois por eles fica manifesto que os primeiros que trataram aliança foram Uri, Schwyz, Zug e Unterwalden. Às vezes também os mais antigos monarcas e Príncipes perdem a prerrogativa de honra, quando se põem sob a proteção de novos Príncipes ou quando se tornam tributários. Nesse caso é certo que eles são sempre menores que os outros, como ocorreu com quase todos os Príncipes e senhores que buscaram a proteção dos romanos.

Graus de honra entre os Príncipes aliados dos romanos

Os outros permaneciam bastante iguais na aparência e nos tratados, como os senhores de Autun, que eram iguais no tratado de aliança feito entre eles e os romanos, pelo qual se chamavam irmãos uns dos outros. Não obstante, de fato os romanos detinham a preeminência, e até mesmo o imperador Augusto se mostrou muito cerimonioso nas honras que distribuía aos reis e Príncipes aliados e àqueles que estavam sob a proteção do império de Roma:

Reis, etnarcas, tetrarcas

Instituindo etnarcas e tetrarcas, estes menores que aqueles, e os reis maiores que os etnarcas, e os mais antigos aliados dos romanos maiores que os últimos. Embora sob o estado popular os romanos não fossem tão ciosos de tais cerimônias, tiveram curiosidade por elas, como se pode ver na desavença que houve entre Perseu, rei da Macedônia, e Q. Martius, embaixador dos romanos, a respeito de quem cruzaria o rio na fronteira da Macedônia. O embaixador a ganhou pela doçura das palavras, para mostrar – como disse aos aliados – que a dignidade dos romanos era maior que a do rei da Macedônia, que todavia nada queria ceder aos romanos. Depois que este perdeu seu estado e seu exército e não podia fugir dos seus inimigos, escreveu a Paulo Emílio, general do exército dos romanos, qualificando-se ainda de rei. Mas não se quis ler nem abrir suas cartas enquanto ele não retirasse delas a qualidade de rei[319], que só é própria daquele que é soberano e não depende de Príncipe algum.

Essa foi a causa pela qual o rei Francisco I objetou ao cardeal Bibiene, legado na França, que seu mestre não deveria tolerar que o imperador Carlos V se denominasse rei de Nápoles e da Sicília, visto que ele era apenas vassalo. O legado disso advertiu o cardeal de Médici, que depois foi papa, a fim de que fosse retirada essa qualidade, que ele dizia em suas cartas ser proibida aos reis de Nápoles. Todavia, o legado não leu bem os registros do Vaticano (ponto no qual muitos embaixadores, mal instruídos nos negócios de seus mestres, cometem erros notáveis), visto que a qualidade real está inserida nas investiduras de Carlos de França, de Carobert e de Joana. Dever-se-ia pela mesma cadeia de razões retirar a qualidade do rei da Boêmia, que detém seu reino em fé e homenagem do Império, e não porque este seja pequeno demais, como muitos escreveram que não é reino por essa causa – o que seria medir os reis por área –, mas sim porque o país da Boêmia foi erigido em reino pelo imperador Frederico I e somente a título honorífico, sem prejuízo dos direitos e da soberania do Império.

Mas verdadeiramente essa qualidade não pode convir a quem é feudatário de outrem e nada detêm a título de soberania. Talvez essa tenha sido a causa pela qual o papa Pio IV não tenha dado a qualidade real a Cosme, duque de Florença, ainda que o quisesse de muito boa vontade. Tendo sido advertido disso pelo embaixador da França, o Imperador disse "*Italia non habet Regem, nisi Caesarem*"[320]. Isso deve ser entendido como o Império, do qual as terras

319 *Lívio* liv. 35.

320 [N.T.:] "A Itália não possui reis, mas sim imperadores (Césares)".

do duque de Florença dependem, e não como o Imperador, que está sujeito aos estados do Império, embora todos os Príncipes cristãos lhe cedam a prerrogativa de honra, depois do Papa, como chefe do Império. Da mesma forma, os reis da França, depois do Imperador, têm precedência sobre todos os Príncipes cristãos, prerrogativa de honra que foi adquirida não somente por longa posse, mas também porque não há semelhante a ela nem que tenha tão longa sequência de reis. Até mesmo Baldo, jurisconsulto italiano e súdito do Império, diz que o rei da França porta uma coroa de glória acima de todos os reis, que sempre lhe deferiram essa honra.

Na verdade essa prerrogativa lhe é devida, pois até mesmo os imperadores da Alemanha não podem negar que o Império da Alemanha seja membro do antigo reino da França, dado em partilha a Luís de França, segundo filho de Luís o Piedoso, e conquistado por Carlos Magno rei da França, declarado o primeiro Imperador do Ocidente. Todavia, os imperadores da Alemanha, sob os Otos, pouco a pouco usurparam a prerrogativa de honra acima dos reis da França, tal como, em caso semelhante, o rei da Espanha, há alguns anos, quis debatê-la. Mas ele foi frustrado em Veneza por decreto do senado, em processo movido pelo senhor de Nouvailles no ano de 1558, e depois ainda por sentença do Papa, dada com o consentimento de todo o consistório dos cardeais, na qual o Papa diz, alto e claro, que os reis da França eram os antigos protetores da Igreja Romana e que as mais belas peças da casa de Espanha foram desmembradas da casa de França. E ele dizia a verdade, para emendar o erro que tinha sido cometido de dar a precedência, no Concílio de Trento, a Mendoza, embaixador da Espanha, com relação ao embaixador da França, que na ocasião era o senhor de Larsac, assistido dos srs. Du Ferrier e Du Faur.

Todavia, o embaixador da Espanha, depois dos dois decretos que mencionei, quis ainda em Viena de Áustria obter um lugar igual ao do senhor de La Forest, embaixador da França, ou que a precedência fosse partida ao meio, como os cônsules romanos, que compartilhavam a precedência, e os doze lictores, com poder de comandar sucessivamente, cada qual no seu dia. O rei, ao ouvir isso, escreveu ao seu embaixador que a precedência era de tal importância que ele não devia abrir a boca para falar dela sem mandamento expresso. O Imperador, não querendo ofender nem um nem outro, proibiu ambos embaixadores de comparecer às cerimônias e assembleias públicas. O senado da Polônia, confrontado à mesma dificuldade, não quis preferir nem igualar um ao outro e ordenou que os primeiros a chegar seriam os primeiros a ser ouvidos. E como o sr. de Monluc, bispo de Valência (que, por sua prudência e destreza no manejo dos negócios de estado, teve por quinze vezes o cargo de embaixador) foi o primeiro a chegar, foi ouvido primeiro. O embaixador da Espanha, irritado, nada quis dizer, como eu soube pelo sr. de Nouailles, abade de Belle Isle, homem de honra e virtude, que naquela ocasião era também embaixador na Polônia e agora está em Constantinopla.

Mas antes do ano de 1558 jamais Príncipe cristão havia posto em dúvida a precedência da casa de França. Até mesmo os ingleses sempre preferiram-na à casa de Espanha, ainda que fossem antigos aliados e amigos de uma e inimigos da outra. Depois da morte de Maria I Tudor, no capítulo mantido pelos cavaleiros da Ordem da Jarreteira, na vigília de São Jorge do ano de 1555, foi decretado que o lugar do rei da França seria ao lado do chefe da Ordem, à sua mão direita, onde antes era o lugar da Espanha, quando o rei Felipe estava casado com a rainha. No dia de São Jorge, guardou-se o lugar do rei da França do lado destro e o do rei da Espanha à sinistra, junto ao lugar do Imperador, que estava vazio. E depois, no tempo de Carlos IX, a rainha da Inglaterra fez arvorar a bandeira da França de mesmo tecido e tamanho que a sua, fato este do qual o rei foi advertido pelo sr. de Foix, então embaixador, e que não é honra menor à grandeza de sua casa do que outras recebidas. No rol dessa Ordem que, todos os anos, é assinado pela rainha, o nome do rei da França é o primeiro após o seu. Para evitar tais dificuldades e os ciúmes entre os Príncipes que, de outra forma, seriam inevitáveis e perigosos, consta do artigo XIII das ordenanças de Luís XI a respeito das ordens de cavaleiros que eles serão postos em ordem segundo o tempo de sua recepção, sem prerrogativa de rei nem de imperador.

Porém, cada Príncipe soberano que não seja tributário ou feudatário e que não esteja sob a proteção de outrem pode, em seu país, distribuir prerrogativas de honra a quem bem lhe aprouver, mantendo-se sempre no primeiro posto. Sabe-se muito bem que os senhores de Veneza, de Gênova e de Ragusa e os reis da Polônia e da Moscóvia trataram aliança com o rei dos turcos e que este último sempre deferiu a prerrogativa de honra ao rei da França, chamando-o em suas cartas de maior e mais importante dos maiores Príncipes cristãos. E ele próprio se qualifica como o maior de todos os imperadores e o primeiro *sarrach* dos muçulmanos, quer dizer, o príncipe dos fiéis. Quanto a esta última qualidade, os próprios Príncipes cristãos atribuem-na a ele em suas cartas. Quanto ao primeiro título, parece que ele o tomou dos antigos imperadores de Constantinopla, cujas armas levavam os quatro betas que os nossos denominam fuzis e que querem dizer: ΒΑΣΙΛΕΎΣ ΒΑΣΙΛΈΩΝ, ΒΑΣΙΛΕΎΩΝ ΒΑΣΊΛΕΥΣΙ[321], isto é, Rei dos Reis, reinante sobre os reis. Tal era a qualidade que tomavam antigamente os reis da Babilônia, como se pode ver em Ezequiel, que chama de מלכים מלך[322] o rei Nabucodonosor, visto que todos os reis da Ásia lhe eram tributários, e depois os reis da Pérsia, como escreve Esdras. Depois destes, os reis da Pártia usurparam essa qualidade, como Díon escreve de Fraates, rei da Pártia, que se chamava rei dos reis. Mas os Príncipes feudatários não podem qualificar-se de reis, nem os duques, marqueses, condes e príncipes usar o título de Majestade, mas somente os de Alteza, Serenidade ou Excelência, como dissemos. Ora, já que os Príncipes tributários e feudatários não são absolutamente soberanos, nem aqueles que estão sob proteção, falemos das verdadeiras marcas de soberania.

321 [N.T.:] Translitera-se *Basileús Basiléôn, Basileúôn Basíleusi.*

322 [N.T.:] A expressão é composta pelos caracteres: *mem, lamed, caf, yod, mem* (final), *mem, lamed, caf* (final) e pode ser transliterada como: *melekim'melek* ou *malekem'malik*. O radical מלכ (*mlk*) associa-se a todos os conceitos ligados à realeza. Dessa forma, *malekem´malik* pode ser traduzido como **Rei dos Reis** como quer Bodin.

Capítulo X

Das verdadeiras marcas de soberania

JÁ QUE NÃO HÁ NADA MAIOR NA TERRA, depois de Deus, que os Príncipes soberanos, e que eles são estabelecidos por Ele como seus lugares-tenentes para comandar os outros homens, é preciso levar em consideração a sua qualidade, a fim de respeitar e reverenciar a sua majestade com toda obediência, ouvir e falar deles com toda honra. Pois quem despreza seu Príncipe soberano despreza Deus[323], de quem o Príncipe é a imagem na Terra. Eis porque, falando Deus a Samuel, a quem o povo havia pedido um outro Príncipe, disse: "é a mim que eles fizeram injúria". Ora, a fim de que se possa reconhecer aquele que assim é, quer dizer, que é Príncipe soberano, é preciso conhecer suas marcas, que não são comuns aos outros súditos, pois se fossem comuns não haveria Príncipe soberano. Não obstante, aqueles que melhor escreveram sobre isso não esclareceram esse ponto como merecia, seja por adulação, seja por temor, seja por ódio, seja por olvido.

Lemos que Samuel, tendo sagrado o rei que Deus havia eleito, fez um livro dos direitos da majestade. Mas os hebreus escreveram que os reis o

323 *Samuel* 8, 7; *Êxodo* 22.28; *Pedro* 2.17; *Romanos* 14; *Timóteo* 2; *Jeremias* 38; *Ezequiel* 17.

suprimiram a fim de exercer a tirania sobre seus súditos. Nisso Melanchton se enganou, ao pensar que os direitos da majestade eram os abusos e tiranias, como Samuel diz ao povo em sua arenga: "Quereis conhecer, diz ele, o costume dos tiranos? É o de tomar os bens dos súditos para deles dispor a seu talante, é o de tomar suas mulheres e seus filhos para deles abusar e fazer seus escravos". A palavra משפטים[324] não significa "direitos" nesse lugar, mas costumes e maneiras de fazer. De outra forma, o bom príncipe Samuel teria desmentido a si mesmo, pois prestou contas ao povo do encargo que Deus lhe havia dado: "Quem é aquele, diz ele, dentre vós que pode dizer que eu tenha alguma vez dele tomado ouro ou prata, ou ganho um presente qualquer?". Então o povo inteiro louvou-o em voz alta, dizendo que ele jamais tinha feito o mal nem nada tomado de quem quer que fosse.

Entre os gregos, não há um só, de alguma luz, que tenha escrito sobre isso, salvo Aristóteles, Políbio e Dionísio de Halicarnasso. Mas eles cortaram tão curto que se pode julgar à primeira vista que não estavam muito seguros quanto a essa questão. Citarei as palavras de Aristóteles: "Existem, diz ele[325], três partes da República, uma que toma opinião e conselho, outra que estabelece os oficiais e os cargos de cada um e a terceira que faz justiça". Ele ouviu falar dos direitos de majestade, ainda que diga partes da República, ou então é preciso admitir que ele não falou nada sobre isso, pois há somente essa passagem. Políbio tampouco determina os direitos e as marcas de soberania, mas diz[326], ao falar dos romanos, que seu estado era mesclado de poder real, de senhoria aristocrática e de liberdade popular, visto que, diz ele, o povo faz as leis e os oficiais, o senado ordena sobre as províncias e a poupança, recebe os embaixadores e reconhece as maiores coisas, e os cônsules detêm a prerrogativa de honra, em forma e qualidade reais, mesmo na guerra, quando são onipotentes. Nisso fica evidente que ele tocou nos principais pontos da soberania, já que ele diz que aqueles que os têm detêm a soberania.

324 [N.T.:] משפטים pronuncia-se *mishpatim* e quer dizer "sentenças", tanto no sentido gramatical como no de decisão judicial.

325 *Política* liv. 4.

326 *De militari ac domestica Romae disciplina* liv. 6 q. 3.

Dionísio de Halicarnasso[327] parece ter escrito melhor e mais claramente que os outros, pois ele diz que o rei Sérvio, para retirar o poder do senado, deu poder ao povo para fazer a lei e cassá-la, declarar guerra e fazer a paz, instituir e destituir os oficiais e conhecer as apelações de todos os magistrados. Em outro lugar, falando do terceiro tumulto ocorrido em Roma entre a nobreza e o povo, ele diz que o cônsul M. Valério objetou ao povo que ele deveria contentar-se em ter o poder de fazer as leis e os oficiais, bem como a última alçada. Quanto ao resto, pertencia ao senado. Depois os jurisconsultos ampliaram esses direitos – e os últimos muito mais que os primeiros – nos tratados que eles denominaram direitos de regalias, que preencheram com uma infinidade de particularidades que são comuns aos duques, condes, barões, bispos, oficiais e outros súditos dos Príncipes soberanos, de modo até que eles chamam os duques de Príncipes soberanos, como os duques de Milão, Mântua, Ferrara e Saboia, e até mesmo os condes, e todos eles caem nesse erro que tem muita aparência de verdade.

Quem é que não julgaria soberano aquele que dá a lei a todos os seus súditos? Que faz a paz e a guerra? Que provê todos os oficiais e magistrados de seu país? Que institui as talhas e delas isenta quem bem lhe parece? Que concede graça a quem merece a morte? O que mais se pode desejar de um Príncipe soberano? Estes possuem todas essas marcas de soberania. Entretanto, mostramos acima que os duques de Milão, de Saboia, de Ferrara, de Florença e de Mântua dependem do Império e a qualidade mais honrosa que possuem é a de Príncipes e vigários do Império. Mostramos que eles detêm suas investiduras do Império, que prestam fé e homenagem ao Império, em suma, que são súditos naturais do Império, originários de terras sujeitas ao Império: como poderiam ser absolutamente soberanos? Como seria soberano aquele que reconhece a justiça de um maior? De alguém que cassa seus julgamentos, que corrige suas leis, que o castiga se ele comete abusos? Mostramos que Galeazzo I, visconde de Milão, foi acusado, indiciado, convicto e condenado por lesa-majestade pelo Imperador, por ter lançado talhas sobre seus súditos sem permissão, e que morreu prisioneiro.

Se uns por licença, outros por tolerância e outros por usurpação empreendem acima do poder que detêm, segue-se que sejam soberanos, ainda que se digam vigários e príncipes do Império? Seria preciso então riscar

327 Liv. 4 e 7.

essa qualidade, e a de duque, e a qualidade de Alteza, e qualificá-los de reis, usando o título de Majestade. Mas isso não se pode fazer sem desautorizar o Império, como fez Galvão, visconde de Milão, sendo bem castigado por isso. Mostramos também que, pelo tratado de Constança, as cidades da Lombardia permanecem sujeitas ao Império. Em suma, mostramos os absurdos intoleráveis que se seguiriam se os vassalos fossem soberanos, mesmo que não detivessem nada que dependesse de outrem[328]. Isso seria igualar o senhor e o súdito, o mestre e o servidor, aquele que dá a lei e aquele que a recebe, aquele que comanda e aquele que deve obediência. Já que isso é impossível, é preciso então concluir que os duques, condes e todos aqueles que dependem de outrem, ou que recebem lei ou comando de outrem, seja por força ou por obrigação, não são soberanos.

Faremos o mesmo julgamento dos maiores magistrados, lugares-tenentes gerais dos reis, governadores, regentes e ditadores: qualquer que seja o poder que detenham, se estão obrigados às leis, alçada e comando de outrem, não são soberanos. Pois é preciso que as marcas de soberania sejam tais que possam convir apenas ao Príncipe soberano; de outra forma, se elas forem comunicáveis aos súditos, não se pode dizer que sejam marcas de soberania. Pois assim como uma coroa perde seu nome se está aberta ou quando seus florões são arrancados, assim a majestade soberana perde a sua grandeza se se fizer nela abertura para usurpar qualquer prerrogativa sua. Eis porque, na troca feita entre o rei Carlos V e o rei de Navarra das terras de Mante e Meullan por Montpellier, na qual os direitos reais são articulados, é dito que estes pertencem ao rei unica e inteiramente. Pela mesma razão, todos estão de acordo que os direitos reais são inacessíveis e inalienáveis e que não podem, por nenhum lapso de tempo, prescrever. E se acontecesse que o Príncipe soberano os comunicasse ao súdito, ele faria de seu servidor seu companheiro e, assim fazendo, não seria mais soberano, pois soberano (quer dizer, aquele que está acima de todos os seus súditos) é qualidade que não pode convir àquele que fez de seu súdito seu companheiro.

328 [N.T.:] Note-se que aqui Bodin comete uma pequena incongruência com relação àquilo que expôs nos capítulos anteriores: se o "vassalo" nada detém de outrem, então não é vassalo. Seria súdito daquele que domina o território no qual nasceu, mas não vassalo, salvo se detivesse algum feudo ou benefício de seu soberano ou de outrem.

Ora, assim como este grande Deus soberano não pode fazer um Deus semelhante a ele, visto que é infinito e que não podem existir – por demonstração necessária – duas coisas infinitas[329], assim também podemos dizer que o Príncipe, que colocamos como a imagem de Deus, não pode fazer um súdito igual a si, pois sua potência seria aniquilada. Se assim for, segue-se que a marca de soberania não é fazer justiça, pois isso é comum ao Príncipe e ao súdito; nem tampouco instituir ou destituir todos os oficiais, porque o Príncipe e o súdito possuem esse poder, não apenas com relação aos oficiais servidores ou de justiça, polícia, guerra ou finanças, mas também com relação àqueles que comandam na paz ou na guerra; pois lemos que os cônsules antigamente nomeavam os tribunos militares, que eram como os marechais no exército, e que aquele que se chamava *Interrex* nomeava o ditador, e que o ditador nomeava o coronel da gente de cavalaria e que, em toda República na qual a justiça é dada com os feudos, o senhor feudal nomeia os oficiais e pode destituí-los sem causa, se estes não detiverem os ofícios como recompensa.

Faremos o mesmo julgamento das penas e penhores que os magistrados e capitães dão àqueles que mereceram, tanto quanto o Príncipe soberano. Portanto, não é marca de soberania dar penhor ou pena àqueles que mereceram, visto que é comum ao Príncipe e ao magistrado, já que o magistrado detém esse poder do Príncipe. Também não é marca de soberania tomar conselho para os negócios de estado, o que é o próprio encargo do conselho privado ou do senado de uma República, o qual está sempre separado daquele que é soberano. E mesmo no estado popular, no qual a soberania jaz na assembleia do povo, tanto o conselho de negócios é próprio do povo que não lhe deve ser comunicado, como diremos no lugar apropriado.

Assim se pode julgar que nenhum ponto dos três que Aristóteles anotou é marca de soberania. Quanto ao que diz Dionísio de Halicarnasso, que M. Valério, na arenga que fez ao povo romano para apaziguar os tumultos, objetou que o povo deveria contentar-se em ter o poder de fazer as leis e nomear os magistrados, ele não disse o suficiente para dar a entender que estas são marcas de soberania, como mostrei acima ao falar dos magistrados. Diremos o mesmo da lei, que o magistrado pode dar àqueles que estão na alçada de sua jurisdição, desde que não faça nada contra os éditos e ordenanças de seu Príncipe soberano.

329 *Aristóteles* liv. 1.

Para esclarecer esse ponto, é preciso pressupor que a palavra "lei", sem dizer mais nada, significa o reto comando daquele ou daqueles que detêm todo o poder, acima dos outros e sem exceção de ninguém. O comando pode tocar a todos os súditos em geral ou em particular, salvo aquele ou aqueles que dão a lei, embora, falando-se propriamente, a lei seja o comando do soberano que toca a todos os súditos em geral ou às coisas em geral, como diz Festo Pompeu: "como privilégio para alguns". Mas se isso se faz através do conselho privado ou do senado de uma República, denomina-se *senatusconsultum*, ou opinião do conselho privado, ou ordenança do senado. Se o povo miúdo emitia algum comando, este era chamado de *plebiscitum*, quer dizer, comando do povo miúdo, que por fim foi chamado de lei, depois de muitas sedições entre a nobreza e o povo miúdo, para apaziguar as quais todo o povo na assembleia dos grandes estados, a pedido do cônsul M. Horácio, fez uma lei segundo a qual a nobreza e o senado em geral, e cada um do povo em particular, estariam obrigados a guardar as ordenanças que o povo miúdo fizesse, sem delas apelar e sem tolerar que a nobreza nisso tivesse voz. E como nem a nobreza nem o senado levassem isso em conta, a mesma lei foi imediatamente renovada e republicada a pedido de Quintus Hortensius e Fílon, ditadores. Desde então não se disse mais *plebiscitum*, ou ordenança do povo miúdo, mas chamou-se simplesmente de lei aquilo que era ordenado pelo povo miúdo, fosse para o público ou para um particular, ou quando o povo miúdo se reunia para nomear juízes ou mesmo para julgar; tudo isso se chamava lei.

Quanto aos comandos dos magistrados, não se chamavam leis, mas somente éditos: *Est enim edictum* (dizia Varrão) *jussum magistratus*[330]. Tais comandos só obrigam aqueles que estão sob sua jurisdição, desde que não sejam contrários às ordenanças dos magistrados maiores, ou às leis e comandos do Príncipe soberano, e têm força apenas enquanto o magistrado estiver no cargo. Como todos os magistrados eram anuais na República Romana, os éditos só tinham força por um ano, no máximo. Eis porque Cícero, acusando Verres, dizia: *qui plurimum edicto tribuunt legem annuam appellant, tu plus edicto complecteris quam lege*[331]. E como o imperador Augusto se denominava

330 [N.T.:] "Édito é, com efeito, a ordenança do magistrado".

331 [N.T.:] "Ainda que numerosíssimos decretos dos tribunos se digam leis anuais (tu sabes que) eles mais abarcam os éditos que as leis".

apenas *Imperator*[332], quer dizer, capitão-em-chefe e tribuno do povo, ele chamava as suas ordenanças de éditos, e aquelas que o povo fazia a seu pedido se chamavam *leges Juliae*. Os outros imperadores usaram dessa forma de falar, de modo que a palavra "édito", pouco a pouco, foi tomada por lei quando partia da boca daquele que tinha o poder soberano, fosse para todos ou para um, fosse o édito perpétuo ou provisório.

Assim, abusamos das palavras quando chamamos uma lei de édito. Mas, de qualquer forma, apenas os Príncipes soberanos podem dar a lei a todos os súditos sem exceção, seja em geral, seja em particular. Mas dir-se-á que o senado romano tinha o poder de fazer a lei e que a maior parte dos grandes negócios de estado, tanto na paz quanto na guerra, estavam no seu poder. Falaremos abaixo do poder do senado, ou conselho privado de uma República, como ele deve ser e como foi em Roma. Mas, de passagem, para responder ao argumento que coloquei, digo que o senado romano, desde a sequência dos reis até os imperadores, jamais teve o poder de fazer lei, mas apenas algumas ordenanças que só tinham força por um ano. Porém, o povo miúdo não estava obrigado a elas e menos ainda os estados de todo o povo. Nisso muitos se equivocaram, e até mesmo Conan[333], que diz que o senado tinha o poder de fazer lei perpétua, pois Dionísio de Halicarnasso[334], que recolheu diligentemente as memórias de Marco Varrão, escreveu que os decretos do senado não possuíam força alguma se o povo não os autorizasse e, ainda que fossem autorizados, se não fossem publicados sob forma de lei não teriam força por mais de um ano. O mesmo ocorria na cidade de Atenas, onde os decretos do senado eram anuais, como diz Demóstenes na oração que fez contra Aristócrates. Se o negócio era de consequência, era relatado ao povo, que ordenava segundo sua vontade, o que fez Anacársis dizer que, em Atenas, os sábios propunham e os tolos dispunham.

Por conseguinte, o senado só fazia deliberar e o povo comandava: é o que se vê em cada passo de Tito Lívio, quando ele usa estas palavras: SENATUS DECEVIT, POPULUS JUSSIT[335]. É verdade que os magistrados, e até mesmo os tribunos, costumavam, no mais das vezes, aceitar aquilo que

332 Tácito, *Princip.* liv. 1.

333 *De senatu* liv. 2.

334 Liv. 4 cap. 7.

335 [N.T.:] "O senado delibera e o povo ordena".

fazia o senado, se a matéria não atentasse contra o poder do povo miúdo ou contra a majestade dos estados. Assim falavam os antigos romanos[336] quando diziam *Imperium in magistratibus, auctoritatem in Senatu, potestatem in plebe, majestatem in populo*[337], pois a palavra "majestade" é própria daquele que maneja o timão da soberania, ainda que a Lei Júlia da majestade, feita pelo povo a pedido do imperador Augusto, considere culpado de lesa-majestade aquele que golpear um magistrado no exercício de suas funções, e mesmo que se veja, a todo propósito, nas histórias latinas[338] e mesmo nos jurisconsultos, *majestatem Consulis, majestatem Praetoris*. Todavia, isso é uma impropriedade.

Por nossas leis e ordenanças, o crime de lesa-majestade não ocorre contra duque, príncipe nem magistrado, seja ele qual for, mas somente contra o Príncipe soberano. Pela ordenança de Sigismundo, rei da Polônia, feita no ano de 1538, fica estabelecido que o crime de lesa-majestade não ocorrerá salvo contra sua pessoa, o que está de acordo com o verdadeiro e próprio significado de lesa--majestade. Parece que, por essa causa, os duques da Saxônia, Baviera, Saboia, Lorena, Ferrara, Florença e Mântua não colocam em suas qualidades a palavra "Majestade", mas sim "Alteza", e o doge de Veneza, "Serenidade". Este último é (falando-se propriamente) Príncipe verdadeiro, isto é, o primeiro, pois ele nada mais é que o primeiro dos gentis-homens de Veneza e possui apenas a conclusão, quando é questão de votos, em qualquer corpo ou colégio no qual esteja.

E assim como, em Roma, os éditos dos magistrados obrigavam cada um dos particulares, desde que não fossem contrários aos decretos do senado; e os decretos do senado não obrigavam de forma alguma os magistrados se fossem contrários às ordenanças do povo miúdo; e as ordenanças do povo miúdo passavam por cima dos decretos do senado e a lei dos estados de todo o povo estava acima de todos; da mesma forma, em Veneza, as ordenanças dos magistrados obrigam cada um em particular, pela alçada e jurisdição de cada magistrado, mas o corpo e colégio dos Dez está acima dos magistrados particulares, o senado está acima dos Dez e o Grande Conselho, que é a assembleia de todos os gentis-homens de Veneza acima de vinte anos, tem soberania sobre o senado, de modo que, se os Dez estiverem divididos, eles

336 Cícero, *Pro Rabirio*.

337 [N.T.:] "O império está nos magistrados, a autoridade no senado, o poder na plebe e a majestade no povo".

338 Lívio liv. 7 e 8.

convocam o Conselho dos Sábios, que são 32, e se estes não conseguirem pôr-se de acordo reúne-se o senado, e se a coisa concerne aos altos pontos da majestade reúne-se o Grande Conselho. Assim, quando os Dez fazem uma ordenança, constam estas palavras, IN CONSIGLIO DI DIECI, e se os Sábios participaram é dito CON LA GIUNTA. Se a ordenança for do senado consta IN PREGADI, se for da assembleia dos gentis-homens venezianos consta IN CONSIGLIO MAJORE. Nesses três corpos e colégios são feitas todas as leis e estatutos, e os negócios ordinários de estado são levados pelos Sete, que se chamam Signoria.

Portanto, é por tolerância que os Dez ou o senado fazem ordenanças e, por terem sido consideradas justas e razoáveis, elas passam por força de lei, assim como os éditos dos antigos pretores romanos, se eram equânimes e justos, eram mantidos pelos sucessores e, por decurso de tempo, eram aceitos como leis. Todavia, estava sempre no poder dos novos pretores fazer outros e eles não estavam obrigados a guardá-los. Mas Juliano jurisconsulto empenhou-se em reunir um bom número de tais éditos, que ele julgou os melhores, e, depois de tê-los interpretado e redigido em noventa livros, presenteou com eles o imperador Adriano, o qual, como recompensa, fez dele grande preboste de Roma. Seu filho depois foi imperador e fez com que, por decreto do senado, tais éditos fossem homologados, acrescentando a eles a sua autoridade para fazê-los valer com força de lei. No entanto, o nome édito permaneceu, o que confundiu muitos que tomaram tais éditos como ordenanças dos pretores. Justiniano fez quase a mesma coisa com os éditos recolhidos e interpretados por outros jurisconsultos, homologando aquilo que lhe agradou e rejeitando o resto, e a palavra "édito" sempre permaneceu.

Mas não se trata de éditos, não mais que se um Príncipe soberano homologasse as consultas de Bártolo, ou as ordenanças de seus magistrados, como ocorreu numerosas vezes neste reino, quando os reis, ao considerar diversas ordenanças e decretos dos parlamentos muito equitativos e justos, homologaram-nos e mandaram publicá-los e passá-los com força de lei, para mostrar que o poder da lei jaz naquele que detêm a soberania e que dá força à lei com estas palavras: TEMOS DITO E ORDENADO, DIZEMOS E ORDENAMOS, etc. E no fim a comissão[339] com estas palavras: DAMOS

339 [N.T.:] O termo comissão em Bodin significa sancionamento da lei pela autoridade competente.

EM MANDAMENTO A TODOS, etc., o que os imperadores diziam com SANCIMUS, que era palavra própria da majestade, como dizia o cônsul Posthumius, na arenga que fez ao povo: *Nego injussu populi quicquam sanciri posse, quod populum teneat*[340]. Também o magistrado, apresentando um requerimento ao povo, começava com estas palavras: QUOD BONUM, FAUSTUM, FOELIXQUE SIT VOBIS AC REIP. VELITIS, JUBEATIS[341], e no final da lei constavam estas palavras: SI QUIS ADVERSUS EA FECERIT, etc., que eles denominavam *sanctio*, comportando as penas e penhores para aqueles que cumprissem ou infringissem a lei. Estas eram formalidades especiais, próprias à majestade daqueles que tinham o poder de fazer a lei, e que não estavam nos éditos dos magistrados nem nos decretos do senado. Acrescente-se que a pena aposta às leis do Príncipe soberano é bem diferente daquela contida nas ordenanças dos magistrados, ou dos corpos e colégios, que possuem somente certas penas e multas limitadas. Somente o Príncipe soberano pode apor aos seus éditos a pena de morte, como foi estabelecido por uma antiga sentença do Parlamento, e a cláusula da pena arbitrária aposta às ordenanças dos magistrados e governadores nunca se estende até abranger a morte.

Primeira marca da soberania

E assim concluiremos que a primeira marca do Príncipe soberano é o poder de dar a lei a todos em geral e a cada um em particular. Mas isso não é suficiente, pois é necessário acrescentar que isso se dá sem o consentimento de alguém maior, de um par ou de um menor que si, pois se o Príncipe for obrigado a não fazer a lei sem o consentimento de alguém maior, ele é, na verdade, súdito; se consulta um par, ele terá companheiro; se consulta os súditos – seja o senado, ou o povo – não será soberano. E os nomes dos senhores que se vê apostos aos éditos não estão lá para dar força à lei, mas para dar testemunho e algum peso para torná-la mais receptível. Pois se encontram éditos muito antigos em Saint-Denis na França, de Felipe I e de

340 [N.T.:] "Nego que o povo, desordenadamente, possa sancionar tudo aquilo que o próprio povo mantinha".

341 [N.T.:] "O que, se for bom, justo e ditoso em vossa opinião, e que não traga pleitos para a República, que o ordeneis".

Luís o Gordo, dos anos de 1060 e 1129, nos quais os selos das rainhas Ana e Alix, de Roberto e Hugo estão apostos, e datados do ano XII do reinado de Luís o Gordo e do VI de Alix. Ora, quando eu digo que a primeira marca de soberania é dar a lei a todos em geral e a cada um em particular, estas últimas palavras incluem os privilégios que pertencem aos Príncipes soberanos, com exclusão de qualquer outro. Chamo de privilégio uma lei feita para um ou poucos particulares[342], seja em proveito ou dano daquele para quem é outorgada; assim falava Cícero[343]: "*Privilegium de meo capite latum est*"[344].

Privilégio capital

"Fez-se, diz ele, um privilégio capital contra mim", e por isso ele entende a comissão concedida contra ele pelo povo miúdo a pedido do tribuno Cláudio, para fazer e perfazer um processo contra ele, que ele chama em muitos lugares de *lex Clodia* e da qual muito se queixa, dizendo que os privilégios só podem ser outorgados pelos grandes estados do povo, como estabelecido pela Lei das Doze Tábuas com estas palavras: *Privilegia, nisi comitiis centuriatis ne irroganto: qui secus faxit capital esto*[345]. Com isto também concordam todos aqueles que trataram das regalias: que apenas ao soberano pertence outorgar privilégios, isenções e imunidades e dispensar dos éditos e ordenanças. É por isso que os privilégios, nas monarquias, só têm curso durante a vida dos monarcas, como Tibério imperador fez saber a todos aqueles que detinham algum privilégio de Augusto, como diz Suetônio.

Mas, dirá alguém, não somente os magistrados têm poder de fazer éditos e ordenanças, cada um segundo a sua competência e na sua alçada, mas também os particulares fazem os costumes, tanto gerais quanto particulares. Ora, é certo que o costume não tem menos força que a lei, e se o Príncipe soberano é senhor da lei, os particulares são senhores dos costumes. Eu respondo que o costume toma a sua força pouco a pouco, por longos anos de comum consentimento de todos ou da maioria, mas a lei sai num instante e toma o

342 Cícero, *De legibus* liv. 3.

343 Pro domo sua e após o retorno ao senado.

344 [N.T.:] "Privilégio é aquilo que recai sobre a minha cabeça".

345 [N.T.:] "Os privilégios apenas podem ser impostos pelos comícios das centúrias; quem de outro modo o fizer, que seja réu capital".

seu vigor daquele que tem o poder de comandar a todos; o costume escoa suavemente e sem força, a lei é ordenada e publicada por força, e muitas vezes contra a vontade dos súditos. Por esse motivo, Díon Crisóstomo[346] compara o costume ao rei e a lei ao tirano. Além disso, a lei pode cassar os costumes, mas o costume não pode derrogar a lei, que o magistrado e aqueles que têm por encargo fazer com que as leis sejam respeitadas sempre podem, quando bem lhes parecer, executar. O costume não acarreta penhor nem pena, a lei sempre comporta penhor ou pena, salvo se for uma lei permissiva, que suspende as proibições de outra lei. Em suma, o costume só tem força enquanto for tolerado e aprouver ao Príncipe soberano, que pode fazer uma lei contendo sua homologação. Por conseguinte, toda a força das leis civis e dos costumes reside no poder do Príncipe soberano.

Eis, pois, o que devia ser dito quanto à primeira marca de soberania, que é o poder de dar lei ou comandar a todos em geral e a cada um em particular. Ele é incomunicável aos súditos, pois, embora o Príncipe soberano outorgue poder a alguns para fazer leis, que terão a mesma virtude que se ele mesmo as tivesse feito, como fez o povo de Atenas com Sólon e o da Lacedemônia com Licurgo, todavia as leis não eram de Sólon nem de Licurgo, que serviam apenas de comissários e procuradores daqueles que lhes tinham dado tal cargo, de modo que a lei era do povo ateniense ou lacedemônio. Mas ocorre ordinariamente nas Repúblicas aristocráticas e populares que a lei leve o nome daquele que a redigiu e esmiuçou, que nada mais é que um simples procurador, cabendo a homologação da lei àquele que detém a soberania. Assim se vê em Tito Lívio que o povo inteiro foi reunido para homologar as leis redigidas em doze tábuas pelos dez comissários deputados a tal encargo.

Sob esse poder de dar e cassar a lei, está compreendida também a declaração e correção desta, quando for tão obscura que os magistrados encontrem, nos casos pleiteados, contrariedades ou absurdos intoleráveis. Mas o magistrado pode vergar a lei e a interpretação desta, seja com suavidade ou com rigor, desde que vergando-a ele evite rompê-la, ainda que ela pareça bastante dura. Se fizer de outra forma, a lei o condena como infame. Assim se deve entender a Lei *Laetoria*, que Papiniano recita sem nomear o autor e pela qual era permitido ao grande pretor suplementar e corrigir as leis. Se isso fosse entendido

346 No livro περί έθους καί νόμον. [N.T.:] *peri éthús kaí nómon*, ou seja, "sobre os costumes e as leis".

diferentemente, seguir-se-ia que um simples magistrado estaria acima das leis e que poderia obrigar o povo aos seus éditos, o que mostramos ser impossível.

Sob esse mesmo poder de dar e cassar a lei, estão compreendidos todos os outros direitos e marcas de soberania, de modo que, falando-se propriamente, pode-se dizer que existe apenas essa única marca de soberania, visto que todos os outros direitos estão compreendidos neste, como declarar a guerra ou fazer a paz; conhecer em última instância os julgamentos de todos os magistrados e instituir ou destituir os maiores oficiais; taxar ou isentar os súditos de encargos e subsídios; outorgar graças e dispensas contra o rigor das leis; elevar ou abaixar o título, valor e pé das moedas; fazer com que os súditos e homens leais jurem guardar fidelidade, sem exceção, àquele a quem é devido o juramento; que são as verdadeiras marcas de soberania compreendidas no poder de dar a lei a todos em geral e a cada um em particular, e de recebê-la somente de Deus. Pois o príncipe ou duque que tem o poder de dar a lei a todos os seus súditos em geral e a cada um em particular não é soberano se recebeu tal poder de alguém maior ou igual a ele. Digo igual porque tem mestre aquele que tem companheiro, e muito menos se detém esse poder apenas na qualidade de vigário, lugar-tenente ou regente.

A segunda marca de majestade

Mas como a palavra "lei" é muito geral, o mais conveniente é especificar os direitos de soberania compreendidos, como eu disse, sob a lei do soberano, como o de declarar a guerra ou tratar a paz, que é um dos maiores pontos da majestade, tanto que traz muitas vezes consigo a ruína ou a segurança de um estado. Isso se verifica não somente nas leis romanas, mas também nas de todos os outros povos. Como há mais riscos em começar uma guerra do que em tratar a paz, o povo miúdo de Roma podia muito bem aceitar a paz, mas quando se tratava de guerra era preciso reunir os grandes estados, até quando o povo miúdo obteve plenos poderes para dar a lei. Eis porque a guerra foi declarada contra Mitridates através da Lei Manília, contra os piratas através da Lei Gabínia e contra Felipe II, rei da Macedônia, através da Lei Sulpícia, e a paz feita com os cartagineses através da Lei Márcia, entre outros casos. E como César fazia a guerra na França sem mandamento do povo, Catão foi da opinião de que se deveria repatriar o exército e entregar César aos inimigos[347]. Em caso semelhante, os estados do povo ateniense declaravam a guerra e celebravam a paz, como se pode ver nas guerras contra os megáricos, contra os siracusanos e contra os reis da Macedônia.

Cito esses exemplos das duas maiores Repúblicas populares que já existiram porque, no estado real, não há dúvida quanto a isso, já que os Príncipes soberanos atraem para si o conhecimento dos menores feitos e empresas que é preciso fazer na guerra. Por maiores que sejam os encargos que dão aos seus deputados para tratar a paz ou a aliança, no entanto estes nada concedem sem advertir o Príncipe, como se pode ver no último tratado de Cambrésis, quando os deputados da parte do rei escreviam-lhe de hora em hora sobre todas as conversações mantidas entre as partes.

Mas no estado popular se vê com mais frequência a guerra e a paz serem manejadas pela opinião do senado ou do conselho privado somente, e muito frequentemente pelo conselho de um único capitão ao qual se cede todo o poder, pois não há nada mais perigoso na guerra que tornar públicas as empresas, que então não poderão ter mais sucesso que minas falhadas, e no entanto serão necessariamente tornadas públicas se o povo for delas advertido. É por isso que se vê, nas histórias gregas e latinas, que os projetos e empresas de guerra se fizeram sempre através dos capitães e, às vezes, se a coisa era de consequência, através do conselho do senado, sem nunca falar disso ao povo. Mas isso vale depois que a guerra foi lançada e declarada contra o inimigo por comando do povo.

E se me disserem que, muitas vezes, o senado romano declarava a guerra e celebrava a paz sem advertir o povo, eu o admito, mas tratava-se de uma ingerência sobre a majestade do povo. Por isso, os tribunos do povo impediam-na, como se vê em Tito Lívio, que diz: "*Controversia fuit utrum populi jussu indiceretur bellum, an satis esset S.C. Pervicere Tribuni, ut Quintius Consul de bello ad populum ferret: omnes centuriae jussere*"[348]. Contudo, o próprio senado normalmente não queria declarar a guerra sem que o povo tivesse ordenado, como diz Tito Lívio ao falar da Segunda Guerra Púnica:

347 Plutarco, *Catão de Útica e César.*

348 [N.T.:] "Com relação à controvérsia sobre a declaração da guerra, de se para tanto bastava um *senatusconsultum*, o cônsul Quintius, para vencer um tribuno obstinado, levou para o povo (reunido) em todas as centúrias esta decisão".

"*Latum*[349] *inde ad populum vellent juberent populo Carthaginensi bellum indici*"[350], e em outro lugar: "*Ex S.C. populi jussu bellum*[351] *Praenestinis indictum*"[352], e em outra parte: "*Ex authoritate patrum populus Palaepolitanis*[353] *bellum fieri jussit*"[354], e logo depois: "*Populus*[355] *bellum fieri Aequis jussit*"[356], e contra os samnitas: "*Patres solenni more indicto decreverunt, ut de ea re ad populum ferretur*"[357], e contra os hérnicos[358]: "*Populos hoc bellum frequens jussit*"[359], e contra os vestinos: "*Bellum*[360] *ex authoritate patrum populus adversus Vestinos jussit*"[361]. Em caso semelhante, lemos na vida de Pirro que, quando o senado de Tarento foi da opinião de que se declarasse guerra aos romanos, o povo concedeu seu mandamento; e Tito Lívio, no livro XXXI, diz que os etólios proibiam que algo fosse sentenciado, quer em matéria de paz, quer de guerra, *nisi in Panaetolio, et Pylaïco concilio*[362]. Eis porque, nos reinos da Polônia, Dinamarca e Suécia, nos quais a soberania é pretendida pela nobreza, os reis não podem empreender a guerra se assim não for decidido pelos estados, salvo em caso de necessidade urgente, segundo a ordenança de Casimiro o Grande.

É verdade que em Roma, no que tange à paz, o senado muitas vezes a celebrava sem dela falar ao povo, como se pode ver nos tratados feitos entre os romanos e os latinos. No que diz respeito à guerra social, o senado passou

349 Liv. I década 3.

350 [N.T.:] "Foi assim trazida ao povo a decisão de se declarar guerra ao povo cartaginês".

351 Liv. 9 década 1.

352 [N.T.:] "E pelo *senatusconsultum* foi remetida ao povo a decisão de declarar a guerra contra Prenestes".

353 Liv. 8 década 1.

354 [N.T.:] "E pela autoridade dos pais do povo (i.e. dos senadores), a declaração da guerra Paleopolitana foi transferida (para os comícios)".

355 Liv. 9 década 1.

356 [N.T.:] "E o povo decidiu que faria guerra aos Equos".

357 [N.T.:] "Os pais (isto é, os senadores), de maneira solene, decidiram e anunciaram que tal coisa seria remetida ao juízo do povo".

358 Liv. 5 década 1.

359 [N.T.:] "O povo, que muitas vezes declara a guerra".

360 Liv. 8 década 1.

361 [N.T.:] "A guerra contra os vestinos, com a autoridade dos pais (isto é, dos senadores), foi decretada pelo povo".

362 [N.T.:] "Salvo no conselho panaetólico e de Pylos".

quase todos os tratados de paz e aliança sem o povo. Muitas vezes os capitães tratavam-na sem o consentimento do senado, mormente quando a guerra ocorria em país muito afastado. É o que se vê na Segunda Guerra Púnica, quando os três Cipiões fizeram os tratados de paz e aliança com os povos e Príncipes da Espanha e da África sem o conselho do senado. É verdade que o senado, e muitas vezes o povo, autorizava as suas ações e ratificava os tratados depois de terem sido celebrados. O fato de serem prejudiciais não era levado em consideração, mas nesse caso os reféns e os capitães respondiam perante os inimigos, como o cônsul Mancino, por causa da paz tratada com os numantinos, que o povo não quis ratificar, foi entregue às mãos dos inimigos. É o que dizia um senador de Cartago aos embaixadores romanos: "*Vos enim quod C. Luctatius Consul primo nobiscum foedus icit, quia neque authoritate patrum, nec populi jussu ictum erat, negastis vos eo teneri. Itaque aliud foedus publico consilio ictum est*"[363]. E o mesmo autor, falando de Mânlio, governador da Ásia, diz "*Gallograecis, inquit, bellum illatum, non ex Senatus authoritate, non populi jussu: quod quis unquam de sua sententia facere ausus est?*"[364].

Em caso semelhante, o cônsul Spurius Posthumius e seu exército, vendo-se surpreendidos pelos inimigos entre as rochas e montanhas dos Apeninos, trataram com eles; tendo saído desarmados e voltado a Roma com o exército, o senado não quis ratificar a paz, por isso o cônsul Posthumius disse diante do povo[365]: "*Cum me seu turpi, seu necessaria sponsione obstrinxi, qua tamen, quando injussu populi facta est, non tenetur pop. Rom. nec quicquam ex ea praeterquam corpora nostra debentur Samnitibus, dedamur per feciales nudi vinctique*"[366]. Assim o cônsul não diz que houve um tratado de paz, mas sim uma simples promessa que ele denomina *sponsio*. De fato, os inimigos fizeram

363 [N.T.:] "E foi, com efeito, vosso cônsul C. Luctatius quem, pela primeira vez, conosco celebrou um pacto, sem atender contudo nem à autoridade do senado (lit.: dos pais) nem ao mandado do povo; desta forma, tal tratativa vós a negastes de sustentar. Assim, por outrem o tratado foi trazido ao juízo público".

364 [N.T.:] "Aos Galogregos (isto é, aos habitantes das colônias gregas da Gália, como Massília), dizia-se, se trouxe a guerra não pela autoridade do senado nem pelo mandado do povo: quem é aquele que poderia desta sentença se afastar sem ser capitado?".

365 Liv. 9 década 2.

366 [N.T.:] "Quando conosco – seja por torpeza ou por necessidade – o pacto se amarrou, teria sido feito por mandado do povo? Não detínhamos do povo Romano (tal poder), ou de alguém acima dele; apenas devíamos nossos corpos aos samnitas e fomos disto simplesmente absolvidos pelos arautos".

o cônsul e todos os capitães e tenentes do exército jurar e tomaram seiscentos reféns, que poderiam pôr à morte se o povo não quisesse ratificar o acordo. Mas cometeram um grave erro, pois não obrigaram todos os soldados, por juramento, a retornar aos desfiladeiros e enclaves das montanhas no estado em que estavam, ou prisioneiros, caso o povo não quisesse aprovar o acordo feito pelos capitães. Sem dúvida, o senado e o povo os teriam despachado naquele estado, como se fez com o cônsul mediante os seiscentos reféns que tinham jurado, e com aqueles que, em caso semelhante, por haver tentado falsear a fé jurada a Aníbal[367], foram despachados com os pés e mãos atados.

Ou então ratificar-se-ia o acordo, como fez o rei Luís XII com o tratado feito em Dijon pelo senhor de La Trimouille com os suíços, segundo o qual se entregavam como reféns os principais do exército, com a condição que os suíços poderiam pô-los à morte se o rei não ratificasse o acordo. Assim fez o duque de Anjou com os reféns que aqueles que estavam assediados no castelo de Erval lhe tinham entregue: quando ele viu que Robert Canole, capitão do castelo, que tinha entrado no castelo depois de feito o acordo, impedia que o castelo fosse entregue, dizendo que os assediados não poderiam ter capitulado sem ele, fez decapitar os prisioneiros que tinha. De outra forma, se fosse permitido aos capitães tratar a paz sem mandamento ou ratificação expressa, eles poderiam obrigar os povos e os Príncipes soberanos ao prazer e apetite dos inimigos, nas condições que bem entendessem: coisa absurda, visto que um procurador seria desautorizado se transigisse quanto à menor coisa de outrem sem mandato expresso.

Mas me será dito que essas regras não têm lugar em Veneza, onde o senado decide e ordena inteiramente os fatos da paz e da guerra; nem entre as ligas dos suíços e dos Grisões, que estão em estado popular; e quando o estado de Florença foi devolvido à liberdade do povo sob a persuasão de Piero Soderini, foi decretado que o povo interferiria apenas ao fazer as leis, nomear os magistrados e ordenar os dinheiros, ajudas e subsídios, e que os fatos da guerra e da paz, ou outras coisas concernentes ao estado, permaneceriam com o senado. Eu digo, quanto aos estados populares e aristocráticos, que a dificuldade de reunir o povo e o perigo que existe em desvendar os segredos e empresas fazem com que o povo encarregue disso o senado. Todavia, sabe-se muito bem que as comissões e mandamentos que são estabelecidos para esse

367 Liv. I década 3; Cícero, *De officiis* liv. 3; Políbio liv. 9.

efeito dependem da autoridade do povo e são expedidos em nome do povo pelo senado, que é somente procurador e agente do povo, tomando sua autoridade do povo, como fazem também todos os magistrados.

Quanto às monarquias, é um ponto sem dificuldade que a resolução da paz e da guerra depende do Príncipe soberano, se o estado é uma monarquia pura. Pois nos reinos da Polônia, Dinamarca e Suécia, que são estados mutáveis e incertos, segundo o Príncipe ou a nobreza detenham as forças, e por isso estão mais para a aristocracia que para a monarquia, a resolução da paz e da guerra depende da nobreza, como diremos no lugar apropriado. Também dissemos acima que só se faz lei nesses países com o consentimento da nobreza. Eis porque, nos tratados de paz que se faz com eles, os selos dos príncipes, condes, barões, palatinos, castelões e outros constituídos em dignidade são apostos, como no último tratado feito entre os poloneses e prussianos, que foi selado com cento e três selos dos senhores do país, o que não se faz nos outros reinos.

Terceira marca de soberania

A terceira marca de soberania é a de instituir os principais oficiais, que não é posta em dúvida com relação aos primeiros magistrados. Foi a primeira lei que fez P. Valério, depois de ter expulsado os reis de Roma: a de que os magistrados seriam instituídos pelo povo. A mesma lei foi publicada em Veneza, quando os cidadãos se reuniram para estabelecer sua República, como diz Contarini[368]. Tal lei é ciosamente guardada, e melhor ainda nas monarquias, nas quais os menores ofícios, como os de bedel, sargento, meirinho, trombeteiro e gritador – que eram instituídos e destituídos pelos magistrados romanos – são providos pelo Príncipe, e até os medidores, agrimensores, fiscais de mercados e outros cargos semelhantes são erigidos por éditos perpétuos em ofícios. Eu disse oficiais principais, isto é, os primeiros magistrados, pois não há República na qual não seja permitido aos maiores magistrados e a vários corpos e colégios nomear alguns oficiais miúdos, como mostrei acima no caso dos romanos. Mas isso se faz em virtude do ofício que eles detêm, quase como procuradores, que são criados com poder de substituição.

Vemos também que os senhores justiceiros, embora detenham sua jurisdição do Príncipe soberano em fé e homenagem, possuem não obstante

368 Em *De Republica Venetorum*.

o poder de estabelecer juízes e oficiais, mas tal poder lhes é delegado pelo Príncipe soberano, pois é certo que os duques, marqueses, condes, barões e castelões nada mais eram que juízes e oficiais em sua instituição primeira, como diremos no lugar apropriado. Em caso semelhante, lemos[369] que o povo de Cartago tinha costume de nomear cinco magistrados para eleger os cento e quatro magistrados da República, como se faz em Nuremberg, onde os censores, eleitos pelo Grande Conselho, elegem os novos senadores e, isto feito, demitem-se dos cargos. O senado, que tem 26 membros, elege os oito anciãos, depois os treze e os sete burgomestres, além dos doze juízes de causas civis e os cinco de causas criminais. Isso também era comum entre os censores romanos, que suplementavam à sua discrição o número de senadores, coisa que os cônsules antes faziam por concessão do povo, que fazia isso de início, como diz Festo Pompeu. Por vezes o ditador era nomeado apenas para suprir o senado, como Fábio Buteo[370], que foi nomeado ditador pelo cônsul Terêncio seguindo um decreto do senado e escolheu 177 senadores de uma vez. Isso mostra que o senador, falando-se propriamente, não é magistrado, como diremos no capítulo do senado. De qualquer forma, aqueles que elegiam os senadores detinham tal poder apenas do povo e eram revogáveis segundo a vontade do povo.

Assim podemos dizer dos *cadilesquiers* da Turquia, que são como os dois chanceleres do rei e que podem instituir e destituir todos os cádis e paracádis, que são os juízes. No Egito, antes que Selim I o conquistasse, o grande *edegnare*, que era como o condestável do sultão, tinha o poder de prover todos os outros oficiais, como antigamente os grandes prefeitos do Palácio na França. E não faz muito tempo que o chanceler da França tinha o poder de prover por prevenção todos os ofícios sem rendimentos e os ofícios cujos rendimentos não excedessem 25 libras. Isso foi revogado pelo rei Francisco I, embora o chanceler, o grande *edegnare* e o grande prefeito do Palácio sempre fossem providos pelo rei. Não obstante, esse poder tão grande que tinham foi muito pernicioso para os primeiros reis e para os sultões. Depois pôs-se mais ordem nisso, pois até os lugares-tenentes dos bailiados e das senescalias, que eram providos pelos bailios e senescais antes do rei Carlos VII, são agora providos pelo rei a título de ofício.

369 Aristóteles, *Política*.

370 Lívio liv. 23.

Pode ocorrer que os magistrados ou os corpos e colégios tenham o poder de eleger e nomear os magistrados principais, como lemos nos registros da Corte que, por ordenança do ano de 1408, foi dito que os oficiais do Parlamento seriam eletivos e foi dado mandamento ao chanceler de ir ao Parlamento para as eleições dos ofícios vacantes. A mesma ordenança foi reiterada pelo rei Luís XI em 1465 e, depois dele, no tempo de Carlos VIII, não apenas os presidentes, conselheiros e advogados do rei foram eleitos, mas também o procurador-geral do rei (que é o único do corpo da Corte que só deve juramento ao rei, enquanto os procuradores dos outros parlamentos, que ele denomina seus substitutos, prestam juramento à Corte) foi eleito no ano de 1496. Contudo, as provisões e cartas de ofício confirmatórias das eleições eram e são sempre outorgadas pelo rei.

Isso servirá de resposta ao que se possa dizer do duque Artus de Bretanha, que foi eleito condestável de França pelo voto de todos os príncipes, do Grande Conselho e do Parlamento no ano de 1324, pois – embora o rei fosse então alienado de seu bom senso e os selos da França estivessem marcados com a imagem da rainha – pelas cartas de provisão a guarda da espada do rei foi-lhe concedida para detê-la do rei em fé e homenagem leal e para ser chefe na guerra acima de todos e depois do rei. Pode-se dizer ainda que o Grande Palatino da Hungria, que é o maior magistrado e lugar-tenente geral do rei da Hungria, é eleito pelos estados do país. É verdade, mas a sua provisão, instituição e confirmação pertencem ao rei, que é o principal chefe e autor de seu poder. No entanto, os estados do reino da Hungria ainda pretendem ter o direito de eleger os reis, e a casa de Áustria pretende o contrário. Parece que os reis deixaram passar, por condescendência, que os estados elegessem o Grande Palatino, para fazer com que esquecessem a eleição do rei. No entanto, eles se obstinaram de tal forma que preferiram entregar-se aos turcos a perder esse direito.

Portanto, não é a eleição dos oficiais que implica o direito de soberania, mas a confirmação e provisão, embora seja verdade que esse ponto contém alguma coisa e mostra que os Príncipes não são absolutamente soberanos se não for através do seu querer e consentimento que tais eleições se fazem. Dessa forma, no reino da Polônia, por ordenança de Sigismundo Augusto, todos os oficiais devem ser eleitos pelos estados particulares de cada governo e, não obstante, devem obter cartas de provisão do rei. Isso não é coisa nova, pois já no tempo dos godos lemos em Cassiodoro[371] que Teodorico, rei dos godos, concedia cartas de confirmação aos oficiais que o senado havia eleito, usando as seguintes palavras, em cartas dirigidas ao senado[372] por alguém que ele havia provido da dignidade de patrício: "*Judicium vestrum P.C. noster comitatur assensus*"[373]. Ora, como o poder de comandar todos os súditos numa República cabe àquele que detém a soberania, é razão suficiente para que todos os magistrados reconheçam nele esse poder.

Quarta marca de soberania

Mas falemos da outra marca soberana, a saber, a última alçada, que é e sempre foi um dos principais direitos da soberania. Assim se pode ver que os romanos, depois de terem expulsado os reis, não somente reservaram ao povo, pela Lei Valéria, a última instância, mas também a apelação contra todos os magistrados[374]. E como os cônsules muitas vezes infringiam tal lei, a mesma foi republicada três vezes[375] e, pela Lei Duília[376], a pena de morte foi atribuída ao infrator. Tito Lívio chama essa lei de fundamento da liberdade popular, mesmo que tenha sido mal executada. A mesma lei era ainda mais estritamente guardada em Atenas, onde a última alçada estava reservada ao povo, não somente sobre todos os magistrados, mas também sobre todas as cidades de seus aliados, como dizem Xenofonte e Demóstenes[377]. Encontramos em Contarini[378] algo semelhante: que a primeira lei feita para o estabelecimento da República dos venezianos foi que caberia apelação contra todos os magistrados ao Grande Conselho. Lemos também que Francisco Valori, duque de Florença, foi morto não por outro motivo que por não ter deferido a apelação interposta contra ele ao Grande Conselho do povo e por ter condenado à morte três florentinos.

371 *Cassiodoro* liv. 1, 2 e ss.

372 *Cassiodoro* liv. 1 epístola 6.

373 [N.T.:] "Que este vosso julgamento seja, por carta, de nossa liberalidade consentido".

374 *Lívio* liv. 24.

375 *Lívio* liv. 1, 7, 10.

376 *Lívio* liv. 3; *Dionísio de Halicarnasso* liv. 10.

377 Xenofonte, *De Republica Atheniensium*; Demóstenes, *Contra Aphobo*.

378 De *Republica Venetorum*.

Mas dir-se-á que não apenas o duque em Florença, mas também o ditador e outros magistrados em Roma muitas vezes passavam por cima da apelação, como se pode ver em várias histórias. Até mesmo o senado romano, tendo feito assediar, prender e trazer a Roma a legião que estava na guarnição de Reggio, fez chicotear e decapitar todos os soldados e capitães que restavam[379], não obstante e sem levar em consideração as apelações ao povo interpostas por eles nem a oposição dos tribunos do povo, que gritavam em altos brados que as leis sagradas sobre a apelação estavam sendo espezinhadas. Eu respondo, para ser breve, como o fez Papiniano, que não se deve tomar pé naquilo que se fazia em Roma, mas sim naquilo que se deve fazer: pois é certo que havia apelação das decisões do senado ao povo e ordinariamente a oposição de um só tribuno detinha o senado inteiro, como mencionamos acima. O primeiro que deu poder ao senado romano para julgar sem apelação foi Adriano o imperador, pois a ordenança de Calígula não teve lugar, ainda que desse poder a todos os magistrados para julgar sem apelação, e ainda que Nero tivesse ordenado que a multa seria semelhante para aqueles que tivessem apelado ao senado, como se tivessem apelado à sua pessoa[380]; todavia, ele não aboliu a via de apelação do senado a ele mesmo.

Mas parece que essa resposta é diretamente contrária àquilo que dissemos, pois se não havia apelação das decisões do senado ao Imperador, de modo que a última alçada pertencia ao senado, a última apelação não seria marca de soberania. Acrescente-se que o grão-mestre do Palácio, que eles denominavam *Praefectum praetorium*, julgava sem apelação e conhecia as apelações contra todos os magistrados e governadores do Império, como diz Flávio Vopisco[381]. Em toda República vê-se Cortes e parlamentos que julgam sem apelação, como os oito parlamentos na França, as quatro Cortes na Espanha, a câmara imperial na Alemanha, o Conselho em Nápoles, os Quarenta em Veneza, a Rota em Roma e o senado em Milão. Em todas as cidades imperiais, ducados e condados dependentes do Império, não há apelação à câmara nas causas criminais julgadas pelos magistrados dos Príncipes e cidades imperiais. Não seria necessário dizer que as apelações interpostas contra os bailios, senescais e outros juízes inferiores não se fazem diretamente às Cortes dos

379 *Valério Máximo* liv. 8; *Lívio* liv. 27; *Políbio* liv. 1.

380 *Tácito* liv. 8; Suetônio, *Nero, ait omnium magistratuum appellationes ad Senatum retulisse.*

381 Flávio Vopisco, *Floriano.*

parlamentos nem à câmara imperial, mas que a apelação é encaminhada ao rei ou ao Imperador, os quais remetem a causa aos juízes por eles deputados, que nesse caso são seus lugares-tenentes. Por essa razão, não pode haver apelação da decisão do lugar-tenente do Príncipe, não mais que da decisão do próprio Príncipe, pois, embora não haja, em termos de direito, apelação das decisões do lugar-tenente àquele que o colocou em seu posto, todas as autorizações de apelação informam que os condenados apelam ao rei e às Cortes do parlamento, que se dizem juízes ordinários dos ordinários e não somente juízes extraordinários, visto que também julgam várias causas em primeira instância. Além disso, vê-se os menores magistrados presidiais julgar em última instância em certos casos e parece assim que a última alçada não é marca de soberania.

Eu respondo que a última alçada compreende a via do requerimento civil e a da apelação, o que parece ter levado vários jurisconsultos a dizer que o requerimento civil faz parte dos direitos de soberania. Embora os mesmos juízes conheçam o seu próprio julgamento quando este lhes chega por requerimento civil, no entanto o requerimento se dirige ao Príncipe soberano, que o recebe ou rejeita, como bem lhe parecer. Muitas vezes, ele avoca a causa para si para julgá-la ou cassá-la, como já se fez, ou para remetê-la a outros juízes. Esta é a verdadeira marca de soberania e última alçada e não está no poder dos magistrados mudá-la, nem corrigir seus juízos, se o Príncipe soberano não lhes permitir, sob pena de falsidade, tanto em direito comum quanto pelas ordenanças deste reino. Embora vários juízes tenham se acostumado a usar em seus julgamentos estas palavras "Em soberania", todavia isso é abusar da palavra, que pertence somente ao Príncipe soberano. E mesmo que o Príncipe soberano tivesse feito um édito pelo qual ordenasse que não haveria via de apelação nem de requerimento contra as sentenças de seus magistrados à sua pessoa, como quis fazer o imperador Calígula, no entanto seus súditos sempre estariam autorizados a interpor apelação ou apresentar requerimento à sua majestade. Pois ele não pode atar as próprias mãos, nem retirar de seus súditos a via de restituição, de súplica e de requerimento, mesmo porque todos os éditos sobre apelações e julgamentos nada mais são que leis civis, às quais, como dissemos, ele não pode ser obrigado.

Eis porque o conselho privado e até mesmo o chanceler De l'Hospital consideraram muito estranho e novo que os comissários deputados para fazer o processo do presidente d'Allement o proibissem, pela sentença contra ele dada, de se aproximar da Corte a menos de vinte léguas, para lhe cortar a via de requerimento civil, que sequer o próprio rei pode subtrair de seu súdito, mesmo que esteja em seu poder considerar ou rejeitar o requerimento. Também se vê que, em todos os apanágios dados aos infantes da casa de França, e geralmente nas ereções dos ducados, marquesados, condados e principados, sempre se costumou reservar a fé e homenagem, a alçada e soberania. Algumas vezes há apenas reserva de alçada e soberania, como na declaração feita pelo rei Carlos V a João, duque de Berry, de 3 de março de 1374, na qual está também compreendida a fé e a homenagem, pois é certo que, na ocasião, o ducado de Berry era o apanágio concedido ao duque de Berry contra encargo dos direitos reais e de reversão à coroa se faltassem varões, como apreendi das cartas de apanágio que ainda estão no tesouro da França.

Vemos também declaração semelhante de Felipe, arquiduque da Áustria, feita ao rei Luís XII no ano de 1499, e outra declaração deste, do ano de 1505, na qual ele reconhece e entende obedecer aos decretos do Parlamento de Paris com relação aos países de Artois, Flandres e outras terras que ele detinha do rei. No tratado de Arras, feito entre o rei Carlos VII e Felipe II, duque de Borgonha, há reserva expressa da fé e homenagem, alçada e soberania, para as terras que ele admite deter e que seus predecessores tinham obtido da coroa. E a principal ocasião que Carlos V, rei da França, tomou para fazer guerra ao rei da Inglaterra foi a de que este passava por cima das suas oposições, segundo o tratado de Bretegni, que não tinha sido ratificado por Carlos V, sem deferir a apelação, como se pode ver pela sentença do Parlamento dada em 14 de maio de 1370, pela qual o ducado da Aquitânia é confiscado ao rei por essa causa.

De outra forma, se o Príncipe soberano quita seu súdito ou vassalo da alçada e soberania que lhe pertencem, ele faz do súdito um Príncipe soberano, como fez o rei Francisco I, quitando de todo o duque da Lorena da fé e homenagem, alçada e soberania sobre Châtelet-sur-Moselle em 1517. Mas quando ele permitiu ao mesmo duque julgar, condenar e absolver soberanamente no ducado de Bar e quando os oficiais tiraram isso como consequência da soberania absoluta, o procurador-geral queixou-se ao rei e logo Antônio, e depois dele Francisco, duques da Lorena, passaram um reconhecimento sob forma autêntica no qual declaravam que em nada pretendiam derrogar à fé e homenagem, nem à alçada e soberania que deviam à coroa por causa do dito ducado e que eles haviam usado do julgamento soberano apenas por concessão. Tais cartas de reconhecimento foram depois exibidas no Conselho Privado, no ano de 1564.

Todavia, o mais conveniente para a conservação de um estado é jamais outorgar marca de soberania ao súdito e menos ainda ao estrangeiro, pois isso é um degrau para ascender à soberania. Por essa causa, fez-se grande dificuldade para passar as cartas para o tesoureiro de Alençon, em 1571, pelo prejuízo feito à alçada, que pareceu tal que um dos advogados do rei disse em pleno conselho que seria melhor introduzir uma dúzia de parlamentos, mesmo que a alçada, em certos casos e em muitas causas, fosse reservada, além da fé e homenagem. De fato, os reis da Inglaterra e os duques da Borgonha tomaram mais de uma ocasião como essa para se aliar e fazer guerra ao rei da França, pela recusa deste em dar-lhes o privilégio de tesoureiro, como ele tinha feito com os duques de Alençon para que não houvesse apelação das sentenças de seus juízes e magistrados. Pois não apenas os oficiais dos duques e dos condes, mas também os próprios duques e condes eram convocados perante o rei para ver corrigir e emendar seus julgamentos. Isso era uma submissão que muito lhes pesava e, às vezes, também eram convocados diante do rei por pouca coisa. Disso se queixaram os duques da Bretanha aos reis Felipe o Belo e Felipe o Comprido, que enviaram cartas-patentes à Corte do Parlamento, no mês de fevereiro de 1306 e no mês de outubro de 1316, pelas quais declaravam que não pretendiam que nem o duque da Bretanha nem seus oficiais fossem convocados diante deles, salvo em caso de denegação de justiça, falso juízo ou em caso de soberania. Por essas mesmas cartas se pode ver que a exceção dos casos reservados comporta a confirmação da última alçada e da soberania.

Faremos juízo semelhante de todos os Príncipes e senhores contra os quais cabe apelação ao Império e à câmara imperial: eles não são soberanos, pois seria crime de lesa-majestade, e capital, apelar do julgamento de um Príncipe soberano, se não fosse da forma como fez um grego que apelou do rei Felipe da Macedônia, mal aconselhado, a ele mesmo, quando estivesse melhor aconselhado. Foi dessa maneira que os advogados de Luís de Bourbon apelaram da decisão interlocutória dada pelo rei Francisco II em seu conselho privado, o que o jurisconsulto Baldo julga bom e aceitável. Assentaria muito bem à majestade de um Príncipe soberano seguir o exemplo desse rei que recebeu a apelação contra si. Ou então, se querem que suas sentenças permaneçam, para não parecerem variáveis nem mutáveis, que façam como o mesmo rei fez a Machetas, a quem recompensou com seus próprios bens, tendo-o injustamente condenado, sem variar nem mudar sua sentença.

A quinta marca de soberania

Dessa marca de soberania depende também o poder de conceder graça aos condenados por sobre as sentenças e contra o rigor das leis, seja para a vida, para os bens, para a honra ou para a revogação de banimento. Não está no poder dos magistrados, por maiores que sejam, conceder um único desses pontos nem alterar em nada os julgamentos por eles dados. E embora os procônsules e governadores das províncias tivessem tanta jurisdição quanto todos os magistrados de Roma detinham em conjunto, não lhes era lícito restituir os banidos por qualquer tempo que fosse, como lemos nas cartas de Plínio o Jovem[382], governador da Ásia, ao imperador Trajano, e menos ainda agraciar os condenados à morte, o que é proibido a todos os magistrados em qualquer República. Embora pareça que Papirius Cursor, ditador, tenha agraciado Fábio Máximo, coronel da infantaria, por ter travado batalha contra a sua proibição, pois havia matado 25 mil inimigos, todavia era o povo que de fato o agraciava, ainda que ele rogasse muito insistentemente ao ditador que perdoasse aquele erro. Pois Fábio havia apelado ao povo da sentença do ditador, o qual defendeu seu julgamento contra o apelante, o que mostra muito bem que o poder de vida e morte cabia ao povo. Também se vê que o orador Sérgio Galba, que o censor Catão havia acusado e condenado por lesa-majestade, recorreu à graça do povo, que o perdoou, e sobre isso Catão disse que, se ele não tivesse recorrido aos prantos e às crianças, o teria às varas.

Em caso semelhante, o povo de Atenas tinha o poder de outorgar graças independentemente de todos os magistrados, como mostrou a Demóstenes, Alcibíades e muitos outros. Também na República de Veneza é apenas o Grande Conselho de todos os gentis-homens venezianos que concede graças. Antes o Conselho dos Dez dava graças por tolerância, no entanto foi ordenado, no ano de 1523, que a Giunta, composta por 32 membros, assistiria ao Conselho e que a graça só ocorreria se todos consentissem com ela. Porém, no ano de 1562

382 *Epístolas* liv. 10.

foram dadas proibições ao Conselho de empreender nesse campo. Embora o imperador Carlos V, na ereção do senado de Milão, tivesse outorgado todas as marcas de soberania, como as de lugar-tenente e vigário seu, ele reservou para si a graça, como apreendi das cartas-patentes por ele concedidas. Isso é bem estritamente guardado em todas as monarquias; em Florença, durante o estado popular, embora os oito tivessem usurpado o poder de dar graças, ele foi depois devolvido ao povo quando Soderini mudou o estado.

Quanto aos nossos reis, não há coisa da qual sejam mais ciosos: eles nunca admitiram que os juízes dos senhores pudessem reconhecer as cartas de remissão outorgadas pelo rei[383], ainda que pudessem conhecer as cartas de perdão[384]. Embora o rei Francisco I tivesse dado à sua mãe o poder de outorgar graças[385], a Corte todavia ordenou que fosse objetado ao rei que esta era uma das mais belas marcas da soberania e que não poderia ser comunicada a um súdito sem diminuição da majestade. A mãe, advertida disso, abandonou tal privilégio e devolveu as cartas ao rei antes que pedissem a ela para fazê-lo, pois nem mesmo a rainha da França pode deter tal privilégio, nem as outras marcas de soberania. Embora a lei dos romanos diga que a imperatriz está dispensada dos éditos e ordenanças, isso não ocorre neste reino. Encontra-se uma sentença nos registros da Corte, de julho de 1365, na qual a rainha foi condenada a garantir por provisão a dívida contraída por contrato, sem levar em consideração os privilégios por ela pretendidos. Encontro igualmente que o rei Carlos VI, através das cartas-patentes de 13 de março de 1401, concedeu poder a mestre Arnault de Corbie, chanceler da França, para dar graças e remissões na ausência dos membros do Grande Conselho. Mas isso foi quando os chanceleres eram poderosíssimos e o rei Carlos VI estava em poder de outrem, por causa da doença que o minava.

Ainda me diriam que antigamente os governadores das províncias concediam graças, como ainda se pode ver nos costumes do Hainaut e nos antigos costumes do Delfinado, e até mesmo o bispo de Ambrun pretende tal poder por pergaminhos autênticos. Eu respondo que tais costumes e privilégios são abusos e ingerências, que foram cassados de bom direito pelo édito do rei Luís XII em 1499, e que, se tais privilégios são nulos, pode-se também

383 Julgado por sentença de 15 de julho do ano de 1419 e pelo édito de Moulins.

384 Sentença de 19 de fevereiro de 1519.

385 Em fevereiro do ano de 1515.

dizer que as confirmações são nulas, pois a confirmação nunca vale nada se o privilégio em si for nulo. E de fato é nulo, já que não pode ser abandonado sem a coroa. Mas quanto aos governadores, vigários e lugares-tenentes gerais dos Príncipes soberanos há outra razão, visto que não possuem esse atributo por privilégio nem por ofício, mas por comissão, como os príncipes, vigários e lugares-tenentes para o Império.

As marcas da majestade não se deve conceder nem a título de ofício, nem por comissão, se não houver justa ausência

Mas, no estado de uma República bem ordenada, este poder não deve ser concedido nem por comissão nem a título de ofício, salvo para estabelecer um regente quando a distância dos lugares é grande demais, ou então por cativeiro dos Príncipes soberanos, ou caso estejam em furor ou na infância, como se fez para Luís IX, o qual, dada a sua juventude, foi posto pelos estados da França sob a tutela de sua mãe, Branca de Castela, depois que ela deu a alguns Príncipes a garantia de que nunca cederia a tutela a outras pessoas. Da mesma forma, Carlos de França foi regente no país durante o cativeiro do rei João, Luíza de Saboia foi regente durante a prisão do rei Francisco, com todos os direitos reais na qualidade de regente, e o duque de Bedfort foi regente da França durante a doença do rei.

Aqui, talvez, alguém me dirá que, não obstante a ordenança de Luís XII, o capítulo da igreja de Rouen sempre pretendeu ter o privilégio de dar graça em favor de São Romão, durante cuja festa ele proíbe todos os juízes e até o Parlamento de Rouen de executar de morte um condenado sequer, como vi praticar, lá estando em comissão para a reforma geral da Normandia. Diante disso, a Corte, não obstante a graça do capítulo, depois da festa fez executar de morte aquele que ela havia condenado. O capítulo queixou-se ao rei, tendo por chefe um dos Príncipes de sangue[386]. O Parlamento enviou seus deputados, dentre os quais o advogado do rei, Bigot, que fez grande instância contra o

386 [N.T.:] Isto é, segundo a lei sálica, um dos membros varões das linhas colaterais de sucessão da família real francesa. Embora não chamados diretamente à sucessão, salvo pela falência da linha de varões do ramo reinante, esses príncipes participavam do governo e gozavam de grande prestígio social.

abuso e a ingerência sobre a majestade do rei. Todavia, o momento não era propício e, por maiores que fossem as objeções, o privilégio permaneceu. Isso pode ser feito na forma do privilégio dado às vestais de Roma, que podiam conceder graça àquele que se iria executar se uma delas o encontrasse fortuitamente, como diz Plutarco na vida de Numa. Esse costume ainda é guardado em Roma, quando se encontra algum cardeal pelo caminho quando se vai executar alguém de morte. Mas o que há de pior no privilégio de São Romão é que só se concede graça aos crimes mais execráveis que possam existir e para os quais o rei não tem costume de outorgar perdão.

Nisso vários Príncipes soberanos abusam de seu poder, cuidando que a graça que concedem será tanto mais agradável a Deus quanto mais detestável for o delito. Mas eu sustento, salvo melhor juízo, que o Príncipe soberano não pode conceder graça da pena estabelecida pela lei de Deus, assim como ele não pode se dispensar da lei de Deus, à qual está sujeito. Pois se o magistrado que dispensa a ordenança de seu rei merece a pena capital, como seria lícito ao Príncipe soberano dispensar seu súdito da lei de Deus[387]? E assim como o Príncipe soberano não pode abandonar o interesse civil de seu súdito, como poderia abandonar a pena que Deus ordenou por sua lei? O homicídio cometido por emboscada merece a morte pela lei de Deus. Mas oh! quantas remissões se vê! Mas dir-se-me-á: em que se poderia mostrar a misericórdia do Príncipe, se ele não pudesse conceder graça da pena estabelecida pela lei de Deus? Eu respondo que há muitos meios. As contravenções às leis civis, por exemplo: se o Príncipe proibiu portar armas ou ceder alimentos aos inimigos, sob pena de morte, sua graça será melhor empregada para com aquele que portou armas apenas para sua defesa, ou para com aquele que a pobreza obrigou a vender muito caro ao inimigo, para prover à sua necessidade. Ou então se, pela lei civil, a pena para o roubo é capital, o Príncipe piedoso pode reduzi-la ao quádruplo[388], que é a pena da lei de Deus[389] e do direito comum. Mas e o assassino por emboscada? "Vós o arrancareis, diz a lei, do meu altar sagrado e jamais tereis piedade dele, e se vós o fizerdes morrer, então estenderei minhas grandes misericórdias sobre vós".

387 *Samuel* cap. 2.

388 [N.T.:] Ou seja, na restituição de um valor quatro vezes maior ao subtraído.

389 *Deuteronômio* 19 e 21.

Todavia, os reis cristãos, no dia da Sexta-Feira Santa, só concedem graça daquilo que é irremissível. Ora, as graças outorgadas a tais maldades trazem consigo as pestes, as fomes, as guerras e a ruína das Repúblicas. Eis porque a lei de Deus diz que, punindo aqueles que mereceram a morte, retira-se a maldição de sobre o povo. Pois de cem maldades não há duas que cheguem à justiça, e daquelas que aí chegam, metade não é verificada. E se, para o crime verificado, se outorga graça, qual punição poderá servir de exemplo aos malvados? E quando não se pode obter a graça de seu Príncipe, interpõe-se o favor de outro Príncipe, procedimento do qual os estados da Espanha queixaram-se ao Rei Católico, apresentando requerimento a fim de advertir o embaixador enviado junto ao rei da França que não mais recebesse nem solicitasse graça ao rei da Espanha para os condenados que se retirassem para a França, pois estes, tendo obtido o indulto, muitas vezes matavam os juízes que os haviam condenado.

Mas, dentre as graças que o Príncipe pode conceder, não há mais bela que a da injúria feita à sua pessoa. E dentre as penas capitais, não há mais agradável a Deus que aquela estabelecida contra a injúria feita à sua majestade. Mas o que se pode esperar de um Príncipe que vinga cruelmente as suas injúrias e perdoa as de outrem, mesmo aquelas feitas diretamente contra a honra de Deus? O que dissemos acerca da graça e remissão pertencentes ao Príncipe soberano entende-se também do prejuízo dos senhores a quem pertence o confisco do culpado, os quais nunca são chamados a debater ou impedir a graça, como foi julgado por sentença do Parlamento. Dentro da graça, muitos quiseram incluir a restituição dos menores e maiores e o benefício de idade, que são certamente próprios do Príncipe soberano em diversas Repúblicas, mas não são marcas de soberania, exceto a restituição dos bastardos, servos e outros semelhantes, pois os magistrados em Roma tinham tal poder. Pelas ordenanças de Carlos VII e Carlos VIII, é expressamente ordenado aos juízes que não levem em consideração as cartas ditas de justiça se estas não forem equânimes, o que está suficientemente indicado pelas palavras "ENQUANTO A ISSO DEVA BASTAR", que constam em todas as cartas de justiça outorgadas neste reino. Mas, se essa cláusula não está aposta, o magistrado conhecerá apenas o fato, sendo a pena reservada à lei e a graça ao soberano. Eis porque Cícero, pedindo a César a graça para Ligarius, diz: "Muitas vezes disputei convosco perante os juízes, mas jamais disse, por aquele que eu defendia, 'Perdoai-o, senhores, ele falhou, não pensava nisso, nunca mais o fará', etc. É ao pai que se pede perdão, mas diante dos juízes se diz que tal crime foi forjado por inveja, que o acusador é calunioso, as testemunhas, falsas". Aí ele mostra que César, por ser soberano, tinha a graça em seu poder, o que não tinham os juízes.

Quanto à fé e homenagem leais, é evidente que se trata de um dos maiores direitos da soberania, como mostramos acima, com relação àquele a quem são devidas sem exceção. Quanto ao direito de amoedar, é da mesma natureza que a lei e somente aquele que tem o poder de fazer a lei pode dar lei às moedas. Isso fica muito bem entendido pelas palavras gregas, latinas e francesas, pois a palavra *nummus* vem do grego nόμος, como lei e liga[390], e aqueles que falam melhor eliminam a primeira letra. Ora, não há nada de maior consequência, depois da lei, que o título, valor e pé das moedas, como mostramos num tratado à parte[391]. Em toda República bem ordenada apenas o Príncipe soberano tem tal poder, como lemos que se fazia em Roma, onde, quando se atribuiu preço à moeda, isso foi feito por lei expressa do povo, embora o senado, por seu decreto e para subvencionar as necessidades públicas, tenha feito a meia libra de cobre valer tanto quanto a libra, e pouco tempo depois o quarto valer tanto quanto a libra, até que a onça fosse estimada como uma libra. No entanto, tudo isso era consentido pelos tribunos, como dissemos acima.

Posteriormente, o imperador Constantino quis que aqueles que tivessem forjado moeda falsa fossem punidos como culpados de lesa-majestade, o

---

390 [N.T.:] A passagem é de tradução delicada. Eis o original francês: "*ce qui est bien entendu par les mots Grecs, Latins et François: car le mot de nummus, est du Grec n⊠μ⊠⊠, comme loy et aloy*". O substantivo latino *nummus* significa literalmente dinheiro amoedado, moeda e derivadamente capital, cabedal; já o grego *nómos*, como tivemos oportunidade de discutir, significa primitivamente uso, costume, opinião geral e derivadamente lei. Notemos de passagem que a etimologia aqui proposta por Bodin é um tanto fantasiosa e mais tributária das práticas cabalísticas renascentistas que das filológicas, pois o *nummus* latino parece derivar do *númmós* grego (*sestércio*) e não de *nómos*. Já o francês *loy* (*loi* no francês moderno) significa lei, e *aloy* (*alloy* no francês moderno) significa primitivamente liga, no sentido de mescla fundida de metais. Desse sentido básico derivou bem cedo o sentido de título, isto é, concentração de metal numa certa liga, e daí, por extensão, passou a significar o título ou a concentração de metal precioso na moeda. O jogo de palavras entre *nummus* e *nómos* e entre *loy* e *aloy*, implícito na argumentação de Bodin que visa subordinar o direito de amoedar ao direito de legislar, perde-se em português porque não temos nada parecido ao dizer lei e liga.

391 Na Resposta aos paradoxos do sr. de Malestroit. [N.T.:] obra de Bodin sobre economia e teoria monetária, publicada em 1568.

que os Príncipes guardam, tomando para si o confisco dos moedeiros falsos, com exclusão de todos os outros senhores. Com a mesma pena são punidos aqueles que forjaram boa moeda sem permissão do Príncipe. Embora muitos particulares neste reino tivessem outrora o privilégio de cunhar moeda, como o visconde de Touraine, os bispos de Meaux, Cahors, Agde, Ambrun e os condes de Saint Paul, da Marca, de Nevers e Blois, entre outros, não obstante o rei Francisco I, por édito geral, cassou todos os privilégios que não se pode conceder e que, se outorgados, a lei declara nulos. Acrescente-se que eles só duram durante a vida daqueles que os concederam, como mostramos da natureza dos privilégios. Por isso tal direito e marca de soberania não deve ser comunicado de forma alguma ao súdito, como foi bem mostrado a Sigismundo Augusto, rei da Polônia, que tinha outorgado em 1543 ao duque da Prússia o privilégio de bater moedas. Os estados do país fizeram um decreto no qual foi inserido que o rei não podia ceder esse direito, pois era inseparável da coroa.

Pela mesma razão, o arcebispo de Gniezno, na Polônia, e o arcebispo de Canterbury, na Inglaterra, ambos chanceleres que tinham obtido o mesmo direito, foram depois dele despidos. É por essa causa igualmente que todas as cidades da Itália dependentes do Império que tinham usurpado este título o abandonaram pelo tratado de Constança ao Imperador, que concedeu esse privilégio aos luqueses, em favor do papa Lúcio III, que era luquês. Também lemos que a principal ocasião que Pedro, rei de Aragão, tomou para expulsar Jaime, rei de Maiorca, de seu país foi por ter forjado moeda, alegando que ele não poderia fazê-lo. Essa foi também uma das ocasiões que Luís XI tomou para fazer guerra a Francisco, duque da Bretanha, pois este tinha forjado moeda de ouro, contra o tratado feito no ano de 1465. Da mesma forma[392], os romanos, em todo o Império, tinham reservado para si a cunhagem das moedas de ouro.

Por isso João, duque do Berry, tendo recebido privilégio de Carlos V, rei da França, para um e outro metal, com medo de falhar mandou forjar os cordeiros de ouro, que se averaram o mais fino ouro que já existiu neste reino, antes ou depois. Pois, por mais que seja outorgado privilégio ao súdito de cunhar moeda, a lei e o preço desta dependem sempre do soberano, de modo que o primeiro nada detém senão a marca, que era antigamente, em Roma, deixada ao arbítrio dos mestres moedeiros, que apunham a marca

392 Procópio, *De bello gottorum* liv. 3.

que queriam e os seus nomes com estas letras: III.VI – RI.A.A.A.F.F., que o bailio das montanhas interpreta como *aere, argento, auro, flavo, ferunto*[393], mas que se deveria ler *auro, argento, aere, flando, feriundo*[394], pois os Príncipes soberanos não cuidavam tanto de mandar gravar a sua efígie. Até mesmo o rei Sérvio, que foi o primeiro a dar marca à moeda, que era somente de cobre puro, mandou gravar a efígie de um boi, a exemplo dos atenienses, que tinham a mesma figura e a da coruja. Mas os outros reis e Príncipes do Oriente nelas colocavam sua imagem, como Felipe, rei da Macedônia, na moeda de ouro que chamavam de Philippus, e os reis da Pérsia nos Dáricos, que levavam a sua imagem, da qual eram tão ciosos que o rei Dario, como diz Heródoto, mandou cortar a cabeça do governador do Egito, Ariandro, por ter gravado sua imagem nas moedas. Caso semelhante ocorreu com o imperador Cômodo e Perennius, seu preferido. Da mesma forma, o rei Luis XII, tendo deixado todo o poder soberano aos genoveses, proibiu-os, contudo, de marcar sua moeda com outra coisa além da sua imagem, ao invés de colocarem, como ainda fazem, uma forca como marca de justiça, pois não queriam que a marca do duque ali estivesse.

Se a moeda é um dos direitos da soberania, também o são a medida e o peso, ainda que pelos costumes não exista pequeno senhor que não pretenda esse direito, para grande prejuízo da República. Essa foi a causa pela qual os reis Felipe o Belo, Felipe o Longo e Luís XI resolveram que haveria apenas um peso e uma medida, e para esse fim igualaram todas as medidas de vasos na maior parte deste reino, como vi pelas atas dos comissários extraídas da Câmara de Contas. Mas a execução se mostrou mais difícil do que se pensava, pelas disputas e processos que resultaram. Todavia, lemos em Políbio[395] que isso foi bem executado em todas as cidades da Acaia e da Moreia, que tinham semelhantes moeda, pesos, medidas, costumes, leis, religião, oficiais e governo.

Quanto ao direito de gravar os súditos de talhas e impostos, ou deles isentar alguns, isso depende também do poder de dar a lei e os privilégios. Não que não possa haver República sem talhas, como o presidente Le Maistre escreve que as talhas foram impostas neste reino apenas depois do rei São Luís, mas se há necessidade de instituí-las ou revogá-las, isso

393 [N.T.:] "o bronze, a prata e o ouro amarelo carrego".

394 [N.T.:] "o ouro, a prata e o bronze nas chamas golpeio".

395 Liv. 3.

só pode ser feito por aquele que tem o poder soberano, como foi julgado por sentença do Parlamento contra o duque de Borgonha e muitas vezes depois[396], tanto no Parlamento quanto no conselho privado[397]. Quanto às ingerências que cometiam alguns senhores particulares e os corpos e colégios das cidades e aldeias, o rei Carlos IX fez um édito geral, a pedido dos estados de Orléans, pelo qual ele as proibiu expressamente na falta de autorização, mesmo que, por concessão, se transferisse os impostos dos corpos e colégios para as necessidades públicas, sem comissão até 25 libras. Depois, o mesmo édito foi reiterado em Moulins, segundo o direito comum e a opinião dos jurisconsultos.

Embora o senado romano durante as guerras, e até mesmo os censores, impusesse certos encargos sabendo muito bem que o conjunto do povo miúdo os concederia de muito má vontade, isso acontecia por concessão dos tribunos do povo, que muitas vezes também o impediam, de modo que apresentaram requerimento ao povo para que dali em diante ninguém fosse tão ousado a ponto de fazer passar lei em campo de guerra, pois o senado, por meio sutil, havia feito publicar ali a lei de taxação que se denominava o vigésimo dos libertos, sob pretexto de que era para pagar o exército, que o concedeu de boa vontade. Vemos também muitas vezes, nas histórias romanas, que os encargos e impostos foram instituídos ou suspensos pelo povo, como durante a Guerra Púnica, quando o povo foi taxado e, após o retorno do capitão Paulo Emílio, que encheu a cidade com os despojos de Perseu, rei da Macedônia, o povo foi liberado das talhas até as guerra civis do Triunvirato. Pelo mesmo meio o imperador Pertinax suspendeu os encargos, impostos e peagens instituídos, como diz Herodiano, pelos tiranos sobre os rios, entradas e saídas das cidades, além das ajudas antigas.

Mas dir-se-á que vários senhores prescreveram o direito das talhas, impostos e peagens, como se vê até mesmo neste reino, onde vários senhores podem instituir a talha em quatro casos, confirmados por sentenças[398] e por costumes, mesmo para os senhores que não têm jurisdição[399]. Eu respondo que a coisa começou com um abuso e seguiu inveterada por longos anos, tendo de

396 No ano de 1534, sentença de Paris.

397 Em Lyon, no ano de 1557.

398 Sentenças do Parlamento de Paris, 15 de fevereiro de 1521 e maio de 1527.

399 Para Louis Rivone, julgado no ano de 1559, em 15 de junho.

fato algum aspecto de prescrição. Mas o abuso não poderia ser tão inveterado a ponto de a lei não ser sempre a mais forte, à qual compete regular os abusos. Por essa causa, foi ordenado pelo édito de Moulins que os direitos de talha pretendidos pelos senhores sobre os súditos não poderiam ser exigidos, não obstante a prescrição de longos anos, ponto no qual os juízes e jurisconsultos sempre se detiveram, sem querer permitir que se inquirisse se os direitos de soberania podem prescrever, pois quase todos eles sustentam a opinião de que os direitos de majestade se podem ganhar por decurso de tempo. Seria muito mais conveniente aceitar que esses direitos não pertencem ao Príncipe soberano, o que seria crime capital, como eles admitem, ou então se deveria dizer que a coroa e a soberania podem prescrever.

Faremos julgamento semelhante das isenções de pagar os encargos e impostos, que ninguém pode outorgar se não for soberano, como também está eloquentemente articulado pelo édito de Moulins[400]: é preciso, neste reino, que a isenção seja verificada na Câmara de Contas e na Corte de Ajudas. Não há, portanto, necessidade de especificar em qual caso o Príncipe soberano pode impor encargo ou subsídio aos súditos, se o poder de fazê-lo lhe pertence privativamente com exclusão de todos os outros. Se há quem sustente que o direito tomado sobre o sal é mais marca de soberania que os outros, no entanto se vê em quase todas as Repúblicas vários particulares possuírem salinas, que podem integrar a herança e o fundo desses particulares, assim como antigamente os particulares as possuíam em Roma. É verdade que muitos Príncipes soberanos já antigamente haviam imposto esse direito sobre o sal, como fizeram Lisímaco, rei da Trácia, Ancus Martius[401], rei dos romanos (encargo aumentado por um censor Lívio apelidado "o salineiro"), e Felipe de Valois neste reino. Mas isso não impede que os particulares sejam senhores das salinas bem como das outras minas, resguardados ao Príncipe soberano seus direitos e imposições.

Mas os direitos do mar pertencem apenas ao Príncipe soberano, que pode instituir encargos até trinta léguas de distância de sua terra se não houver Príncipe soberano mais próximo que o impeça, como foi julgado para o duque de Saboia. Apenas ao Príncipe soberano é permitido conceder brevês de

400 No ano de 1566.

401 *Lívio* liv. 9 década 3.

estiva[402], que os italianos denominam *guidage*, ou tomar direito de naufrágio ou de *Warech*[403], que é um dos artigos constantes da ordenança do imperador Frederico II e que não era antigamente usual entre Príncipes soberanos, mas que hoje é comum a todos que têm portos sobre o mar. Lembro-me de ter ouvido que o embaixador do Imperador queixou-se ao conselho privado do rei Henrique II, no ano de 1556, de duas galeras naufragadas na Córsega que foram tomadas por Giordano Ursino. O condestável objetou-lhe que os destroços de naufrágio eram confiscados para o senhor soberano e que era o costume geral, não apenas nos países na obediência do rei, mas também em todos os mares do Levante e do Poente. Também é certo que Antônio Dória nunca insistiu sobre os destroços de duas galeras confiscados pelo prior de Cápua. Diremos o mesmo dos direitos que são impostos para se lançar âncora em terra somente.

Muitos colocam também entre as marcas de soberania a apreensão e apropriação dos bens vacantes, sejam heranças ou abandonos, que são atribuídos em quase toda parte aos senhores particulares. Ainda que, de direito comum, os imperadores romanos tivessem costume de capturar e reunir os bens vacantes ao domínio da República, o particular podia deles assenhorear-se caso encontrasse a coisa abandonada, que nós denominamos "*guerp*", e "*déguerpir*" por abandonar. É verdade que o Príncipe soberano tinha quatro anos dentro dos quais ele poderia capturar as heranças abandonadas, mas em quase toda a Europa, onde o direito dos feudos tem lugar, os senhores tomam dois terços da coisa móvel abandonada e um terço vai para aquele que a encontrou, se o senhor da coisa, depois de quarenta dias de feita a publicação, não se apresentar.

402 [N.T.:] Isto é, o direito de aportar, carregar e descarregar para barcos estrangeiros e nacionais, incluindo aí tanto os impostos quanto as taxas e tarifas dos estivadores. Algumas vezes se incluía em tais direitos as tarifas de pilotagem e manobras de atraque e de vistoria.

403 [N.T.:] Isto é, o direito aos destroços dos naufrágios que viessem dar às praias. Às vezes, neste direito, compreendia-se também o direito às cargas e ao casco das naus encalhadas no limite do mar territorial e abandonadas por sua tripulação. Na época na qual Bodin escreve, quando o tráfico marítimo de todos os países europeus apresentava um crescimento explosivo, tais direitos eram obviamente cobiçadíssimos, a ponto de até mesmo, por atos corsários, o próprio Estado propiciar ou arranjar "naufrágios" ou "encalhes" convenientes de comboios estrangeiros que seus agentes portuários lhes informassem particularmente gordos.

Consequentemente, diremos também que o direito de fisco não é marca de soberania, visto que é comum ao Príncipe soberano e a todos os senhores justiceiros. Mesmo o Príncipe soberano possui seu fisco, na qualidade de particular, separado do público, e seu domínio particular, que nada tem em comum com o público, assim como os antigos imperadores romanos dividiram um do outro e separaram os oficiais e o procurador do fisco do procurador do patrimônio. Da mesma forma, o rei Luís XII, ascendendo ao trono, erigiu a câmara de Blois para o seu domínio particular de Blois, Montfort e Coussi, além do ducado de Orléans, que detinha em apanágio. Mas entre os direitos do fisco há alguns que pertencem apenas ao Príncipe soberano, como o confisco por crimes de lesa-majestade, sob os quais se compreende também a heresia e a falsa moeda. Existem cerca de cento e cinquenta privilégios de fisco, a maioria deles próprios ao Príncipe soberano e que não é necessário detalhar aqui, pois os jurisconsultos já os esmiuçaram bastante, ou talvez demais. Não obstante, o poder de outorgar direito de feira, que era antigamente marca de soberania tanto quanto hoje, está compreendido no caso dos privilégios e não no dos privilégios de fisco, assim como muitos outros casos semelhantes mencionados abaixo.

Quanto ao direito de marca ou de represálias, que os Príncipes soberanos têm privativamente com relação a todos os outros, ele não era antigamente próprio ao Príncipe soberano, mas era permitido a qualquer um, sem autorização do magistrado nem do Príncipe, lançar mão de represálias, que os latinos[404], ao que parece, chamavam de *clarigatio*. Todavia, os Príncipes deram pouco a pouco esse poder aos governadores e magistrados, e por fim reservaram esse direito à sua majestade, para a segurança da paz e das tréguas, que muitas vezes eram rompidas pela temeridade dos particulares, que abusavam do direito de marca. Neste reino, o Parlamento outorgava cartas de marca, como vemos pelo decreto de 12 de fevereiro de 1392, mas o rei Carlos VIII reservou-se esse direito por édito expresso do ano de 1485.

Quanto ao direito de regalias, ele é bem próprio aos Príncipes soberanos que dele usam, mas como há poucos que tenham tal direito, ele não deve ser posto no número das marcas de soberania. Não mais que a qualidade que os Príncipes apõem em seus éditos, mandamentos e comissões, a saber, "pela graça de Deus", que foi um dos três pontos que o rei Luís XI proibiu o duque

404 *Varrão De lingua latina; Lívio* liv. 8.

da Bretanha de apor à sua qualidade. Todavia, existem muitos tratados antigos no tesouro da França nos quais os deputados que tratavam a paz ou aliança qualificam seus ofícios "pela graça de Deus" – até mesmo um Eleito[405] se diz "Eleito de Meaux pela graça de Deus". Da mesma forma, os reis da França reservaram-se o direito, privativamente a todos os senhores e justiceiros[406], de selar com cera amarela, o que Luís XI outorgou por privilégio especial a René de Anjou, rei da Sicília, através das cartas-patentes de 28 de julho de 1468, verificadas em Parlamento, e privilégios semelhantes aos seus herdeiros. Isso deu abertura ao rei para possuir o condado da Provença. Aquele que transcreveu as memórias de Du Tillet em seu livro disse cera branca, da qual nossos reis jamais se serviram, o que mostra o erro de seu autor.

Poder-se-ia dizer com razão que é uma verdadeira marca de soberania obrigar os súditos a mudar de língua, coisa que os romanos executaram melhor que qualquer Príncipe ou povo que já existiu, de maneira que eles parecem comandar ainda a maior parte da Europa. Assim, quando o último rei dos antigos etruscos foi vencido, fez tudo aquilo que aprouve aos romanos, mas não quis jamais receber a língua latina; Catão diz: *latinas litteras ut reciperet, persuaderi non potuit*[407]. As Gálias, entretanto, estavam cheias de burgueses romanos e de suas colônias, que quase trocaram a língua do país pelo latim, que eles denominavam romano, e davam todas as sentenças em latim até a ordenança do rei Francisco I. Vemos igualmente que os árabes plantaram sua língua por toda a Ásia e África e que, há poucos anos, o rei da Espanha quis obrigar os mouros de Granada a mudar de roupas e de língua.

Mas dentre as marcas de soberania muitos colocaram o poder de julgar segundo a sua consciência, coisa que é comum a todos os juízes, se não houver lei ou costume expressos. Eis porque se vê amiúde nos éditos, nos artigos atribuídos ao arbítrio dos juízes, esta cláusula: "do que carregamos a sua consciência". E se houver costume ou ordenança em contrário, não está no poder do juiz passar por sobre a lei nem disputá-la, o que era proibido pelas leis de Licurgo e pela antiga ordenança de Florença. Mas o Príncipe

---

405 [N.T.:] Isto é, um delegado eleito por algum corpo, colégio ou cidade, não necessariamente de condição nobre.

406 [N.T.:] Isto é, aos senhores feudais cujo feudo tinha direito de baixa ou média justiça.

407 [N.T.:] "Não se pode convencê-lo a receber as letras latinas".

pode fazê-lo, se a lei de Deus não for expressa, pois a esta, como mostramos, ele permanece sujeito.

Quanto ao título de Majestade, é bastante evidente que ele só pertence àquele que é soberano. Alguns também tomam a qualidade de majestade sagrada, como o Imperador, outros a de excelente majestade, como a rainha da Inglaterra por seus éditos e cartas-patentes, embora antigamente nem o Imperador nem os reis usassem essas qualidades. Todavia, os Príncipes da Alemanha atribuem essa qualidade de majestade sagrada tanto aos reis da França quanto ao Imperador. Lembro-me de ter visto cartas dos príncipes do Império escritas ao rei pela libertação do conde Mansfeld, então prisioneiro na França, nas quais ocorre seis vezes V.S.M., quer dizer, vossa sagrada majestade, que é uma qualidade própria a Deus, privativamente de todos os Príncipes humanos. Os outros Príncipes não soberanos usam a palavra "Alteza", como os duques da Lorena, Saboia, Mântua, Ferrara e Florença, ou então Excelência, como os príncipes dos países de precário[408], ou Serenidade, como os doges de Veneza.

Deixo de lado aqui vários direitos miúdos que os Príncipes soberanos, cada qual no seu país, pretendem que não são marcas de soberania, que devem ser próprias a todos os Príncipes soberanos, privativamente a todos os outros senhores justiceiros, magistrados e súditos, e que são, por sua natureza, incessíveis, inalienáveis e imprescritíveis. Seja qual for o dom que faça o Príncipe soberano, de terra ou senhoria, sempre os direitos reais próprios à majestade são reservados, mesmo que não estejam explicitamente mencionados, como foi julgado para os apanágios da França por uma antiga sentença da Corte, e não podem por decurso de tempo, qualquer que seja ele, prescrever ou serem usurpados. Pois, se o domínio da República não pode ser adquirido por prescrição, como se poderia adquirir assim os direitos e marcas da majestade? Ora, pelos éditos e ordenanças do domínio, é certo que ele é inalienável e que não pode ser adquirido por decurso de tempo. Isso não é um direto novo, pois, há mais de dois mil anos, Temístocles, ao mandar apreender o domínio usurpado por particulares, disse, na arenga que fez ao

408 [N.T.:] *surséance* no original francês, que literalmente significa prazo, adiamento juridicamente conseguido para se postergar um certo ato, *sursis*. Trata-se, aqui, das divisões territoriais de um país nas quais o assentamento feudal não está definitivamente instaurado e onde, por conseguinte, o senhor governa por um certo tempo de mandato, segundo a vontade do suserano.

povo de Atenas, que os homens nada podem prescrever contra Deus, nem os particulares contra a República. Catão o Censor usou a mesma sentença na arenga que fez ao povo romano pela reunião do domínio usurpado por alguns particulares: como, pois, poderiam prescrever os direitos e marcas de soberania? Eis porque, em termos de direito, é culpado de morte aquele que usa as marcas reservadas ao Príncipe soberano. Eis quanto aos principais pontos concernentes à majestade soberana, o mais brevemente que me foi possível dizer, pois tratei dessa matéria mais amplamente no livro *De Imperio*. E como a forma e o estado de uma República dependem daqueles que detêm a soberania, digamos quantos tipos há de Repúblicas.